Référence
BUREAUTIQUE

Microsoft®

EXCEL 2016

ISBN : 978-2-7460-9743-8
Imprimé en France

Editions ENI

Rue Benjamin Franklin
44800 St HERBLAIN
Tél. 02.51.80.15.15
Fax 02.51.80.15.16

e-mail : editions@ediENI.com
http://www.editions-eni.com

Collection dirigée par Corinne HERVO

Avant-propos

Cet ouvrage est destiné à tout utilisateur d'Excel 2016. Il a été conçu pour vous permettre de retrouver rapidement les options à activer et les manipulations à effectuer pour réaliser telle ou telle opération. Les dessins d'écrans proposés tout au long de ces pages permettent d'expliciter la manœuvre en cours en affichant la boîte de dialogue correspondant à la commande ou en proposant un exemple précis. Cet ouvrage est composé de quatorze parties :

Microsoft Excel 2016 . . . . pages 13 à 34

Cette première partie décrit l'environnement de travail proposé par Excel 2016.

La gestion des fichiers . . . . pages 35 à 70

Cette deuxième partie décrit l'ensemble des commandes qui permettent d'enregistrer, d'ouvrir, de gérer les classeurs et les modèles sur votre ordinateur et sur OneDrive, l'espace de stockage en ligne.

La saisie/modification des données . . . . pages 71 à 124

Vous trouverez dans cette partie tout ce que vous devez savoir pour saisir, modifier, copier, déplacer... les données de vos feuilles de calcul. Vous verrez aussi comment utiliser l'éditeur d'équations.

Les feuilles de calcul . . . . .pages 125 à 144

Dès les premières données saisies, vous aurez besoin de gérer les feuilles de calcul du classeur et les lignes et colonnes des tableaux. Vous optimiserez la saisie en créant des zones nommées.

Les calculs . . . . pages 145 à 182

Après la saisie des différentes données de votre tableau, vous devez y insérer les formules permettant des calculs divers simples ou plus complexes (calculs sur les dates, calcul de remboursement de prêt, table à double entrée, formule matricielle).

Les outils d'analyse . . . . pages 183 à 202

Cette partie traite d'outils spécifiques qui vous permettront de faire de nombreuses simulations (scénarios, solveur) et d'auditer vos feuilles de calcul.

La présentation des données . . . . pages 203 à 244

Une fois les données et les calculs saisis, vous pouvez utiliser toutes les fonctions d'Excel pour enjoliver vos feuilles de calcul par l'application de mises en valeur, formats, mises en forme conditionnelles, bordures, styles et thèmes.

La réorganisation des données . . . . pages 245 à 268

Cette partie aborde des fonctions avancées concernant la gestion de vos tableaux : comment trier les données, les filtrer et optimiser l'exploitation de grands tableaux à l'aide des plans.

Votre tableau terminé et mis en forme, vous voilà prêt à l'imprimer. Découvrez dans cette partie, les techniques de mise en page et d'impression des feuilles.

Pour mettre en valeur les données chiffrées du tableau, vous pourrez réaliser des graphiques divers.

Vous pouvez aussi agrémenter vos feuilles de calcul d'objets graphiques : forme, objet WordArt, image, diagramme...

Excel vous permet aussi de gérer des tableaux de données (tableaux présentés sous forme de liste de données) et de concevoir à partir de ces données, des tableaux et graphiques croisés dynamiques.

Après avoir abordé la protection des données par l'utilisation de mots de passe, vous verrez dans cette partie comment travailler à plusieurs sur un même classeur grâce au partage et au suivi des modifications.

Cette dernière partie vous présente des fonctions plus spécifiques concernant la saisie des données (création de séries de données personnalisées, de listes déroulantes de valeurs, saisie de commentaires...), l'importation de données à partir d'une base de données Access, d'une page web, la création de macro-commandes et de pages web, la personnalisation de l'interface et la gestion des comptes utilisateur.

Vous trouverez en Annexe la liste des principaux raccourcis-clavier. Les dernières pages de cet ouvrage présentent un index thématique qui sera fort utile pour retrouver rapidement telle ou telle manipulation.

Avant-propos

Conventions typographiques

Pour que l'utilisateur puisse plus facilement retrouver et interpréter les informations qui l'intéressent, nous avons adopté les conventions typographiques suivantes.

Ces styles de caractères sont utilisés pour :

gras	indiquer une option du menu ou d'une boîte de dialogue à activer.
italique	un commentaire introduisant la manipulation ou explicitant les modifications visibles sur votre écran.
Ctrl	symboliser les touches du clavier sur lesquelles vous devez appuyer ; lorsque deux touches sont placées l'une à côté de l'autre, vous devez appuyer simultanément sur les deux touches.

Les symboles suivants introduisent :

la manipulation à exécuter (activer une option, cliquer avec la souris...).

une remarque d'ordre général sur la commande en cours.

une astuce à connaître et à retenir !

Avant-propos

Table des matières

Microsoft Excel 2016

Environnement

Affichage

La gestion des fichiers

Classeurs

Table des matières

Table des matières

Table des matières

Les outils d'analyse

Scénario et valeur cible

Audit

Solveur

La présentation des données

Mises en forme standards

Alignement des données

Bordures et remplissage

Table des matières

Mises en forme conditionnelles

Styles et thèmes

La réorganisation des données

Tri et plan

Filtre des données

Table des matières

Options graphiques

Les objets graphiques

Objets graphiques

Gestion des objets

Tableaux de données et tableaux croisés dynamiques

Tableaux de données

Tableau croisé dynamique

Graphique croisé dynamique

Table des matières

Travail collaboratif

Protection

Travail de groupe

Fonctions avancées diverses

Optimisation de la saisie de données

Importation de données

Macro-commandes

Table des matières

Lancer Excel 2016

- Sous Windows 10, ouvrez le menu **Démarrer** et affichez **Toutes les applications** en activant l'option correspondante. Activez ensuite l'application **Excel 2016.**

  La fenêtre Excel s'ouvre.

  Lors de la première ouverture du logiciel, le message **Commençons par le début** s'affiche vous proposant d'accepter le contrat de licence.

- Activez le bouton **Accepter**.

  La fenêtre **Assistant Activation Microsoft Office** s'ouvre pour vous permettre d'activer le logiciel.

- Activez le bouton **Suivant** pour suivre la procédure d'activation.

  Si vous ne souhaitez pas l'activer, vous pouvez cliquer sur le bouton **Annuler**. *Il sera alors possible de l'activer ultérieurement (onglet* **Fichier - Compte**) *avant l'expiration de la licence qui a une durée de 30 jours.*

- À l'étape suivante, activez le bouton **Suivant** pour choisir d'activer le logiciel via Internet.

- À l'étape suivante, activez le bouton **Mettre à niveau** pour acheter la version complète (dans le cas où vous avez téléchargé la version d'évaluation) ou activez le bouton **Fermer** dans le cas contraire.

- Lorsque la fenêtre **Types de fichiers par défaut** s'affiche, activez l'option correspondant au format que vous souhaitez utiliser.

Si vous souhaitez ouvrir des fichiers de la suite bureautique LibreOffice, activez, dans ce cas, l'option **Formats OpenDocument**.

- Activez le bouton **OK**.

Ensuite, à l'ouverture du logiciel, l'écran d'accueil s'affiche à partir duquel vous pouvez directement accéder à l'un de vos classeurs, ou en créer un nouveau en utilisant ou non un modèle. Cet écran d'accueil se présente ainsi :

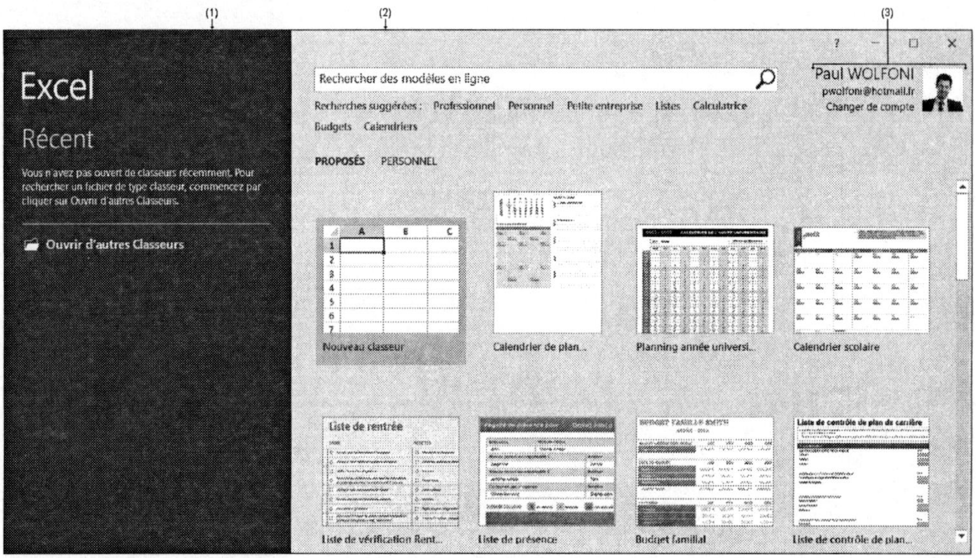

(1) Le contenu du volet gauche de la page d'accueil varie selon votre dernière utilisation d'Excel. À l'aide d'options présentées sous forme de liens, il peut ainsi vous permettre de récupérer des fichiers qui auraient été fermés inopinément (**Afficher les fichiers récupérés**), de proposer des fichiers ouverts précédemment (**Récent**), ou bien d'ouvrir un classeur en particulier (**Ouvrir d'autres Classeurs**)...

*Dans notre exemple, s'agissant d'une première utilisation de l'application Excel, seul le lien **Ouvrir d'autres Classeurs** nous est proposé dans ce volet.*

(2) Sur le volet de droite vous retrouvez les boutons d'**Aide**, **Réduire**, **Agrandir** (ou **Niveau inférieur**) et **Fermer**. Notez que les vignettes de ce volet vous permettent de créer un tout nouveau classeur (vignette **Nouveau classeur**) ou de créer un classeur à partir d'un des modèles proposés dont la liste est visible grâce au curseur de défilement vertical.

(3) Nom de l'utilisateur actif ; le lien **Changer de compte** permet d'utiliser un autre compte d'utilisateur. Les icônes et (disponibles dans toute l'interface d'Excel) permettent d'envoyer un commentaire positif ou négatif sur l'utilisation du logiciel, par défaut, une capture de l'écran est jointe au message. Ces commentaires sont ensuite utilisés par Microsoft pour apporter des améliorations au logiciel.

- Pour commencer à travailler sur une feuille de calcul Excel, vous pouvez donc soit ouvrir un classeur existant à partir du volet gauche, ou alors créer un tout nouveau classeur en cliquant dans le volet droit sur la vignette **Nouveau classeur** ou sur la vignette d'un des modèles proposés.

  *Notez l'accès facile au champ **Rechercher des modèles en ligne** qui vous permet, comme son nom l'indique, de rechercher un modèle particulier à partir de mots-clés.*

  Pour en savoir plus sur la gestion des modèles, nous vous invitons à vous référer à la partie de cet ouvrage qui lui est consacrée.

- Cliquez sur la vignette **Nouveau classeur** située sur l'écran d'accueil pour obtenir la fenêtre de travail proprement dite d'Excel.

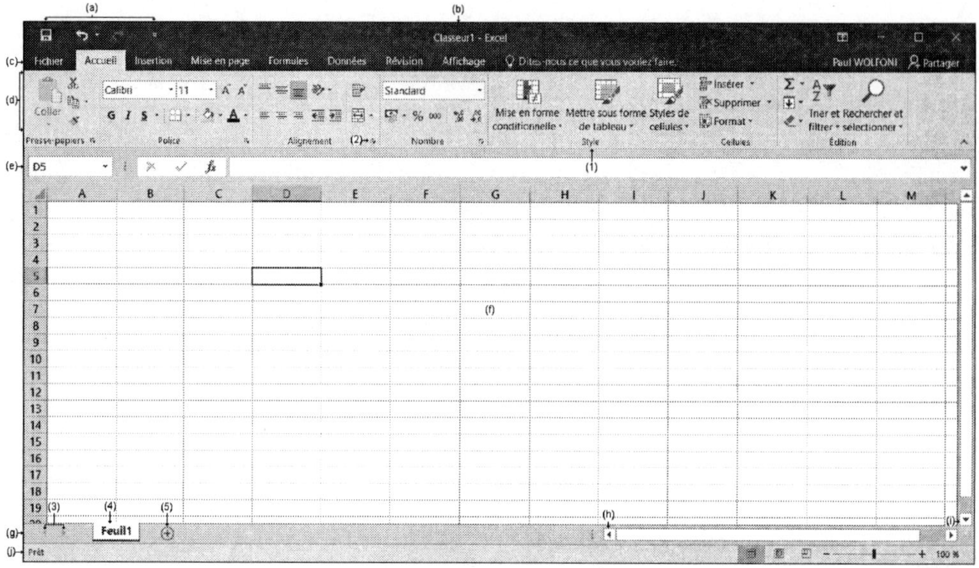

La barre d'outils **Accès rapide** (a) contient les outils les plus fréquemment utilisés. Vous pouvez la personnaliser en l'affichant sous le ruban ou en y ajoutant de nouveaux outils (cf. chapitre Personnalisation).

La **barre de titre** (b) affiche le nom du classeur (**ClasseurN** lorsque celui-ci n'est pas encore enregistré) suivi du nom de l'application Excel ; sur la droite, vous retrouvez l'outil **Options d'affichage du ruban** , **Réduire** , **Niveau inférieur** (ou **Agrandir**) et **Fermer** .

L'onglet **Fichier** (c) active le mode Microsoft Office Backstage qui masque temporairement la feuille de calcul et affiche un menu donnant accès aux fonctionnalités de base de l'application (créer un nouveau classeur, ouvrir, enregistrer et fermer un classeur, imprimer...) mais aussi à d'autres fonctionnalités comme celle permettant de partager un fichier ou encore, celles permettant de paramétrer les comptes utilisateurs et l'application Excel.

Le **Ruban** (d) comporte la majorité des commandes de l'application Microsoft Excel. Ces commandes sont regroupées par tâches, chacune de ces tâches étant représentée par un onglet. La sélection de certains objets (comme par exemple une image), fait apparaître des onglets supplémentaires, appelés **onglets contextuels**. Ces onglets s'affichent à droite des onglets standards et regroupent les commandes appropriées à l'objet sélectionné. Chaque onglet présente plusieurs **groupes** (1) de commandes (ou sous-tâches) dans lesquels vous visualisez des boutons de commande permettant de réaliser la plupart des manipulations. Certains des groupes présentent un **Lanceur de boîte de dialogue** (2) permettant d'afficher une boîte de dialogue ou un volet Office donnant accès à des options supplémentaires.

Selon la résolution de votre écran, les options et icônes visibles dans chaque onglet peuvent se présenter différemment (cf. Utiliser/gérer le ruban).

À droite de la barre d'onglet, vous visualisez la zone **Dites-nous ce que vous voulez faire** qui donne accès à l'aide intuitive, le nom de l'utilisateur actif et le bouton **Partager**.

La zone (e) contient la **zone Nom** 

et, à droite, la **barre de formule** ; la zone Nom permet d'afficher des informations sur la cellule active tandis que la barre de formule permet de saisir et de modifier des données. Chacune de ces deux zones peut être dimensionnée (cf. chapitre Affichage).

La **feuille de calcul** (f) est composée de **cellules** organisées en lignes et en colonnes ; les lignes sont caractérisées par des numéros tandis que les colonnes le sont par des lettres. Avec Excel 2016 (version 32 bits), vous disposez de 1 048 576 lignes et de 16 384 colonnes (identifiées de A à XFD) ; chaque cellule correspond à l'intersection d'une ligne et d'une colonne et est identifiée par la lettre associée à cette colonne et le numéro associé à cette ligne (on parle de **référence de cellule**). Par exemple, la cellule située à l'intersection de la troisième colonne et de la dixième ligne est identifiée **C10**. Lorsque vous êtes positionné dans une cellule, elle devient la cellule **active** et sa référence apparaît dans la zone nom, à gauche de la barre de formule. Le carré noir qui apparaît dans le coin inférieur droit de la cellule active s'appelle la **poignée de recopie**.

Un classeur peut être composé de plusieurs feuilles de calcul (une par défaut), Excel affiche dans le bas de la feuille de calcul active, la barre des **onglets de feuille de calcul** (g) qui permet d'identifier chaque feuille ; cette barre contient les boutons de défilement des feuilles (3), le ou les onglets des feuilles (4) et le bouton **Nouvelle feuille** (5).

Les **barres de défilement** servent à faire défiler la feuille de calcul à l'horizontale (h) et à la verticale (i) ; les rectangles visibles dans ces barres sont appelés curseurs de défilement.

La **barre d'état** (j) affiche des informations sur l'environnement de travail, le mode d'affichage, le bouton **Zoom** et le curseur de zoom. Vous pouvez modifier les indicateurs visibles sur la barre d'état (cf. chapitre Personnalisation).

Pour ne plus afficher la page d'accueil à chaque démarrage d'Excel et créer automatiquement un nouveau classeur, décochez l'option **Afficher l'écran de démarrage au lancement de cette application** (onglet **Fichier** - **Options** - catégorie **Général** - zone **Options de démarrage**).

Quitter Excel 2016

- Cliquez sur l'outil **Fermer** situé en haut à droite de la fenêtre Excel pour fermer le classeur et quitter l'application.

  L'option ***Fermer*** *de l'onglet* ***Fichier*** *ferme le fichier et non l'application.*

- Enregistrez, si besoin est, le classeur modifié.

Vous pouvez également utiliser le raccourci-clavier [Alt] [F4] pour quitter Excel.

Utiliser/gérer le ruban

Par défaut Excel affiche les onglets et les commandes du ruban en permanence au-dessus de la barre de formule.

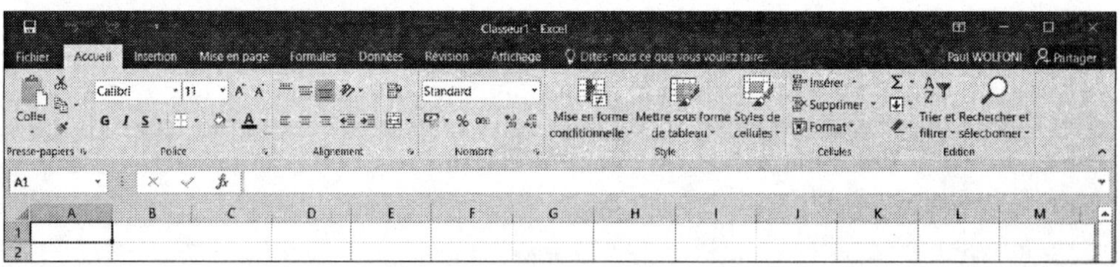

Chaque onglet est divisé en plusieurs groupes. Par exemple, dans l'onglet ***Accueil****, utilisé pour la présentation des pages du classeur, les commandes sont réparties dans sept groupes :* ***Presse-papiers****,* ***Police****,* ***Alignement****,* ***Nombre****,* ***Style****,* ***Cellules*** *et* ***Édition****.*

Selon la résolution de votre écran, les icônes et options visibles dans chaque onglet peuvent se présenter différemment :

Pour modifier le mode d'affichage du ruban, cliquez sur l'outil **Options d'affichage du ruban** situé en haut à droite de l'écran puis choisissez une des options proposées :

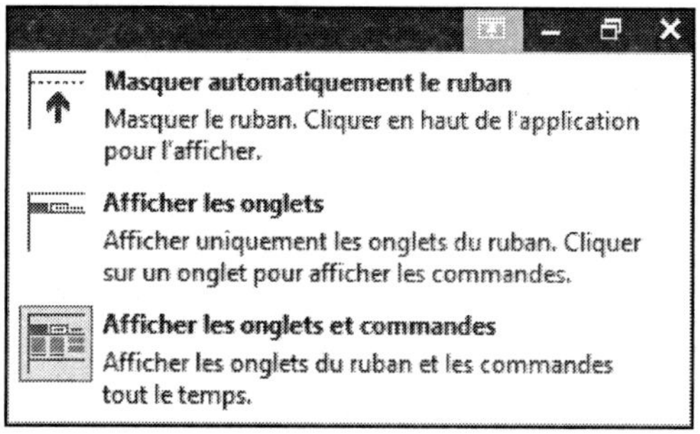

- **Masquer automatiquement le ruban** pour masquer les onglets et les commandes ; ensuite pour les afficher temporairement, vous devez cliquer sur l'icône situé en haut à droite de l'écran. Pour le masquer à nouveau sans modifier ce mode, cliquez sur une cellule quelconque.
- **Afficher les onglets** pour n'afficher que les onglets ; dans ce cas, vous devez cliquer sur un onglet pour afficher ses commandes ; notez alors la présence du symbole épingle situé à l'extrémité droite du ruban qui permet de fixer le ruban. Pour les masquer à nouveau sans modifier ce mode, cliquez sur une cellule quelconque.

*Pour activer ce mode, vous pouvez aussi cliquer sur le symbole **Réduire le ruban** situé à l'extrémité droite du ruban ou utiliser le raccourci-clavier* Ctrl F1.

- **Afficher les onglets et commandes** pour afficher le ruban en permanence (option active par défaut) ; vous pouvez également faire un double clic sur un onglet pour afficher le ruban en permanence.

Pour afficher la boîte de dialogue ou le volet Office associé à un groupe, cliquez sur l'outil visible dans la partie inférieure droite du groupe de commandes concerné.

Un menu contextuel apparaît lorsque vous cliquez avec le bouton droit de la souris sur un élément quelconque de la feuille de calcul (cellule, ligne, colonne...) ; il affiche uniquement les commandes pouvant être appliquées à cet élément.

Découvrir l'onglet Fichier

Depuis Office 2010, l'onglet ***Fichier*** *remplace le bouton Microsoft Office de la version 2007 et le menu* ***Fichier*** *utilisé dans les versions 2003, 2002...*

Cliquez sur l'onglet **Fichier**.

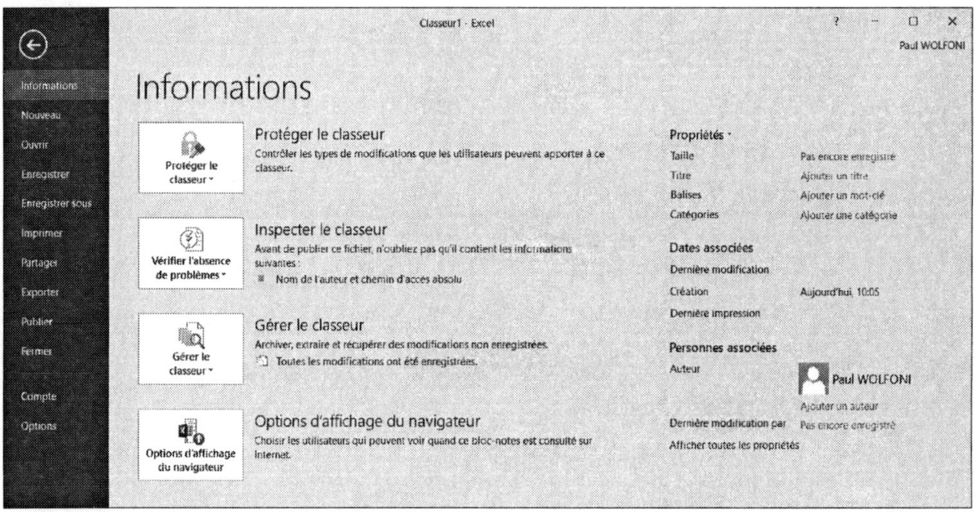

Vous activez ainsi le mode Backstage : le classeur en cours est momentanément masqué par une nouvelle fenêtre.

Le volet gauche de cette nouvelle fenêtre donne accès aux fonctions de base d'Excel (**Enregistrer**, **Enregistrer sous**, **Ouvrir**, **Fermer**, **Imprimer**...), mais aussi à d'autres fonctionnalités comme celle permettant de **Partager** un fichier ou encore, celles permettant de paramétrer le **Compte** utilisateur et l'application Excel (**options**).

Selon la fonction choisie, un certain nombre d'options peuvent vous être proposées dans la partie droite de la fenêtre ; par exemple, pour la fonction **Nouveau** vous pouvez choisir de créer un **Nouveau classeur** ou d'utiliser un des modèles proposés ou de rechercher un modèle en ligne.

- Pour refermer l'onglet **Fichier** sans valider d'option, cliquez sur la flèche située en haut du volet.

Annuler les dernières manipulations

- Pour annuler la dernière manipulation, cliquez sur l'outil **Annuler** visible dans la barre d'outils **Accès rapide** ou utilisez le raccourci-clavier Ctrl **Z**.
- Pour annuler les dernières manipulations, ouvrez la liste associée à l'outil **Annuler** pour afficher la liste des dernières actions puis cliquez sur la dernière des manipulations à annuler (cette action et toutes celles qui ont suivi seront annulées).

Certaines actions, telles que l'ouverture ou l'enregistrement d'un classeur, ne peuvent pas être annulées. Dans ce cas, l'outil **Annuler** est remplacé par **Impossible d'annuler**.

Rétablir des manipulations précédemment annulées

- Pour rétablir la dernière action annulée, cliquez sur l'outil **Rétablir** visible dans la barre d'outils **Accès rapide** ou utilisez le raccourci-clavier Ctrl **Y**.
- Pour rétablir les dernières actions annulées, ouvrez la liste associée à l'outil **Rétablir** et sélectionnez la dernière des manipulations à rétablir.

Répéter la dernière manipulation

Plutôt que de refaire plusieurs fois de suite la même manipulation, il est possible de la répéter.

- Si besoin, sélectionnez les cellules concernées par la répétition.
- Utilisez le raccourci-clavier Ctrl **Y** ou F4.

Utiliser l'Aide intuitive

*Intégrée à toutes les applications Office 2016, l'Aide intuitive est un assistant de recherche, nommé **Tell Me**, matérialisé par une zone de recherche visible à droite de la barre d'onglets du ruban. Selon les mots-clés saisis, les suggestions proposées qui s'affichent permettent d'exécuter la commande concernée sans que l'utilisateur ait besoin de rechercher la commande pour l'exécuter.*

- Activez la zone de recherche **Dites-nous ce que vous voulez faire.**

La liste qui s'affiche propose les recherches récentes et des suggestions :

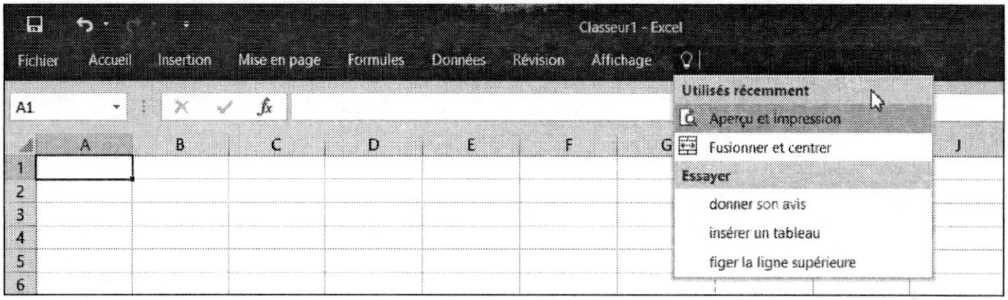

- Saisissez le(s) mot(s)-clé(s) de la commande recherchée.

*Des commandes associées au(x) mot(s)-clé(s) saisi(s) sont proposées dans la liste ; la dernière option **Obtenir de l'aide sur** permet d'accéder à l'aide classique d'Excel :*

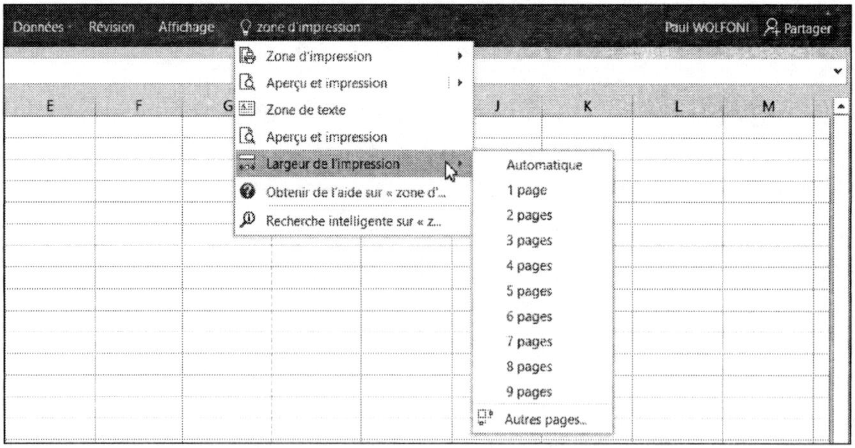

- Parmi les suggestions proposées, sélectionnez la commande que vous souhaitez exécuter.

  Pour simplement consulter l'aide associée au(x) mot(s)-clé(s) saisi(s), choisissez l'option **Obtenir de l'aide sur**.

  Pour rechercher l'information sur le Web (à l'aide du moteur Bing), choisissez l'option **Recherche intelligente sur « z...**.

  *Si vous avez choisi cette dernière option, le volet **Insights**, qui s'affiche à droite de l'écran, vous fournit les informations demandées ; le lien **Définir** permet de consulter la définition du ou des mots-clés saisis :*

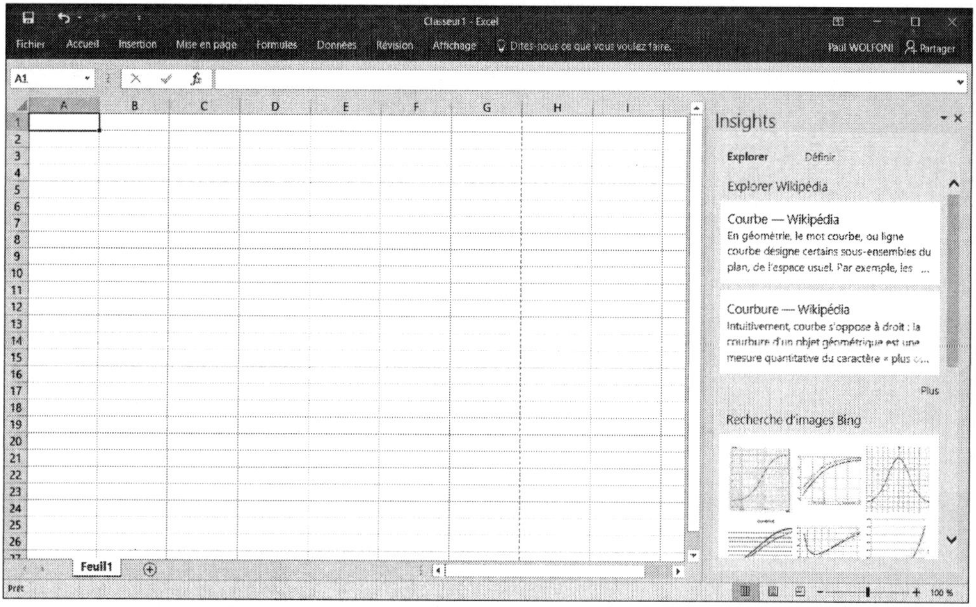

*Si l'information recherchée se trouve dans une cellule, vous pouvez, après avoir sélectionné le texte ou la cellule, cliquer avec le bouton droit de la souris sur la sélection et choisir l'option **Recherche intelligente** pour afficher le résultat de la recherche dans le volet **Insights**.*

L'outil **Aide** [?] n'est plus visible dans la barre de titre de l'application, vous pouvez néanmoins y accéder en utilisant la touche [F1].

Changer le mode d'affichage

Microsoft Office Excel 2016 propose différents modes d'affichage.

Le mode Normal

Le mode Normal est le mode d'affichage activé et utilisé par défaut.

Dans l'onglet **Affichage**, cliquez sur le bouton **Normal** du groupe **Modes d'affichage** ou cliquez sur l'outil visible à droite dans la barre d'état.

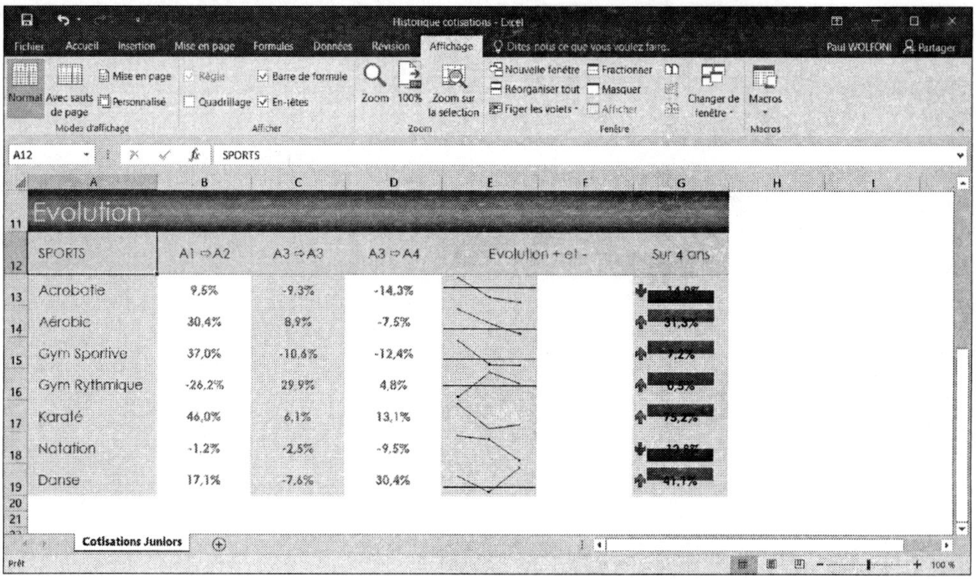

Le mode Mise en page

Dans l'onglet **Affichage**, cliquez sur le bouton **Mise en page** du groupe **Modes d'affichage** ou cliquez sur l'outil visible à droite dans la barre d'état.

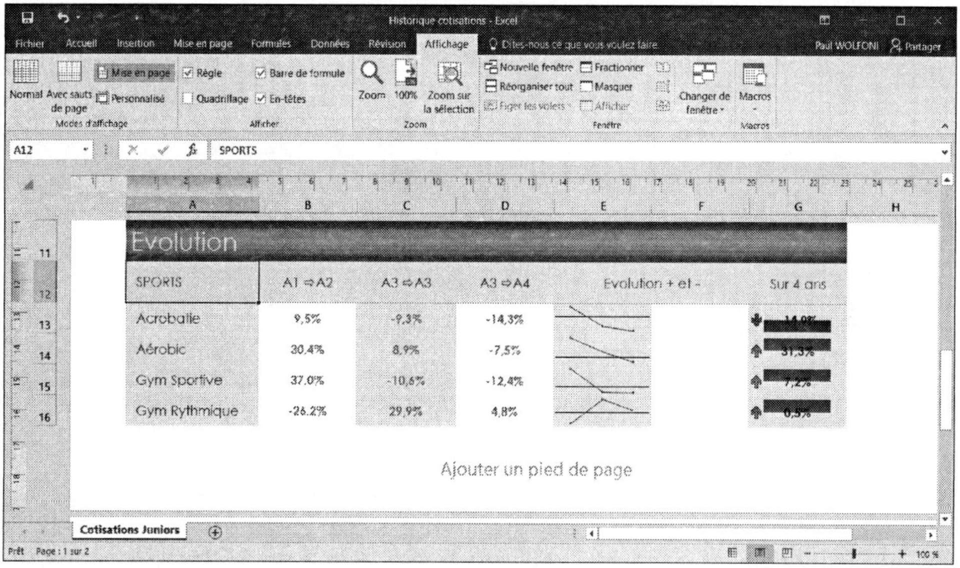

En mode Mise en page, Excel affiche la disposition générale de la feuille de calcul telle qu'elle sera imprimée sur une feuille de papier ; une règle horizontale et une règle verticale apparaissent qui permettent de positionner correctement les objets et d'afficher ou de modifier directement les marges de page dans la feuille de calcul. Vous pouvez aussi créer ou modifier l'en-tête et le pied de page.

Le mode Avec sauts de page

Ce mode d'affichage permet de visualiser les sauts de page existants et de les déplacer.

Dans l'onglet **Affichage**, cliquez sur le bouton **Avec sauts de page** du groupe **Modes d'affichage** ou cliquez sur l'outil visible à droite dans la barre d'état.

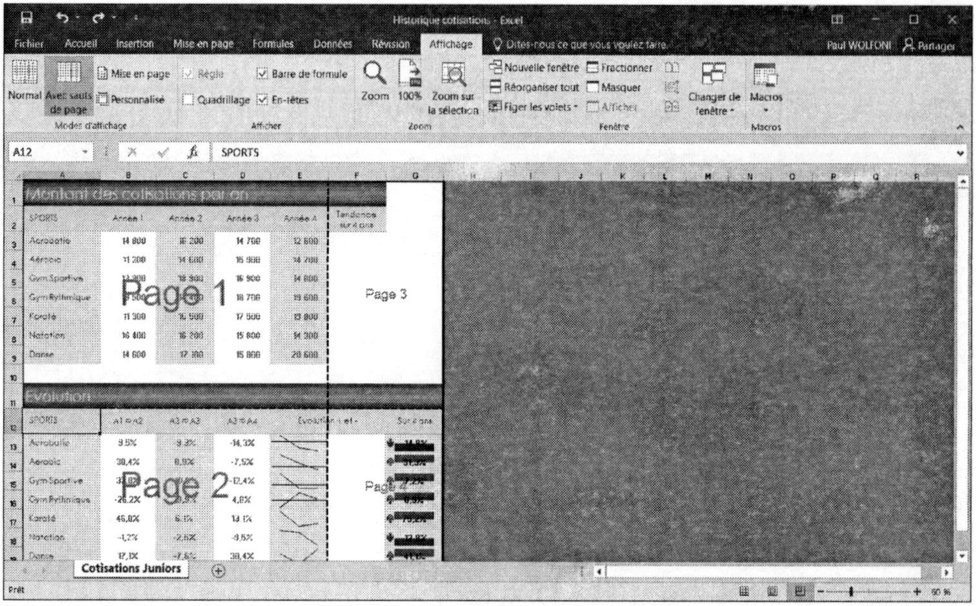

Les sauts de page sont matérialisés par des traits bleus, continus pour les sauts de page manuels et en pointillés pour les sauts de page automatiques. Vous pouvez travailler normalement dans la feuille de calcul (saisir, modifier des données...).

Pour déplacer un saut de page, pointez le trait bleu puis faites-le glisser à sa nouvelle position.

Quel que soit le mode d'affichage actif, le mode **Plein écran** permet de visualiser seulement la feuille de calcul, sans la barre d'outils Accès rapide, le ruban et la barre d'état. Le bouton **Plein écran** n'apparaît plus par défaut dans la version 2013 d'Excel. Mais vous pouvez l'insérer dans la barre d'outils Accès rapide ou dans un nouveau groupe du ruban (cf. Personnalisation - Personnaliser la barre d'outils Accès rapide). Pour désactiver le mode Plein écran et retrouver le mode d'affichage précédent, appuyez sur la touche Echap.

Activer/désactiver le mode Tactile ou Souris

- Si besoin, affichez l'outil **Mode tactile/souris** dans la barre d'outils Accès rapide en choisissant l'option correspondante dans la liste de l'outil **Personnaliser la barre d'outils Accès rapide**.
- Cliquez sur l'outil **Mode tactile/souris** puis activez l'option :
  - **Souris** pour afficher le ruban et ses commandes normalement.
  - **Tactile** pour agrandir légèrement les icônes des commandes et les espacer afin de faciliter leur accès sur les écrans tactiles.

Mode Souris

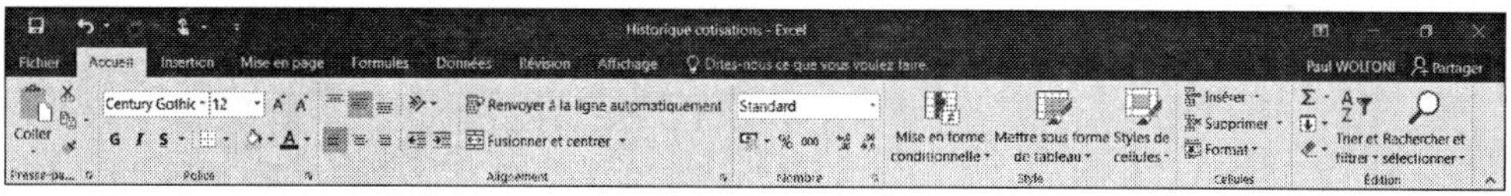

Mode Tactile

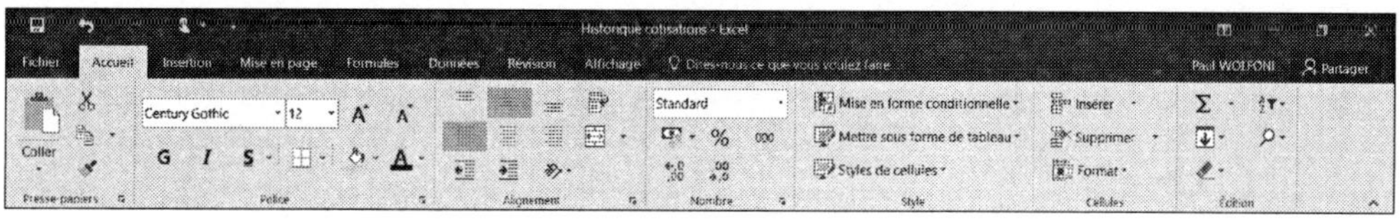

Modifier l'affichage de la barre de formule

Nous vous rappelons que la barre de formule contient deux zones qui peuvent être dimensionnées.

- Pour élargir ou diminuer la zone de nom par rapport à la zone de formule, pointez le symbole visible entre les deux éléments (le pointeur de la souris prend la forme suivante ⇔) et réalisez un cliqué-glissé vers la gauche ou vers la droite.

- Pour agrandir ou diminuer la zone de formule, pointez le bas de la zone (le pointeur de la souris prend la forme suivante ⇕) et réalisez un cliqué-glissé vers le bas ou vers le haut.

  Lorsque la zone de formule comporte une barre de défilement, cela signifie que tout son contenu n'est pas visible.

- Pour développer la zone de formule d'une ligne ou pour la diminuer à une seule ligne, cliquez sur le bouton ⌃ ou ⌄ situé à l'extrémité droite de la barre de formule ou utilisez le raccourci-clavier Ctrl ⇧ **U**.

- Pour masquer la barre de formule, activez l'onglet **Affichage** et décochez l'option **Barre de formule** du groupe **Afficher**.

Afficher/masquer quadrillage, en-têtes de lignes et de colonnes

- Activez l'onglet **Affichage**.

- Pour masquer le quadrillage, décochez l'option **Quadrillage** du groupe **Afficher** ; pour réafficher le quadrillage, cochez de nouveau l'option.

- Pour masquer les lettres représentatives des colonnes et les numéros représentatifs des lignes, désactivez l'option **En-têtes** du groupe **Afficher** ; pour réafficher ces éléments, activez de nouveau cette option.

Modifier le zoom d'affichage

- Pour modifier rapidement la valeur du zoom, faites glisser le curseur de **Zoom** situé sur la barre d'état ou cliquez autant de fois que nécessaire sur l'outil **Zoom arrière** [-] ou sur l'outil **Zoom avant** [+].

  Vous pouvez aussi maintenir la touche Ctrl *enfoncée tout en actionnant la roulette de la souris vers l'avant ou vers l'arrière.*

- Sur un dispositif tactile, pour effectuer un zoom avant, écartez deux doigts ; pour effectuer un zoom arrière, rapprochez deux doigts.

  Le pourcentage de zoom de la feuille de calcul s'affiche dans la barre d'état.

- Pour ajuster le zoom à une sélection de cellules, sélectionnez les cellules et cliquez sur le bouton **Zoom sur la sélection** du groupe **Zoom** de l'onglet **Affichage**.
- Pour spécifier une valeur précise du zoom, activez l'onglet **Affichage** puis cliquez sur le bouton **Zoom** visible dans le groupe du même nom ou cliquez, dans la barre d'état, sur le bouton **Facteur de zoom** qui affiche le pourcentage du zoom actif.

  *La boîte de dialogue **Zoom** s'affiche à l'écran.*

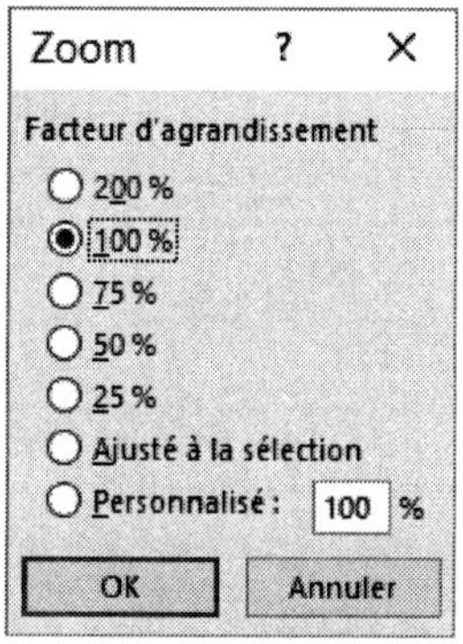

- Cliquez sur l'option correspondant au pourcentage désiré ou saisissez une valeur de zoom dans la zone de saisie **Personnalisé**.

  *L'option **Ajusté à la sélection** permet, comme son nom l'indique, de zoomer les cellules sélectionnées au préalable (bouton **Zoom sur la sélection**).*
- Cliquez sur le bouton **OK**.

Activer une ou plusieurs fenêtres

Lorsque plusieurs classeurs sont ouverts ou lorsque vous avez créé plusieurs fenêtres à partir d'un classeur (cf. titre suivant), il est indispensable de savoir activer l'une ou l'autre des fenêtres afin d'y accéder.

Avec Excel 2016 chaque classeur dispose de sa propre fenêtre, vous pouvez ainsi afficher et travailler dans plusieurs classeurs en même temps (voir aussi le titre Réorganiser l'affichage des fenêtres de cet ouvrage).

- Si un classeur a été ouvert mais qu'il n'est pas visible à l'écran, vous pouvez l'afficher en cliquant sur le bouton **Changer de fenêtre** de l'onglet **Affichage**.

  La liste des fenêtres ouvertes apparaît ; celle active est précédée d'une coche.

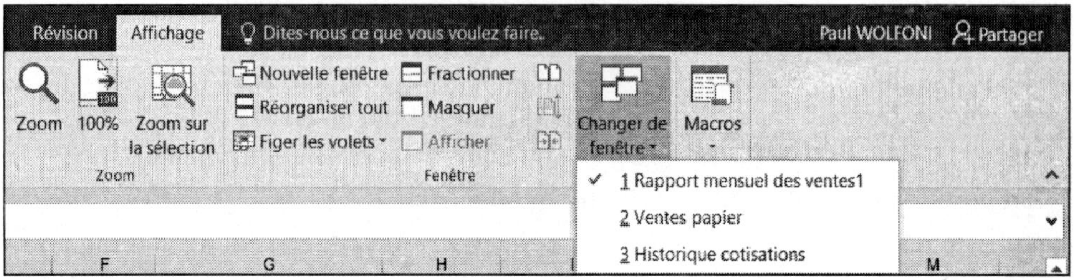

- Dans ce cas, cliquez sur le nom du classeur (ou de la fenêtre) à afficher.
- Pour afficher plusieurs classeurs sur l'écran, faites glisser la barre de titre du classeur sur la droite ou la gauche de l'écran afin de l'ancrer.

  Renouvelez ce déplacement avec le ou les autres classeurs.

  Dans cet exemple nous pouvons ainsi travailler sur deux classeurs distincts simultanément :

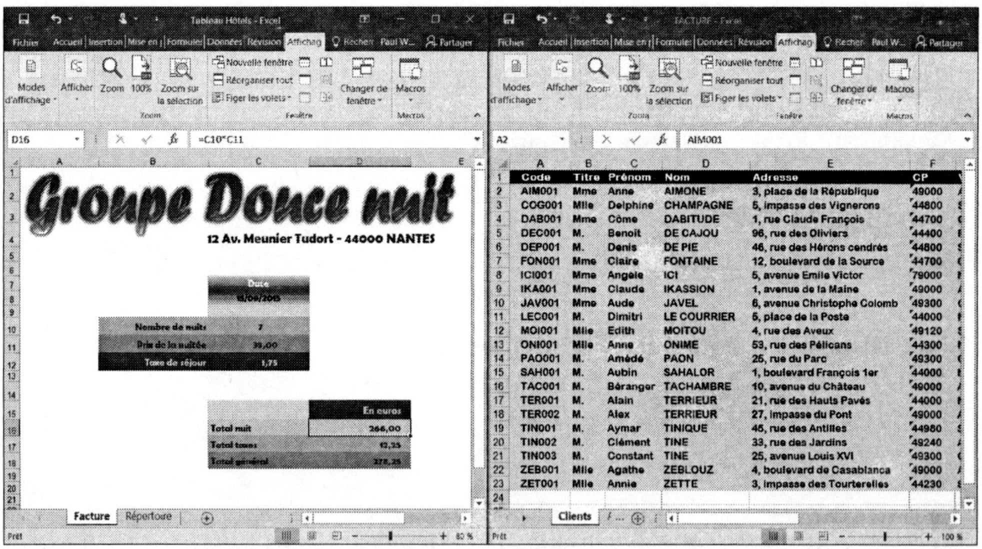

Si toutes les fenêtres sont affichées à l'écran (cf. Réorganiser l'affichage des fenêtres), cliquez tout simplement dans la fenêtre à activer ; vous pouvez aussi pointer l'icône Excel dans la barre des tâches puis cliquer sur la miniature correspondant au classeur à activer.

Afficher un classeur dans deux fenêtres différentes

Vous avez la possibilité de créer plusieurs vues différentes du classeur, ce qui permet, par exemple, de visualiser en même temps deux zones éloignées d'une même feuille de calcul ou encore deux feuilles de calcul d'un même classeur.

- Dans l'onglet **Affichage**, cliquez sur le bouton **Nouvelle fenêtre** du groupe **Fenêtre**.

  Une nouvelle fenêtre intitulée ***Nom du classeur:2*** *se superpose immédiatement à la fenêtre d'origine.*

- Affichez les fenêtres en mosaïque (cf. Réorganiser l'affichage des fenêtres).
- Faites défiler le contenu de chaque fenêtre afin de visualiser dans chaque fenêtre une zone différente du classeur.

Lorsque vous travaillez dans l'une ou l'autre des fenêtres, vous modifiez le classeur, pas uniquement la feuille active dans la fenêtre.

Réorganiser l'affichage des fenêtres

Vous avez la possibilité de juxtaposer sur l'écran les différentes fenêtres ouvertes d'un ou de plusieurs classeurs.

- Activez la fenêtre concernée.
- Dans l'onglet **Affichage**, cliquez sur le bouton **Réorganiser tout** du groupe **Fenêtre**.

  La boîte de dialogue ***Réorganiser*** *qui s'affiche permet de choisir la disposition des fenêtres.*

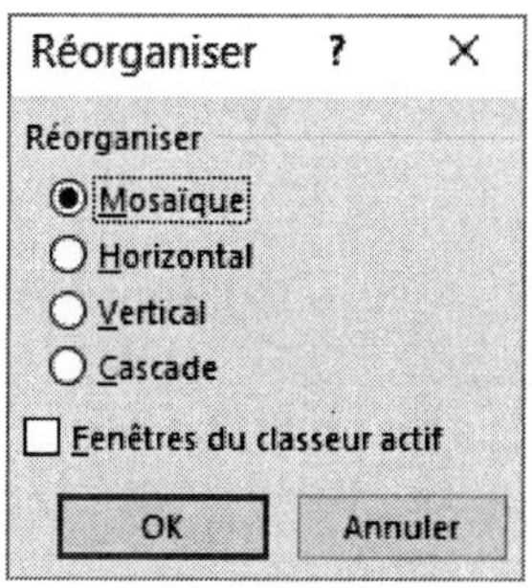

- Choisissez la disposition des fenêtres : l'option **Mosaïque** affiche toutes les fenêtres côte à côte ; l'option **Cascade** permet de superposer les fenêtres en les décalant afin que la barre de titre de chaque fenêtre soit accessible.

- Si plusieurs classeurs sont ouverts et que le classeur actif contient plusieurs fenêtres, activez l'option **Fenêtres du classeur actif** si vous souhaitez afficher uniquement les différentes fenêtres du classeur actif (cf. Afficher un classeur dans deux fenêtres différentes).
- Cliquez sur le bouton **OK**.

Chaque classeur disposant désormais de sa propre fenêtre indépendante, vous pouvez aussi cliquer puis sans relâcher la souris, faire glisser la fenêtre Excel de votre choix sur un côté de votre (ou de vos) écran(s).

Masquer/afficher une fenêtre

Excel vous permet de masquer une fenêtre sans pour autant la fermer.

- Pour masquer une fenêtre, commencez par activer la fenêtre concernée.
- Dans l'onglet **Affichage**, cliquez sur le bouton **Masquer** du groupe **Fenêtre**.
- Pour afficher une fenêtre masquée, cliquez sur le bouton **Afficher** du groupe **Fenêtre**.
- Dans la boîte de dialogue **Afficher** qui apparaît, cliquez sur le nom de la fenêtre à afficher puis cliquez sur le bouton **OK** ou faites un double clic sur son nom.

Figer/libérer des lignes et/ou des colonnes

Cette manipulation permet de fixer des lignes et/ou des colonnes à l'écran de manière à afficher côte à côte des données distantes les unes des autres lorsque vous ferez défiler la feuille de calcul.

- Activez l'onglet **Affichage**.
- Pour verrouiller une ligne, faites défiler, si besoin, le contenu de la fenêtre de manière à afficher la ligne concernée en tant que première ligne de la fenêtre ; cliquez sur le bouton **Figer les volets** du groupe **Fenêtre** et activez l'option **Figer la ligne supérieure**.
- Pour verrouiller une colonne, affichez-la, si besoin, en tant que première colonne de la fenêtre ; cliquez sur le bouton **Figer les volets** du groupe **Fenêtre** et activez l'option **Figer la première colonne**.

- Pour verrouiller les premières lignes et colonnes de la fenêtre, cliquez dans la cellule située à droite des colonnes et en dessous des lignes à verrouiller ; cliquez ensuite sur le bouton **Figer les volets** du groupe **Fenêtre** et activez l'option **Figer les volets.**

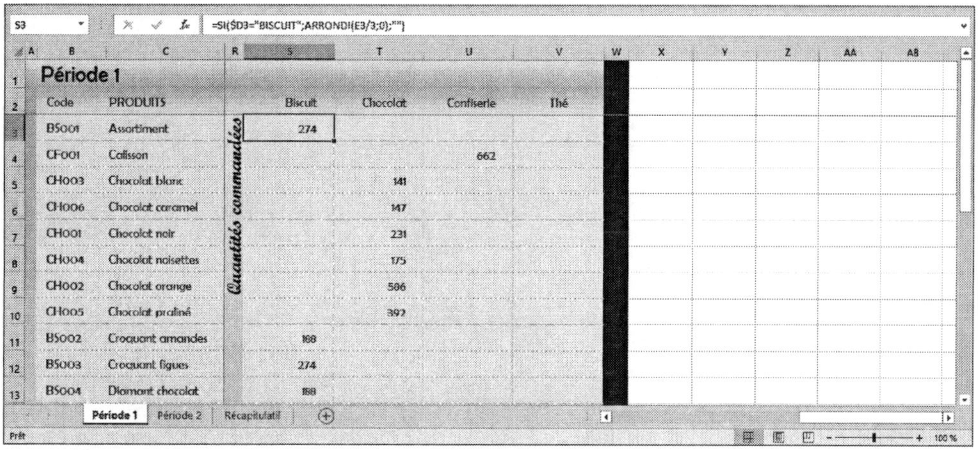

- Pour libérer les lignes et/ou les colonnes verrouillées, cliquez sur le bouton **Figer les volets** du groupe **Fenêtre** et activez l'option **Libérer les volets.**

Fractionner une fenêtre en plusieurs volets

Suivant le même principe que celui décrit dans le titre précédent, vous pouvez également fractionner la fenêtre en deux ou quatre volets. Cette fonctionnalité permet ainsi de faire défiler indépendamment le contenu de chaque volet de la fenêtre.

- Pour fractionner la fenêtre, cliquez dans la cellule située à droite et en dessous de l'emplacement où vous souhaitez fractionner la feuille de calcul.

- Activez l'onglet **Affichage** et cliquez sur l'outil **Fractionner**  du groupe **Fenêtre.**

  Des barres de défilement sont visibles dans chaque volet : vous pouvez faire défiler le contenu de chaque volet indépendamment des autres.

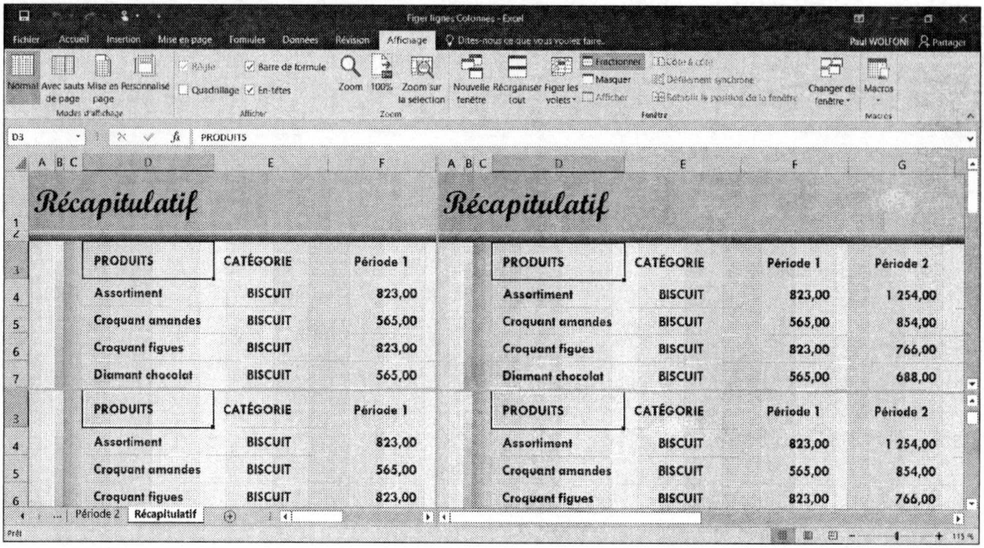

- Pour modifier un fractionnement, faites glisser la barre de séparation pour la positionner à l'endroit souhaité.
- Pour supprimer le fractionnement, cliquez à nouveau sur l'outil **Fractionner** du groupe **Fenêtre** de l'onglet **Affichage**.

  Vous pouvez aussi faire un double clic sur la barre de fractionnement (horizontale ou verticale) pour supprimer le fractionnement.

Notez que les contrôles **Curseur de fractionnement** qui vous permettaient (dans les versions antérieures d'Excel) de fractionner la fenêtre en volets à n'importe quel endroit de la feuille de calcul ont été supprimés des versions Excel 2013 et Excel 2016.

Créer un nouveau classeur vide

Les fichiers créés dans Microsoft Excel 2016 sont appelés des classeurs.

- Cliquez sur l'onglet **Fichier** puis sur l'option **Nouveau**.
- Cliquez sur la vignette **Nouveau classeur**.

*Une nouvelle fenêtre vierge intitulée **Classeur** suivi d'un numéro apparaît.*

Pour créer un nouveau classeur, vous pouvez aussi cliquer sur la vignette **Nouveau classeur** de la page d'accueil Excel, ou bien tout simplement utiliser le raccourci-clavier Ctrl **N**.

Créer un classeur basé sur un modèle

Il s'agit de créer un nouveau classeur à partir d'un autre modèle que celui utilisé pour créer un classeur vide : soit à partir d'un des modèles prédéfinis par Excel, soit à partir d'un modèle créé par vos soins (cf. Créer un modèle de classeur personnalisé).

Créer un classeur basé sur un des modèles proposés

Dans la partie droite de sa page d'accueil, ou à l'aide de l'onglet **Fichier** - option **Nouveau**, Excel propose quelques modèles prédéfinis, présentés sous forme de vignette.

*Dans cet exemple, il s'agit de l'option **Nouveau** de l'onglet **Fichier** :*

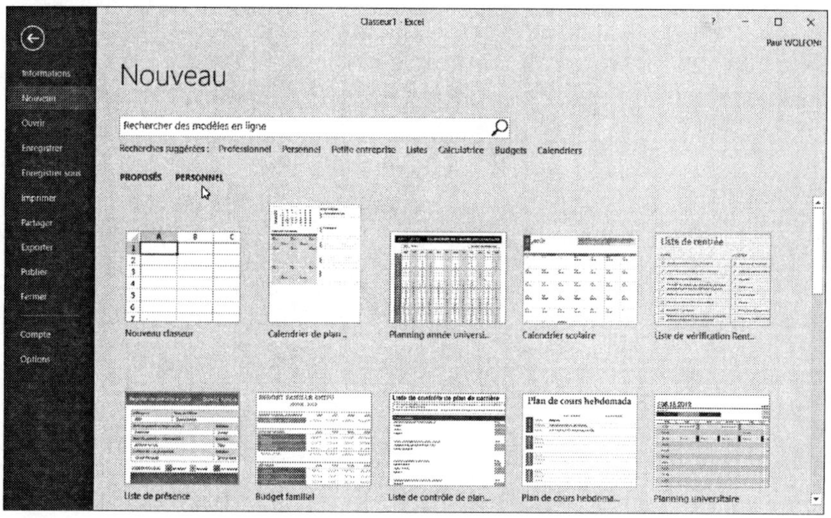

Si vous avez créé au moins un modèle personnalisé, les modèles sont alors répartis en deux grandes catégories : ***PROPOSÉS*** *et* ***PERSONNEL****. Dans le cas contraire, seuls les modèles prédéfinis par Excel vous sont proposés.*

Notez que le nom du modèle proposé apparaît sous sa vignette vous donnant ainsi une idée du thème traité par ce modèle.

- Activez si nécessaire le lien **PROPOSÉS** pour lister les modèles prédéfinis par Excel (rappelons que ce lien n'apparaît que si vous avez créé au moins un modèle personnalisé au préalable).
- Utilisez la barre de défilement vertical pour afficher les autres modèles.
- Pour créer un nouveau classeur à partir d'un modèle prédéfini, cliquez sur la vignette du modèle à utiliser.

Le descriptif ainsi que le visuel du modèle choisi sont présentés dans une fenêtre d'aperçu :

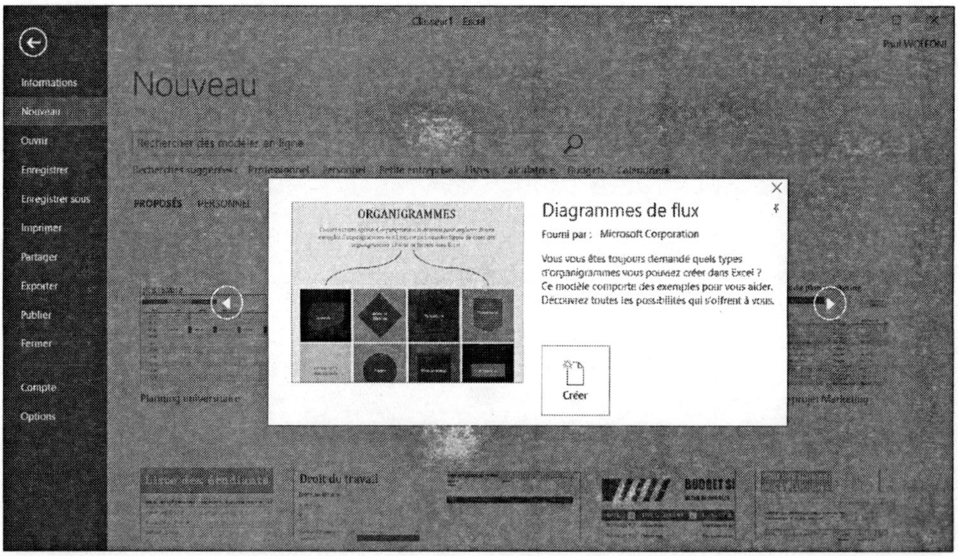

- Pour afficher le descriptif du modèle précédent ou suivant, cliquez sur la flèche de gauche ou de droite selon le cas.
- Pour refermer la fenêtre d'aperçu sans créer de nouveau classeur, cliquez sur son outil de fermeture [x] situé en haut à droite.

- Pour créer un nouveau classeur à partir du modèle sélectionné, cliquez sur le bouton **Créer** de sa fenêtre d'aperçu.

  Si le modèle n'a pas encore été installé dans votre compte utilisateur, Excel se charge de le télécharger automatiquement à partir du site Microsoft.

  Une nouvelle fenêtre contenant les données du modèle choisi s'affiche.

  *Notez que le nom du nouveau classeur ainsi créé est identique à celui du modèle mais il est suivi d'un nombre, exemple : **Diagrammes de flux1**.*

- Réalisez vos modifications et enregistrez le classeur en tant que nouveau classeur.

Pour attacher (fixer) un modèle dans la page d'accueil ou la page **Nouveau** afin de le rendre facilement accessible, pointez sa vignette puis cliquez sur l'icône [icône]. Pour détacher le modèle de la liste, pointez sa vignette puis cliquez sur l'icône [icône]. Vous pouvez aussi utiliser les options **Attacher à la liste** ou **Détacher de la liste** selon le cas du menu contextuel de la vignette (clic droit).

Créer un classeur basé sur un modèle personnalisé

- À partir de la page d'accueil Excel ou de la fenêtre **Nouveau** (onglet **Fichier** - option **Nouveau**), activez le lien **PERSONNEL** (celui-ci apparaît uniquement si vous avez créé un modèle personnalisé au préalable - cf. Créer un modèle de classeur personnalisé).

  Les modèles personnalisés sont généralement stockés dans un dossier réservé aux modèles : C:\Users\ nom_utilisateur\Documents\Modèles Office personnalisés.

  *L'**Emplacement des modèles personnels par défaut** est enregistré (et modifiable) dans les **Options Excel** (onglet **Fichier** - **Options** - catégorie **Enregistrement** - zone **Enregistrer les classeurs**).*

- Cliquez sur la vignette du modèle souhaité.

  Une nouvelle fenêtre contenant les données du modèle choisi s'affiche. Cette fenêtre est intitulée comme le modèle, suivi d'un numéro.

- Réalisez vos modifications et enregistrez le classeur en tant que nouveau classeur.

Rechercher un modèle en ligne

- À partir de la page d'accueil Excel ou de la fenêtre **Nouveau** (onglet **Fichier** - option **Nouveau**), cliquez dans la zone de saisie **Rechercher des modèles en ligne**.

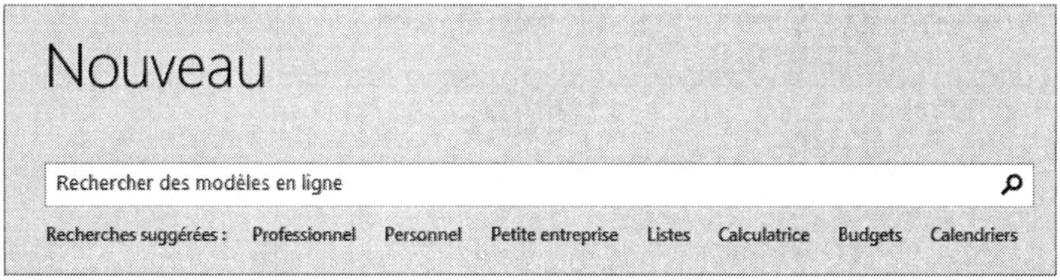

- Saisissez un ou plusieurs mots-clés puis lancez la recherche à l'aide de l'icône ou en appuyant sur la touche .

Excel vous suggère quelques solutions sous forme de vignettes en fonction des mots-clés saisis :

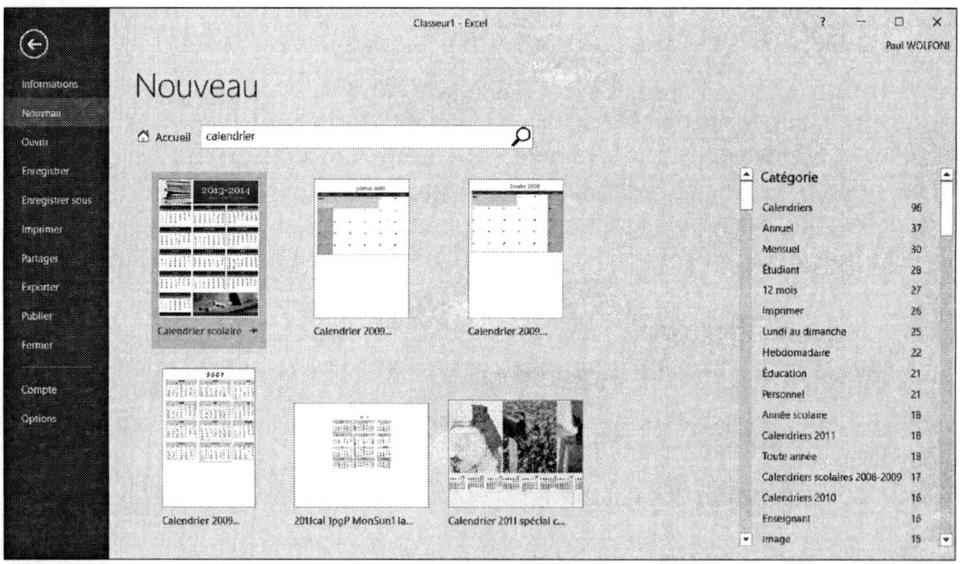

*Le bouton **Accueil** permet de revenir à l'affichage de tous les modèles.*

S'il existe des modèles dans les autres applications du Pack Office, ils apparaissent sous forme de liens à la fin de la liste :

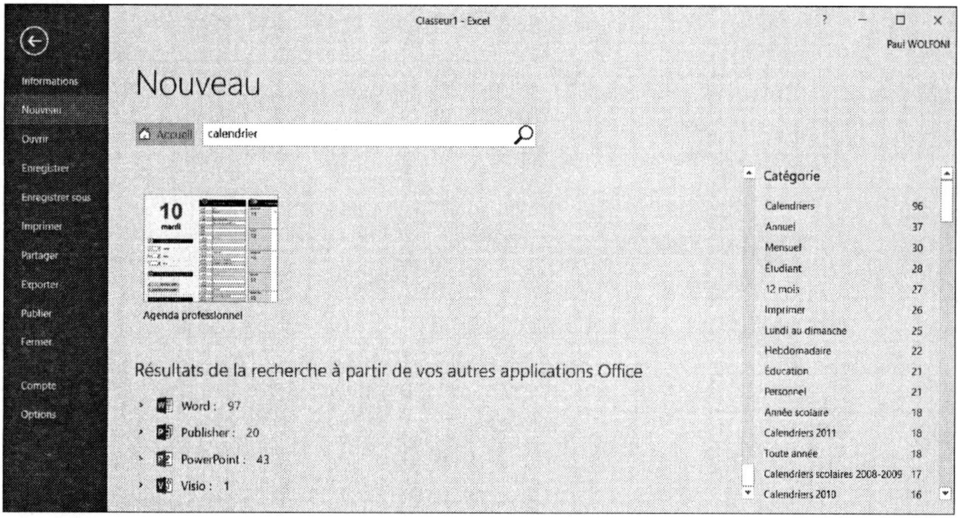

- Pour affiner les résultats de la recherche, cliquez sur une **Catégorie** pour en visualiser le contenu.
- Cliquez ensuite sur la vignette du modèle à utiliser puis sur le bouton **Créer** de sa fenêtre d'aperçu.

  Après téléchargement, une nouvelle fenêtre contenant les données du modèle choisi apparaît. Là encore, la fenêtre porte le même nom que le modèle, suivi d'un numéro.
- Réalisez vos modifications et enregistrez le classeur en tant que nouveau classeur.

Vous pouvez aussi utiliser les liens de **Recherches suggérées** en cliquant sur le thème de votre choix (sous la zone de recherche de la page d'accueil Excel) : **Professionnel**, **Personnel**, **Petite entreprise**, **Liste**, **Calculatrice**, **Budgets** ou **Calendriers**.

Créer un modèle de classeur personnalisé

Un modèle est un document contenant des feuilles de calcul, des données mises en forme, des formules de calcul... qui peuvent être exploitées pour la création de nouveaux classeurs.

- Élaborez le classeur modèle en y intégrant les éléments communs aux futurs classeurs qui seront créés à partir de ce modèle ; définissez si besoin des protections sur les feuilles ou sur les cellules (cf. chapitre Protection).
- Cliquez sur l'onglet **Fichier** puis sur l'option **Enregistrer sous.**
- Cliquez sur l'option **Parcourir** du volet central.
- Ouvrez la liste **Type** puis choisissez l'option **Modèle Excel.**

*Le dossier d'enregistrement proposé par défaut est le dossier **Modèles Office personnalisés** situé dans le dossier **Documents** de votre disque dur :*

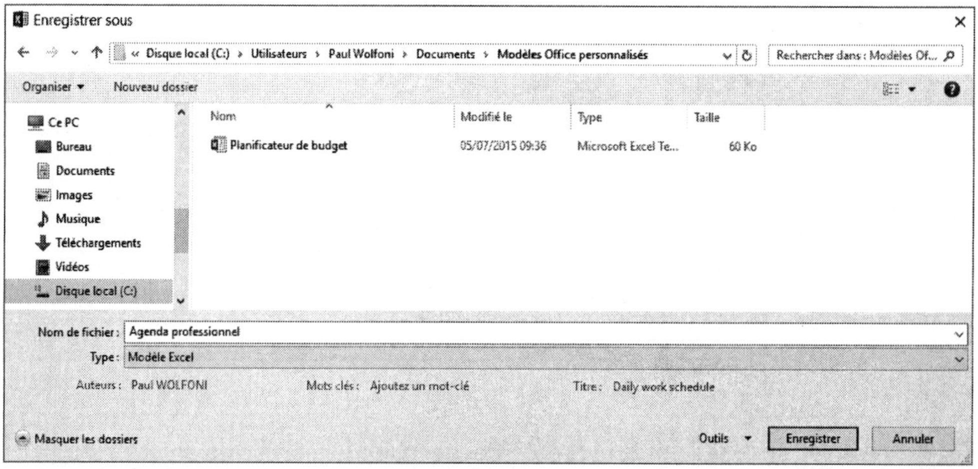

*L'emplacement défini par défaut de vos modèles est renseigné (et modifiable) dans les **Options** d'Excel (onglet **Fichier** - **Options** - catégorie **Enregistrement** - zone **Enregistrer les classeurs** - option **Emplacement des modèles personnels par défaut**).*

- Précisez le nom du modèle en complétant la zone **Nom de fichier**.
- Cliquez sur le bouton **Enregistrer**.

L'extension attribuée aux fichiers modèles est **.xltx** (selon les paramètres définis dans Windows, l'extension peut être masquée).

Pour modifier un modèle personnalisé, ouvrez-le et procédez comme pour un classeur quelconque. Pour créer un classeur basé sur un modèle personnalisé, reportez-vous au titre correspondant de ce chapitre.

Les modèles personnalisés apparaissent dans la liste **PERSONNEL** de la fenêtre d'**Accueil** Excel et de la fenêtre **Nouveau** (onglet **Fichier** - **Nouveau**).

Ouvrir un classeur

Cliquez sur l'onglet **Fichier** puis sur l'option **Ouvrir** ou utilisez le raccourci-clavier Ctrl **O**.

*Par défaut, le mode Backstage est activé pour l'ouverture (et l'enregistrement) des classeurs, vous ne visualisez donc pas directement la boîte de dialogue **Ouvrir**, mais l'écran suivant.*

*Notez que pour afficher occasionnellement la boîte de dialogue **Ouvrir** à la place de cet écran, vous pouvez utiliser le raccourci Ctrl F12 au lieu de Ctrl **O**.*

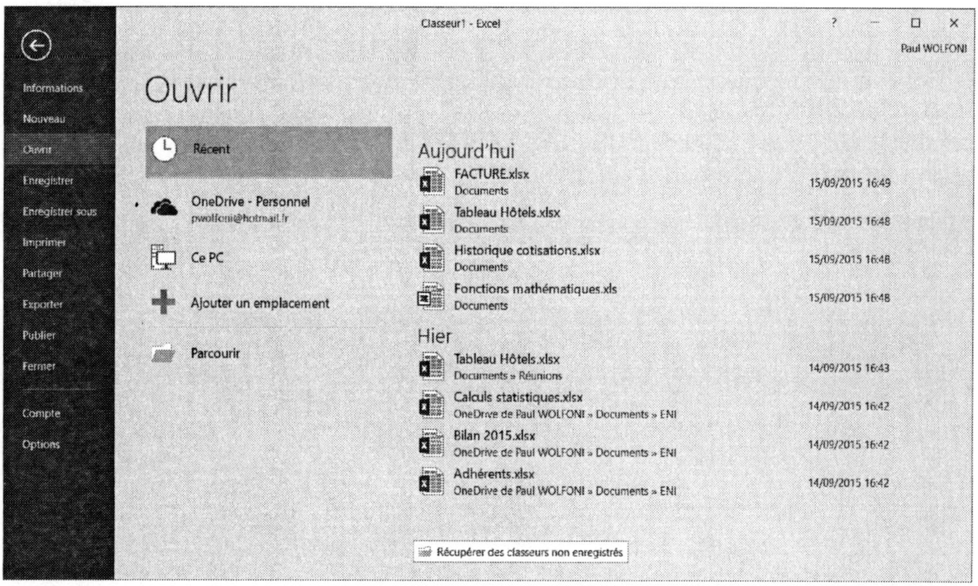

*En mode Backstage, Excel vous propose d'accéder rapidement à vos fichiers récemment utilisés (option **Récent**), ainsi qu'à tous les emplacements à partir desquels votre compte utilisateur peut ouvrir des fichiers (dans notre exemple : **OneDrive - Personnel** pour les enregistrements en ligne et **Ce PC** pour les données enregistrées sur le disque dur).*

*Pour ne plus obtenir cet écran à l'ouverture ou l'enregistrement des classeurs, vous pouvez cocher l'option **Ne pas afficher le mode Backstage à l'ouverture ou l'enregistrement des fichiers** (onglet **Fichier** - **Options** - catégorie **Enregistrement**). Attention, en activant cette option dans Excel, vous la rendez active dans tous les programmes Office.*

*Le bouton **Récupérer des classeurs non enregistrés** situé sous la liste des classeurs récemment utilisés permet d'afficher le contenu du dossier C:\Utilisateurs\Nom_utilisateur\AppData\Local\Microsoft\Office\UnsavedFiles dans lequel Excel effectue les sauvegardes automatiques (généralement toutes les 10 minutes) (cf. Récupérer une version antérieure d'un fichier).*

- Pour ouvrir un des classeurs récemment utilisé, activez (si ce n'est déjà fait) l'option **Récent** puis cliquez dans la liste de droite sur le classeur souhaité.
- Pour ouvrir un classeur enregistré sur le Cloud (en ligne) ou en interne, activez le nom de l'emplacement concerné (**OneDrive**, **Ce PC**...).

*Si vous avez choisi l'option **Ce PC**, le volet droit affiche les fichiers et les sous-dossiers de votre dossier **Documents** ; si vous avez choisi l'option **OneDrive**, le volet droit affiche les fichiers et les sous-dossiers de votre espace de stockage **OneDrive - Personnel** :*

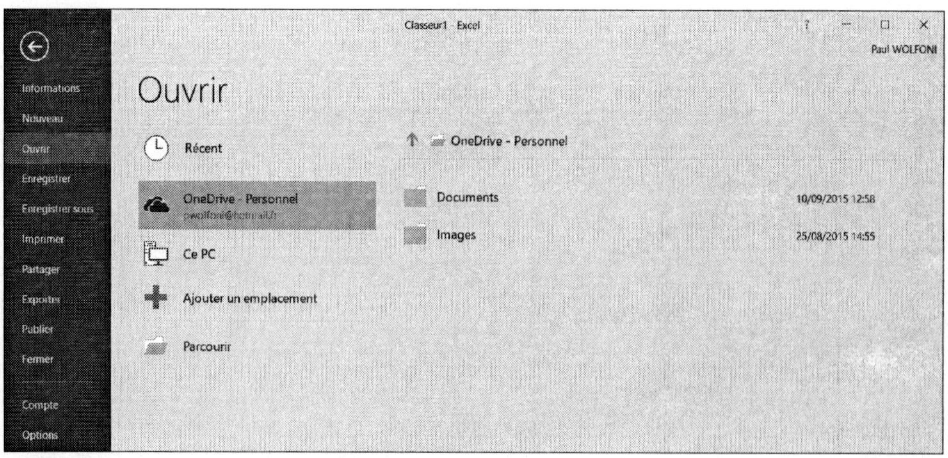

- Pour rechercher le fichier à ouvrir, cliquez sur le dossier d'enregistrement de ce fichier s'il est proposé dans le volet droit puis cliquez sur le classeur à ouvrir.

  L'outil , visible en regard du dossier ouvert (en haut du volet droit) permet d'accéder au dossier parent.

- Si le dossier d'enregistrement du classeur à ouvrir n'est pas situé dans l'arborescence des dossiers proposés, cliquez sur l'option **Parcourir** du volet central.

  *Pour accéder à la boîte de dialogue **Ouvrir**, vous pouvez également cliquer sur le nom du ou des dossiers ouverts en haut de la liste du volet droit.*

  *Dans la boîte de dialogue **Ouvrir**, la barre d'adresse contient les boutons de navigation, suivis de l'emplacement d'enregistrement du fichier affiché sous forme de liens, puis intègre une zone de recherche (**Rechercher dans...**).*

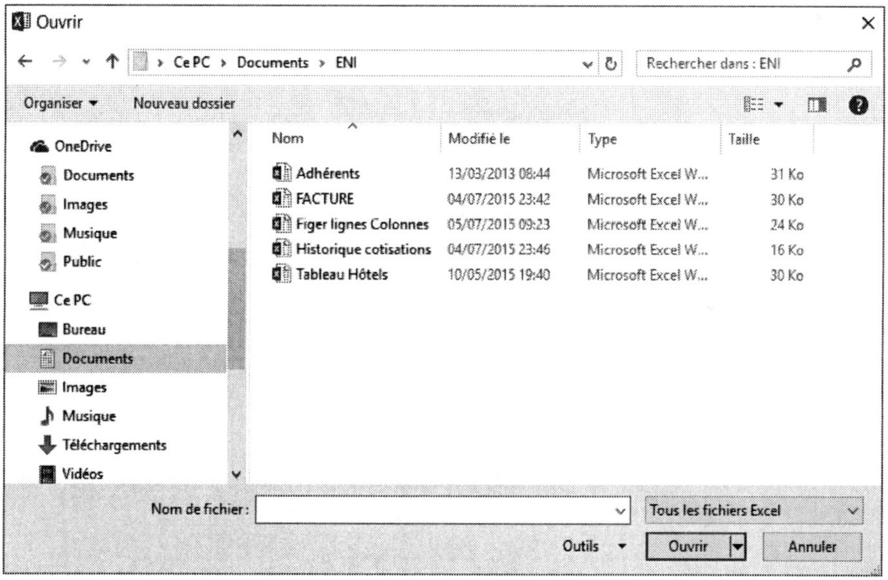

Si la largeur de la fenêtre n'est pas suffisante pour afficher le chemin complet de l'emplacement, le ou les premiers éléments sont remplacés par des chevrons :

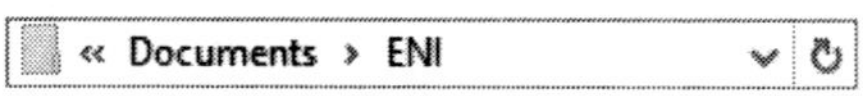

Vous pouvez alors afficher l'intégralité du chemin de remplacement en agrandissant la fenêtre en faisant glisser un des bords.

Dans le volet de navigation, à gauche de la fenêtre, apparaissent les données propres à votre ordinateur : la liste ***Accès rapide****, les emplacements* ***OneDrive****,* ***Ce PC*** *et* ***Réseau****.*

- Dans le volet de navigation, cliquez sur le dossier d'enregistrement contenant le fichier à ouvrir.

  Son contenu s'affiche dans le volet d'affichage, à droite de la fenêtre.

- Pour modifier l'affichage de la liste des documents, ouvrez la liste de l'outil **Changer l'affichage** 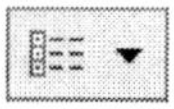 et choisissez l'option souhaitée en cliquant sur son nom ou en faisant glisser le curseur vertical :

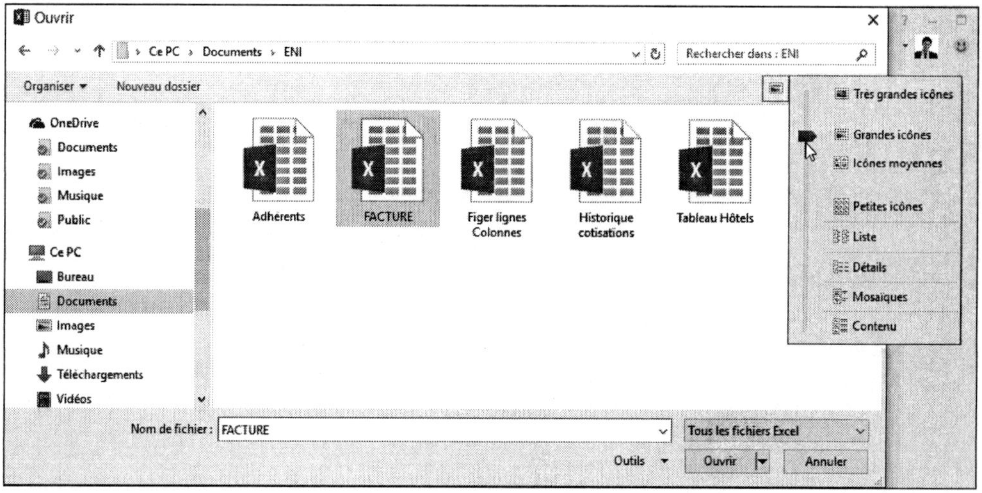

- Pour ouvrir un classeur, faites un double clic sur son nom ; pour ouvrir plusieurs classeurs simultanément, cliquez sur le premier classeur à ouvrir puis :
  - Si les classeurs sont contigus, appuyez sur la touche [⇧] tout en cliquant sur le dernier classeur à ouvrir.
  - Si les classeurs ne sont pas contigus, appuyez sur la touche [Ctrl] tout en cliquant sur chaque classeur à ouvrir.
- Cliquez ensuite sur le bouton **Ouvrir**.

Pour conserver un classeur dans la liste **Récent**, pointez son nom puis cliquez sur le symbole **Ajouter cet élément à la liste** visible à droite du nom du classeur concerné. Le symbole se transforme alors en **Retirer cet élément de la liste**.
Pour modifier le nombre de documents visibles (25 par défaut) dans la liste **Récent**, ouvrez la boîte de dialogue **Options Excel** (onglet **Fichier** - **Options**) puis cliquez sur la catégorie **Options avancées** ; spécifiez la valeur souhaitée dans la zone associée à l'option **Afficher ce nombre de classeurs récents** de la zone **Afficher**.

Enregistrer un classeur

Enregistrer un nouveau classeur

Un classeur qui n'a jamais été enregistré n'a pas de nom personnalisé (ex : Classeur2, Classeur3...) ou alors un nom provisoire (ex : Mon modèle1, Mon modèle2...). Si vous éteignez votre ordinateur alors qu'un fichier n'a pas été enregistré, vous perdez toutes les modifications que vous y avez apportées.

Cliquez sur l'onglet **Fichier** puis sur l'option **Enregistrer** ou cliquez sur l'outil **Enregistrer** de la barre d'outils **Accès rapide** ou utilisez le raccourci-clavier Ctrl **S**.

*Par défaut, Excel active le mode Backstage pour l'enregistrement (et l'ouverture) des classeurs, vous ne visualisez donc pas directement la boîte de dialogue indépendante **Enregistrer sous**, mais cet écran :*

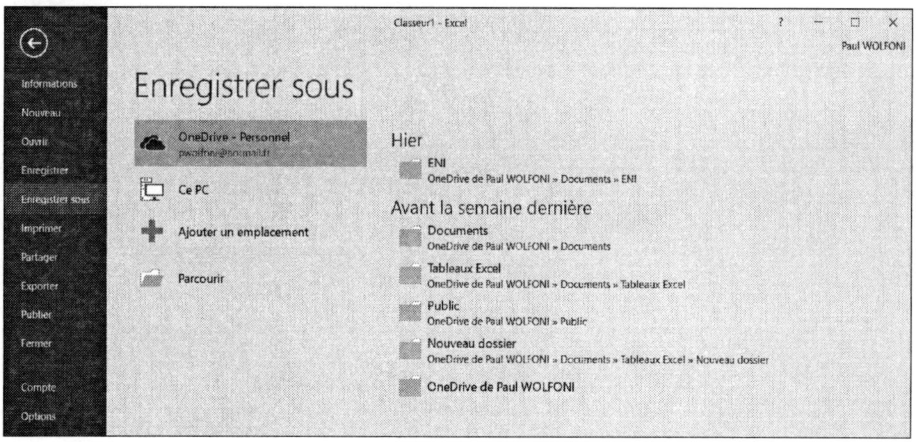

- Pour enregistrer un nouveau classeur sur le Cloud (en ligne) ou en interne, activez le nom de l'emplacement concerné (**OneDrive**, **Ce PC**...).

  La partie droite propose alors un accès rapide aux dossiers récemment utilisés ; ces derniers sont classés par date.

- Si le dossier dans lequel vous souhaitez effectuer l'enregistrement apparaît dans la liste du volet droit, cliquez sur son nom pour l'ouvrir ; dans le cas contraire, cliquez sur l'option **Parcourir** du volet central pour le rechercher.

  *La boîte de dialogue **Enregistrer sous** s'ouvre.*

- Accédez au dossier (si ce n'est déjà fait) dans lequel vous souhaitez enregistrer le classeur en le sélectionnant dans le volet de navigation (volet gauche) ; si vous souhaitez créer un dossier, accédez au dossier dans lequel le nouveau dossier doit être créé et cliquez sur le bouton **Nouveau dossier**, saisissez alors le nom à attribuer au dossier puis validez.

- Cliquez dans la zone **Nom de fichier** afin d'en sélectionner le contenu (le texte est alors en blanc sur fond bleu) puis saisissez le nom que vous voulez attribuer au classeur.

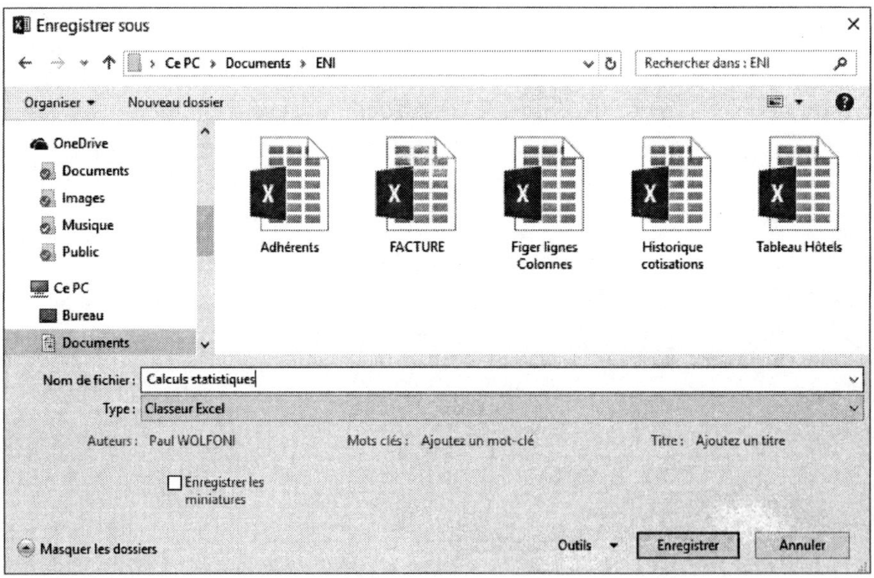

*La liste **Type** permet de modifier le type de fichier associé au nouveau classeur.*

- Cliquez sur le bouton **Enregistrer**.

Pour enregistrer des données Excel dans une page web, nous vous invitons à suivre la procédure décrite dans le chapitre Excel et le Web de cet ouvrage.

Un classeur Excel porte l'extension **.xlsx** (pour l'afficher, cochez l'option **Extensions de noms de fichiers** dans l'onglet **Affichage** de l'Explorateur de fichiers de Windows). Ce format de fichier basé sur le langage XML permet, entre autres, de réduire la taille des fichiers, de les rendre plus sûrs. Les fichiers xlsx ne peuvent pas être ouverts dans une version d'Excel antérieure à la version 2007 mais sachez qu'il est toujours possible d'enregistrer un classeur dans un format d'une version antérieure (cf. Exploiter les classeurs Excel 2016 dans des versions antérieures).

Enregistrer un classeur existant

Lorsque vous travaillez sur un classeur existant, vous lui apportez des modifications. Pour que ces modifications soient conservées, vous devez les enregistrer.

Cliquez sur l'onglet **Fichier** puis sur l'option **Enregistrer** ou cliquez sur l'outil **Enregistrer** de la barre d'outils **Accès rapide** ou utilisez le raccourci-clavier Ctrl **S**.

Le classeur est alors enregistré sous le même nom et à son emplacement d'origine.

Lorsque les modifications à enregistrer sont importantes, une barre montrant l'évolution de l'enregistrement peut apparaître dans la barre d'état.

Excel mémorise la cellule active lors de l'enregistrement d'un classeur : lorsque vous ouvrirez de nouveau le classeur, cette cellule sera sélectionnée.

Utiliser l'espace de stockage en ligne OneDrive

OneDrive (anciennement SkyDrive) est un service de stockage en ligne proposé par Microsoft pour tout utilisateur disposant d'un compte Microsoft (compte utilisé avec Hotmail, Messenger, Windows Phone, Xbox LIVE, Outlook.com...). Chaque utilisateur dispose gratuitement d'un espace personnel de 15 Go avec possibilité d'acheter de l'espace supplémentaire (jusqu'à 200 Go).

Intérêts de l'utilisation de l'espace OneDrive

Les données (fichiers, photos, musique...) enregistrées dans cet espace de stockage sont accessibles depuis n'importe quel support connecté à Internet : leur synchronisation sur ces supports est automatique. Vous pouvez ainsi accéder à vos fichiers à partir de votre ordinateur professionnel, personnel, à partir d'une tablette connectée en Wi-Fi à Internet et même à partir de votre smartphone.

Pour accéder aux fichiers de votre espace de stockage depuis une des applications Office, vous devez être connecté avec vos identifiants Microsoft (cf. chapitre Gestion des comptes) ; si vous disposez de plusieurs espaces, vous pouvez les ajouter en tant que service pour y accéder également (onglet **Fichier - Compte - Ajouter un service - Stockage**).

Dans votre espace OneDrive, deux dossiers sont proposés par défaut : le dossier **Documents** (destiné à enregistrer vos fichiers personnels) et le dossier **Images** (pour stocker vos fichiers multimédias). Dans cette nouvelle version d'Excel, lorsqu'un classeur a été enregistré dans cet espace, il est désormais possible de travailler à plusieurs en temps réel sur ce même classeur (cf. chapitre Travail de groupe).

Pour gérer vos fichiers enregistrés sur OneDrive, vous pouvez utiliser l'Explorateur de fichiers de Windows : l'emplacement OneDrive est proposé dans le volet de navigation (volet gauche), ou bien vous pouvez les gérer directement dans votre espace en ligne à l'adresse **OneDrive.com** ; pour les tablettes ou smartphones, vous pouvez utiliser l'application **OneDrive** (téléchargeable gratuitement pour les systèmes iOS ou Android).

Enregistrer un fichier

Activez l'onglet **Fichier** puis l'option **Enregistrer sous.**

*Si vous êtes connecté à votre compte Microsoft, votre espace OneDrive apparaît dans la liste du volet central ; sur cet exemple, il s'agit de l'emplacement **OneDrive - Personnel** de l'utilisateur :*

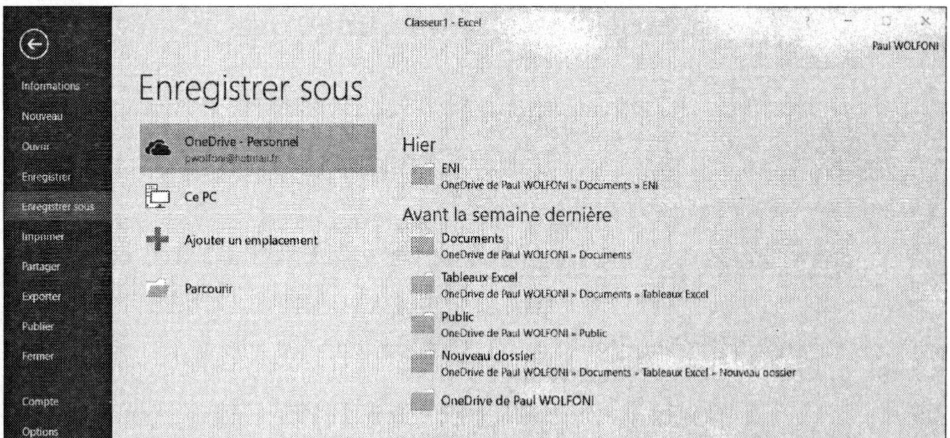

Si vous avez ajouté d'autres emplacements (services de stockage), ils apparaissent également dans cette liste.

- Sélectionnez, si besoin, l'emplacement **OneDrive**.
- Dans le volet droit de la fenêtre, si le dossier est visible dans la liste des dossiers récents, cliquez sur son nom pour l'ouvrir sinon cliquez sur **Parcourir** dans le volet central et sélectionnez l'emplacement **OneDrive** dans le volet gauche de la fenêtre.

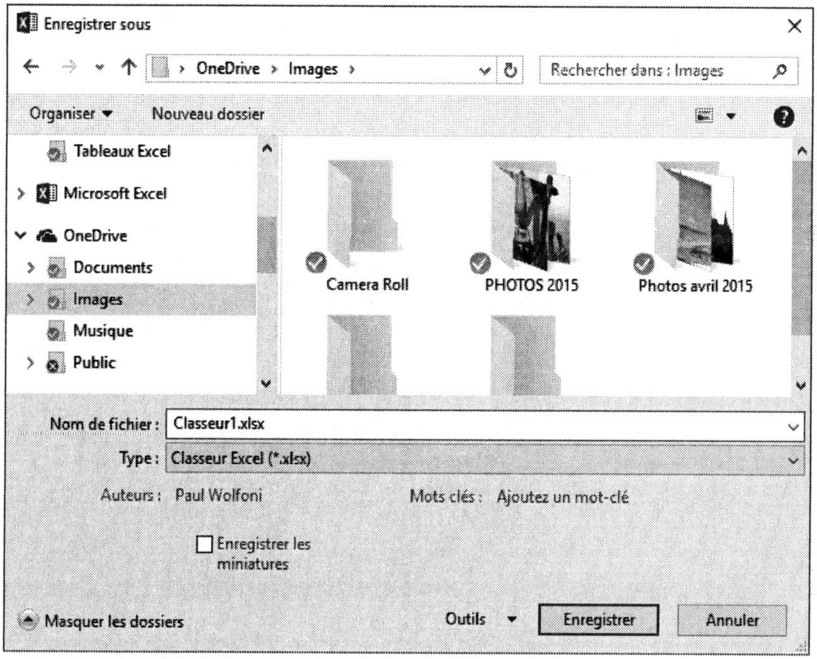

- Pour créer un sous-dossier, sélectionnez le dossier parent dans le volet de navigation (volet gauche) ou double cliquez sur son icône dans le volet droit. Cliquez ensuite sur le bouton **Nouveau dossier**, saisissez son nom et appuyez sur ↵ pour valider.

  Pour enregistrer le fichier dans le dossier qui vient d'être créé, double cliquez sur son icône pour l'ouvrir.
- Saisissez le nom du fichier dans la zone **Nom de fichier** puis cliquez sur le bouton **Enregistrer**.

Ouvrir un fichier enregistré sur OneDrive

- Activez l'onglet **Fichier** puis l'option **Ouvrir** (ou Ctrl **O**).
- Dans le volet central, sélectionnez **OneDrive**.

Le volet droit affiche les dossiers de votre espace de stockage :

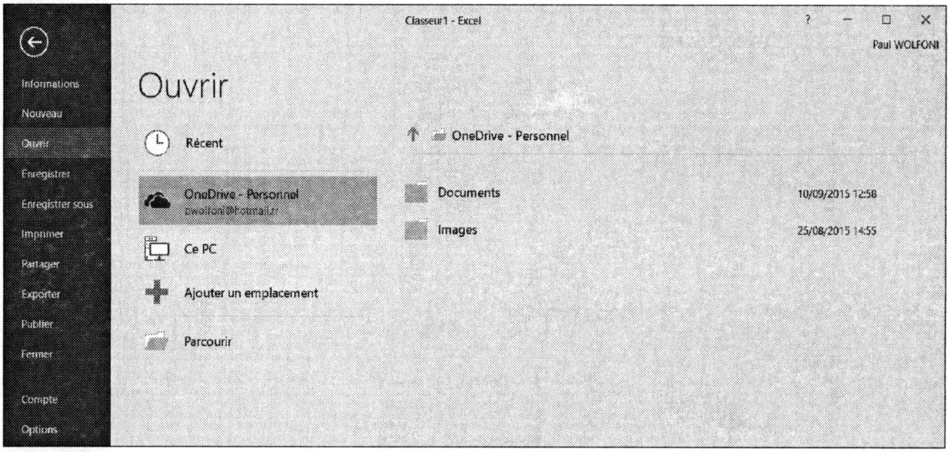

- Cliquez alors sur le dossier du fichier à ouvrir.
- Dans la liste qui s'affiche, cliquez sur le fichier à ouvrir.

Exploiter les classeurs Excel 2016 dans des versions antérieures

Le format de fichier basé sur le langage XML est associé aux classeurs créés depuis la version Microsoft Office Excel 2007. Ils portent l'extension ***.xlsx*** *tandis que ceux créés dans les versions antérieures à 2007 portent l'extension* ***.xls****.*

Il est toutefois possible d'enregistrer un classeur dans une version antérieure (97 à 2003), mais il est conseillé de vérifier au préalable sa compatibilité.

Vérifier la compatibilité d'un classeur

Cette manipulation permet de détecter et de résoudre d'éventuels problèmes de compatibilité, susceptibles de provoquer une perte d'informations si vous enregistrez dans une version antérieure.

- Dans Microsoft Excel 2016, ouvrez le classeur concerné.

- Cliquez sur l'onglet **Fichier** puis cliquez sur l'option **Informations.**
- Cliquez sur le bouton **Vérifier l'absence de problèmes** puis sur l'option **Vérifier la compatibilité.**

  La boîte de dialogue suivante s'ouvre :

- Pour vérifier la compatibilité du classeur à chaque enregistrement, cochez l'option **Vérifier la compatibilité lors de l'enregistrement de ce classeur.**
- Si des problèmes ont été trouvés, cliquez sur le bouton **Copier vers une nouvelle feuille** pour créer un rapport de tous les problèmes répertoriés ; sinon, cliquez sur le bouton **OK** pour quitter la boîte de dialogue **Vérificateur de compatibilité.**

Enregistrer un classeur au format Excel 97-2003

Cette manipulation consiste à créer une copie du classeur version 2016, entièrement compatible avec les versions d'Excel 97 à 2003.

- Dans Excel 2016, ouvrez le classeur concerné.
- Cliquez sur l'onglet **Fichier** puis sur l'option **Exporter.**

- Dans le volet central, sélectionnez l'option **Modifier le type de fichier** et, dans le volet droit, cliquez sur **Classeur Excel 97 - 2003.**

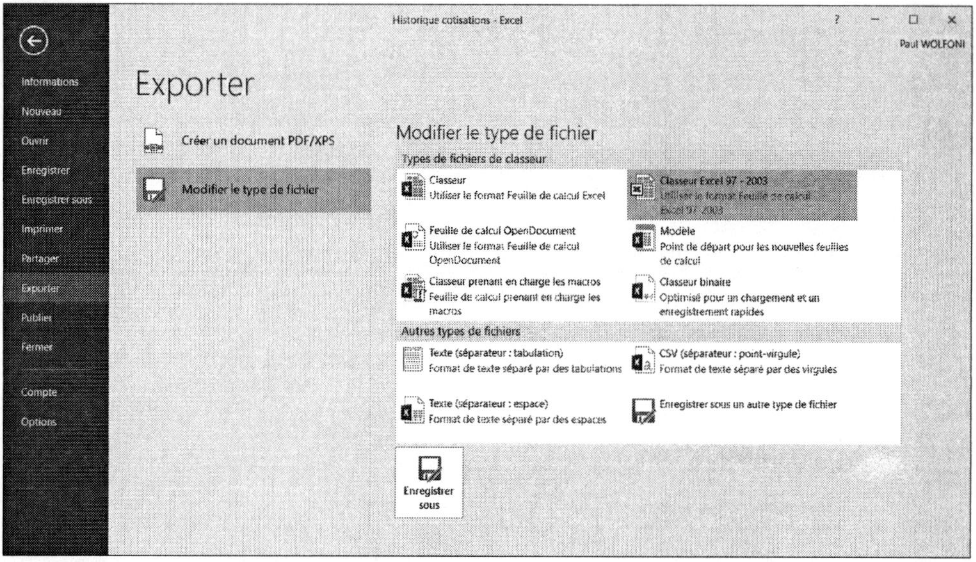

- Cliquez sur le bouton **Enregistrer sous.**
- Dans la boîte de dialogue **Enregistrer sous** qui s'ouvre, vérifiez et/ou modifiez si besoin le dossier d'enregistrement du classeur puis spécifiez son nom dans la zone **Nom de fichier**.

  Même si vous conservez le dossier d'enregistrement et le nom semblables à ceux du classeur d'origine Excel 2016, les deux versions co-existeront car les deux fichiers n'ont pas la même extension : ***.xls*** *et* ***.xlsx***.

- Cliquez sur le bouton **Enregistrer**.

Pour ouvrir un classeur Excel 2016 dans une version antérieure (Excel 2000-2003), l'utilisateur de l'ancienne version sera invité à télécharger (si ce n'est déjà fait) à partir du site Office.com un convertisseur lui permettant d'ouvrir ce classeur. Une fois le convertisseur installé, l'utilisateur pourra ouvrir, modifier et enregistrer le classeur créé avec Excel 2016. Bien que les fonctionnalités et mises en forme spécifiques à Excel 2016 ne s'afficheront pas dans l'ancienne version d'Excel, elles resteront néanmoins disponibles lorsque ce classeur sera enregistré puis rouvert dans Excel 2016.

Exploiter les classeurs de version antérieure à Excel 2007

Travailler en mode de compatibilité dans Excel 2016

- Dans Excel 2016, ouvrez le classeur créé dans une version antérieure à 2007.

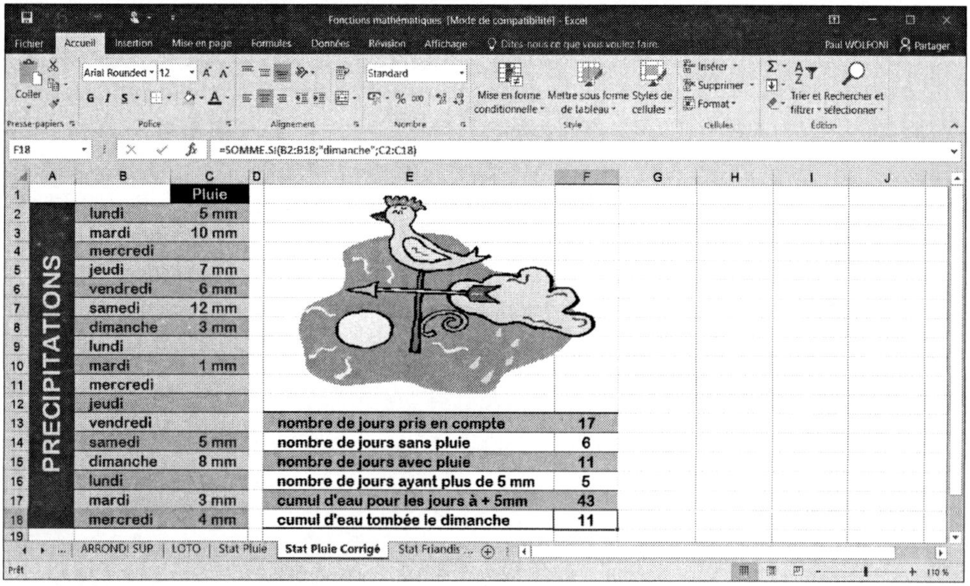

*Le classeur est automatiquement ouvert en **Mode de compatibilité** : ce terme est indiqué entre crochets à côté du nom de fichier dans la barre de titre. Le format de fichier Excel 97-2003 (.xls) est utilisé.*

Les nouvelles fonctionnalités d'Excel 2016 ou celles qui ont été améliorées ne sont pas disponibles (ceci afin d'empêcher la perte de données et de confidentialité lorsque le classeur est ouvert dans une version antérieure à 2007).

- Travaillez et enregistrez vos modifications comme vous le faites habituellement, en tenant compte des remarques précédentes.

Lorsque vous enregistrez les modifications, le format de fichier Excel 97-2003 (.xls) est conservé.

Convertir un classeur au format de fichier Excel 2016

Lorsque, pour un classeur donné, vous souhaitez travailler définitivement dans la nouvelle version d'Office et ainsi profiter des nouvelles fonctionnalités d'Excel 2016 et réduire sa taille, vous pouvez convertir le classeur concerné.

Si le fichier à convertir est enregistré sur votre disque dur, sa conversion supprimera et remplacera le fichier de l'ancienne version sans qu'il soit possible de le restaurer ultérieurement. Si vous souhaitez conserver le fichier de l'ancienne version, nous vous conseillons d'effectuer une copie de ce fichier à un autre emplacement avant de le convertir.

Si le fichier à convertir est situé dans votre espace OneDrive, lors de la conversion, vous pourrez choisir le dossier d'enregistrement du fichier. Cependant, si vous choisissez le même nom et le même emplacement, le fichier d'origine sera conservé.

- Ouvrez le classeur à convertir au format Excel 2016.
- Cliquez sur l'onglet **Fichier** puis sur l'option **Informations.**
- Cliquez sur le bouton **Convertir** situé en haut du volet central.

Si le fichier est enregistré sur votre disque dur, le message suivant apparaît :

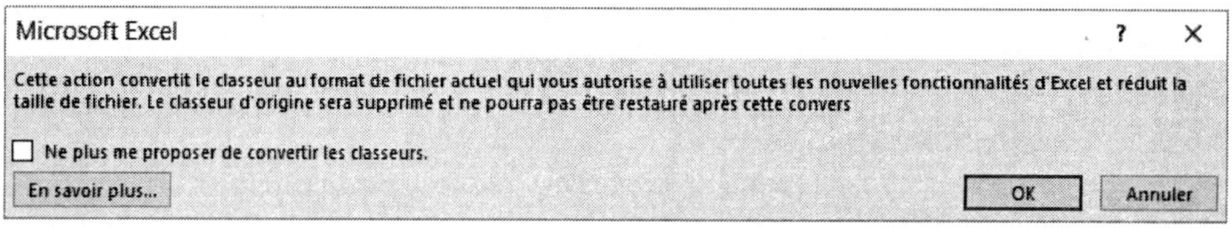

- Cliquez sur le bouton **OK.**

Si le fichier est enregistré sur votre espace OneDrive, la boîte de dialogue ***Enregistrer sous*** *s'ouvre.*

- Vérifiez que le **Type** sélectionné est bien **Classeur Excel** puis sélectionnez le dossier d'enregistrement et renseignez éventuellement le nouveau **Nom de fichier** (vous pouvez conserver le même nom puisque la nouvelle extension .xlsx le différenciera de l'autre fichier). Validez ensuite par le bouton **Enregistrer**.

Une fois la conversion effectuée, le message suivant s'affiche :

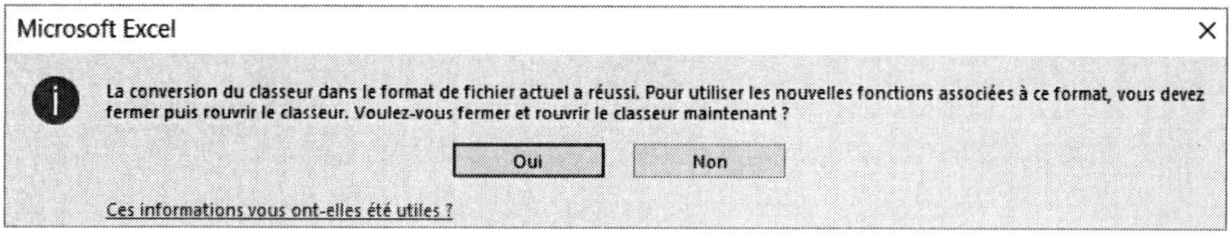

- Cliquez sur le bouton **Oui** pour fermer et rouvrir le classeur ou sur le bouton **Non** pour conserver le nouveau classeur ouvert en mode de compatibilité.

Si vous avez utilisé le même nom de fichier lors de la conversion (dans le cas d'un fichier enregistré sur OneDrive), deux classeurs portent alors le même nom mais l'un avec l'extension **.xls** et l'autre **.xlsx**. Si vous ne visualisez pas les extensions, vous pouvez différencier ces fichiers grâce à leurs icônes ( pour **.xls**, et  pour **.xlsx**), de même que le **Type** de fichier dans l'Explorateur est **Feuille de calcul Microsoft Excel** pour la version **.xlsx** et **Feuille de calcul Excel 97-2003** pour les versions **.xls**.

Enregistrer un classeur au format PDF ou XPS

Les formats de fichiers PDF et XPS permettent la diffusion de documents électroniques (par messagerie ou sur Internet). Ces formats conservent les polices, les images, les graphiques et la mise en forme d'un document tel qu'il a été créé dans son application d'origine. Un utilisateur peut afficher, partager et imprimer des fichiers PDF s'il dispose du logiciel Acrobat Reader (disponible gratuitement sur le site web d'Adobe) et des fichiers XPS s'il dispose de Microsoft .NET Framework (disponible gratuitement sur le site Microsoft).

Sachez désormais, plutôt que de passer par un logiciel spécialisé, que Word 2016 permet de modifier directement les documents PDF.

Une fois le fichier enregistré au format PDF ou XPS, il ne peut plus être converti au format Excel (.xls, .xlsx...) avec l'application Microsoft Excel ; seul un logiciel spécialisé pourra effectuer cette conversion.

- Cliquez sur l'onglet **Fichier** puis sur l'option **Exporter**.
- Si besoin, choisissez l'option **Créer un document PDF/XPS** dans le volet central et cliquez sur le bouton **Créer PDF/XPS**.

*Vous pouvez aussi utiliser l'option **Enregistrer sous** de l'onglet **Fichier**.*

- Vérifiez et/ou modifiez si besoin le dossier d'enregistrement puis le **Nom de fichier** dans la zone de saisie correspondante.
- Ouvrez la liste **Type** de fichier puis, en fonction du type de fichier à créer, sélectionnez l'option **PDF (*.pdf)** ou l'option **Document XPS (*.xps)**.

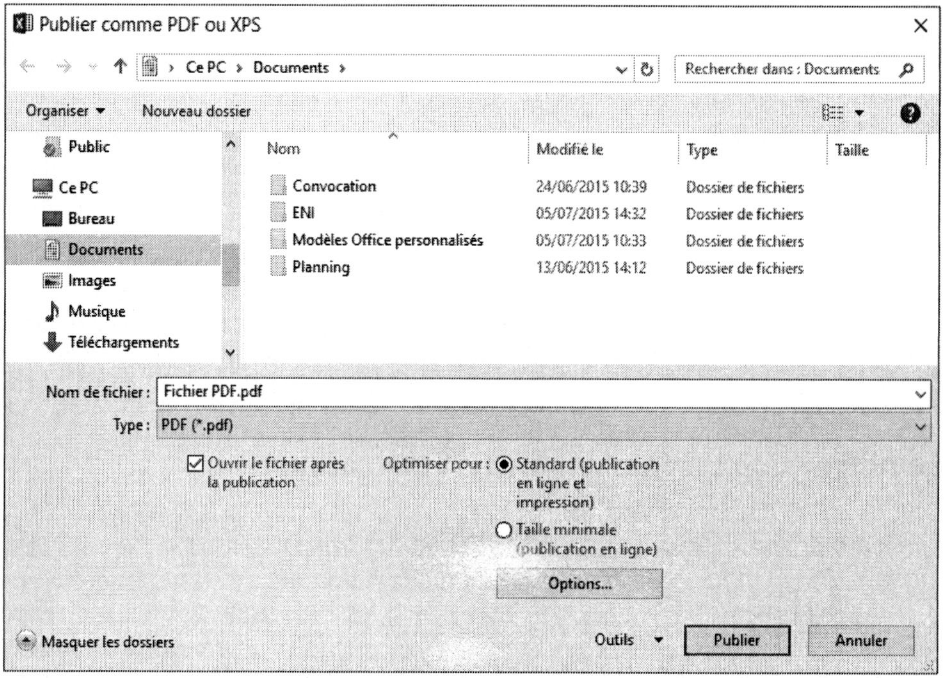

- Cochez l'option **Ouvrir le fichier après la publication** si vous souhaitez ouvrir le fichier (**PDF** ou **XPS**) immédiatement après l'avoir enregistré.
- Activez une des options associées à l'option **Optimiser pour** :

Standard (publication en ligne et impression)	Pour avoir une bonne qualité d'impression du document : la taille du fichier est augmentée.
Taille minimale (publication en ligne)	Si le fichier n'est pas destiné à l'impression : la taille du fichier est réduite (sa qualité d'impression sera moindre).

- Modifiez éventuellement les **Options** associées au format **PDF** ou **XPS** en cliquant sur le bouton correspondant.

Ici, vous visualisez les options liées au format ***PDF****. Ces options sont identiques dans la boîte de dialogue liée au format* ***XPS*** *sauf celles de la zone* ***Options*** *visibles dans la partie inférieure de la boîte de dialogue.*

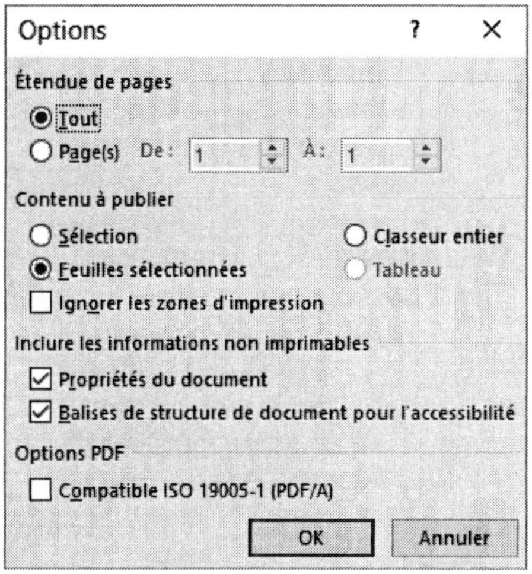

- Spécifiez la partie du classeur à publier en activant une des options suivantes :

  Tout — Pour publier toutes les pages du classeur.

  Page(s) — Pour publier les pages spécifiées dans les zones **De** et **À** qui suivent.

  Sélection — Pour publier les cellules sélectionnées.

  Feuilles sélectionnées — Pour publier la ou les feuilles sélectionnées.

  Classeur entier — Pour publier toutes les données du classeur.

  Tableau — Pour publier le tableau sélectionné.

- Cochez l'option **Ignorer les zones d'impression** pour imprimer toute la feuille sans tenir compte des zones d'impression existantes.
- Laissez cochée l'option **Propriétés du document** si vous souhaitez inclure les propriétés du classeur (titre, sujet, auteur...) dans la version PDF ou XPS.
- Laissez cochée l'option **Balises de structure de document pour l'accessibilité** pour que le fichier créé dispose d'éléments facilitant sa lecture pour les utilisateurs souffrant d'un handicap ; si vous désactivez cette option, le fichier sera plus petit car il ne contiendra pas les données qui contribuent à améliorer l'accessibilité.

- Dans le cas de la création d'un fichier PDF, vous pouvez activer l'option **Compatible ISO 19005-1 (PDF/A)** si vous souhaitez que le fichier soit à ce format (exigé dans certaines administrations).
- Cliquez sur le bouton **OK** de la boîte de dialogue **Options.**
- Cliquez sur le bouton **Publier**.

  Si vous avez demandé l'ouverture du fichier après publication, le contenu publié s'affiche dans une page du navigateur Internet ou dans le lecteur Windows.

Afficher/modifier les propriétés d'un classeur

Les propriétés, également appelées métadonnées (c'est-à-dire des données décrivant d'autres données ; par exemple, les mots d'un classeur sont des données et le nombre de mots est un exemple de métadonnées), sont des informations identifiant ou décrivant le fichier. Elles contiennent des informations comme le titre, le nom de l'auteur, l'objet...

- Cliquez sur l'onglet **Fichier** puis sur l'option **Informations.**

  Sur la droite de la fenêtre, le panneau ***Propriétés*** *présente, sous forme de liste, le nom de chaque propriété suivi de son contenu.*

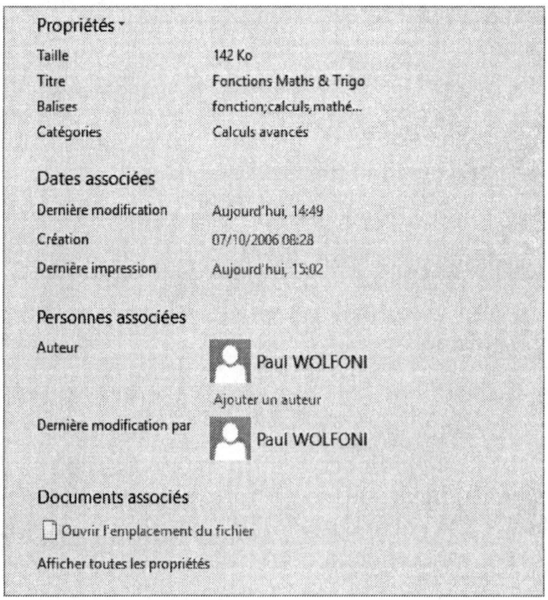

- Pour afficher plus de propriétés, cliquez sur le lien **Afficher toutes les propriétés** ; à l'inverse cliquez sur **Afficher moins de propriétés** pour en réduire le nombre.
- Pour modifier une des **Propriétés**, pointez puis cliquez sur le champ associé au nom de la propriété, puis saisissez l'intitulé de la balise souhaitée. Pour ajouter plusieurs balises, séparez-les par un point-virgule (;). Validez par la touche ↵.
- Pour revenir au classeur et enregistrer automatiquement les modifications apportées, cliquez sur la flèche .

Gérer les propriétés avancées

- Pour afficher les propriétés particulières, ouvrez la liste **Propriétés** et choisissez l'option **Propriétés avancées**.

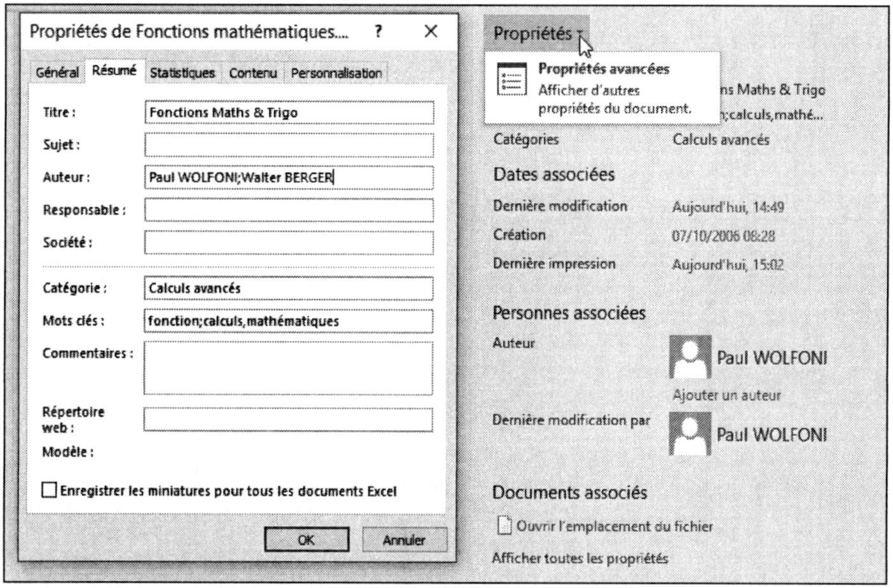

- Apportez alors les éventuelles modifications souhaitées puis validez par **OK**.

Comparer deux classeurs côte à côte

- Si besoin, activez un des deux classeurs : dans l'onglet **Affichage**, cliquez sur le bouton **Changer de fenêtre** puis sur le nom du classeur à afficher.

  Vous pouvez aussi cliquer sur la fenêtre correspondante pour la rendre active.

- Dans l'onglet **Affichage**, cliquez sur l'outil **Côte à côte** visible dans le groupe **Fenêtre.**

  Si plus de deux classeurs sont ouverts, la boîte de dialogue ***Comparer en côte à côte*** *apparaît.*

- Cliquez sur le nom du second classeur à comparer.

  Les deux classeurs s'affichent dans des fenêtres distinctes disposées l'une au-dessous de l'autre ou l'une sous l'autre. Par défaut, le défilement des classeurs est synchrone, c'est-à-dire que lorsque vous faites défiler une fenêtre, l'autre défile en même temps (le bouton ***Défilement synchrone*** *de l'onglet* ***Affichage*** *- groupe* ***Fenêtre*** *est actif).*

- Si la disposition des fenêtres ne vous convient pas, activez le bouton **Réorganiser tout**, activez l'option **Vertical** et cliquez sur **OK**.

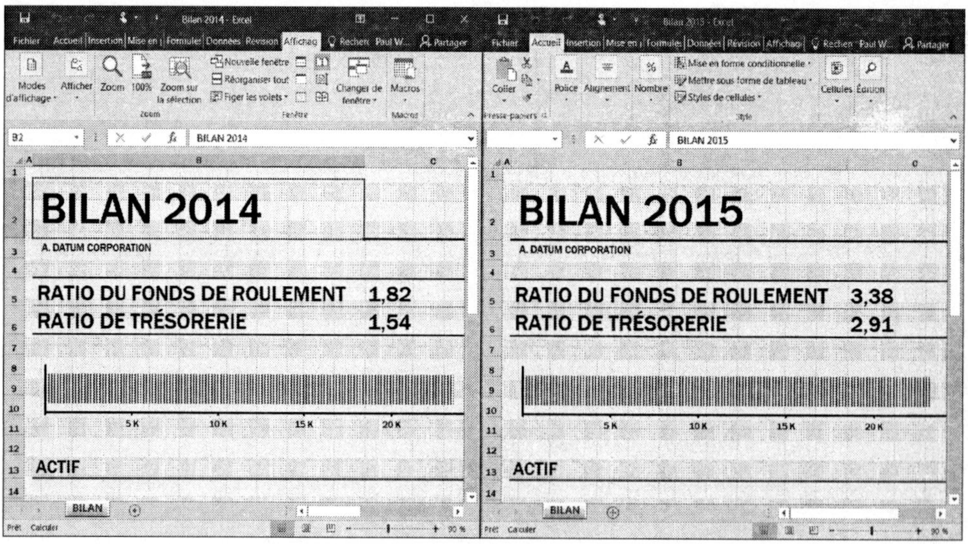

- Pour faire défiler les deux fenêtres indépendamment l'une de l'autre, cliquez sur l'outil **Défilement synchrone** pour le désactiver.
- Si vous avez modifié la taille et/ou la position des fenêtres, dans l'onglet **Affichage** de l'un des deux documents, cliquez sur l'outil **Rétablir la position de la fenêtre**.
- Lorsque la comparaison des documents est terminée, cliquez sur le bouton **Côte à côte** dans l'onglet **Affichage** pour fermer l'affichage côte à côte.

Fermer un classeur

- Cliquez sur l'onglet **Fichier** puis sur l'option **Fermer** ou utilisez le raccourci-clavier Ctrl F4.

  Si le classeur a été modifié depuis le dernier enregistrement, Excel propose de l'enregistrer avant de le fermer.

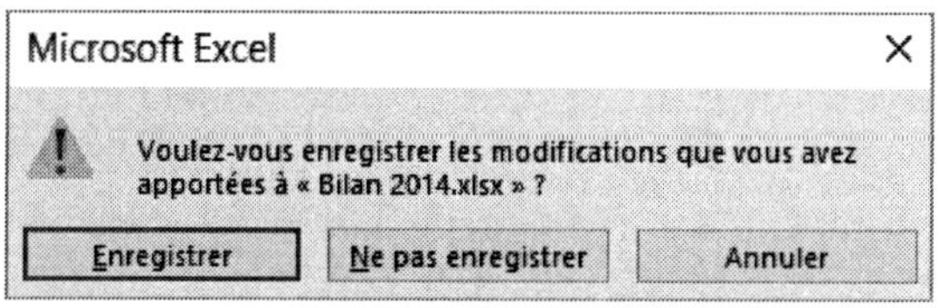

- Dans ce cas, cliquez sur un des boutons suivants :

  Enregistrer Pour enregistrer et fermer le classeur.

  Ne pas enregistrer Pour fermer le classeur sans enregistrer les modifications apportées à celui-ci.

  Annuler Pour annuler la fermeture du classeur.

Définir le dossier local de travail par défaut

Ce dossier de travail vous sera automatiquement proposé lors de l'enregistrement ou lors de l'ouverture d'un classeur.

- Cliquez sur l'onglet **Fichier** puis sur **Options** et sélectionnez la catégorie **Enregistrement.**
- Précisez le dossier de travail à utiliser par défaut dans la zone de saisie **Dossier local par défaut** de la zone **Enregistrer les classeurs.**
- Cliquez sur le bouton **OK.**

Paramétrer la récupération automatique des classeurs

Il peut arriver parfois que Microsoft Excel s'interrompt (coupure de courant, dysfonctionnement...) avant que vous n'ayez eu le temps d'enregistrer votre travail. Le système de récupération automatique, actif par défaut, enregistre vos données et l'état de l'application de manière automatique. Vous pouvez paramétrer cette fonction.

- Cliquez sur l'onglet **Fichier** puis sur **Options** et sélectionnez la catégorie **Enregistrement.**

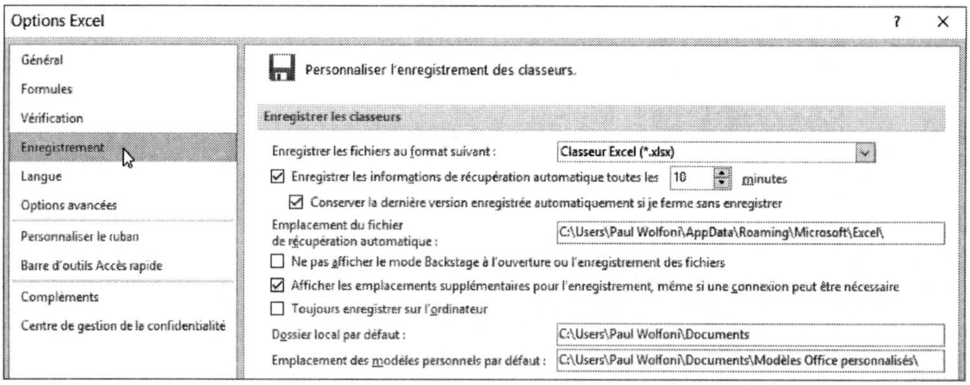

- Pour activer la récupération automatique, activez, si besoin, l'option **Enregistrer les informations de récupération automatique toutes les *x* minutes.**
- Précisez la fréquence à laquelle vous souhaitez que Excel effectue cet enregistrement automatique dans la liste **minutes.**

- Si la récupération automatique est activée, vous pouvez cocher, si nécessaire, l'option **Conserver la dernière version enregistrée automatiquement si je ferme sans enregistrer** afin de pouvoir la restaurer à la prochaine ouverture.
- Modifiez, si besoin, le dossier dans lequel sera enregistrée automatiquement une version des fichiers sur lesquels vous travaillez dans la zone de saisie **Emplacement du fichier de récupération automatique.**
- Cliquez sur le bouton **OK.**

Récupérer une version antérieure d'un fichier

Si les fonctionnalités de récupération automatique sont activées (cf. Paramétrer la récupération automatique des classeurs), vous pouvez facilement ouvrir une version antérieure du fichier sur lequel vous travaillez en vue de le vérifier ou de le récupérer. Selon que ce classeur ait été ou non enregistré au moins une fois, la procédure de récupération est sensiblement différente.

Récupérer un classeur enregistré au moins une fois

- Vérifiez que le classeur pour lequel vous souhaitez afficher les versions enregistrées automatiquement est bien actif.
- Cliquez sur l'onglet **Fichier** puis sur **Informations.**

  *La liste des versions enregistrées s'affiche en marge du bouton **Gérer le classeur**.*

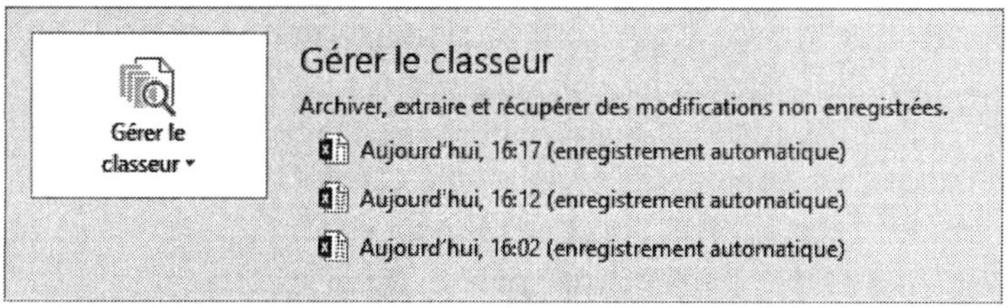

- Faites un double clic sur la version que vous souhaitez ouvrir.

*Vous constaterez à l'aide par exemple du bouton **Changer de fenêtre** de l'onglet **Affichage** que les deux versions du fichier sont désormais ouvertes :*

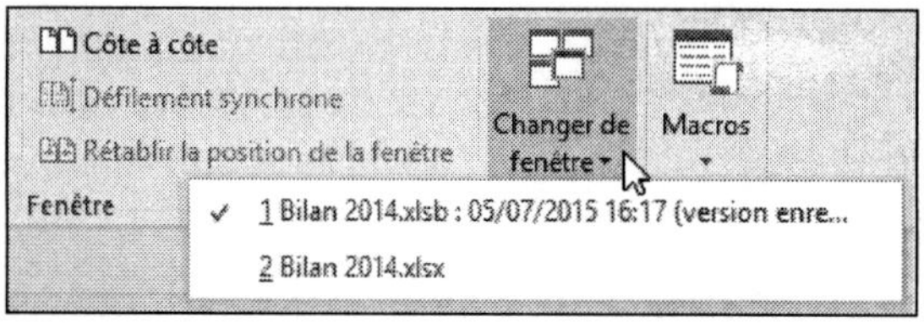

- Après vérification, si vous souhaitez remplacer le fichier actuel par cette version antérieure (dont le nom et la date d'enregistrement apparaissent dans la barre de titre), cliquez sur le bouton **Restaurer** de la barre d'informations intitulée **VERSION ENREGISTRÉE AUTOMATIQUEMENT** située au-dessus de la barre de formule.

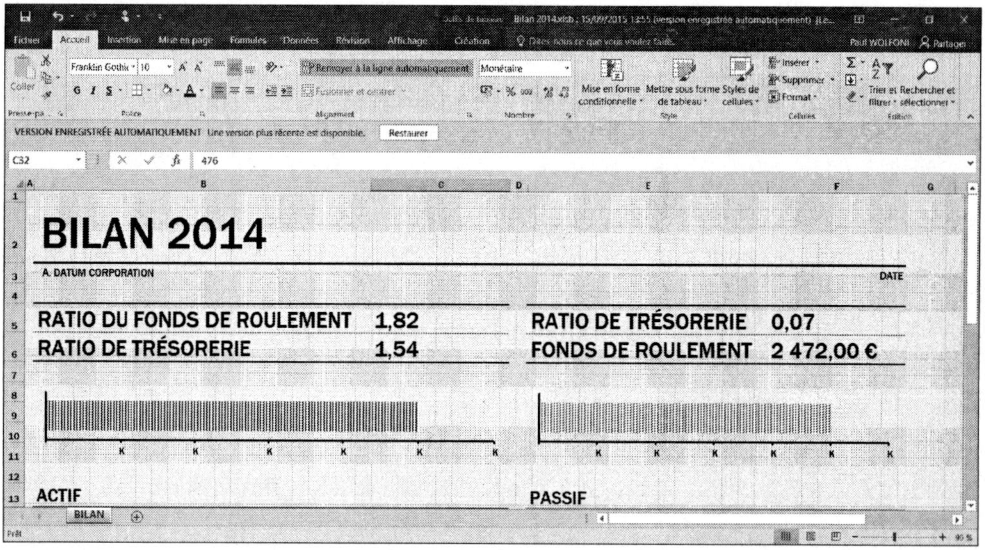

- Cliquez ensuite sur le bouton **OK** pour valider le remplacement de la dernière version enregistrée par la version sélectionnée.

Récupérer un classeur qui n'a pas été enregistré

Si le classeur a été fermé sans que vous l'ayez enregistré, sachez que Excel en a malgré tout conservé une copie.

- Activez l'onglet **Fichier** puis l'option **Ouvrir**.
- Activez, si ce n'est déjà fait, l'option **Récent** du volet central.
- Activez le bouton **Récupérer des classeurs non enregistrés** situé tout en bas de la liste des classeurs récents.

*Vous pouvez également utiliser l'onglet **Fichier** - **Informations** - bouton **Gérer le classeur** - option **Récupérer des classeurs non enregistrés**.*

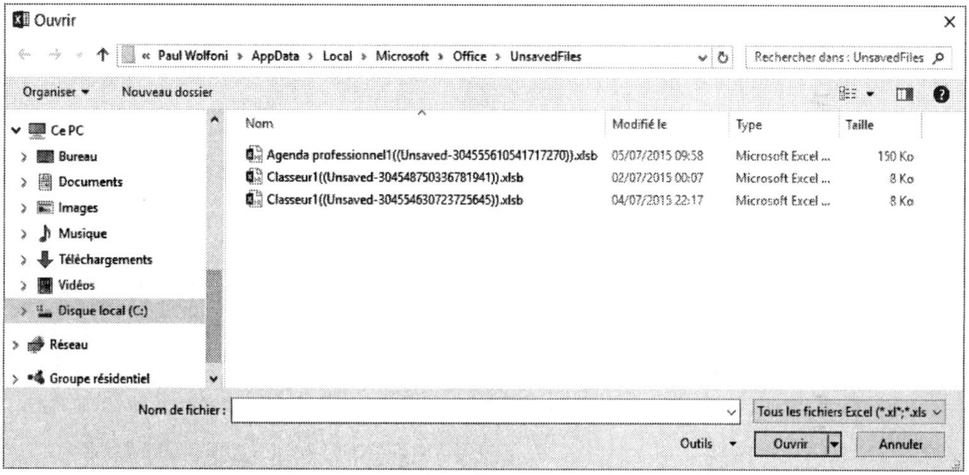

*Excel effectue ces sauvegardes de secours dans le dossier AppData\Local\Microsoft\Office\UnsavedFiles. Notez que l'extension de ces fichiers de sauvegardes est **.xlsb**.*

- Sélectionnez le fichier que vous souhaitez récupérer puis cliquez sur le bouton **Ouvrir**.

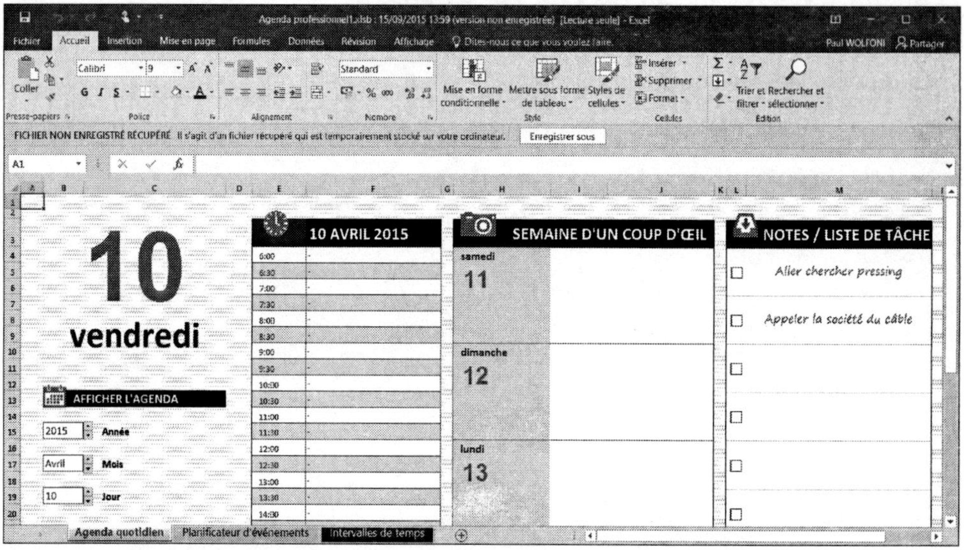

Excel vous rappelle dans la barre de titre le nom du classeur récupéré suivi de la date et l'heure de sa sauvegarde. Il vous précise également qu'il s'agit d'une ***version non enregistrée*** *et qu'elle est en* ***Lecture seule****.*

- Si vous souhaitez conserver ce classeur, cliquez sur le bouton **Enregistrer sous** de la barre d'informations située sous le ruban.
- Poursuivez la procédure d'enregistrement comme vous le feriez pour un nouveau classeur (cf. Enregistrer un classeur).

Envoyer un classeur par messagerie

Microsoft Excel 2016 permet d'envoyer un classeur en utilisant la messagerie électronique à condition bien sûr de disposer d'un logiciel de messagerie et d'une connexion Internet et/ou intranet.

- Ouvrez le classeur à envoyer.
- Cliquez sur l'onglet **Fichier** puis sur l'option **Partager**.
- Dans le volet central, choisissez l'option **Courrier électronique**.

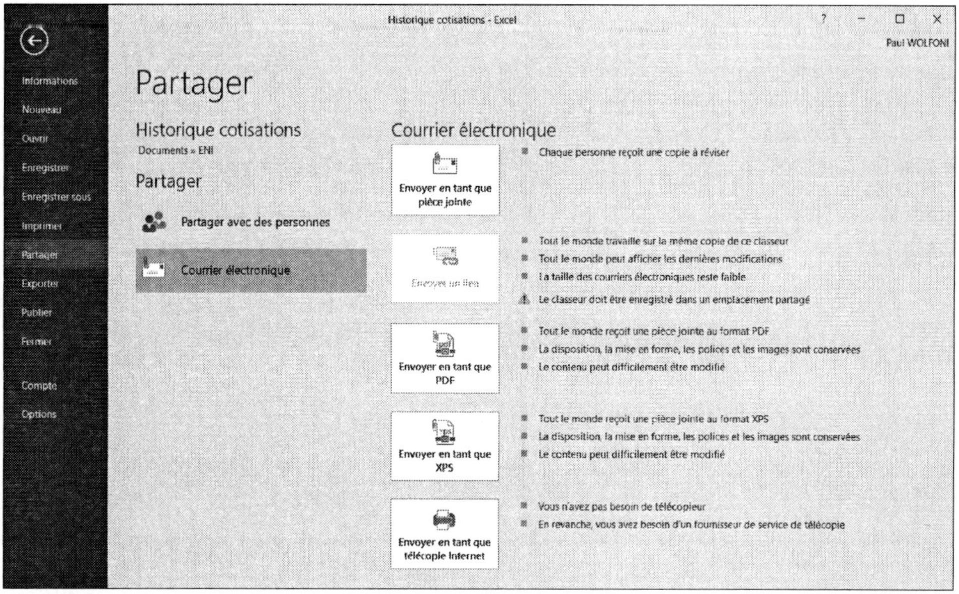

- Selon votre souhait, cliquez sur le bouton **Envoyer en tant que pièce jointe**, **Envoyer en tant que PDF**, **Envoyer en tant que XPS** ou **Envoyer en tant que télécopie Internet.**

  Pour envoyer un classeur en tant que télécopie, une simple connexion à Internet ne suffit pas, vous devez disposer d'un service en ligne payant tel que eFax, FaxBox, PopFax... ou gratuit comme FaxGratuit (dans ce cas, de la publicité est insérée dans les documents envoyés).

  Si vous choisissez l'option ***Envoyer en tant que pièce jointe****, c'est le classeur qui sera joint au message : le destinataire devra disposer d'Excel pour pouvoir ouvrir le classeur.*

  La fenêtre d'envoi de message de votre logiciel de messagerie s'affiche.

- Dans la zone **À**, saisissez l'adresse du ou des destinataires du message en séparant leur nom par un point-virgule ou cliquez sur le bouton **À** pour sélectionner les adresses à partir d'un carnet d'adresses.
- Dans la zone **Cc**, précisez, si besoin, l'adresse des destinataires du message à qui vous souhaitez envoyer une copie conforme.
- Dans la zone **Objet**, saisissez ou modifiez le sujet du message.

- Saisissez le message dans la zone de saisie réservée au corps du message.
- Cliquez sur le bouton **Envoyer**.

Pour ouvrir et modifier le classeur envoyé, le destinataire devra ouvrir le message puis faire un double clic sur le nom du classeur : si celui-ci a été inséré en tant que pièce jointe, l'ouverture du classeur lancera automatiquement l'application Excel.

Utiliser le vérificateur d'accessibilité

Cette fonctionnalité vous permet de vérifier si votre classeur peut être exploité par des personnes handicapées disposant d'un matériel spécifique leur permettant de travailler sur l'ordinateur malgré leur handicap.

- Cliquez sur l'onglet **Fichier** puis sur l'option **Informations.**

*Si le vérificateur d'accessibilité a détecté des problèmes d'accessibilité potentiels, une alerte s'affiche sous l'intitulé **Inspecter le classeur**.*

*Dans cet exemple, il est noté « **Contenu que les personnes handicapées ne savent pas lire** ».*

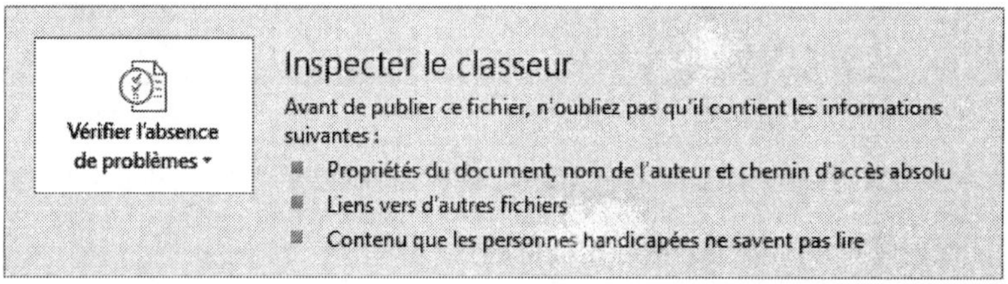

- Pour vérifier ou réparer le ou les problèmes d'accessibilité, cliquez sur le bouton **Vérifier l'absence de problèmes** puis sur l'option **Vérifier l'accessibilité**.

*Le volet **Vérificateur d'accessibilité** s'ouvre à droite de la fenêtre et affiche les résultats de l'inspection classés en deux catégories selon l'importance du problème :*

- ***Erreurs** : détaille les éléments très difficiles (voire impossible) à exploiter pour des personnes handicapées.*
- ***Avertissements** : détaille les éléments en partie difficiles à exploiter pour des personnes handicapées.*

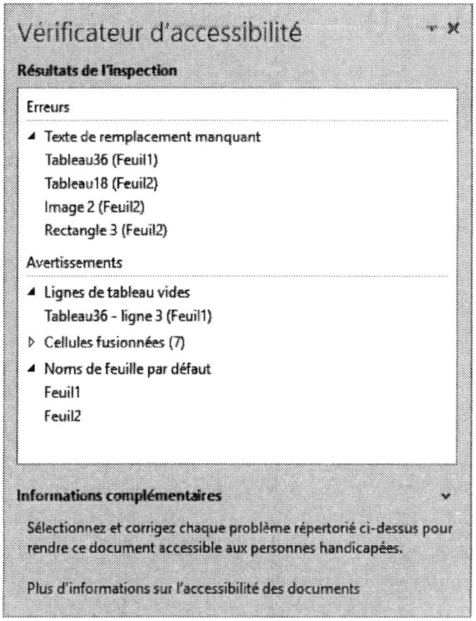

- Pour afficher des **Informations complémentaires** sur un problème spécifique, cliquez dans le cadre **Résultats de l'inspection** sur le problème concerné.

Se déplacer dans une feuille de calcul

Plusieurs techniques sont à votre disposition en fonction de l'outil que vous souhaitez utiliser : la souris ou le clavier.

Utilisez les barres de défilement pour visualiser la cellule à activer :

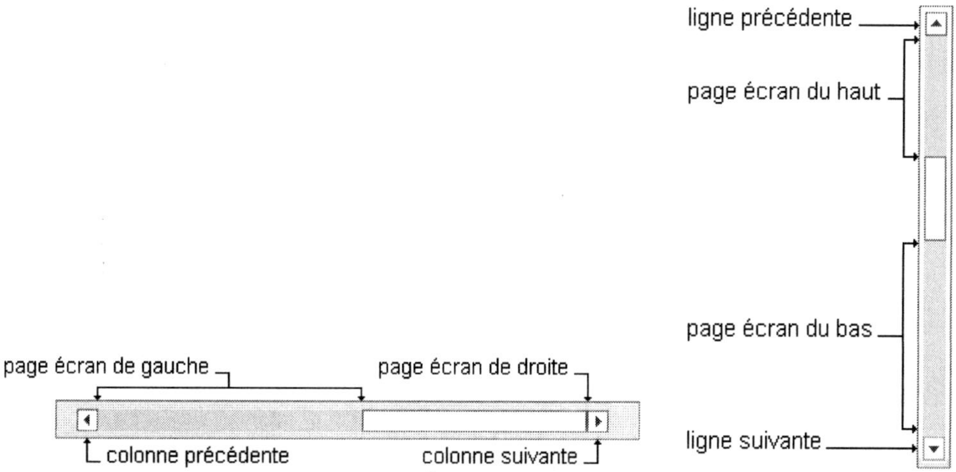

Vous pouvez aussi faire défiler le contenu de la feuille de calcul à l'aide de la molette de la souris, ou par un mouvement de gauche à droite ou de bas en haut si vous disposez d'un écran tactile.

Vous pouvez aussi utiliser le clavier de la manière suivante :

cellule de droite/de gauche	→ ou Tab / ← ou Shift Tab
cellule du haut/du bas	↑ ou Shift Entrée / ↓ ou Entrée
page écran de droite/de gauche	Alt PgDn / Alt PgUp
page écran du haut/bas	PgUp / PgDn
colonne A de la ligne active	↖
cellule A1	Ctrl ↖
bord droit/gauche de la région de données	Ctrl ← / Ctrl →
bord supérieur/inférieur de la région de données	Ctrl ↑ / Ctrl ↓

*La **région de données** est une plage de cellules contenant des données et délimitée par des cellules vides ou des bordures de feuille de calcul.*

Atteindre une cellule précise

- Cliquez dans la zone de nom (zone située à gauche de la barre de formule et qui affiche la référence de la cellule active).

  La référence de la cellule active est alors sélectionnée.

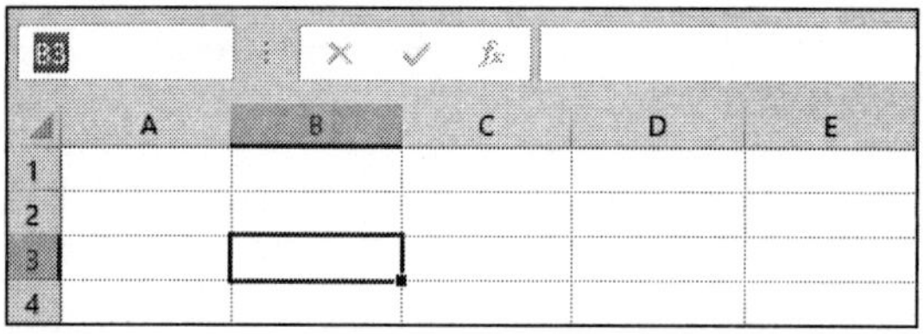

- Saisissez la référence de la cellule à atteindre et appuyez sur la touche [Entrée] pour valider.

Vous pouvez aussi utiliser l'option **Atteindre** du bouton **Rechercher et sélectionner** du groupe **Édition** de l'onglet **Accueil** (ou [Ctrl] **T** ou [F5]), saisir la référence de la cellule à atteindre et valider.

Rechercher une cellule

Par son contenu

- Si la recherche doit porter sur toute la feuille ou tout le classeur, activez une cellule ; si la recherche concerne une partie de la feuille active, sélectionnez la plage de cellules concernée.
- Dans l'onglet **Accueil**, cliquez sur le bouton **Rechercher et sélectionner** du groupe **Édition** puis sur l'option **Rechercher** ou utilisez le raccourci-clavier [Ctrl] **F**.
- Entrez la donnée recherchée dans la zone de saisie **Rechercher**.
- Cliquez, éventuellement, sur le bouton **Options** pour déterminer comment la recherche doit être réalisée :

Dans	Choisissez, dans la liste, si la recherche doit s'effectuer dans la **Feuille** active ou dans toutes les feuilles du **Classeur**.
Recherche	Choisissez, dans la liste, le sens de la recherche : **Par ligne** ou **Par colonne**.

Regarder dans : Choisissez, dans la liste, si la recherche doit s'effectuer sur le détail des **Formules**, sur les **Valeurs** ou sur les **Commentaires** des cellules.

Respecter la casse : Cochez cette option si vous souhaitez faire la distinction entre les caractères en majuscules et ceux en minuscules.

Totalité du contenu de la cellule : Cochez cette option si vous souhaitez qu'Excel recherche les cellules qui contiennent exactement la donnée recherchée, sans rien d'autre.

- Pour effectuer une recherche cellule par cellule, cliquez sur le bouton **Suivant**. Cliquez ensuite sur le bouton **Fermer** si la cellule trouvée contient le texte recherché sinon cliquez sur **Suivant**.
- Pour rechercher toutes les cellules, cliquez sur le bouton **Rechercher tout**. Dans ce cas, la liste des cellules trouvées s'affiche dans la partie inférieure de la boîte de dialogue.

*Sur cet exemple, trois cellules contenant le mot **Prévisions** ont été trouvées :*

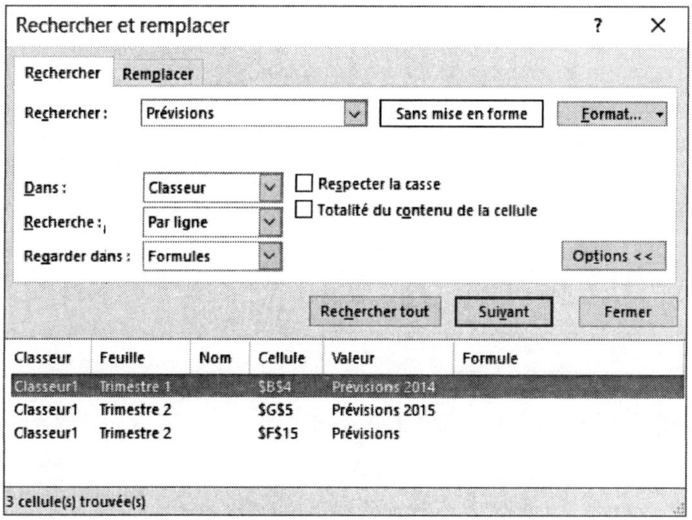

- Cliquez sur une des valeurs de la liste pour sélectionner la cellule correspondante puis cliquez sur le bouton **Fermer**.

Par sa mise en valeur

- Activez une seule cellule ou sélectionnez la plage de cellules concernée par la recherche.
- Dans l'onglet **Accueil**, cliquez sur le bouton **Rechercher et sélectionner** du groupe **Édition** puis sur l'option **Rechercher** ou utilisez le raccourci-clavier Ctrl **F**.
- Supprimez, à l'aide de la touche Suppr, l'éventuel contenu de la zone **Rechercher**.
- Cliquez, si besoin, sur le bouton **Options** pour afficher les options de recherche.
- Cliquez sur le bouton **Format** et sélectionnez dans la boîte de dialogue **Rechercher le format**, les options correspondant aux formats recherchés.

  *Le bouton **Choisir le format à partir de la cellule** permet de sélectionner une cellule afin de récupérer automatiquement tous les attributs de mise en forme de cette cellule.*
- Cliquez sur le bouton **OK**.
- Selon votre choix, effectuez une recherche en cliquant sur le bouton **Suivant** ou sur le bouton **Rechercher tout**.

Lorsque la boîte de dialogue **Rechercher et remplacer** est fermée, vous pouvez poursuivre la recherche par ⇧ F4. Vous pouvez cumuler une recherche de texte et de mise en valeur ; dans ce cas, saisissez le texte dans la zone **Rechercher** et choisissez les options de mise en valeur en cliquant sur le bouton **Format**.

Sélectionner des cellules

Des cellules adjacentes

- Utilisez l'une des trois techniques suivantes :

Le **cliqué-glissé**	Cliquez dans la première cellule à sélectionner et, sans relâcher le bouton de la souris, faites glisser celle-ci pour étendre la sélection ; relâchez le bouton de la souris lorsque la sélection vous convient. Attention, ne réalisez pas le cliqué-glissé à partir du bouton de recopie (carré noir en bas à droite de la cellule active) !
Le ⇧ **clic**	Cliquez dans la première cellule à sélectionner pour l'activer, pointez la dernière, appuyez sur la touche ⇧ et, sans la relâcher, cliquez. Relâchez ensuite le bouton de la souris puis la touche.

Avec le clavier Appuyez sur la touche ⇧ et, tout en la maintenant enfoncée, utilisez les touches de déplacement correspondant à la sélection à réaliser ; par exemple, ⇧ → sélectionne la cellule située à droite.

*Une **plage de cellules** sélectionnée apparaît encadrée et de couleur plus sombre (sauf la première cellule qui s'affiche comme à l'ordinaire car il s'agit de la cellule active).*

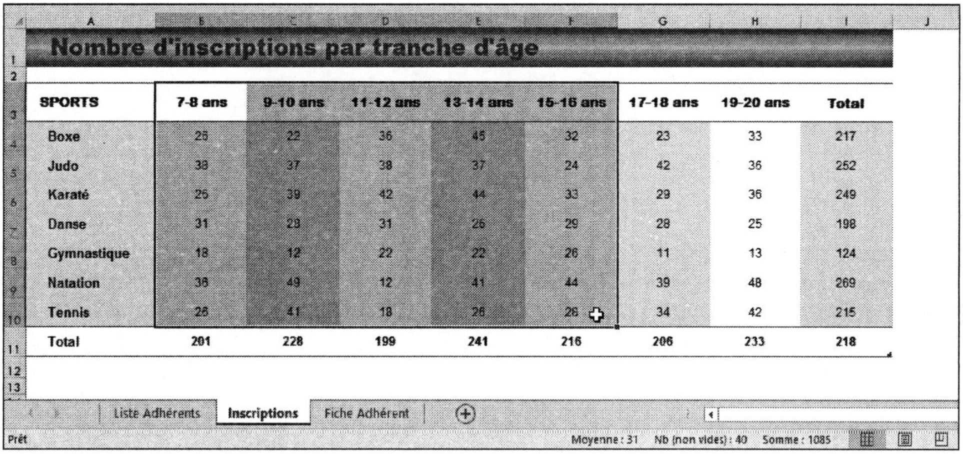
Nombre d'inscriptions par tranche d'âge

SPORTS	7-8 ans	9-10 ans	11-12 ans	13-14 ans	15-16 ans	17-18 ans	19-20 ans	Total
Boxe	25	22	36	45	32	23	33	217
Judo	38	37	38	37	24	42	36	252
Karaté	25	39	42	44	33	29	36	249
Danse	31	28	31	26	29	28	25	198
Gymnastique	18	12	22	22	26	11	13	124
Natation	36	49	12	41	44	39	48	269
Tennis	28	41	18	28	28	34	42	215
Total	201	228	199	241	216	206	233	218

Par défaut, la barre d'état affiche la moyenne et la somme des cellules sélectionnées si au moins l'une des cellules sélectionnées contient une valeur numérique ; la barre d'état affiche aussi le nombre de valeurs (texte, numérique ou autre) contenues dans la sélection.

Des cellules non adjacentes

- Sélectionnez la première plage de cellules.
- Appuyez sur la touche Ctrl et tout en la maintenant enfoncée, sélectionnez les autres plages de cellules ; lorsque vous avez terminé, relâchez la touche Ctrl avant le bouton de la souris.

Pour sélectionner toutes les cellules de la feuille de calcul, cliquez sur le bouton ◢ situé à l'intersection des en-têtes de lignes et de colonnes ou utilisez le raccourci-clavier Ctrl A ou Ctrl ⇧ Espace.

Pour sélectionner les cellules d'un tableau, cliquez dans une des cellules du tableau et utilisez le raccourci Ctrl A ou Ctrl *.

Sélectionner des lignes/des colonnes

Procédez selon les techniques suivantes :

	Ligne	Colonne
Avec la souris	Cliquez sur le numéro de la ligne à sélectionner.	Cliquez sur la lettre de la colonne à sélectionner.
Au clavier	Activez une cellule située dans la ligne puis utilisez les touches ⇧ Espace.	Activez une cellule située dans la colonne puis utilisez les touches Ctrl Espace.

Lorsqu'une ligne (une colonne) est sélectionnée, son numéro (sa lettre) apparaît en gras sur un fond de couleur sombre.

Pour sélectionner plusieurs lignes (colonnes) adjacentes, faites glisser la souris sur les en-têtes de lignes (colonnes). Si les lignes (colonnes) ne sont pas adjacentes, maintenez la touche Ctrl enfoncée lors de la sélection de chaque ligne (colonne).

Une sélection peut être composée de lignes et de colonnes.

Sélectionner des cellules d'après leur contenu

Dans l'onglet **Accueil**, cliquez sur le bouton **Rechercher et sélectionner** du groupe **Édition** puis cliquez sur l'option **Sélectionner les cellules**.

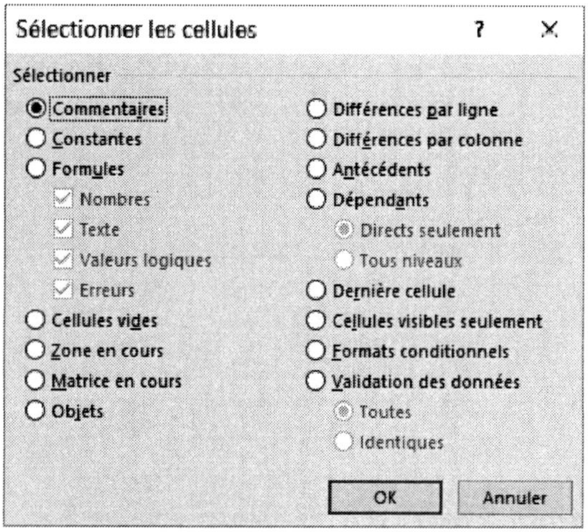

- Cliquez sur l'option correspondant à la nature des cellules à sélectionner :

Commentaires Pour sélectionner les cellules contenant des commentaires.

Constantes Pour sélectionner les cellules contenant des valeurs fixes.

Formules Pour sélectionner les cellules contenant des formules de calcul. Précisez si besoin le type de formule concerné en cochant la ou les options : **Nombres**, **Texte**, **Valeurs logiques, Erreurs.**

Cellules vides Pour sélectionner les cellules vides.

Zone en cours Pour sélectionner l'ensemble des cellules autour de la cellule active jusqu'à la première ligne ou colonne vide.

Matrice en cours Pour sélectionner la matrice dans son ensemble si la cellule active se trouve dans une matrice.

Objets Pour sélectionner les objets graphiques situés sur la feuille de calcul et dans les zones de texte (graphiques, boutons...).

Différences par ligne/ par colonne	Pour sélectionner toutes les cellules différentes de la cellule active dans une ligne/une colonne sélectionnée ; la cellule active d'une sélection est par défaut la première cellule d'une ligne/d'une colonne ; pour modifier l'emplacement de cette cellule active, appuyez sur la touche ⏎ ou ⇥. Si la sélection comporte plusieurs lignes/colonnes, la comparaison est alors effectuée pour chaque ligne/colonne de cette sélection, et la cellule utilisée dans la comparaison de chaque ligne supplémentaire se situe dans la même colonne/ligne que la cellule active.
Antécédents	Pour sélectionner les cellules référencées par la formule de la cellule active. Activez ensuite l'option **Directs seulement** pour tenir compte uniquement des cellules directement référencées par la formule, ou l'option **Tous niveaux** pour tenir compte des cellules directement ou indirectement référencées par les cellules de la sélection.
Dépendants	Pour sélectionner les cellules dont la formule se réfère à la cellule active. Activez ensuite l'option **Directs seulement** pour tenir compte uniquement des cellules qui font directement référence à la cellule active, ou l'option **Tous niveaux** pour tenir compte des cellules qui font directement ou indirectement référence à la cellule active.
Dernière cellule	Pour sélectionner la dernière cellule de la feuille de calcul qui contient une mise en forme ou des données.
Cellules visibles seulement	Pour sélectionner uniquement les cellules visibles dans une plage contenant des lignes ou des colonnes masquées.
Formats conditionnels	Pour sélectionner uniquement les cellules sur lesquelles une mise en forme conditionnelle a été appliquée. Activez ensuite l'option **Toutes** pour rechercher toutes les cellules de ce type, ou l'option **Identiques** pour rechercher uniquement les cellules dont la mise en forme conditionnelle est identique à celle de la cellule active.

Validation des données Pour rechercher les cellules contenant une liste déroulante. Activez ensuite l'option **Toutes** pour rechercher toutes les cellules sur lesquelles est appliquée la validation des données, ou l'option **Identiques** pour rechercher uniquement les cellules dont la validation des données est identique à celle de la cellule active.

- Cliquez sur le bouton **OK**.

Lorsque la feuille de calcul ne contient pas de cellules correspondant à la recherche, Excel affiche le message suivant :

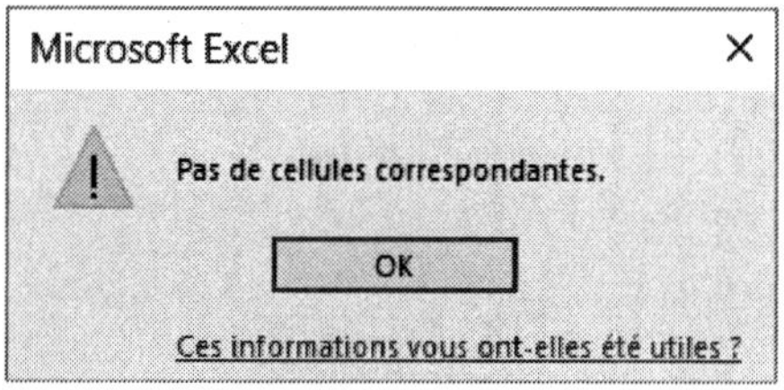

Vous pouvez aussi utiliser les options suivantes de la liste associée à l'outil **Rechercher et sélectionner : Formules, Commentaires, Mise en forme conditionnelle, Constantes, Validation données.**

Saisir des données constantes (texte, valeurs...)

- Activez la cellule dans laquelle la donnée doit apparaître.

  Vérifiez toujours la référence de la cellule active dans la zone de nom de la barre de formule.

- Saisissez la donnée.

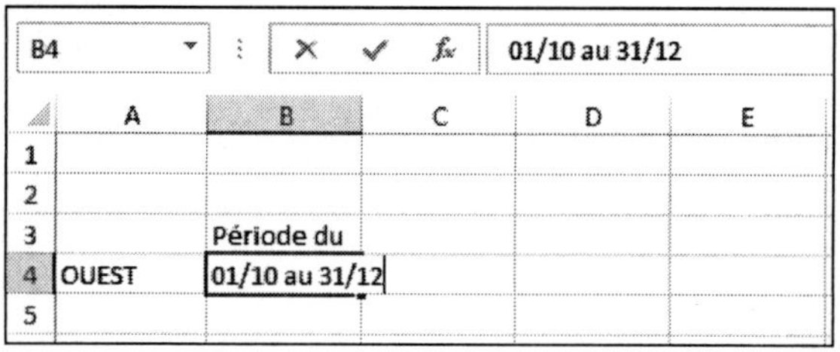

Dès la saisie du premier caractère, deux symboles apparaissent dans la barre de formule :

permet d'annuler la saisie (correspond à la touche Echap).

permet de valider la saisie (correspond à la touche E).

Parallèlement, l'indicateur Entrer de la barre d'état indique que seules des saisies peuvent être réalisées.

- Pour valider la saisie, utilisez la touche ou ou une touche de direction quelconque ou bien cliquez sur le bouton .

  Le fait d'atteindre une nouvelle cellule valide la saisie précédente. Dès que vous activez une nouvelle cellule, Excel revient en mode Prêt et les symboles et se grisent.

  Après validation, les données de type Texte s'alignent à gauche des cellules et celles de type Date ou Numérique s'alignent à droite. En outre, les données de type Date sont automatiquement formatées (exemple : 31/03 devient 31-mars).

Pour la saisie des données, prêtez attention aux remarques suivantes :

- Pour les valeurs numériques, faites attention à saisir des 0 (zéros) et pas des O (la lettre o).
- Pour saisir une valeur négative, faites-la précéder d'un signe moins (-) ou entourez-la de parenthèses.
- Pour qu'un nombre comme 10000 apparaisse immédiatement sous la forme 10 000 €, effectuez la saisie suivante : 10000 € (le symbole € s'obtient généralement à l'aide de la combinaison de touches AltGr **E**, cela peut varier selon le type de clavier utilisé).
- Pour entrer un pourcentage, tapez le signe % juste après le nombre.
- Pour saisir des décimales, utilisez la virgule ou le point comme séparateur décimal (selon la configuration de Windows, c'est le point ou la virgule qui apparaîtra après la saisie).

Pour la saisie des dates, Excel interprète l'année saisie sur deux chiffres de cette façon :

- de 00 à 29 = de 2000 à 2029,
- de 30 à 99 = de 1930 à 1999.

Sous Windows 8, les paramètres **Date et heure** sont modifiables à partir du **Panneau de configuration - Horloge, langue et région**.

Sous Windows 10, les paramètres **Date et heure** sont modifiables à partir des **Paramètres - Heure et langue.**

Pour saisir un même contenu sur plusieurs feuilles de calcul simultanément, sélectionnez les feuilles de calcul concernées (les feuilles sélectionnées constituent alors un groupe de travail) et effectuez la saisie.

Insérer des caractères spéciaux

Cette technique permet d'insérer des symboles qui ne figurent pas sur le clavier. Un caractère spécial peut être inséré dans une cellule vide ou à l'intérieur d'un texte au moment de la saisie.

Activez l'onglet **Insertion** et cliquez sur le bouton **Symbole** du groupe **Symboles**.

*La boîte de dialogue **Caractères spéciaux** s'affiche ; l'onglet **Symboles** est actif.*

- Dans la liste **Police**, sélectionnez la police contenant le caractère à insérer : pour insérer des caractères classiques (par exemple, des majuscules accentuées, des fractions...), choisissez la police (**texte normal**) ; pour insérer des caractères grecs ou mathématiques, choisissez la police **Symbol** ; pour insérer des symboles illustrés, utilisez les polices **Webdings, Wingdings, Wingdings 2** et **Wingdings 3**.
- Sélectionnez le caractère à insérer en cliquant dessus.

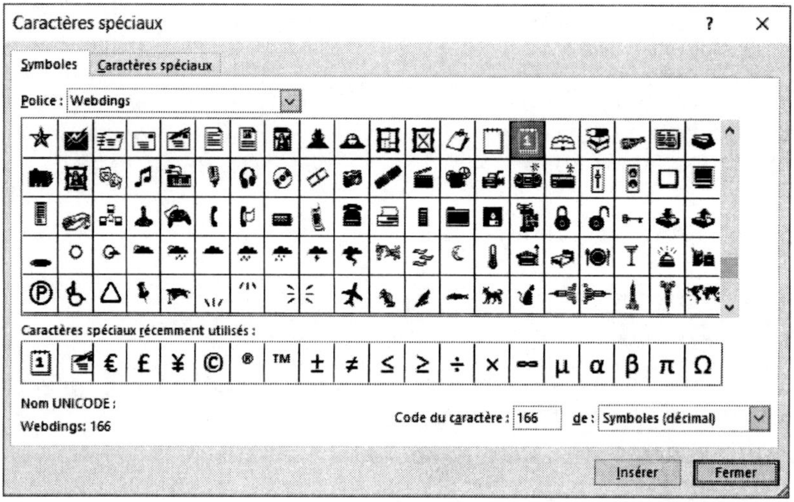

- Cliquez sur le bouton **Insérer**.
- Insérez éventuellement d'autres caractères puis fermez la boîte de dialogue en cliquant sur le bouton **Fermer**.
- Terminez la saisie si besoin puis validez.

Insérer la date/l'heure système dans une cellule

La date et l'heure système sont gérées par Windows.

- Activez la cellule dans laquelle doit apparaître la date et/ou l'heure système.
- Pour insérer la date et/ou l'heure système mises à jour à chaque ouverture du classeur, utilisez l'une des deux fonctions suivantes :

=AUJOURDUI()	Pour insérer la date du jour.
=MAINTENANT()	Pour insérer la date et l'heure.

- Pour insérer la date du jour et/ou l'heure système fixe, utilisez l'un des raccourcis-clavier suivants : Ctrl ; pour insérer la date ou Ctrl : pour insérer l'heure.

Si la date affichée n'est pas celle du jour, corrigez la date système de votre micro-ordinateur sur Windows 8, à partir du **Panneau de configuration** de Windows, option **Horloge, langue et région** puis **Date et heure** ou sur Windows 10, en choisissant l'option **Ajuster la date/l'heure** du menu contextuel (clic droit) de la date (à droite de la barre des tâches).

Utiliser la fonction de saisie semi-automatique

Lorsque vous saisissez les premiers caractères, il est possible qu'Excel vous propose des données existant dans la colonne et commençant par les mêmes caractères.

- Si l'entrée proposée vous convient, validez la saisie ; sinon, vous pouvez afficher une liste en appuyant sur Alt ↓.

La liste des entrées existant dans la colonne apparaît. Vous pouvez également afficher cette liste en cliquant avec le bouton droit de la souris et en choisissant l'option ***Liste déroulante de choix.***

Cliquez alors sur l'entrée qui vous convient.

Si aucune entrée ne vous convient, poursuivez la saisie.

Cette fonction est disponible si l'option **Saisie semi-automatique des valeurs de cellule** de la boîte de dialogue **Options Excel** est active (onglet **Fichier** - **Options** - catégorie **Options avancées** - **Options d'édition**).

Utiliser le Remplissage instantané pour compléter une colonne

*Auparavant, lorsque vous souhaitiez effectuer des manipulations sur des chaînes de caractères telles que l'extraction de noms ou de prénoms, d'adresses électroniques, de numéros de téléphone, etc. vous deviez utiliser la commande Convertir ou les fonctions GAUCHE, DROITE, CHERCHE ou NBCAR. Mais la création d'une telle formule pouvait vite s'avérer difficile pour des manipulations complexes comme l'extraction d'un nom de famille suivi de l'initiale du prénom par exemple. Désormais, une nouvelle fonctionnalité appelée **Remplissage instantané** (ou **Flash Fill** en anglais) permet depuis Excel 2013 de détecter la règle de décomposition, de concaténation et/ou de mise en forme que vous appliquez à un exemple, afin de la reproduire automatiquement sur toute votre liste.*

Après avoir appris comment activer ou désactiver cette fonctionnalité, nous découvrirons ici comment l'utiliser à travers quelques exemples. Ces exemples ne sont pas une représentation exhaustive des possibilités de cet outil mais ils vous permettent d'en comprendre le principe d'utilisation.

Activer/désactiver cette fonctionnalité

Le Remplissage instantané est activé par défaut depuis Excel 2013, mais vous pouvez modifier ce paramètre si vous le souhaitez.

Activez l'onglet **Fichier**, cliquez sur **Options** et sélectionnez la catégorie **Options avancées**.

Cochez (pour activer) ou décochez (pour désactiver) l'option **Utiliser automatiquement le remplissage instantané** du groupe **Options d'édition**.

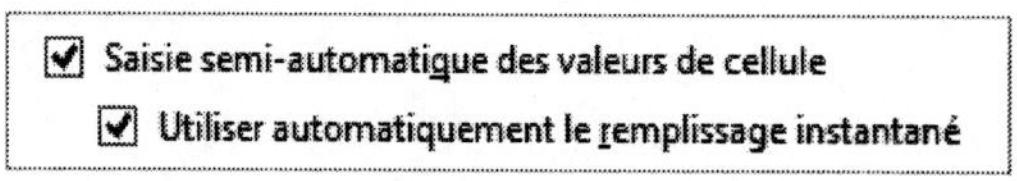

Validez par le bouton **OK**.

Remplir une colonne à partir du contenu de plusieurs colonnes

*Dans ce premier exemple, nous allons laisser Excel compléter la colonne **Identité** à partir du contenu des colonnes **Prénom** et **Nom**.*

	A	B	C	D
1	**Prénom**	**Nom**	**Identité**	
2	Michel	Guyon-David		
3	Olivier	CANEVET		
4	Sandrine	CAFUMENT		
5	Henry-Joël	Chaumanot		
6	Véronique	Aubriot Aubin		
7	Maryse	Artarit		
8	Christine	ANTON		
9	Catherine	chekroun		
10	gildas	Chesneau		
11	Anne	Chevallier		
12	Jean	civel thomas		
13	Loubna	Cornet		
14	Anne-Françoise	Dahant		
15	Paul	Rivière		
16	Marc	de Foucault		
17	Bruno	delage		
18	Régine	Dumont		
19	sophie	Dupré		
20	Aline	Baudonneais		
21	Alain	Dorosur		
22	Thierry	Elkouri		
23	Héléna	Rojouan		

Notez que la présentation de nos données n'est pas homogène, il y a un mélange de majuscules et de minuscules.

- Activez la première cellule dans laquelle vous allez saisir l'exemple qui sera analysé par Excel pour déterminer les règles que vous souhaitez appliquer à cette colonne.
- Saisissez votre exemple en tenant compte des casses souhaitées.

*Ici, nous souhaitons concaténer le **Prénom** et le **Nom** de nos contacts en appliquant une majuscule uniquement au premier caractère et en les séparant d'un espace.*

	A	B	C	D
1	**Prénom**	**Nom**	**Identité**	
2	Michel	Guyon-David	Michel Guyon-David	
3	Olivier	CANEVET		
4	Sandrine	CAFUMENT		
5	Henry-Joël	Chaumanot		

- Validez votre saisie.
- Suivant ce même principe, commencez la saisie d'un deuxième exemple dans la cellule suivante.

*Avant même que vous ayez terminé la saisie du second exemple, il est possible que Excel comprenne la règle à appliquer (ici la règle consiste à concaténer le prénom et le nom), il vous propose alors de compléter automatiquement toute la colonne (**Identité** dans notre exemple).*

	A	B	C	D
1	**Prénom**	**Nom**	**Identité**	
2	Michel	Guyon-David	Michel Guyon-David	
3	Olivier	CANEVET	Olivier CANEVET	
4	Sandrine	CAFUMENT	Sandrine CAFUMENT	
5	Henry-Joël	Chaumanot	Henry-Joël Chaumanot	
6	Véronique	Aubriot Aubin	Véronique Aubriot Aubi	
7	Maryse	Artarit	Maryse Artarit	
8	Christine	ANTON	Christine ANTON	
9	Catherine	chekroun	Catherine chekroun	
10	gildas	Chesneau	gildas Chesneau	
11	Anne	Chevallier	Anne Chevallier	
12	Jean	civel thomas	Jean civel thomas	
13	Loubna	Cornet	Loubna Cornet	
14	Anne-Françoise	Dahant	Anne-Françoise Dahant	
15	Paul	Rivière	Paul Rivière	
16	Marc	de Foucault	Marc de Foucault	
17	Bruno	delage	Bruno delage	
18	Régine	Dumont	Régine Dumont	
19	sophie	Dupré	sophie Dupré	
20	Aline	Baudonneais	Aline Baudonneais	
21	Alain	Dorosur	Alain Dorosur	
22	Thierry	Elkouri	Thierry Elkouri	
23	Héléna	Rojouan	Héléna Rojouan	

Ici, la concaténation nous convient, mais rappelons que dans notre exemple nous souhaitons une majuscule uniquement en première lettre (et le reste en minuscules). Nous allons donc donner un second exemple à Excel pour qu'il puisse mieux interpréter les règles que nous souhaitons appliquer.

- Si les règles appliquées dans ce remplissage instantané vous conviennent, validez votre saisie et le remplissage par la même occasion.
- Dans le cas contraire, poursuivez la saisie de votre exemple puis validez.

Ici, nous poursuivons la saisie de notre exemple pour signifier à Excel que nous souhaitons des minuscules (sauf en première lettre).

⎆ Vous pouvez ainsi saisir plusieurs exemples jusqu'à ce que Excel interprète « toutes » les règles souhaitées.

	A	B	C	D
1	**Prénom**	**Nom**	**Identité**	
2	Michel	Guyon-David	Michel Guyon-David	
3	Olivier	CANEVET	Olivier Canevet	
4	Sandrine	CAFUMENT	Sandrine Cafument	
5	Henry-Joël	Chaumanot	Henry-Joël Chaumanot	
6	Véronique	Aubriot Aubin	Véronique Aubriot Aubin	
7	Maryse	Artarit	Maryse Artarit	
8	Christine	ANTON	Christine Anton	
9	Catherine	chekroun	Catherine Chekroun	
10	gildas	Chesneau	gildas Chesneau	
11	Anne	Chevallier	Anne Chevallier	
12	Jean	civel thomas	Jean Civel Thomas	
13	Loubna	Cornet	Loubna Cornet	
14	Anne-Françoise	Dahant	Anne-Françoise Dahant	
15	Paul	Rivière	Paul Rivière	
16	Marc	de Foucault	Marc De Foucault	
17	Bruno	delage	Bruno Delage	
18	Régine	Dumont	Régine Dumont	
19	sophie	Dupré	sophie Dupré	
20	Aline	Baudonneais	Aline Baudonneais	
21	Alain	Dorosur	Alain Dorosur	
22	Thierry	Elkouri	Thierry Elkouri	
23	Héléna	Rojouan	Héléna Rojouan	

⎆ Lorsque le résultat du remplissage instantané suggéré vous convient, appuyez sur la touche ⏎ pour que toutes les valeurs proposées soient validées.

⎆ Vérifiez attentivement le résultat du remplissage car il se peut qu'Excel n'ait pas toujours bien compris la règle demandée, modifiez si nécessaire la ou les valeurs qui ne vous conviennent pas.

Attention : si plusieurs données ont la même structure, Excel tiendra compte de vos modifications pour les rectifier également. Prenez bien la précaution de vérifier l'ensemble des données gérées par le Remplissage instantané après chaque modification.

Pour intervenir sur l'ensemble du remplissage, reportez-vous au sous-titre Gérer le Remplissage instantané effectué ci-après.

*Jusqu'à présent, nous avons complété une colonne (C) en combinant le **Nom** et le **Prénom** situés dans deux autres colonnes (A et B), mais nous allons désormais, selon le même principe, récupérer uniquement les initiales de ces informations.*

	A	B	C	D
1	**Prénom**	**Nom**	**Initiales**	
2	Michel	Guyon-David	MGD	
3	Olivier	CANEVET	OC	
4	Sandrine	CAFUMENT	SC	
5	Henry-Joël	Chaumanot	Henry-JC	
6	Véronique	Aubriot Aubin	VAA	
7	Maryse	Artarit	MA	
8	Christine	ANTON	CA	
9	Catherine	chekroun	Cc	
10	gildas	Chesneau	gC	
11	Anne	Chevallier	AC	
12	Jean	civel thomas	Jc	
13	Loubna	Cornet	LC	
14	Anne-Françoise	Dahant	Anne-FD	
15	Paul	Rivière	PR	
16	Marc	de Foucault	Md	
17	Bruno	delage	Bd	
18	Régine	Dumont	RD	
19	sophie	Dupré	sD	
20	Aline	Baudonneais	AB	
21	Alain	Dorosur	AD	
22	Thierry	Elkouri	TE	
23	Héléna	Rojouan	HR	

Mettre en forme des données de manière uniforme

*Le **Remplissage instantané** peut être aussi utilisé pour mettre en forme vos données d'une manière uniforme même si ces dernières sont disparates :*

	B	C
1	Tél.	Téléphone
2	(+33)123555012	01 23 55 50 12
3	(+33)123555011	01 23 55 50 12
4	12-355-5054	01 -5 05 50 50
5	12-355-5061	01 -5 06 50 50
6	01 23 45 67 89	01 45 6 7 89
7	01 23 45 67 90	01 45 6 7 90
8	01 23 45 67 91	01 45 6 7 91
9	01 23 45 67 92	01 45 6 7 92
10	12-355-5127	01 -5 12 51 51
11	12-355-5128	01 -5 12 51 51
12	12-355-5129	01 -5 12 51 51
13	12-355-5130	01 -5 13 51 51
14	2 23 45 67 89	01 5 67 8 89
15	2 23 45 67 90	01 5 67 9 90
16	2 23 45 67 91	01 5 67 9 91
17	2 23 45 67 92	01 5 67 9 92
18	123-555-0131	01 5- 01 31 01
19	123-555-0132	01 5- 01 32 01
20	123-555-0133	01 5- 01 33 01
21	123-555-0134	01 5- 01 34 01
22	3 23 45 67 89	01 5 67 8 89
23	3 23 45 67 90	01 5 67 9 90

Dans cet exemple, les numéros de téléphone sont présentés dans divers formats et nous souhaitons les mettre en un seul et même format du type : xx xx xx xx xx
*Notez qu'ici Excel rencontre des difficultés pour traiter certains formats de la colonne **Tél**. La solution consiste alors à poursuivre la saisie des exemples.*

	B	C
1	Tél.	Téléphone
2	(+33)123555012	01 23 55 50 12
3	(+33)123555011	01 23 55 50 12
4	12-355-5054	01 23 55 50 54
5	12-355-5061	01 23 55 50 61
6	01 23 45 67 89	01 23 45 67 89
7	01 23 45 67 90	01 23 45 67 90
8	01 23 45 67 91	01 23 45 67 91
9	01 23 45 67 92	01 23 45 67 92
10	12-355-5127	01 23 55 51 27
11	12-355-5128	01 23 55 51 28
12	12-355-5129	01 23 55 51 29
13	12-355-5130	01 23 55 51 30
14	2 23 45 67 89	2 23 45 67 89
15	2 23 45 67 90	2 23 45 67 90
16	2 23 45 67 91	2 23 45 67 91
17	2 23 45 67 92	2 23 45 67 92

Dans cet exemple, Excel comprend comment présenter un format **xx-xxx-xxxx** *(exemple 12-355-5129) en* **xx xx xx xx xx** *(01 23 55 51 29), mais il n'a pas compris comment présenter le format* **x xx xx xx xx** *(2 23 45 67 89) !*

En validant malgré tout le Remplissage instantané, vous pourrez apporter des modifications qui pourront être reproduites automatiquement si Excel en comprend les règles.

Si Excel rencontre des difficultés pour comprendre la ou les règles souhaitées, n'hésitez pas à trier vos données par ordre croissant ou décroissant (selon votre choix) pour l'aider à mieux les analyser.

Décomposer une colonne en plusieurs colonnes

Selon les mêmes procédés que ceux décrits dans les sous-titres précédents, vous pouvez à l'inverse décomposer les données d'une colonne en plusieurs colonnes.

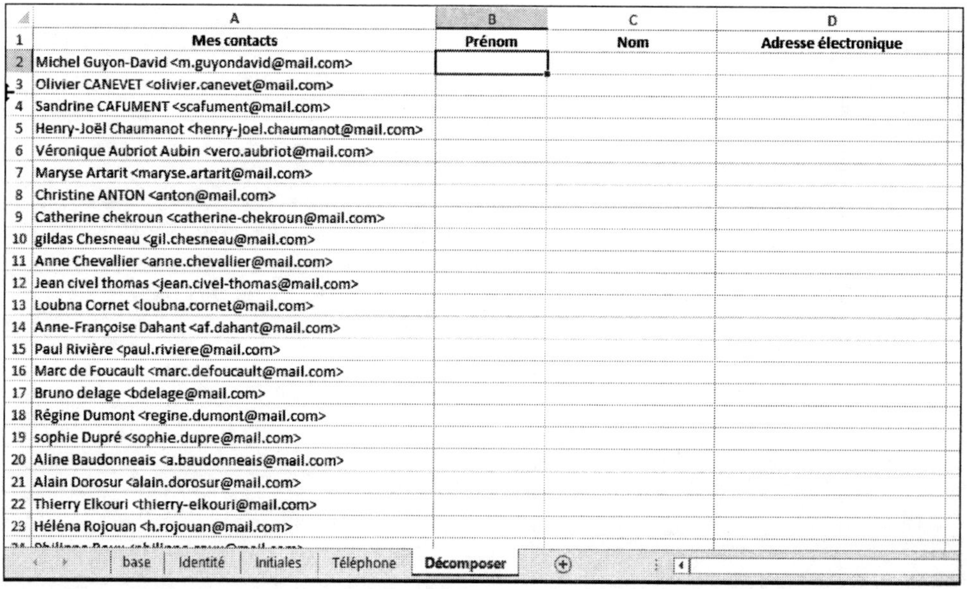

	A	B	C	D
1	Mes contacts	Prénom	Nom	Adresse électronique
2	Michel Guyon-David <m.guyondavid@mail.com>			
3	Olivier CANEVET <olivier.canevet@mail.com>			
4	Sandrine CAFUMENT <scafument@mail.com>			
5	Henry-Joël Chaumanot <henry-joel.chaumanot@mail.com>			
6	Véronique Aubriot Aubin <vero.aubriot@mail.com>			
7	Maryse Artarit <maryse.artarit@mail.com>			
8	Christine ANTON <anton@mail.com>			
9	Catherine chekroun <catherine-chekroun@mail.com>			
10	gildas Chesneau <gil.chesneau@mail.com>			
11	Anne Chevallier <anne.chevallier@mail.com>			
12	Jean civel thomas <jean.civel-thomas@mail.com>			
13	Loubna Cornet <loubna.cornet@mail.com>			
14	Anne-Françoise Dahant <af.dahant@mail.com>			
15	Paul Rivière <paul.riviere@mail.com>			
16	Marc de Foucault <marc.defoucault@mail.com>			
17	Bruno delage <bdelage@mail.com>			
18	Régine Dumont <regine.dumont@mail.com>			
19	sophie Dupré <sophie.dupre@mail.com>			
20	Aline Baudonneais <a.baudonneais@mail.com>			
21	Alain Dorosur <alain.dorosur@mail.com>			
22	Thierry Elkouri <thierry-elkouri@mail.com>			
23	Héléna Rojouan <h.rojouan@mail.com>			

Dans cet exemple, nous souhaitons compléter les colonnes **Prénom**, **Nom** *et* **Adresse électronique** *en utilisant la fonctionnalité Remplissage instantané.*

- Activez la première cellule à renseigner puis saisissez la partie de l'information que vous voulez récupérer de la ou des autres colonnes, en prenant soin de respecter la casse souhaitée.

Dans notre exemple, nous souhaitons avoir les prénoms en minuscules et les noms en majuscules.

- Validez la saisie de la première cellule.
- Poursuivez la saisie de la deuxième ligne.

Si Excel respecte les règles demandées, vous pouvez valider le remplissage instantané proposé.

	A	B
1	**Mes contacts**	**Prénom**
2	Michel Guyon-David <m.guyondavid@mail.com>	Michel
3	Olivier CANEVET <olivier.canevet@mail.com>	Olivier
4	Sandrine CAFUMENT <scafument@mail.com>	Sandrine
5	Henry-Joël Chaumanot <henry-joel.chaumanot@mail.com>	Henry
6	Véronique Aubriot Aubin <vero.aubriot@mail.com>	Véronique
7	Maryse Artarit <maryse.artarit@mail.com>	Maryse
8	Christine ANTON <anton@mail.com>	Christine
9	Catherine chekroun <catherine-chekroun@mail.com>	Catherine
10	gildas Chesneau <gil.chesneau@mail.com>	gildas
11	Anne Chevallier <anne.chevallier@mail.com>	Anne
12	Jean civel thomas <jean.civel-thomas@mail.com>	Jean
13	Loubna Cornet <loubna.cornet@mail.com>	Loubna
14	Anne-Françoise Dahant <af.dahant@mail.com>	Anne
15	Paul Rivière <paul.riviere@mail.com>	Paul

Ici, nous avons validé le remplissage instantané bien que Excel n'ait pas compris comment gérer les prénoms composés (Henry-Joël, Anne-Françoise).

- Dans ce cas, apportez la modification qui permettra à Excel de mieux comprendre la règle à appliquer puis valider.

Ici, nous complétons le prénom composé de Henry-Joël.

Après toute modification, Excel vérifie et modifie les autres entrées si besoin.

5	Henry-Joël Chaumanot <henry-joel.chaumanot@mail.com>	Henry-Joël
6	Véronique Aubriot Aubin <vero.aubriot@mail.com>	Véronique
7	Maryse Artarit <maryse.artarit@mail.com>	Maryse
8	Christine ANTON <anton@mail.com>	Christine
9	Catherine chekroun <catherine-chekroun@mail.com>	Catherine
10	gildas Chesneau <gil.chesneau@mail.com>	gildas
11	Anne Chevallier <anne.chevallier@mail.com>	Anne
12	Jean civel thomas <jean.civel-thomas@mail.com>	Jean
13	Loubna Cornet <loubna.cornet@mail.com>	Loubna
14	Anne-Françoise Dahant <af.dahant@mail.com>	Anne-Françoise

Après avoir modifié le prénom composé de Henry-Joël, celui de Anne-Françoise a été modifié automatiquement.

*Pour cet exercice, nous poursuivons la saisie par le remplissage instantané de la colonne **Nom** en lettres majuscules.*

	A	B	C	D
1	**Mes contacts**	**Prénom**	**Nom**	**Adresse électronique**
2	Michel Guyon-David <m.guyondavid@mail.com>	Michel	GUYON-DAVID	
3	Olivier CANEVET <olivier.canevet@mail.com>	Olivier	CANEVET	
4	Sandrine CAFUMENT <scafument@mail.com>	Sandrine	CAFUMENT	
5	Henry-Joël Chaumanot <henry-joel.chaumanot@mail.com>	Henry-Joël	JOËL CHAUMANOT	
6	Véronique Aubriot Aubin <vero.aubriot@mail.com>	Véronique	AUBRIOT AUBIN	
7	Maryse Artarit <maryse.artarit@mail.com>	Maryse	ARTARIT	
8	Christine ANTON <anton@mail.com>	Christine	ANTON	
9	Catherine chekroun <catherine-chekroun@mail.com>	Catherine	CHEKROUN	
10	gildas Chesneau <gil.chesneau@mail.com>	gildas	CHESNEAU	
11	Anne Chevallier <anne.chevallier@mail.com>	Anne	CHEVALLIER	
12	Jean civel thomas <jean.civel-thomas@mail.com>	Jean	CIVEL THOMAS	
13	Loubna Cornet <loubna.cornet@mail.com>	Loubna	CORNET	
14	Anne-Françoise Dahant <af.dahant@mail.com>	Anne-Françoise	FRANÇOISE DAHANT	
15	Paul Rivière <paul.riviere@mail.com>	Paul	RIVIÈRE	
16	Marc de Foucault <marc.defoucault@mail.com>	Marc	FOUCAULT	
17	Bruno delage <bdelage@mail.com>	Bruno	DELAGE	
18	Régine Dumont <regine.dumont@mail.com>	Régine	DUMONT	
19	sophie Dupré <sophie.dupre@mail.com>	sophie	DUPRÉ	
20	Aline Baudonneais <a.baudonneais@mail.com>	Aline	BAUDONNEAIS	
21	Alain Dorosur <alain.dorosur@mail.com>	Alain	DOROSUR	
22	Thierry Elkouri <thierry-elkouri@mail.com>	Thierry	ELKOURI	
23	Héléna Rojouan <h.rojouan@mail.com>	Héléna	ROJOUAN	

base | Identité | Initiales | Téléphone | **Décomposer**

Notez que là encore Excel n'a pas compris comment traiter les noms associés aux prénoms composés (Henry-Joël Chaumanot et Anne-Françoise Dahant).

- Dans ce cas, vous pouvez soit poursuivre la saisie pour que Excel puisse mieux comprendre les règles à appliquer, ou bien valider le Remplissage instantané proposé et effectuer les modifications après coup. Utilisez la méthode qui vous semble le plus pratique et rapide selon les données à traiter.
- Renseignez ainsi chaque colonne.

*Dans notre exemple, nous remplissons la colonne **Adresse électronique** en recopiant l'adresse des deux premières lignes qu'Excel prendra en exemples, puis en saisissant les premières lettres de la troisième adresse.*

	A	B	C	D
1	Mes contacts	Prénom	Nom	Adresse électronique
2	Michel Guyon-David <m.guyondavid@mail.com>	Michel	GUYON-DAVID	m.guyondavid@mail.com
3	Olivier CANEVET <olivier.canevet@mail.com>	Olivier	CANEVET	olivier.canevet@mail.com
4	Sandrine CAFUMENT <scafument@mail.com>	Sandrine	CAFUMENT	scafument@mail.com
5	Henry-Joël Chaumanot <henry-joel.chaumanot@mail.com>	Henry-Joël	CHAUMANOT	henry-joel.chaumanot@mail.com
6	Véronique Aubriot Aubin <vero.aubriot@mail.com>	Véronique	AUBRIOT AUBIN	vero.aubriot@mail.com
7	Maryse Artarit <maryse.artarit@mail.com>	Maryse	ARTARIT	maryse.artarit@mail.com
8	Christine ANTON <anton@mail.com>	Christine	ANTON	anton@mail.com
9	Catherine chekroun <catherine-chekroun@mail.com>	Catherine	CHEKROUN	catherine-chekroun@mail.com
10	gildas Chesneau <gil.chesneau@mail.com>	gildas	CHESNEAU	gil.chesneau@mail.com
11	Anne Chevallier <anne.chevallier@mail.com>	Anne	CHEVALLIER	anne.chevallier@mail.com
12	Jean civel thomas <jean.civel-thomas@mail.com>	Jean	CIVEL THOMAS	jean.civel-thomas@mail.com
13	Loubna Cornet <loubna.cornet@mail.com>	Loubna	CORNET	loubna.cornet@mail.com
14	Anne-Françoise Dahant <af.dahant@mail.com>	Anne-Françoise	DAHANT	af.dahant@mail.com
15	Paul Rivière <paul.riviere@mail.com>	Paul	RIVIÈRE	paul.riviere@mail.com
16	Marc de Foucault <marc.defoucault@mail.com>	Marc	DE FOUCAULT	marc.defoucault@mail.com
17	Bruno delage <bdelage@mail.com>	Bruno	DELAGE	bdelage@mail.com
18	Régine Dumont <regine.dumont@mail.com>	Régine	DUMONT	regine.dumont@mail.com
19	sophie Dupré <sophie.dupre@mail.com>	sophie	DUPRÉ	sophie.dupre@mail.com

Gérer le Remplissage instantané effectué

- Pour intervenir sur l'ensemble du remplissage instantané effectué, cliquez sur le bouton **Options de remplissage instantané** visible tant que vous n'aurez pas effectué une autre manipulation après le remplissage.

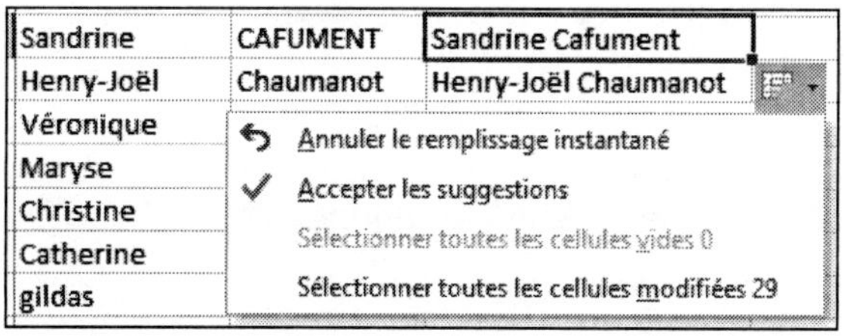

- Cliquez sur l'option :

  Annuler le remplissage instantané pour supprimer le contenu des cellules remplies automatiquement et désactiver la fonctionnalité de remplissage instantané afin de permettre la poursuite de la saisie des cellules de la colonne.

  Accepter les suggestions pour valider le résultat. Dans ce cas, le bouton d'**Options de remplissage instantané** disparaît.

Sélectionner toutes les cellules modifiées afin d'y apporter des modifications simultanément (exemple : mise en forme).

Pour forcer le remplissage instantané à partir d'un modèle, sélectionnez la cellule déjà saisie puis utilisez le raccourci-clavier Ctrl **E**.

Si Excel rencontre des difficultés pour comprendre la ou les règles souhaitées, n'hésitez pas à trier vos données par ordre croissant ou décroissant (selon votre choix) pour l'aider à mieux les analyser.

Saisir un même contenu dans plusieurs cellules

- Sélectionnez la plage de cellules concernées (elles peuvent ne pas être adjacentes).
- Saisissez le contenu commun à toutes ces cellules (formule ou texte).

Lorsque le contenu est une formule, saisissez la formule qui concerne la cellule active.

- Validez par les touches Ctrl ↵.

Saisie et recopie sont réalisées en une seule manipulation !

Saisir un texte de plusieurs lignes dans une cellule

Deux techniques permettent de faire apparaître du texte sur plusieurs lignes dans une cellule : par la saisie ou en modifiant le format de la cellule.

Entrer un saut de ligne

- Lorsque vous êtes en cours ou en modification de saisie, utilisez la combinaison de touches Alt ↵ pour imposer votre retour à la ligne à l'endroit souhaité.

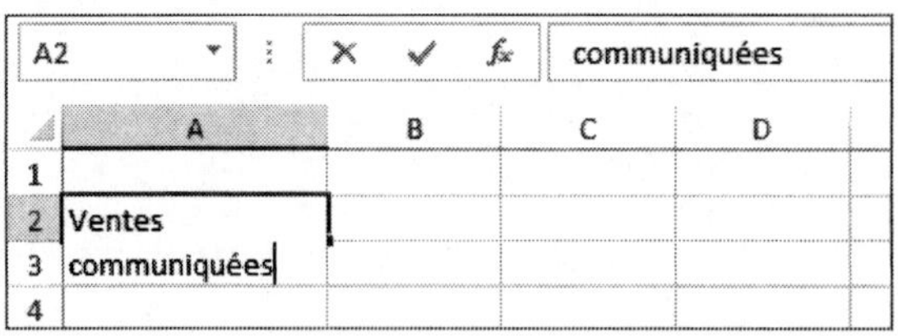

Si la hauteur de la barre de formule n'est pas ajustée, vous ne visualisez que la dernière ligne saisie.

- Validez par [Entrée].

La hauteur de ligne de la feuille de calcul s'adapte automatiquement.

Définir un renvoi à la ligne automatique

- Sélectionnez les cellules concernées.
- Dans le groupe **Alignement** de l'onglet **Accueil**, cliquez sur l'outil **Renvoyer à la ligne automatiquement**.

Les données sont renvoyées à la ligne de manière à ajuster le contenu de la cellule à la largeur de la colonne. Si vous modifiez la largeur des colonnes, les données sont automatiquement ajustées en conséquence.

Créer une série de données

Une série de données correspond à une suite logique de valeurs. Vous pouvez créer une série de données de dates, d'heures, de mois, de jours, d'un mélange de textes et de valeurs numériques.

Créer une série de données simple

Ce type de série permet d'afficher des valeurs successives avec un incrément égal à une unité.

- Saisissez la première valeur de la série : il peut s'agir d'une date, d'un mois, d'un jour de la semaine, d'un trimestre ou d'un texte quelconque se terminant par un chiffre.
- Faites glisser la poignée de recopie de cette cellule jusqu'à la cellule d'affichage de la dernière valeur vers le bas ou vers la droite pour remplir en ordre croissant, vers le haut ou vers la gauche pour remplir en ordre décroissant.

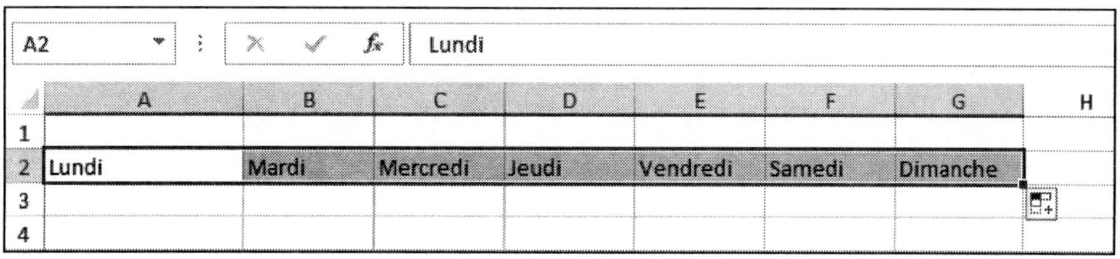

Juste après avoir créé votre série, le bouton ***Options de recopie incrémentée*** *apparaît dans le coin inférieur droit de la série.*

- Si vous souhaitez modifier le type d'incrémentation selon le type de série, ouvrez la liste du bouton **Options de recopie incrémentée** .

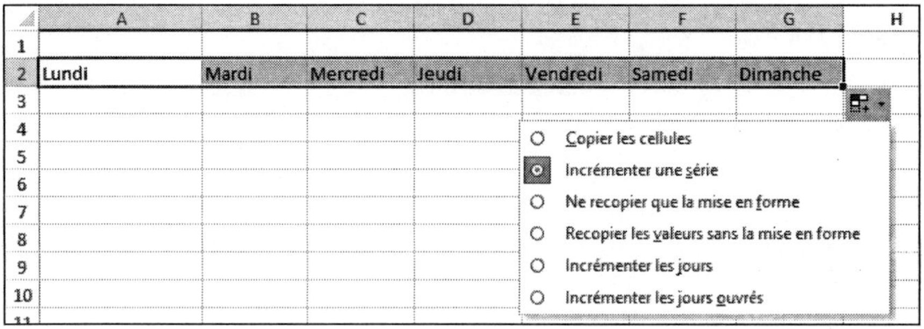

- Cliquez sur l'option adéquate, les options affichées dépendent du type de la donnée ; ici, par exemple, vous pouvez incrémenter par jour ou par jour ouvré.

Si vous souhaitez simplement copier le contenu de la cellule sans effectuer une série incrémentée, maintenez alors la touche Ctrl lorsque vous faites glisser la poignée de recopie.
Si la première cellule contient une valeur numérique, Excel recopie la valeur sur les autres cellules, pour effectuer une série incrémentée, maintenez la touche Ctrl tout en faisant glisser la poignée de recopie.

Créer une série de données "complexe"

Ce type de série permet de définir l'incrément entre les valeurs de la série.

À l'aide de la poignée de recopie

- Saisissez les deux premières valeurs pour indiquer la valeur de l'incrément.
- Sélectionnez ces deux cellules.
- Faites glisser la poignée de recopie jusqu'à la cellule souhaitée.

Référence 100 *et* ***Référence 150*** *sont les deux premières données de cette série de données.*

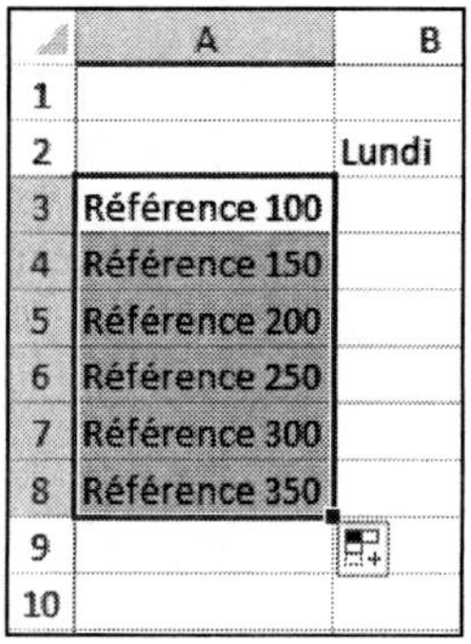

À l'aide de la boîte de dialogue

- Saisissez la première valeur (nombre ou date) de la série et sélectionnez la cellule contenant cette valeur et, éventuellement, les cellules concernées par la série.
- Dans l'onglet **Accueil** - groupe **Édition**, ouvrez la liste associée à l'outil **Remplissage**  puis cliquez sur l'option **Série**.

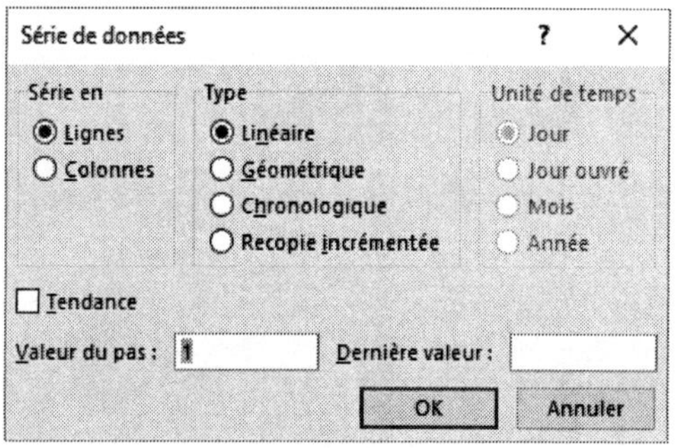

- Dans le cadre **Série en**, indiquez si la série doit être insérée en **Lignes** ou en **Colonnes.**

- Si votre sélection contient un nombre, vous pouvez activer l'option **Linéaire** ou **Géométrique** du cadre **Type** pour générer une suite *linéaire*, c'est-à-dire une suite de nombres obtenue en ajoutant la valeur du pas à la valeur de départ, puis à chaque valeur successive ou, pour générer une suite *géométrique*, c'est-à-dire une suite de nombres obtenue en multipliant une constante différente de zéro au nombre précédent.

  Si votre sélection contient une donnée de type Date, vous pouvez activer l'option **Chronologique** du cadre **Type** pour générer une suite incrémentée selon l'**Unité de temps** choisie dans le cadre de droite.
- Modifiez si besoin, l'incrément dans la zone **Valeur du pas.**
- Indiquez si besoin, la **Dernière valeur** si vous n'avez pas sélectionné au préalable les cellules destinatrices de la série.
- Cliquez sur le bouton **OK.**

Vous pouvez créer vos propres séries de données personnalisées (cf. le chapitre Optimisation de la saisie de données).

Utiliser l'Éditeur d'équations

L'Éditeur d'équations permet de documenter une formule dans une feuille de calcul Excel en insérant une équation mathématique en tant qu'objet.

Insérer une équation prédéfinie

- Activez l'onglet **Insertion**, puis cliquez sur le bouton **Symboles** et ouvrez la liste associée au bouton **Équation** pour afficher la liste des équations disponibles.

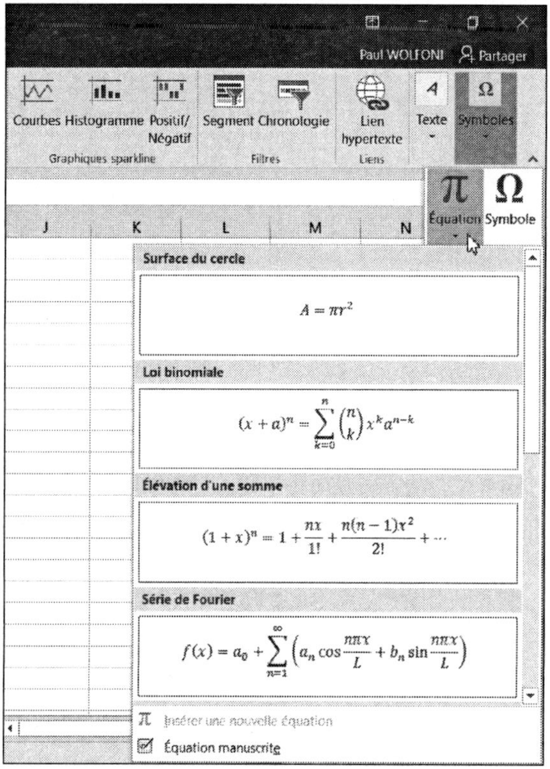

Cliquez sur l'équation souhaitée.

L'équation s'insère sous forme d'objet dans la feuille de calcul ; l'onglet ***Conception*** *propose des outils d'équation :*

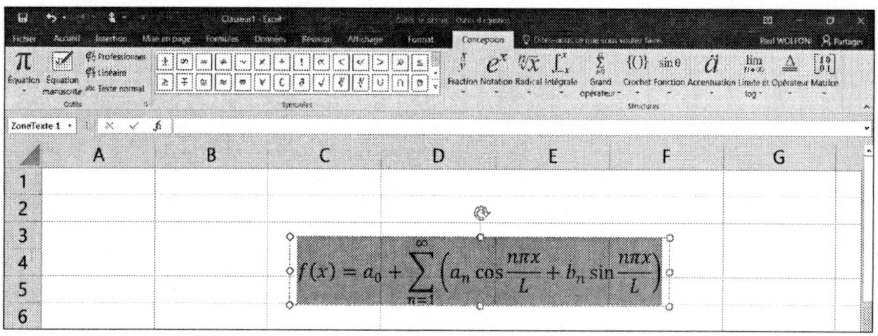

- Pour convertir la sélection en formulaire à une dimension pour une édition simplifiée, cliquez sur l'outil [Linéaire] du groupe **Outils**.

  Notre équation devient :

  f(x) = a_0 + ∑24_(n = 1)^∞▒(a_n cos 〖nπx/L〗 + b_n sin 〖nπx/L〗)

- À l'inverse, pour convertir la sélection en formulaire 2D pour un affichage professionnel, cliquez sur l'outil [Professionnel] du groupe **Outils**.

  Notre équation se présente alors ainsi :

$$f(x) = a_0 + \sum_{n=1}^{\infty} \left(a_n \cos\frac{n\pi x}{L} + b_n \sin\frac{n\pi x}{L} \right)$$

Créer une équation

- Activez l'onglet **Insertion**, puis cliquez sur le bouton **Symboles** et sur la partie supérieure du bouton **Équation**.

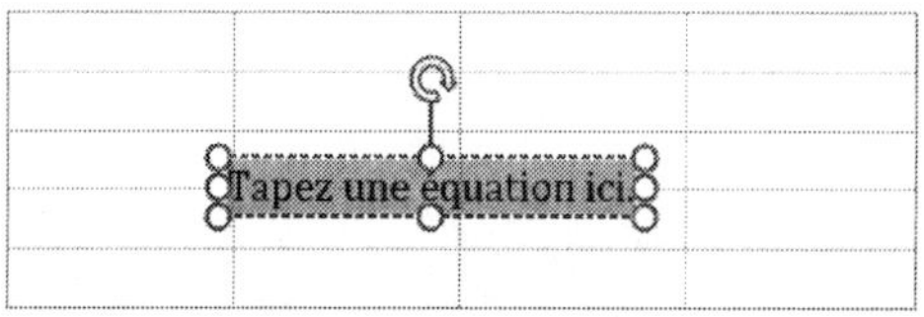

- Utilisez les outils de l'onglet **Outils d'équation - Conception** pour saisir les variables de l'équation. Vous pouvez ainsi cliquer sur les boutons du groupe **Structures** pour insérer une suite de symboles prérenseignés et/ou cliquer sur un des symboles du groupe de même nom.
- Pour modifier un des composants de l'équation, sélectionnez-le puis saisissez le texte ou cliquez sur le symbole souhaité selon la modification à effectuer.
- Pour activer l'objet Équation, cliquez sur ce dernier.

  Les poignées de sélection matérialisées par des ronds blancs apparaissent autour de l'objet. Vous pouvez déplacer l'objet, le redimensionner, modifier la mise en forme des variables...

Pour en savoir plus sur la gestion des objets, veuillez vous référer au chapitre correspondant de cet ouvrage.

Créer une équation manuscrite

Excel 2016 propose désormais de créer des équations manuscrites à l'aide d'une souris ou d'un stylet.

- Activez l'onglet **Insertion** puis ouvrez la liste du bouton **Équation** et choisissez l'option **Équation manuscrite**.

  L'éditeur d'équation manuscrite s'ouvre :

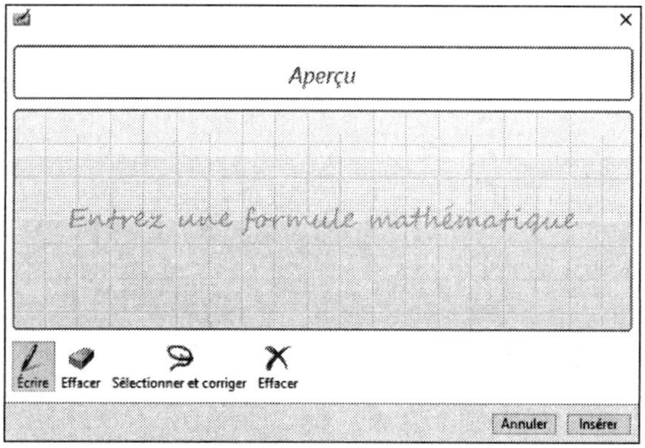

- À l'aide de la souris ou d'un stylet, écrivez l'équation dans la zone **Entrez une formule mathématique.**

  L'aperçu de l'équation apparaît au-dessus de la zone de saisie.

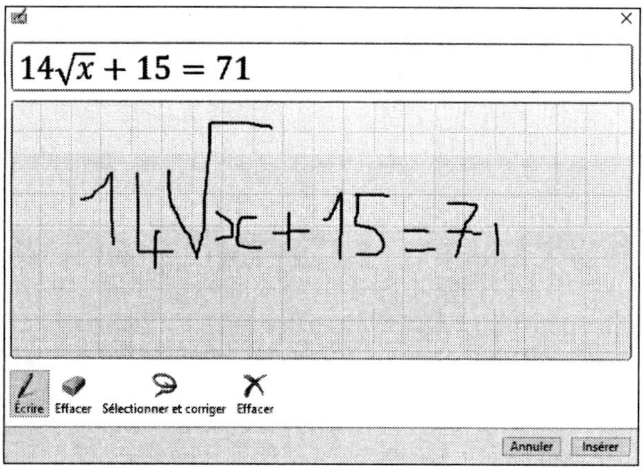

- Pour modifier l'équation, utilisez les outils suivants :

pour effacer une partie de l'équation ; après avoir activé cet outil, pointez l'élément à effacer puis cliquez ou effectuez un cliqué-glissé sur la partie à supprimer.

pour corriger un caractère qui aurait été mal retranscrit ; après avoir activé cet outil, sélectionnez le caractère ou la partie à modifier en réalisant un cadre de sélection puis, dans la liste qui s'affiche, choisissez le caractère de remplacement.

La partie sélectionnée apparaît en rouge :

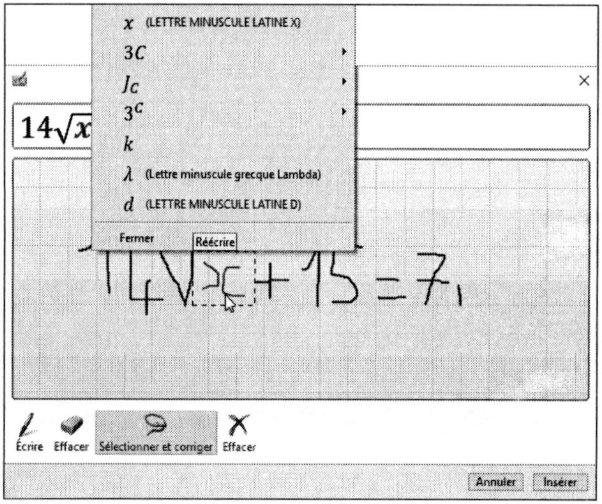

pour tout effacer.

- Lorsque l'équation est terminée, cliquez sur le bouton **Insérer**.
- Comme pour toute autre équation, utilisez les outils de l'onglet **Outils d'équation - Conception** pour apporter des modifications.

Créer et gérer les liens hypertextes

Pour accéder rapidement à des informations situées dans un autre emplacement du classeur ou dans un autre fichier ou une page web, vous pouvez insérer un lien hypertexte dans une cellule ou sur un objet graphique.

- Pour créer un lien hypertexte, cliquez dans la cellule ou sélectionnez l'objet graphique qui doit être associé au lien hypertexte à créer.

  S'il s'agit d'une cellule, celle-ci peut contenir des données et des formats.

- Activez l'onglet **Insertion** et cliquez sur le bouton **Lien hypertexte** du groupe **Liens** ou faites Ctrl **K**.

Créer un lien vers un nouveau fichier

- Cliquez sur l'option **Créer un document** située dans le volet gauche de la boîte de dialogue.

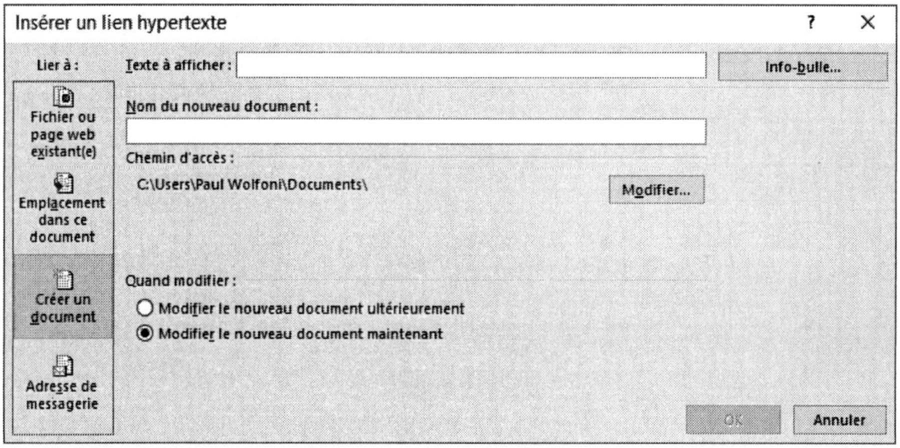

- Si le **Chemin d'accès** proposé correspond au dossier dans lequel vous souhaitez créer le nouveau classeur, saisissez son nom dans la zone **Nom du nouveau document** ; dans le cas contraire, cliquez sur le bouton **Modifier** pour choisir un autre dossier.
- Selon que vous souhaitez modifier le nouveau document maintenant ou ultérieurement, activez l'option correspondante dans la section **Quand modifier**.
- Cliquez, si vous le souhaitez, sur le bouton **Info-bulle**, saisissez le texte que vous souhaitez afficher (dans une info-bulle) lorsque le pointeur se trouvera sur le lien hypertexte. Validez par le bouton **OK**.

Si vous ne renseignez pas le texte de l'info-bulle, Excel affichera par défaut le chemin d'accès complet du nouveau document.

- Cliquez sur le bouton **OK** pour valider la création du lien et du nouveau document.

  Si vous avez demandé une modification immédiate, le classeur contenant le nouveau lien hypertexte reste ouvert et le nouveau classeur apparaît dans une nouvelle fenêtre.

- Dans ce cas, créez le contenu du classeur puis enregistrez-le.

Créer un lien vers un fichier existant ou une page web

- Cliquez sur l'option **Fichier ou page web existant(e)** située dans le volet gauche de la boîte de dialogue **Insérer un lien hypertexte**.

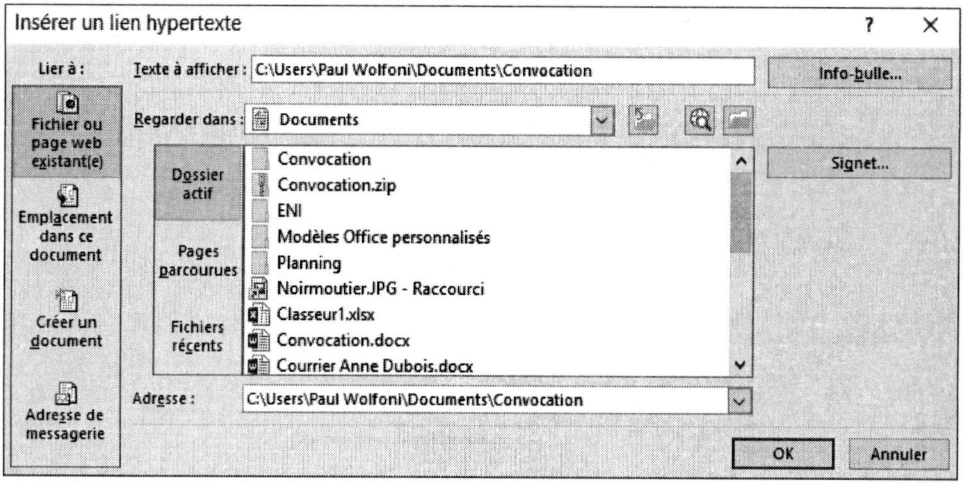

- Selon le type de document vers lequel vous souhaitez créer un lien, cliquez sur le bouton :

  Dossier actif : afin de sélectionner le fichier cible du lien dans le dossier en cours.

  Pages parcourues : afin de sélectionner dans la liste des dernières pages parcourues, la page web cible du lien.

  Fichiers récents : afin de sélectionner dans la liste des fichiers récemment utilisés, le fichier cible du lien.

- Si vous connaissez l'**Adresse** exacte du document vers lequel vous souhaitez créer le lien, vous pouvez la saisir directement dans la zone correspondante.
- Cliquez, si vous le souhaitez, sur le bouton **Info-bulle** puis saisissez le texte que vous souhaitez afficher (dans une info-bulle) lorsque le pointeur se trouvera sur le lien hypertexte. Validez par le bouton **OK**.

  Si vous ne renseignez pas le texte de l'info-bulle, Excel affichera par défaut l'adresse complète du document.
- Cliquez sur le bouton **OK** pour valider la création du lien.

Créer un lien vers un emplacement spécifique du classeur

- Cliquez sur le bouton **Emplacement dans ce document** situé dans le volet gauche de la boîte de dialogue **Insérer un lien hypertexte**.

  La liste des feuilles existantes et des noms définis dans le classeur actif apparaît dans la partie centrale de la boîte de dialogue.

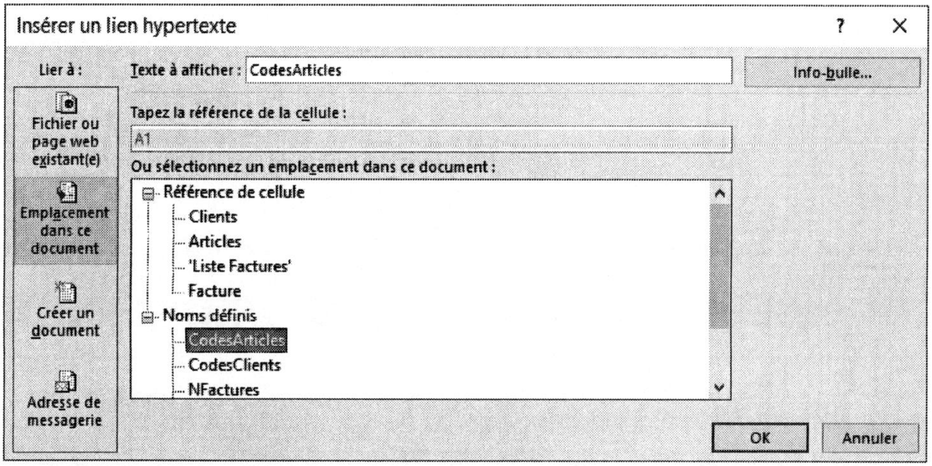

- Saisissez la référence de la cellule cible du lien ou sélectionnez, dans la liste **Ou sélectionnez un emplacement dans ce document**, le nom de la feuille ou le nom défini vers lequel vous souhaitez créer le lien.
- Cliquez, si nécessaire, sur le bouton **Info-bulle** puis saisissez le texte à afficher lorsque le lien sera pointé ; validez la saisie par le bouton **OK**.
- Cliquez sur le bouton **OK** de la boîte de dialogue **Insérer un lien hypertexte** pour valider la création du lien.

Créer un lien vers une adresse de messagerie

Dans ce cas, un clic sur le lien ouvre la fenêtre d'un nouveau message avec l'adresse de messagerie définie comme cible.

- Cliquez sur le bouton **Adresse de messagerie** situé dans le volet gauche de la boîte de dialogue **Insérer un lien hypertexte.**

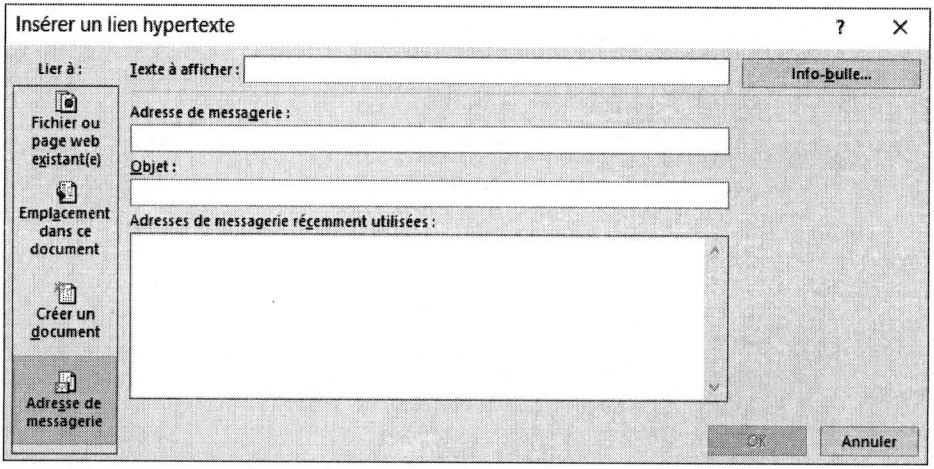

- Précisez l'**Adresse de messagerie** et l'**Objet** du message.
- Cliquez sur le bouton **OK** de la boîte de dialogue **Insérer un lien hypertexte** pour le créer.

Lorsque vous cliquerez sur ce lien, une fenêtre de votre logiciel de messagerie s'ouvrira vous permettant ainsi de compléter le message et de l'envoyer (l'adresse et l'objet du message seront pré-remplis).

Si vous avez inséré un lien hypertexte dans une cellule vide, le texte correspondant au contenu du lien (chemin complet du fichier ou emplacement dans le classeur) est inséré dans cette cellule.

Vous pouvez aussi créer un lien hypertexte vers une adresse de messagerie en entrant directement cette adresse dans la cellule.

Activer un lien hypertexte

- Pointez le lien hypertexte à activer.

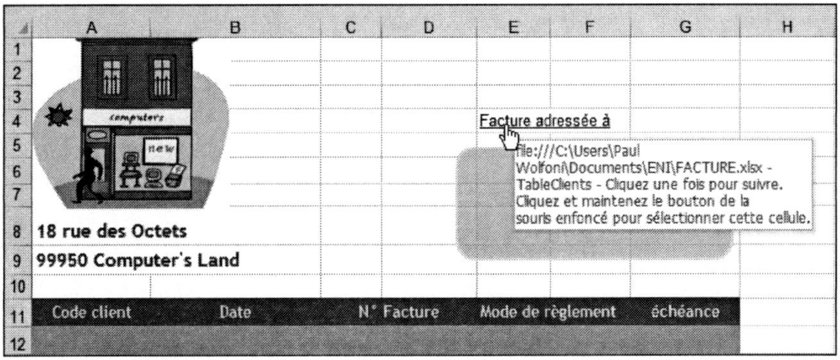

Lorsque vous pointez le lien inséré dans une cellule ou sur un objet graphique, le pointeur de la souris prend la forme d'une main ; si vous n'avez pas renseigné de texte pour l'info-bulle lors de la création du lien, l'info-bulle affiche l'adresse complète du document ou le nom du classeur actif suivi de l'emplacement à atteindre.

- Lorsque le pointeur prend la forme suivante , cliquez pour activer le lien hypertexte.

Lorsque le lien hypertexte a été activé au moins une fois, il change de couleur et devient violet.

Sélectionner une cellule/un objet sans activer le lien hypertexte

- Pour sélectionner une cellule contenant un lien hypertexte, pointez-la et cliquez en maintenant quelques instants le bouton de la souris enfoncé ; lorsque le pointeur de la souris se transforme en croix blanche, relâchez la souris.

  Vous pouvez aussi utiliser les touches de déplacement pour activer la cellule.

- Pour sélectionner un objet auquel est associé un lien hypertexte, appuyez sur la touche Ctrl, maintenez-la enfoncée et cliquez sur l'objet.

Modifier la destination d'un lien hypertexte

- Sélectionnez la cellule ou l'objet graphique contenant le lien hypertexte concerné.
- Dans l'onglet **Insertion**, cliquez sur le bouton **Lien hypertexte** du groupe **Liens** ou faites Ctrl **K**.

  *Vous pouvez aussi ouvrir le menu contextuel de la cellule ou du contour de l'objet et activer l'option **Modifier le lien hypertexte**.*
- Apportez les modifications nécessaires et validez.

Modifier le texte ou l'objet graphique d'un lien hypertexte

- Pour modifier le texte d'une cellule contenant un lien hypertexte, sélectionnez la cellule et saisissez le nouveau texte ou apportez vos modifications directement dans la barre de formule puis validez.
- Pour modifier l'objet graphique, sélectionnez-le puis faites un double clic dessus pour afficher l'onglet spécifique à la modification de l'objet.

Supprimer un lien hypertexte

- Sélectionnez la cellule ou l'objet graphique contenant le lien hypertexte concerné.
- Cliquez avec le bouton droit de la souris sur la cellule ou sur le contour de l'objet pour afficher son menu contextuel.
- Cliquez sur l'option **Supprimer le lien hypertexte.**

Pour modifier l'apparence des liens hypertexte, modifiez les styles **Lien hypertexte** et **Lien hypertexte visité** (cf. chapitre Styles et thèmes - Gérer les styles de cellule).

Pour ne pas transformer une adresse e-mail saisie dans une cellule en lien hypertexte, cliquez sur l'onglet **Fichier** puis sur **Options**, activez la catégorie **Vérification** puis cliquez sur le bouton **Options de correction automatique** ; activez l'onglet **Mise en forme automatique au cours de la frappe** et pour terminer, désactivez l'option **Adresses Internet et réseau avec des liens hypertexte.**

Modifier le contenu d'une cellule

- Faites un double clic dans la cellule à modifier :

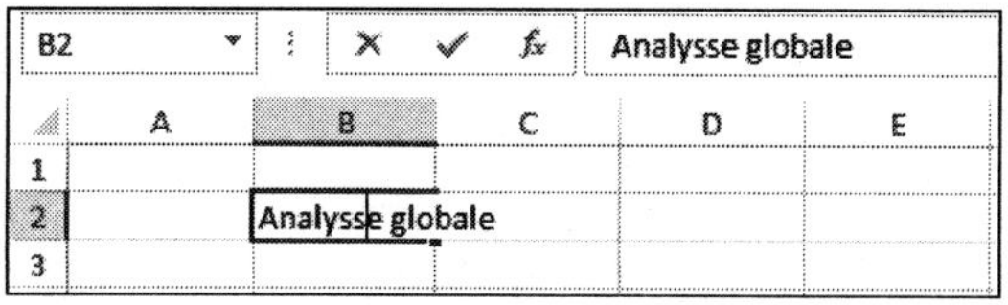

*Un point d'insertion apparaît dans la cellule (la petite barre verticale clignotante) à l'endroit où vous avez cliqué et Excel passe en mode **Modifier**.*

- Réalisez vos modifications.
- Validez les modifications.

Vous pouvez aussi cliquer dans la cellule et utiliser la touche F2 ou effectuer directement vos modifications dans la barre de formule.

Effacer le contenu des cellules

- Sélectionnez les cellules à effacer puis appuyez sur la touche Suppr.

Le contenu des cellules est alors supprimé mais pas le format.

- Pour effacer le contenu et/ou le format et/ou les commentaires, cliquez sur l'outil **Effacer** du groupe **Édition** de l'onglet **Accueil**.

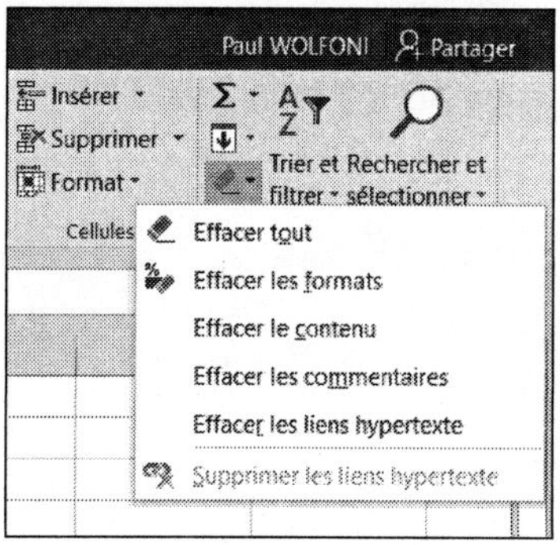

- Cliquez sur l'option en fonction de ce que vous souhaitez effacer.

Pour effacer le contenu des cellules, vous pouvez également sélectionner les cellules concernées puis faire glisser la poignée de recopie sur cette même sélection.

Remplacer un contenu de cellule et/ou un format par un autre

Cette manipulation permet de remplacer automatiquement le texte et/ou le format de plusieurs cellules par un autre texte et/ou format. Cette technique permet également de modifier le texte contenu dans les formules.

Remplacer du texte

- Si le remplacement doit porter sur toute la feuille ou toutes les feuilles du classeur, activez une seule cellule ; si le remplacement ne concerne qu'une partie de la feuille active, sélectionnez la plage de cellules correspondante.
- Dans l'onglet **Accueil**, cliquez sur le bouton **Rechercher et sélectionner** du groupe **Édition** puis cliquez sur l'option **Remplacer** ou utilisez le raccourci-clavier Ctrl **H.**
- Dans la zone **Rechercher**, saisissez le texte à remplacer.

  *Cette zone peut contenir des lettres, des nombres, des signes de ponctuation ou des caractères génériques (? ou * qui remplacent respectivement un ou plusieurs caractères).*
- Dans la zone **Remplacer par**, saisissez le texte de remplacement.
- Comme pour la recherche de cellules (cf. Rechercher une cellule du chapitre Déplacements/sélections) vous pouvez, après avoir cliqué sur le bouton **Options**, indiquer où et comment Excel doit rechercher le texte à remplacer.
- Pour réaliser le remplacement un par un, cliquez sur le bouton **Suivant** pour atteindre la première cellule concernée, puis cliquez sur le bouton **Remplacer**, si vous voulez remplacer cette valeur ou **Suivant** pour ignorer le remplacement et poursuivre.
- Pour effectuer un remplacement en une seule manipulation, cliquez sur le bouton **Remplacer tout.**
- Cliquez sur le bouton **Fermer**.

Remplacer un format

- Activez une seule cellule ou sélectionnez la plage de cellules concernée par le remplacement.
- Dans l'onglet **Accueil**, cliquez sur le bouton **Rechercher et sélectionner** du groupe **Édition** puis cliquez sur l'option **Remplacer** ou utilisez le raccourci-clavier Ctrl **H.**
- Cliquez, si besoin, sur le bouton **Options** pour les afficher.
- Supprimez le contenu de la zone **Rechercher** si celle-ci n'est pas vide ainsi que le contenu de la zone **Remplacer par.**

- Cliquez sur le bouton **Format** de la ligne **Rechercher** et sélectionnez dans la boîte de dialogue **Rechercher le format**, les formats recherchés.

  *Le bouton **Choisir le format à partir de la cellule** permet de sélectionner une cellule afin de récupérer automatiquement tous les attributs de mise en forme de cette cellule. Cette fonctionnalité est également accessible en cliquant sur la flèche associée au bouton **Format**.*

- Cliquez sur le bouton **OK**.
- Cliquez sur le bouton **Format** de la ligne **Remplacer par** et sélectionnez dans la boîte de dialogue **Remplacer le format**, les formats concernés puis cliquez sur le bouton **OK**.
- Selon votre choix, effectuez les remplacements un par un en utilisant les boutons **Suivant** et **Remplacer** ou tous les remplacements à la fois en cliquant sur le bouton **Remplacer tout**.
- Cliquez sur le bouton **Fermer**.

Vous pouvez cumuler un remplacement de texte et de format ; dans ce cas, saisissez les textes dans la zone **Rechercher** et **Remplacer par** et choisissez les formats après avoir cliqué sur les boutons **Format**.

Vérifier l'orthographe

Le vérificateur contrôle la feuille de calcul active, y compris le contenu des cellules, les commentaires de cellule, les graphiques, les zones de texte, les boutons, les en-têtes et pieds de page mais ne contrôle pas les feuilles protégées ni les formules ou le texte résultant d'une formule.

- Pour vérifier toute une feuille d'un classeur, activez seulement l'une de ses cellules. Pour vérifier une zone de texte, sélectionnez-la.
- Activez l'onglet **Révision** et cliquez sur le bouton **Orthographe** du groupe **Vérification** ou faites [F7].

  Excel lit le texte et s'arrête dès qu'un mot lui est inconnu. Un mot peut être inconnu s'il est absent du dictionnaire Excel ou saisi avec un emploi inhabituel de majuscules (exemple : NOus).

Cette vérification repose sur un dictionnaire principal (celui d'Excel) et autant de dictionnaires personnels que vous le souhaitez (par défaut le seul dictionnaire personnel existant est PERSO.DIC).

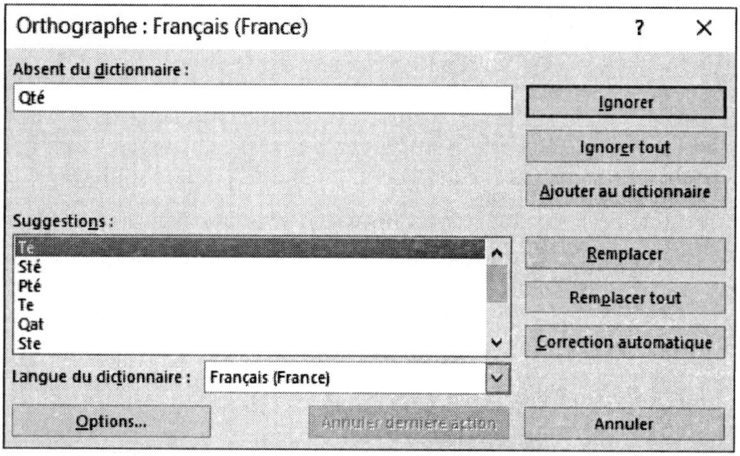

- Si le mot est correctement orthographié, cliquez sur le bouton :

Ignorer	Pour laisser le mot inchangé et poursuivre la vérification.
Ignorer tout	Pour "ignorer" le mot et toutes ses occurrences suivantes.
Ajouter au dictionnaire	Pour ajouter le mot dans le dictionnaire personnel actif.

- Si le mot est incorrect, vous pouvez le corriger en sélectionnant une des suggestions ou en saisissant la bonne orthographe dans la zone **Absent du dictionnaire** puis en cliquant sur :

Remplacer	Pour remplacer le mot erroné par le mot saisi.
Remplacer tout	Pour remplacer le mot et toutes ses occurrences par le mot saisi.

Vous pouvez aussi faire un double clic sur une des suggestions.

Lorsque la vérification est terminée, Excel vous le signale.

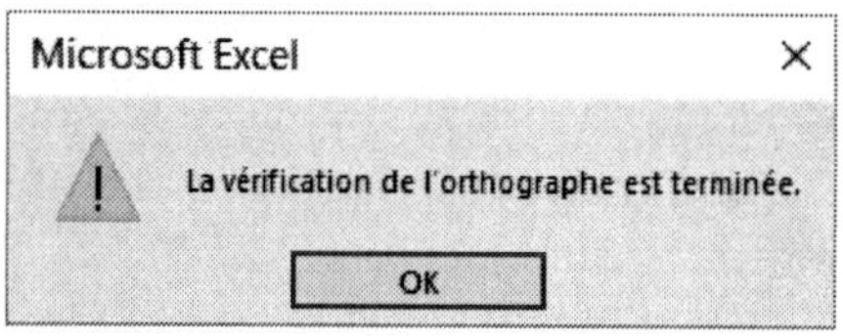

- Cliquez sur le bouton **OK**.

Pour activer/désactiver la correction automatique pour qu'Excel corrige vos fautes habituelles en cours de saisie (ex : vous tapez toujours "magazin" au lieu de "magasin"), cochez/décochez (selon le cas) l'option **Correction en cours de frappe** (onglet **Fichier** - **Options** - **Vérification** - bouton **Options de correction automatique**).

Et, pour définir des corrections automatiques, saisissez le mot mal orthographié ou l'abréviation dans la zone **Remplacer** puis saisissez la bonne orthographe dans la zone de saisie **Par**.

Copier un contenu vers des cellules adjacentes

Cette technique permet de recopier rapidement du texte ou une formule de calcul.

- Activez la cellule à recopier.
- Pointez la poignée de recopie de la cellule.

Cette poignée correspond au petit carré sombre situé en bas à droite de la cellule active. Le pointeur de la souris se matérialise en croix + *lorsqu'il est situé sur cette poignée.*

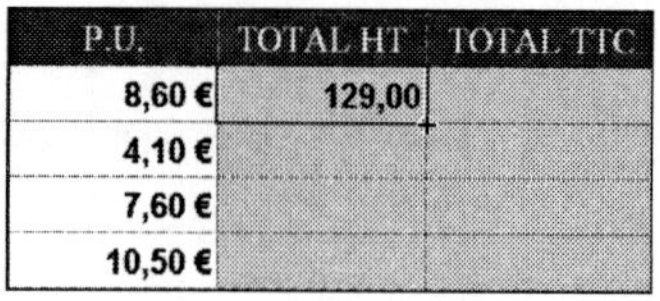

- Cliquez, et sans relâcher le bouton de la souris, faites glisser celle-ci en direction de la dernière cellule destinatrice de la copie.

Les cellules ainsi "balayées" apparaissent encadrées.

- Quand la dernière cellule destinatrice est atteinte, relâchez le bouton de la souris.

Juste après avoir effectué la copie, le bouton [bouton] *apparaît dans le coin inférieur droit de la plage de cellules copiée.*

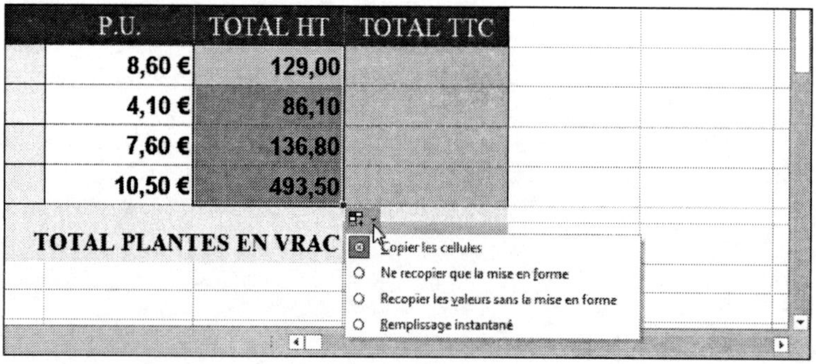

- En cliquant sur ce bouton, vous pouvez, si besoin, modifier le type de copie et choisir ainsi l'option **Ne recopier que la mise en forme, Recopier les valeurs sans la mise en forme** ou bien **Remplissage instantané** (cf. chapitre Saisie et modification des données - Utiliser le Remplissage instantané pour compléter une colonne).

Si la colonne située à gauche des cellules destinatrices de la copie contient des données, vous pouvez alors double cliquer sur la poignée de recopie afin que la copie s'effectue sur le même nombre de cellules pleines situées à gauche. Cette méthode est très intéressante lorsque vous travaillez sur des tableaux qui possèdent un grand nombre de lignes.

Copier/déplacer des cellules

La technique concernant la copie fait référence à une duplication vers des cellules non adjacentes.

Par cliqué-glissé

Cette technique est surtout utilisée lorsque vous pouvez visualiser en même temps les cellules à transférer et le lieu de destination.

- Sélectionnez les cellules à transférer.
- Pointez l'un des bords de la sélection.

La souris prend alors l'apparence d'une flèche. Attention, ne pointez pas la poignée de recopie.

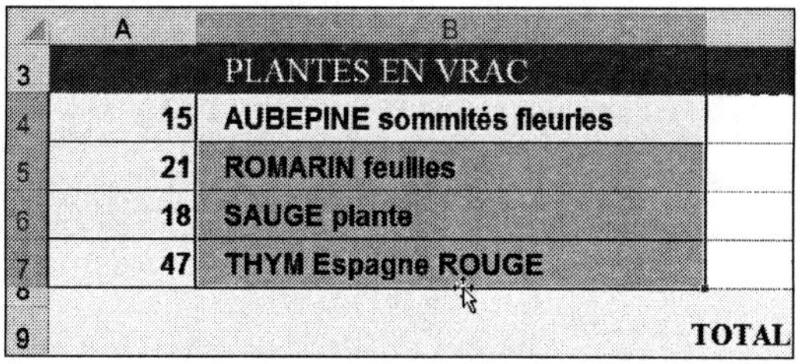

- S'il s'agit d'une recopie, appuyez sur la touche Ctrl et, sans la relâcher, faites un cliqué-glissé vers le lieu de la duplication.

Au cours du cliqué-glissé, le symbole + apparaît alors à droite du pointeur de la souris.

S'il s'agit d'un déplacement de cellules, réalisez un cliqué-glissé vers le lieu de destination.

- Relâchez le bouton de la souris puis éventuellement la touche Ctrl.

Le contenu ainsi que la mise en forme des cellules sont ainsi déplacés ou copiés.

Par le Presse-papiers

- Sélectionnez les cellules à transférer.
- Activez l'onglet **Accueil**.
- S'il s'agit de copier les cellules, cliquez sur l'outil **Copier** du groupe **Presse-papiers** ou utilisez le raccourci Ctrl **C**.

  S'il s'agit de déplacer les cellules, cliquez sur l'outil **Couper** ou utilisez le raccourci Ctrl **X**.

  La sélection apparaît entourée de tirets clignotants.
- Activez la première cellule de destination.

  Même si plusieurs cellules sont copiées ou déplacées, seule une cellule de destination doit être sélectionnée.

  Cliquez sur le bouton **Coller** ou utilisez le raccourci Ctrl **V**.

  Le contenu des cellules (valeurs, formule, date...), mais aussi le format, les éventuels commentaires, sont ainsi copiés ou déplacés. En bas à droite de la plage de cellules copiée apparaît un bouton ***Options de collage*** *(Ctrl) qui permet de définir les données à coller ; les options disponibles sont présentées sous forme d'icônes et varient selon le type de données collées. Pour en savoir plus sur les options de collage, vous pouvez vous référer aux titres Utiliser le Presse-papiers Office ou Copier contenu, résultat et/ou format de cellules, un peu plus loin dans ce chapitre.*
- Si besoin, cliquez sur ce bouton et activez l'option de votre choix.

  La sélection d'origine clignote toujours : vous pouvez la coller à d'autres emplacements, si besoin. Lorsque le clignotement s'arrête, il n'est plus possible de coller la sélection.

Copier des cellules vers d'autres feuilles

- Sélectionnez les cellules à copier.
- Sélectionnez les feuilles destinatrices de la copie, pour cela maintenez la touche Ctrl enfoncée et cliquez sur les onglets de ces feuilles.
- Dans l'onglet **Accueil** - groupe **Édition**, ouvrez la liste associée à l'outil **Remplissage** puis activez l'option **Dans toutes les feuilles de données.**
- Selon votre choix, choisissez de **Tout** copier ou de copier seulement le **Contenu** ou les **Formats.**

- Validez par le bouton **OK**.

Pour copier un groupe de cellules vers une autre feuille, vous pouvez aussi utiliser la première méthode du titre précédent : tout en maintenant les touches [Ctrl] et [Alt] enfoncées, faites glisser la sélection sur l'onglet de la feuille concernée puis vers la première cellule de destination.

Utiliser le Presse-papiers Office

Le Presse-papiers Office permet d'effectuer des copies et déplacements multiples.

Afficher/masquer le volet Presse-papiers

- Pour afficher le volet **Presse-papiers**, cliquez sur le **lanceur de boîte de dialogue** du groupe **Presse-papiers** de l'onglet **Accueil**.
- Pour masquer le volet **Presse-papiers**, cliquez sur [×] situé à droite de la barre de titre du volet.

Définir les options du volet Presse-papiers

- Cliquez sur le bouton **Options** situé tout en bas du volet **Presse-papiers**.

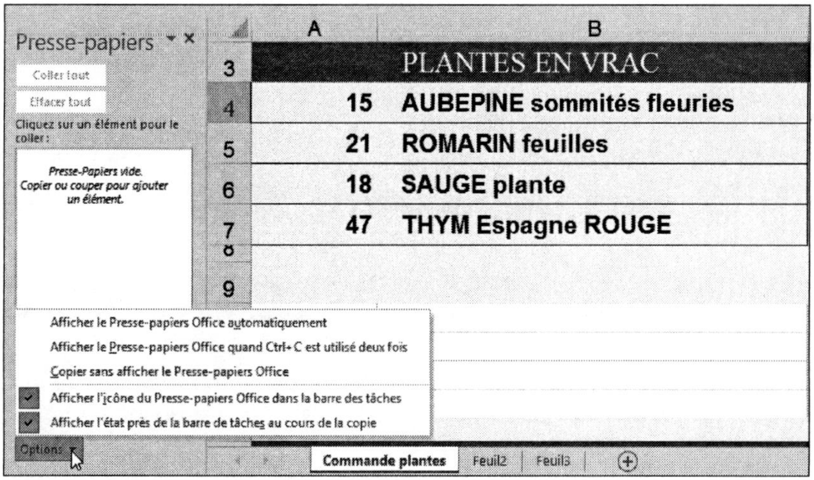

Les options "cochées" sont activées.

- Cochez la ou les options de votre choix :

  Afficher le Presse-papiers Office automatiquement pour que le volet **Presse-papiers** s'affiche lors de la copie d'éléments.

  Afficher le Presse-papiers Office quand Ctrl+C est utilisé deux fois pour que le volet Presse-papiers s'affiche dès que le raccourci-clavier Ctrl **C** (Copie) est utilisé à deux reprises.

  Copier sans afficher le Presse-papiers Office pour copier automatiquement les éléments vers le Presse-papiers sans afficher le volet.

  Afficher l'icône du Presse-papiers Office dans la barre des tâches pour afficher l'icône **Presse-papiers Office** dans la zone de notification à droite de la barre des tâches lorsque le Presse-papiers Office est activé.

  Afficher l'état près de la barre de tâches au cours de la copie pour que le message relatif aux éléments copiés s'affiche :

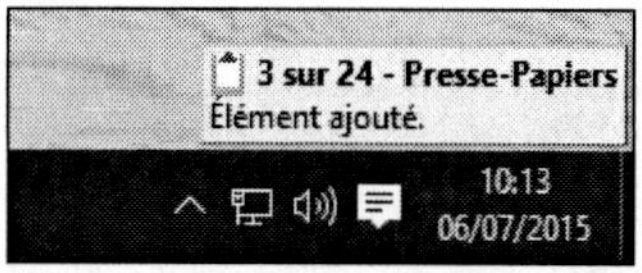

- Pour masquer les options, appuyez sur Echap.

Effectuer des copies/déplacements multiples

- Affichez le volet **Presse-papiers**.
- Sélectionnez les cellules ou l'objet concerné puis transférez-les dans le Presse-papiers à l'aide des outils **Copier** ou **Couper** ou (selon le cas) du groupe **Presse-papiers**. Effectuez cette opération pour chaque élément à copier ou à déplacer.

  *Vous visualisez dans le volet **Presse-papiers** une partie du contenu des éléments coupés ou copiés (24 maximum). Le Presse-papiers contient tous les éléments coupés ou copiés des différentes applications Office (Excel, Word, PowerPoint...).*

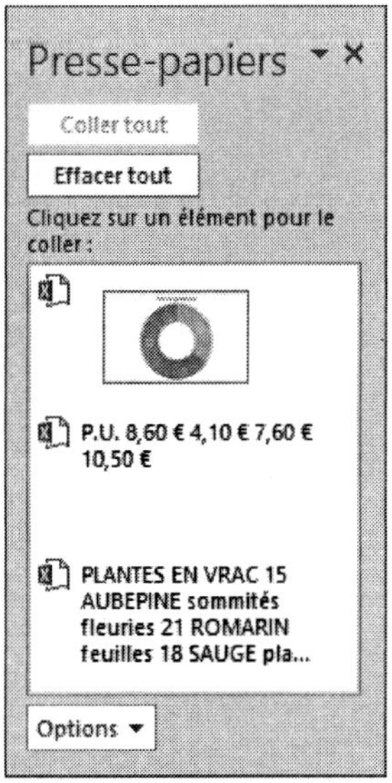

- Activez la première cellule de destination.
- Pour coller une des sélections situées dans le **Presse-papiers**, cliquez sur l'élément correspondant.

  *Le bouton **Options de collage** (Ctrl) situé en bas à droite de l'élément ainsi "collé" vous permet d'accéder rapidement à certaines options. Celles-ci varient selon le type d'élément copié (image, texte, graphique...).*
- Pour accéder aux **Options de collage**, cliquez sur le bouton (Ctrl) puis sur l'option de votre choix représentée sous forme d'icônes.

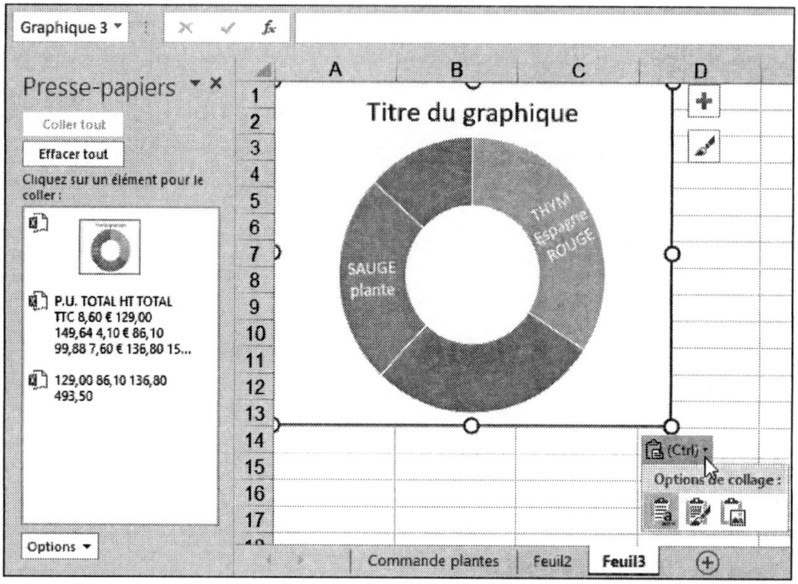

- Insérez ainsi chacun des éléments du volet **Presse-papiers** autant de fois que vous le souhaitez.

  Lorsque vous pointez un élément dans le volet ***Presse-papiers****, vous visualisez une flèche à droite de celui-ci. Si vous cliquez sur cette flèche, vous ouvrez une liste qui vous permet de* ***Coller*** *ou de* ***Supprimer*** *l'élément.*

- Pour vider le Presse-papiers, cliquez sur le bouton **Effacer tout** du volet **Presse-papiers.**

- Si besoin, fermez le volet Presse-papiers en cliquant sur le bouton x.

Le bouton **Coller tout** du volet **Presse-papiers** permet de coller tous les éléments. Ils seront alors copiés en colonne (du haut vers le bas). Ce bouton n'est pas accessible si un des éléments est une image ou un objet.

Si vous ne souhaitez pas afficher le bouton (Ctrl) à chaque "collage" de cellules, décochez l'option **Afficher le bouton Options de collage lorsqu'un contenu est collé** (onglet **Fichier** - **Options** - catégorie **Options avancées** - zone **Couper, copier et coller**).

Copier une mise en forme

Cette technique vous permet de copier la mise en forme (police, couleur, bordures...) d'une plage de cellules sur une autre.

- Sélectionnez la ou les cellules qui contiennent les mises en forme à copier.
- Cliquez sur l'outil **Reproduire la mise en forme** situé dans le groupe **Presse-papiers** de l'onglet **Accueil**.

  Le pointeur de la souris prend la forme suivante : .
- Sélectionnez les cellules sur lesquelles vous souhaitez appliquer la mise en forme.

Vous pouvez aussi effectuer une copie de mise en forme en utilisant l'outil **Mise en forme** situé dans la liste associée au bouton **Coller** (cf. Copier contenu, résultat et/ou format de cellules).

Si le format doit être copié plusieurs fois, faites un double clic sur l'outil . Effectuez les copies en sélectionnant successivement les cellules souhaitées puis appuyez sur la touche Echap pour désactiver l'outil.

Copier contenu, résultat et/ou format de cellules

Par défaut, Excel copie l'intégralité des cellules (valeurs ou formules, mise en forme et commentaires). Mais, vous pouvez choisir ce qu'il faut copier avant de coller les données.

- Sélectionnez les cellules à copier.
- Cliquez sur l'outil **Copier** du groupe **Presse-papiers** de l'onglet **Accueil**.
- Activez la première cellule de destination de la copie.
- Ouvrez la liste associée au bouton **Coller** .
- Pointez l'icône correspondant au type de copie à réaliser afin d'afficher son libellé dans une info-bulle et obtenir un aperçu du résultat du collage dans la cellule de destination.

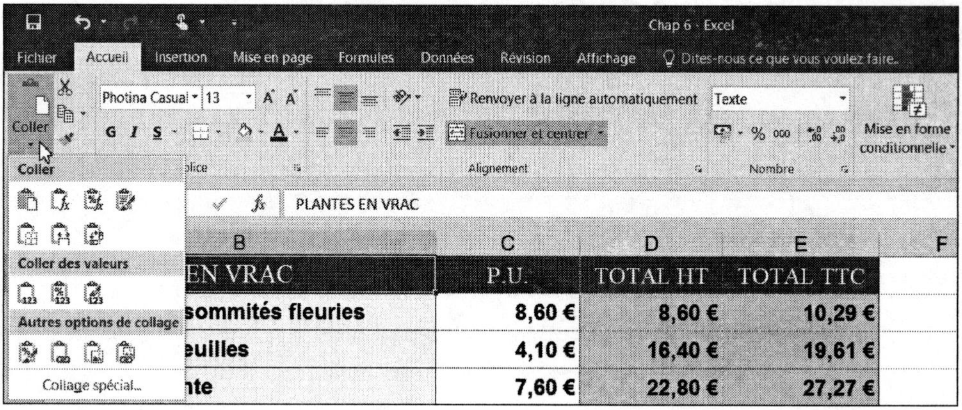

Les icônes de la catégorie **Coller des valeurs** vous permettent par exemple de coller uniquement (avec ou sans les mises en forme) la valeur résultante d'une formule d'une autre feuille de calcul mais sans la formule.

Les icônes de la catégorie **Coller** permettent de coller des formats ou des formules de cellules. Par exemple, l'icône  permet de **Conserver les largeurs de colonnes sources** pour que les données copiées n'utilisent pas les paramètres de largeur de colonne des cellules cibles. Et l'icône  permet de conserver la **Mise en forme des cellules et des nombres.**

- Cliquez ensuite sur l'icône de votre choix pour effectuer le collage.

Vous pouvez aussi utiliser l'option **Collage spécial** pour sélectionner le type d'élément à coller.

Copier en transposant les données

Cette technique permet de transposer les colonnes et les lignes d'un tableau lors de la copie.

- Sélectionnez les données à copier, et, pour les copier, utilisez le raccourci Ctrl **C** ou cliquez sur  puis activez la première cellule de destination de la copie.

- Ouvrez la liste du bouton **Coller** et choisissez l'icône **Transposer** du groupe **Coller**.

De cette façon, les lignes de la sélection deviennent des colonnes et vice versa.

Copier des données Excel en établissant une liaison

Grâce à la liaison, toutes les modifications de données dans le classeur Microsoft Excel seront répercutées dans l'autre feuille ou l'autre classeur.

- Sélectionnez les données à copier.
- Utilisez le raccourci Ctrl **C** ou cliquez sur l'outil **Copier** .
- Activez la première cellule de destination de la copie (dans la même feuille, une autre feuille ou un autre classeur).
- Ouvrez la liste du bouton **Coller** et choisissez l'icône **Coller avec liaison** .

Les cellules réceptrices contiennent alors une formule qui permet d'afficher le contenu de chaque cellule source. Si vous modifiez une valeur source, le contenu de la cellule cible correspondante sera donc automatiquement modifié.

La création d'un lien lors d'un collage ne permet pas de récupérer immédiatement les formats.

Si vous collez avec liaison une cellule vide, Excel affiche un zéro.
Vous obtenez le même résultat en insérant une formule du type **=cellule**.

Effectuer des calculs simples lors d'une copie

Cette manipulation permet de copier des données tout en effectuant une opération (addition, soustraction...) qui combine les données copiées et les données contenues dans les cellules de destination.

- Sélectionnez les données à copier.
- Utilisez le raccourci Ctrl **C** ou cliquez sur l'outil **Copier** .
- Activez la première cellule de destination (les cellules réceptrices doivent contenir des données).
- Ouvrez la liste du bouton **Coller** et activez l'option **Collage spécial**.

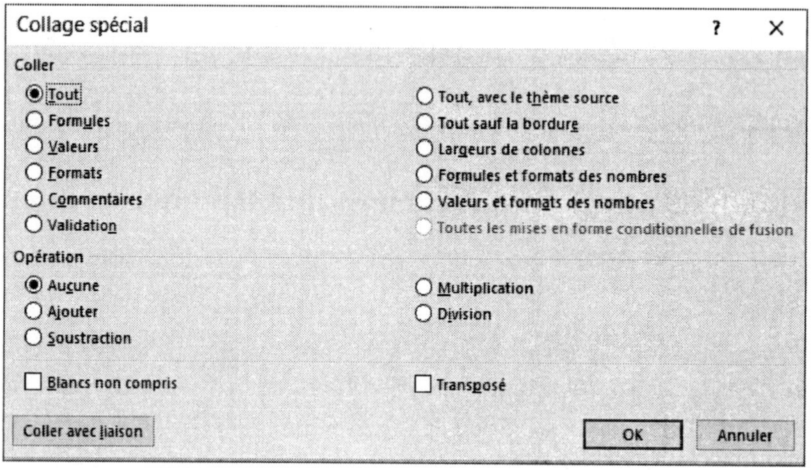

- Dans la partie **Coller**, choisissez une des options comprenant **Tout** ou **Valeurs.**
- Précisez ensuite l'**Opération** à effectuer en activant l'option correspondante.
- Si les cellules vides présentes dans la sélection doivent être omises, cochez l'option **Blancs non compris.**
- Cliquez sur le bouton **OK.**

Copier des données en tant qu'image

- Sélectionnez les données à copier.
- Utilisez le raccourci Ctrl **C** ou cliquez sur l'outil **Copier** .
- Activez la cellule destinatrice de la copie (dans la feuille active, une autre feuille ou un autre classeur).
- Ouvrez la liste du bouton **Coller**  et activez l'icône **Image** .

*L'icône **Image liée**  peut être utilisée si vous copiez une image afin que toute modification de l'image source soit reportée sur l'image cible.*

Activer une feuille

Nous vous rappelons que chaque classeur est composé de feuilles de calcul représentées par des onglets.

- Grâce aux boutons de défilement d'onglets, visualisez le nom de la feuille à atteindre :

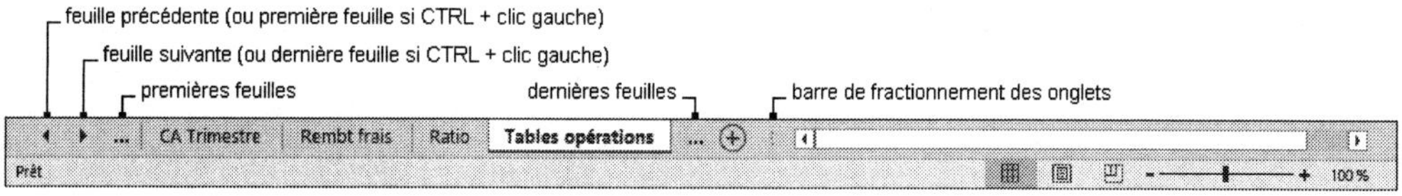

- Pour afficher tous les onglets faites un clic droit sur l'outil ◄ ou sur ►.
  Double cliquez ensuite sur l'onglet de la feuille à atteindre.
- Au clavier, utilisez les touches Ctrl ⇟ pour atteindre la feuille suivante ou les touches Ctrl ⇞ pour la feuille précédente.

Vous pouvez modifier l'espace réservé aux onglets de feuille en faisant glisser la barre de fractionnement des onglets située à gauche de la barre de défilement horizontale.

Pour modifier le nombre de feuilles insérées par défaut dans les nouveaux classeurs, ouvrez la boîte de dialogue **Options Excel** (onglet **Fichier** - **Options**) puis, dans la catégorie **Général**, précisez le nombre de feuilles souhaité dans la zone **Lors de la création de classeurs**, grâce à l'option **Inclure ces feuilles**.

Renommer une feuille

- Faites un double clic sur l'onglet de la feuille à renommer puis saisissez le nouveau nom.

  Ce nom ne peut pas dépasser 31 caractères (espaces compris) ; certains caractères ne peuvent pas être utilisés : deux-points (:), barre oblique (/ ou \), point d'interrogation (?), astérisque (*)...

- Validez en appuyant sur la touche ↵.

Vous pouvez aussi utiliser le menu contextuel de l'onglet de la feuille puis l'option **Renommer**.

Sélectionner des feuilles

- Pour sélectionner une seule feuille, cliquez sur son onglet ; la feuille est alors activée.
- Pour sélectionner plusieurs feuilles adjacentes, cliquez sur l'onglet de la première feuille à sélectionner, maintenez la touche ⇧ enfoncée puis cliquez sur l'onglet de la dernière feuille à sélectionner.
- Pour sélectionner plusieurs feuilles non adjacentes, cliquez sur l'onglet de la première feuille à sélectionner, maintenez la touche Ctrl enfoncée puis cliquez sur les onglets des autres feuilles.
- Pour sélectionner toutes les feuilles, cliquez avec le bouton droit de la souris sur un des onglets et cliquez sur **Sélectionner toutes les feuilles.**

  Le nom des onglets sélectionnés apparaît alors en gras.

  Lorsque plusieurs feuilles sont sélectionnées, le terme ***[Groupe de travail]*** *apparaît après le nom du classeur, sur la barre de titre ; on parle de groupe de travail car chaque modification réalisée sur la feuille active est répercutée sur toutes les feuilles du groupe.*

- Pour désactiver le groupe de travail, et ainsi sélectionner ou activer une seule feuille, cliquez sur l'onglet d'une feuille ne faisant pas partie du groupe de travail ou affichez le menu contextuel d'un onglet (clic droit) et activez l'option **Dissocier les feuilles.**

  Si toutes les feuilles du classeur sont sélectionnées, le fait de cliquer sur un des onglets désactive le groupe.

Modifier la couleur des onglets

- Si plusieurs onglets sont concernés, sélectionnez les feuilles correspondantes.
- Affichez le menu contextuel de l'onglet (clic droit) et pointez l'option **Couleur d'onglet** puis cliquez sur la couleur voulue ; l'option **Autres couleurs** permet d'ouvrir une boîte de dialogue afin de créer une couleur personnalisée.

Lorsque la feuille est active, seul son nom apparaît souligné par un trait de couleur ; lorsque la feuille est inactive, l'onglet entier est coloré.

Pour enlever la couleur d'un onglet, affichez son menu contextuel, pointez l'option **Couleur d'onglet** et activez l'option **Aucune couleur**.

Afficher/masquer une feuille

- Pour masquer une ou plusieurs feuilles, sélectionnez la ou les feuilles concernées. Affichez le menu contextuel d'un onglet sélectionné (clic droit) et choisissez l'option **Masquer**.
- Pour afficher une feuille masquée, affichez le menu contextuel d'un onglet quelconque et choisissez l'option **Afficher**.

Le nom des feuilles masquées apparaît dans la boîte de dialogue qui s'affiche :

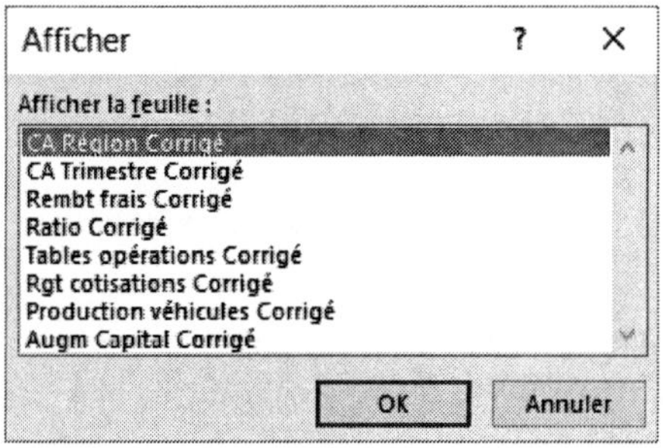

- Faites un double clic sur le nom de la feuille à afficher ou cliquez sur son nom puis sur le bouton **OK.**
- Refaites la même manipulation pour chaque feuille à afficher.

Afficher une image en arrière-plan de la feuille

Microsoft Excel vous permet d'afficher une image dans le fond d'une feuille ; cet arrière-plan ne peut pas être imprimé.

- Activez la feuille concernée puis l'onglet **Mise en page**.
- Cliquez sur le bouton **Arrière-plan** du groupe **Mise en page**.

- En fonction de l'emplacement de l'image, choisissez une des options suivantes :

  À partir d'un fichier si l'image est stockée sur votre ordinateur ou en réseau local.

  Recherche d'images Bing pour effectuer une recherche sur le Web.

  OneDrive (ou autre Cloud) si l'image est stockée dans votre espace OneDrive ou un autre emplacement en ligne.

- Faites un double clic sur le nom de l'image.

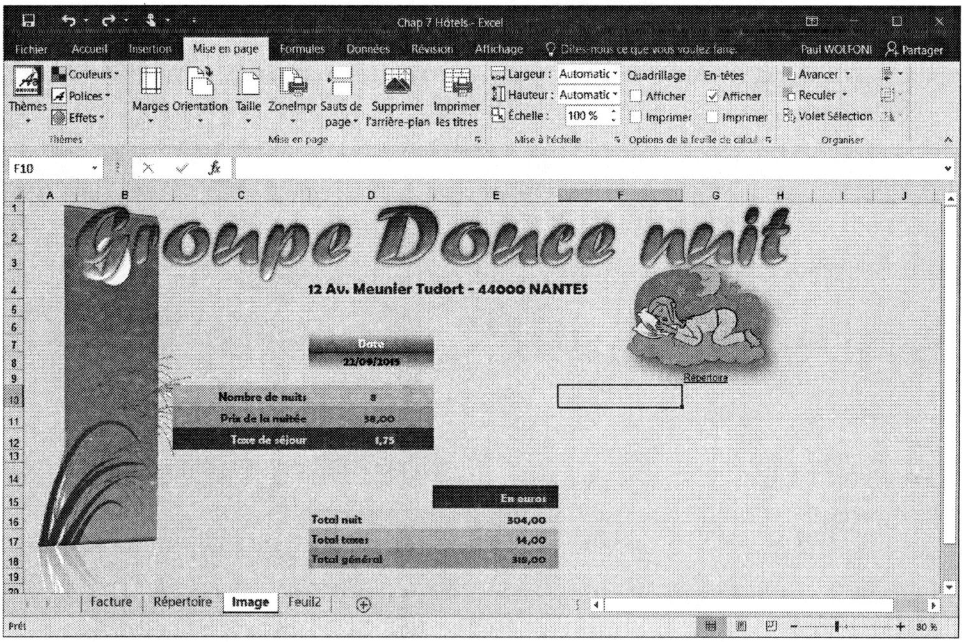

*Remarquez que le bouton **Arrière-plan** du groupe **Mise en page** a été remplacé par le bouton **Supprimer l'arrière-plan**.*

Pour supprimer l'arrière-plan de la feuille, activez si besoin, l'onglet **Mise en page** puis cliquez sur le bouton **Supprimer l'arrière-plan** du groupe **Mise en page**.

Déplacer/copier une ou plusieurs feuilles

Dans le classeur actif

- Sélectionnez la ou les feuilles à transférer.
- Pour déplacer les feuilles, pointez un des onglets de la sélection et réalisez un cliqué-glissé vers la nouvelle position.

  La nouvelle position est symbolisée par un petit triangle noir.
- Pour copier les feuilles, réalisez la même manipulation tout en maintenant la touche Ctrl enfoncée.

D'un classeur vers un autre

- Ouvrez le classeur contenant les feuilles à transférer et le classeur de destination.
- Sélectionnez la ou les feuilles à transférer puis cliquez avec le bouton droit de la souris sur un des onglets sélectionnés et activez l'option **Déplacer ou copier**.
- Ouvrez la liste intitulée **Dans le classeur** et cliquez sur le nom du classeur de destination ou bien choisissez l'option **(nouveau classeur)**.

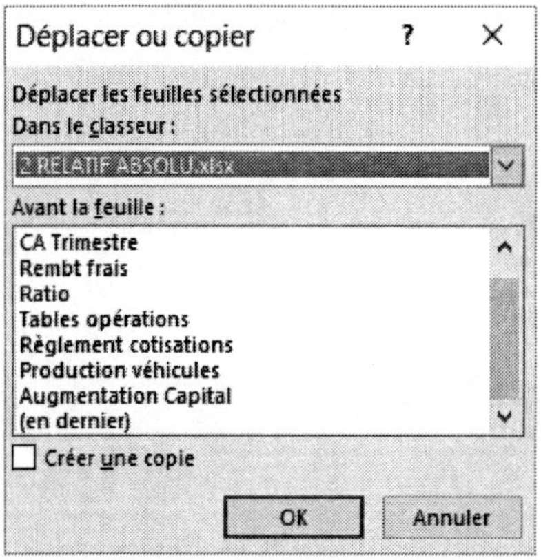

- Sélectionnez dans la liste **Avant la feuille** la feuille du classeur de destination avant laquelle vous souhaitez transférer la feuille.
- Si vous souhaitez faire une copie de la ou des feuilles sélectionnées, cochez l'option **Créer une copie**. Si vous souhaitez les déplacer, laissez cette option décochée.
- Cliquez sur le bouton **OK**.

Le classeur de destination devient le classeur actif.

Insérer/ajouter des feuilles

- Pour ajouter une feuille à la suite des autres feuilles, cliquez sur l'outil **Nouvelle feuille** ⊕ de la barre des onglets ou utilisez le raccourci ⇧ F11.
- Pour insérer une seule feuille entre deux feuilles existantes, sélectionnez la feuille avant laquelle vous souhaitez faire l'ajout ; pour insérer plusieurs feuilles en même temps, sélectionnez autant d'onglets consécutifs que vous souhaitez insérer de feuilles.

Dans ce cas, les feuilles seront insérées entre l'avant-dernière et la dernière feuille sélectionnée.

- Cliquez avec le bouton droit de la souris sur un des onglets sélectionnés et activez l'option **Insérer**.
- Dans la boîte de dialogue **Insérer** qui apparaît, vérifiez que l'option **Feuille** est active et cliquez sur le bouton **OK**.

Supprimer des feuilles

- Sélectionnez la ou les feuilles à supprimer.
- Cliquez avec le bouton droit de la souris sur un des onglets sélectionnés et activez l'option **Supprimer**.

  Si une des feuilles contient des données, la boîte de dialogue suivante apparaît :

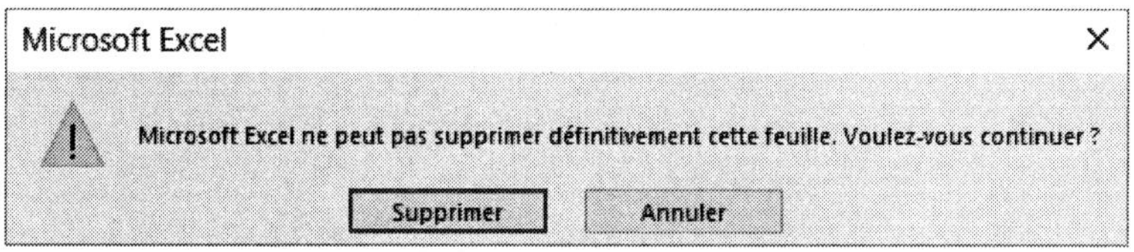

- Dans ce cas, cliquez sur le bouton **Supprimer**.

Insérer des lignes/des colonnes

- Pour insérer une seule ligne/colonne, sélectionnez la ligne ou la colonne entière (en cliquant sur le numéro de la ligne ou sur la lettre de la colonne) après laquelle vous souhaitez insérer la nouvelle.

  Pour insérer plusieurs lignes/colonnes, sélectionnez autant de lignes ou colonnes que vous souhaitez en insérer.

  Vous ne pouvez pas insérer à la fois des lignes et des colonnes.

- Activez l'onglet **Accueil** et cliquez sur le bouton **Insérer** du groupe **Cellules** ou utilisez le raccourci-clavier Ctrl + ou encore activez l'option **Insertion** du menu contextuel de la sélection.

Lorsque vous insérez une ligne (ou une colonne), l'élément ajouté reprend la mise en forme de l'élément précédent. Vous pouvez modifier cette option en cliquant sur le bouton (qui apparaît à côté de l'élément ajouté) puis en sélectionnant l'option **Format identique à celui du dessous/dessus** (pour une ligne), **Format identique à celui de gauche/de droite** (pour une colonne) ou l'option **Effacer la mise en forme.**

Supprimer des lignes/des colonnes

- Sélectionnez les lignes (ou les colonnes) entières à supprimer, en sélectionnant les numéros de lignes (ou lettres de colonnes).
- Activez l'onglet **Accueil** et cliquez sur le bouton **Supprimer** du groupe **Cellules** ou utilisez le raccourci-clavier Ctrl - ou encore activez l'option **Supprimer** du menu contextuel de la sélection.

Modifier la largeur de colonne/hauteur de ligne

- Sélectionnez chaque colonne concernée par une même largeur (ou chaque ligne concernée par une même hauteur) ; si une seule colonne/ligne est concernée, il n'est pas nécessaire de la sélectionner.
- Pointez le trait vertical situé à droite de l'une des colonnes concernées (ou le trait horizontal situé au-dessous du chiffre de l'une des lignes).

  Remarquez le nouvel aspect du pointeur de souris.

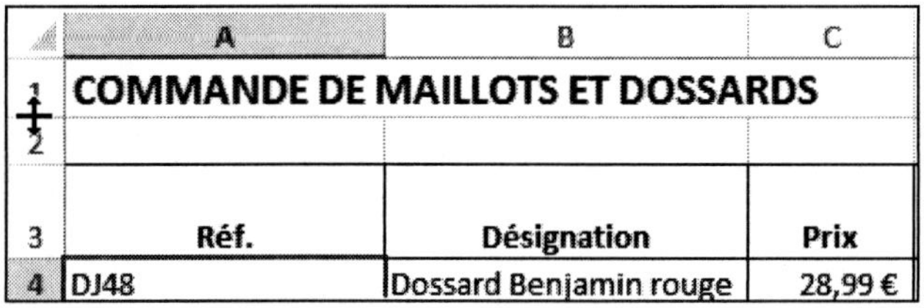

- Faites alors un cliqué-glissé sans relâcher le bouton de la souris.

  La nouvelle largeur (hauteur) est matérialisée par un trait pointillé et la valeur atteinte est affichée dans une info-bulle.

- Relâchez le bouton de la souris lorsque la largeur (hauteur) vous convient.

La largeur d'une colonne est calculée en nombre de caractères (et en pixels) et la hauteur de ligne en points (et en pixels).

Pour économiser la mémoire de votre ordinateur, "aérez" vos feuilles par cette technique plutôt que par des insertions de lignes et de colonnes.

Ajuster une largeur de colonne/hauteur de ligne

Les largeurs de colonne s'adapteront alors automatiquement à l'entrée de cellule la plus longue de la colonne, les hauteurs de ligne s'adapteront à l'entrée de cellule la plus haute de la ligne.

- Sélectionnez, si besoin, les lignes ou les colonnes concernées.
- Pour la largeur de colonne, faites un double clic sur le trait vertical situé à droite de la lettre de la colonne concernée.

  Pour une hauteur de ligne, faites le double clic sur le trait horizontal situé au-dessous du numéro de la ligne.

Insérer des cellules vides

Les cellules seront insérées au dessous ou à gauche de la plage de cellules sélectionnées.

- Sélectionnez autant de cellules qu'il faut en insérer.

- Activez l'onglet **Accueil** et ouvrez la liste du bouton **Insérer** du groupe **Cellules** puis cliquez sur l'option **Insérer des cellules** ou utilisez le raccourci-clavier Ctrl ⇧ = ou encore activez l'option **Insérer** du menu contextuel de la sélection.

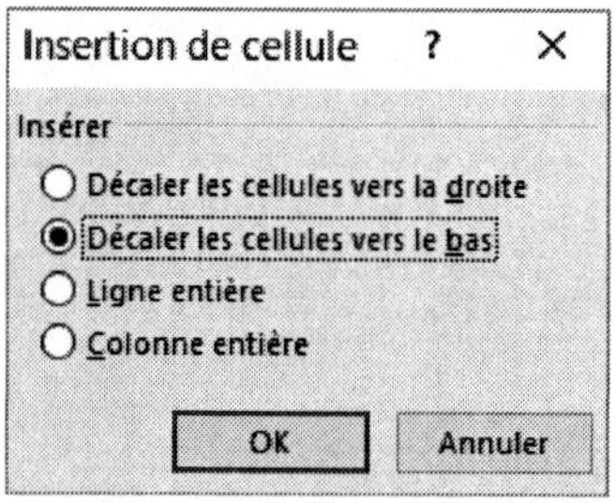

- Activez la première ou la seconde option pour indiquer comment décaler les cellules existantes suite à l'insertion des nouvelles cellules.
- Validez par le bouton **OK**.

Pour insérer une seule cellule au-dessus d'une autre, cliquez sur cette dernière et cliquez sur le bouton **Insérer** du groupe **Cellules**.

Supprimer des cellules

- Sélectionnez les cellules à supprimer.
- Activez l'onglet **Accueil** et ouvrez la liste du bouton **Supprimer** du groupe **Cellules** puis cliquez sur l'option **Supprimer les cellules** ou encore activez l'option **Supprimer** du menu contextuel de la sélection.

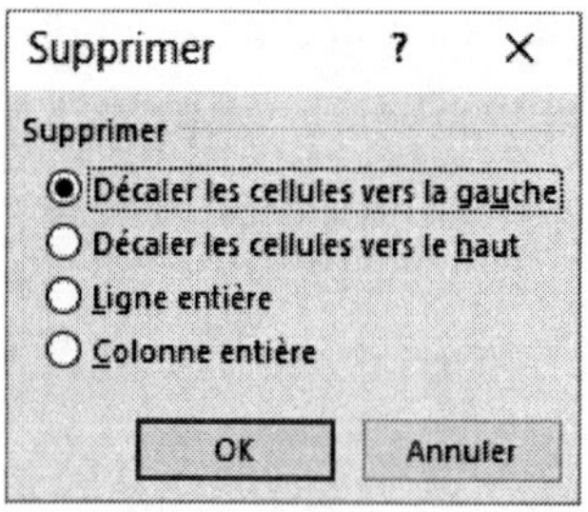

- Activez la première ou la seconde option pour indiquer comment décaler les cellules existantes suite à la suppression des cellules sélectionnées.

- Cliquez sur le bouton **OK**.

Pour supprimer des cellules en décalant les autres vers la gauche, sélectionnez les cellules à supprimer et cliquez sur le bouton **Supprimer** du groupe **Cellules**.

Déplacer et insérer des cellules/lignes/colonnes

Les cellules (lignes ou colonnes) seront alors déplacées et insérées entre les cellules (lignes ou colonnes) existantes.

- Sélectionnez les cellules (lignes ou colonnes) à déplacer.
- Pointez l'un des bords de la sélection jusqu'à ce que le pointeur prenne l'aspect d'une flèche à quatre têtes.
- Faites glisser la sélection en maintenant la touche ⇧ enfoncée.

Une barre horizontale (ou verticale) s'affiche entre les lignes (ou les colonnes). Sur cet exemple, la ligne 4 ***(49 - ANGERS)*** *va être insérée entre la ligne 6 et la ligne 7 :*

Production de véhicules

USINES	Trim 1	Trim 2	Trim 3	Trim 4	TOTAL	% (région)	% (général)
44 - NANTES	12 000	18 000	19 000	11 000	60 000	20%	9%
49 - ANGERS	15 000	14 000	17 000	14 000	60 000	20%	9%
53 - MAYENNE	16 000	16 000	21 000	12 000	65 000	22%	9%
72 - LE MANS	19 000	17 000	14 000	16 000	66 000	22%	10%
85 - LA ROCHE SUR YON	13 000	12 000	13 000	10 000	48 000	16%	7%
TOTAL PAYS DE LOIRE	75 000	77 000	84 000	63 000	299 000	100%	43%
16 - ANGOULEME	9 000	6 000	8 000	9 000	32 000	21%	5%
17 - LA ROCHELLE	12 000	10 000	11 000	13 000	46 000	30%	7%
79 - NIORT	8 000	9 000	10 000	12 000	39 000	26%	6%
86 - POITIERS	7 000	7 000	9 000	11 000	34 000	23%	5%

- Relâchez le bouton de la souris lorsque la barre horizontale (ou verticale) apparaît à l'endroit souhaité.

Le maintien de la touche Ctrl en plus de la touche ⇧ lors du cliqué-glissé de la sélection permet de copier les cellules, lignes ou colonnes, au lieu de les déplacer.

Supprimer les lignes contenant des doublons

Il s'agit de supprimer les lignes qui contiennent des données identiques dans plusieurs colonnes.

- Cliquez dans une cellule quelconque du tableau concerné.
- Activez l'onglet **Données** et cliquez sur l'outil **Supprimer les doublons** du groupe **Outils de données.**
- Dans la boîte de dialogue **Supprimer les doublons** qui apparaît, sélectionnez les colonnes contenant les doublons que vous voulez supprimer ; pour cela, désactivez les cases à cocher correspondant aux colonnes qui ne sont pas concernées ; vous pouvez aussi cliquer sur le bouton **Désélectionner tout** pour désactiver toutes les cases à cocher puis sélectionnez les colonnes que vous voulez ou cliquez sur le bouton **Sélectionner tout** pour activer toutes les cases à cocher.

  *Dans cet exemple, les lignes correspondant aux données des clients dont le **Prénom** et le **Nom** sont identiques seront supprimées afin de ne conserver qu'une seule ligne.*

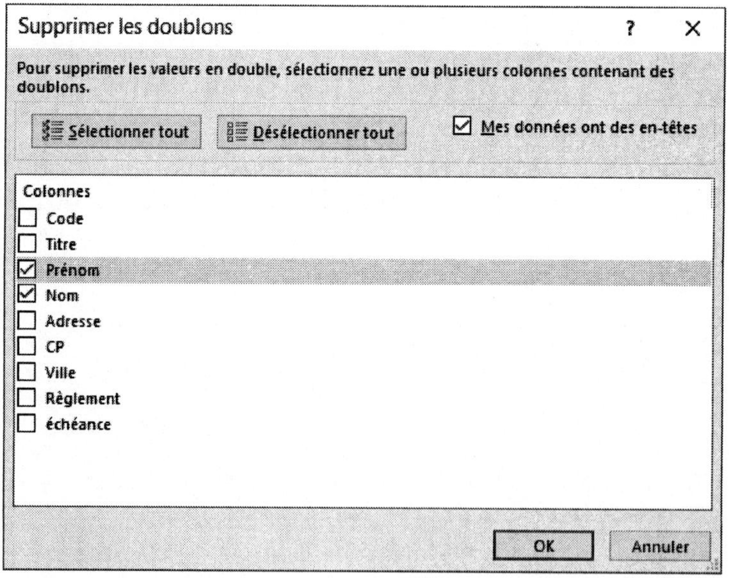

- Cliquez sur le bouton **OK.**

Le nombre de valeurs en double trouvées et supprimées s'affiche pour contrôle.

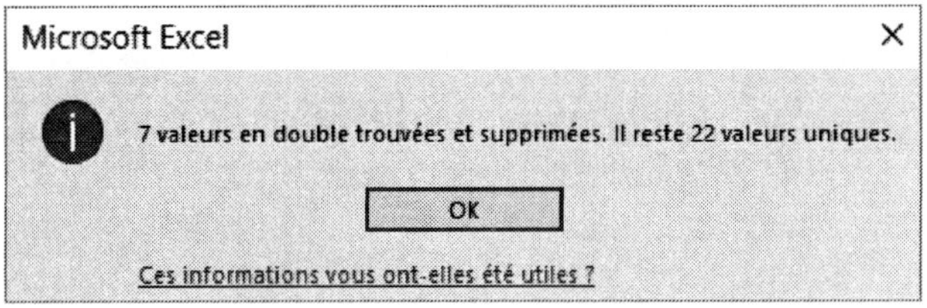

- Cliquez sur **OK** pour refermer cette boîte de dialogue.

Nommer des plages de cellules

Vous pouvez faire référence à une plage de cellules par l'intermédiaire de son nom pour la sélectionner ou l'utiliser dans des formules (cf. Utiliser des zones nommées dans une formule du chapitre Calculs).

*Vous pouvez créer des **noms définis**, qui représentent une cellule, une plage de cellules, une formule ou une valeur constante ; Microsoft Excel en crée parfois automatiquement (par exemple, lorsque vous définissez une zone d'impression). Vous pouvez aussi créer des **noms de table** qui correspondent à des listes de données (cf. chapitre Tableaux de données).*

Première méthode

- Sélectionnez la cellule ou la plage de cellules adjacentes ou non auxquelles vous souhaitez attribuer un même nom.
- Cliquez dans la **Zone Nom**, située à gauche de la barre de formule.
- Saisissez le nom à utiliser pour votre sélection.

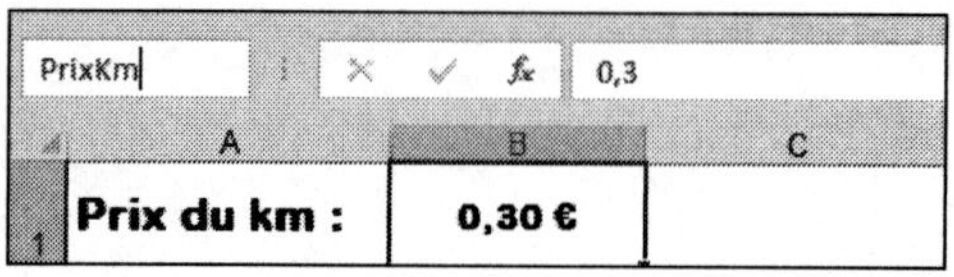

Un nom peut contenir 255 caractères au maximum. Vous ne pouvez pas utiliser les espaces. Le premier caractère doit être une lettre, un caractère de soulignement (_) ou une barre oblique inversée (\). Les autres caractères peuvent être des lettres, des chiffres, des points et des caractères de soulignement ; les noms ne peuvent pas être identiques à une référence de cellules ; les noms peuvent contenir des majuscules et des minuscules (Excel ne les distingue pas).

- Appuyez sur la touche ↵.

Deuxième méthode

- Sélectionnez la cellule ou la plage de cellules adjacentes ou non auxquelles vous souhaitez attribuer un même nom.
- Activez l'onglet **Formules** et cliquez sur le bouton **Définir un nom** du groupe **Noms définis**.
- Dans la boîte de dialogue **Nouveau nom** qui apparaît, saisissez ou modifiez le nom proposé dans la zone **Nom**.

- Dans la liste déroulante **Zone**, sélectionnez l'option **Classeur** si le nom doit être accessible depuis toutes les feuilles du classeur, sinon sélectionnez une des feuilles de calcul du classeur.
- Saisissez, éventuellement, un descriptif de la plage nommée dans la zone **Commentaire** (255 caractères maximum).

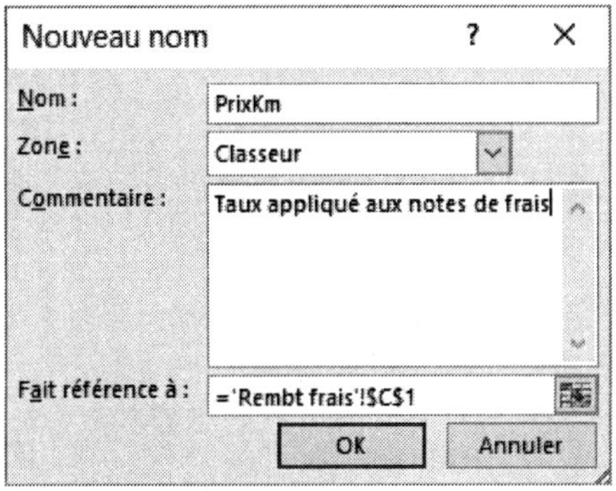

Le bouton  *permet de réduire la boîte de dialogue afin de modifier la plage de cellules associée au nom.*

- Cliquez sur le bouton **OK**.

Troisième méthode

Cette méthode suppose que les noms à attribuer existent dans la feuille de calcul, comme titres des colonnes ou libellés des lignes de la plage de cellules à nommer.

- Sélectionnez les cellules qui contiennent les noms à attribuer et les cellules à nommer.
- Activez l'onglet **Formules** et cliquez sur le bouton **Depuis sélection** du groupe **Noms définis.**
- Indiquez où se trouvent les cellules qui contiennent les noms à attribuer.

Sur cet exemple, le contenu de la ligne 3 sera utilisé pour nommer les trois plages de cellules : la plage nommée ***NOM*** *correspondra aux cellules A4 à A14, la plage nommée* ***PRENOM*** *aux cellules B4 à B14 et la plage* ***SERVICE*** *aux cellules C4 à C14 :*

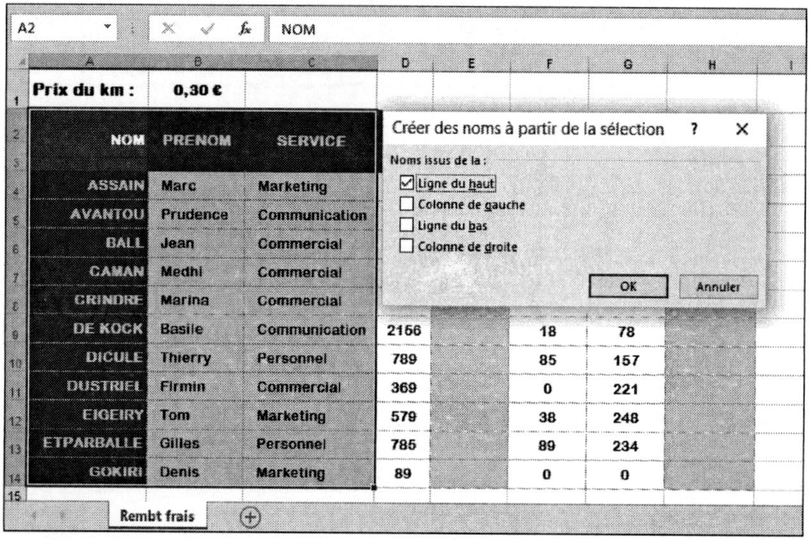

Cliquez sur le bouton **OK**.

Excel convertit les traits d'union et les espaces en traits de soulignement.

Gérer les noms de cellules

Accéder au Gestionnaire de noms

Activez l'onglet **Formules** et cliquez sur le bouton **Gestionnaire de noms** du groupe **Noms définis**.

La boîte de dialogue ***Gestionnaire de noms*** *affiche le nom, la valeur, la référence, l'étendue et le commentaire de toutes les plages nommées existant dans le classeur.*

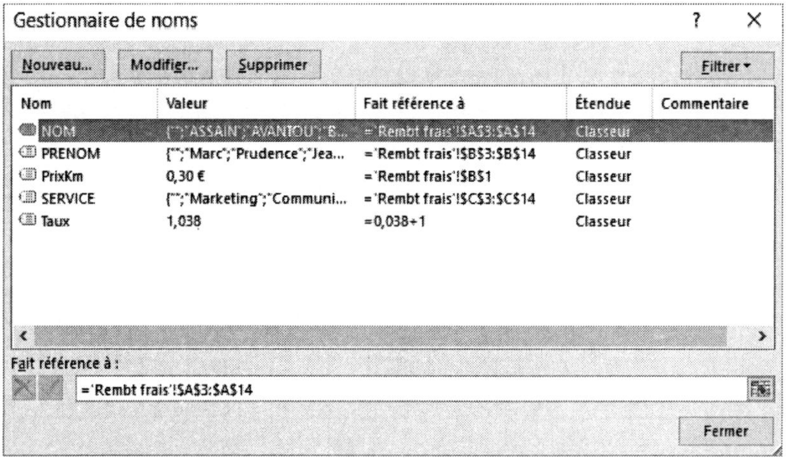

- Pour adapter automatiquement la largeur de la colonne à sa plus grande valeur, double cliquez sur le bord droit de l'en-tête de colonne.
- Pour trier les noms affichés en ordre croissant, cliquez une première fois sur l'en-tête de la colonne selon laquelle vous souhaitez trier ; pour trier en ordre décroissant, cliquez une seconde fois sur le même en-tête.
- Pour filtrer les noms affichés, cliquez sur le bouton **Filtrer** et choisissez le filtre voulu :

  Noms inclus dans l'étendue de la feuille de données/du classeur : pour afficher tous les noms attachés à la feuille active ou au classeur.

  Noms comportant des erreurs/Noms sans erreur : pour afficher seulement les noms comportant des erreurs (comme #REF, #VALUE, #NAME...) ou ceux ne comportant pas d'erreur.

  Noms définis : pour afficher uniquement les noms définis par vous-même ou par Excel.

  Noms de tableaux : pour afficher uniquement les noms de tableaux de données.
- Pour sélectionner un nom, cliquez dessus.

Supprimer un nom

- Pour supprimer un nom, sélectionnez-le puis cliquez sur le bouton **Supprimer** avant de confirmer la suppression par le bouton **OK**.

Modifier le nom attribué à une plage de cellules

- Sélectionnez le nom à modifier puis cliquez sur le bouton **Modifier**.

  *La boîte de dialogue **Modifier le nom** s'affiche, semblable à la boîte de dialogue **Nouveau nom**.*

- Apportez vos modifications dans les zones **Nom** et **Commentaire** et validez par **OK**.

Modifier la plage de cellules associée à un nom

- Sélectionnez le nom à modifier.

  *Les références de la plage nommée apparaissent dans la zone **Fait référence à**.*

- Cliquez sur le bouton pour réduire la boîte de dialogue puis sélectionnez la nouvelle plage de cellules associée au nom.

- Cliquez ensuite sur le bouton pour retrouver la boîte de dialogue **Gestionnaire de noms**.

- Lorsque toutes les modifications sont faites, fermez la boîte de dialogue **Gestionnaire de noms** en cliquant sur le bouton **Fermer** ou sur l'outil .

Sélectionner une plage de cellules en utilisant son nom

- Cliquez sur le bouton situé dans la **Zone Nom** de la barre de formule.

  Excel affiche la liste des zones nommées du classeur.

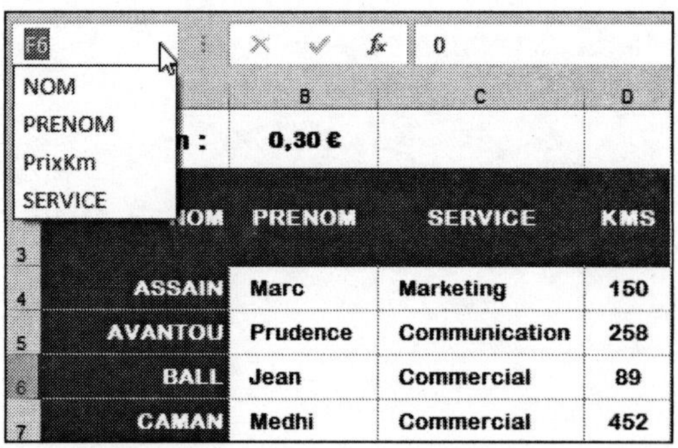

- Cliquez sur le nom de votre choix.

Afficher la liste des noms et des références de cellules associées

Cette technique permet d'afficher dans une feuille de calcul, la liste de tous les noms du classeur dans une première colonne et les références de cellules associées dans la colonne suivante.

- Activez la cellule à partir de laquelle vous désirez faire apparaître la liste des noms.
- Activez l'onglet **Formules** et cliquez sur le bouton **Dans une formule** du groupe **Noms définis** puis cliquez sur l'option **Coller des noms**.
- Cliquez sur le bouton **Coller une liste** de la boîte de dialogue **Coller un nom**.

Découvrir le principe des formules de calcul

- Les formules de calcul effectuent des calculs sur les valeurs contenues dans une feuille de calcul.
- Une formule commence par un signe égal (=).
- Une formule peut contenir les éléments suivants :

  - des références de cellules,
  - des opérateurs :

    les opérateurs mathématiques :

    + pour l'addition

    - pour la soustraction

    / pour la division

    * pour la multiplication

    % pour le calcul d'un pourcentage (ex : =5% donne le résultat 0,05)

    ^ pour l'élévation à la puissance (ex : =2^3 donne le résultat 8)

    les opérateurs de comparaison ; le résultat est une valeur logique : VRAI ou FAUX :

    = égal à (ex : =30=40 donne le résultat FAUX)

    < inférieur à (ex : =28<35 donne le résultat VRAI)

    <= inférieur ou égal à

    > supérieur à

    >= supérieur ou égal à

    <> différent de

    un opérateur de concaténation de texte : & concatène des chaînes de caractères (ex : ="Ouest"&" et "&"Nord" donne le résultat "Ouest et Nord").

    les opérateurs de référence permettent de combiner des plages de cellules :

    : (deux-points) ex : B1:C4 représente le bloc de cellules B1 à C4.

    ; (point-virgule) ex : B1;C4 représente la cellule B1 et la cellule C4.

  - des constantes, c'est-à-dire des valeurs qui ne sont pas calculées et donc ne changent pas (par exemple, le nombre 1210 ou le texte "Totaux trimestriels" sont des constantes).

- des fonctions de calcul sont des formules pré-écrites qui permettent d'effectuer une opération de calcul ; par exemple, la fonction MOYENNE calcule la moyenne d'un ensemble de cellules.

Créer une formule de calcul simple

Il s'agit d'élaborer un calcul intégrant des références de cellules, des opérateurs de calcul et/ou des constantes.

Cliquez dans la cellule où vous souhaitez afficher le résultat de la formule.

Saisissez le signe égal =

Construisez la formule en tenant compte des informations suivantes :

- pour intégrer le contenu d'une cellule, cliquez sur la cellule en question ou saisissez sa référence (par exemple, C4) ;
- pour intégrer un opérateur de calcul ou une constante, saisissez la donnée correspondante (par exemple * pour multiplier) ;
- si vous utilisez plusieurs opérateurs, définissez, si besoin, des priorités afin de regrouper des valeurs en utilisant les parenthèses.

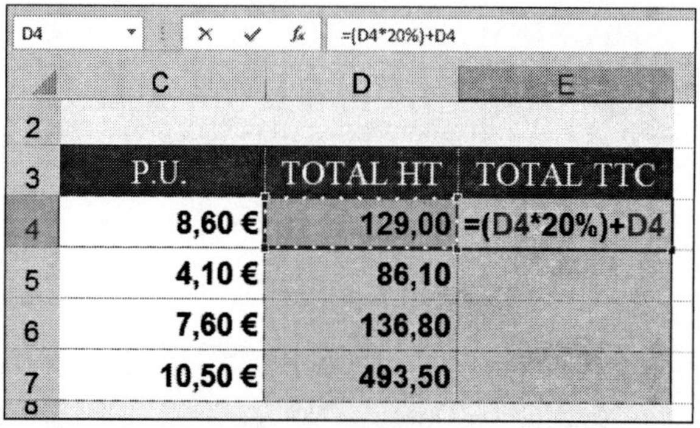

Vous suivez l'évolution de la formule dans la barre de formule ; la formule ci-dessus permet de calculer le montant TTC d'un article.

Validez la formule en appuyant sur la touche ⏎ ou en cliquant sur l'outil ✓ de la barre de formule.

Les formules de calcul sont, par défaut, automatiquement recalculées lorsque vous modifiez les valeurs intervenant dans les formules. Pour bloquer ce recalcul automatique activez l'option **Manuel** de l'outil **Options de calcul** (onglet **Formules** - groupe **Calcul**) (vous accédez aussi aux **Options de calcul** dans les **Options Excel** : onglet **Fichier** - **Options** - **Formules** - zone **Mode de calcul**). Si vous désactivez le mode de calcul automatique, pour relancer le recalcul manuellement du classeur entier, utilisez l'outil **Calculer maintenant** (ou F9) et pour calculer manuellement la feuille active, utilisez l'outil **Calculer la feuille** (ou ⇧ F9) de l'onglet **Formules** - groupe **Calcul**).

Lorsque vous modifiez une formule de calcul, les références des cellules qui la composent apparaissent de couleurs différentes dans la barre de formule ; dans la feuille de calcul, chaque cellule ou plage de cellules concernée par la formule est encadrée d'une bordure de même couleur.

N'oubliez pas que, pour recopier une formule sur des cellules adjacentes, vous pouvez utiliser la poignée de recopie, située dans le coin inférieur droit de la cellule active en la faisant glisser sur les cellules ou en double cliquant sur la poignée si les cellules de la colonne de gauche contiennent des données (cf. Copies et déplacements - Copier un contenu vers des cellules adjacentes).

Rendre absolue une référence de cellule dans une formule

Cette technique permet de fixer la référence d'une cellule dans une formule de façon à ce que cette référence ne se modifie pas lors de la recopie de la formule.

- Commencez à saisir la formule et arrêtez-vous lorsque la cellule concernée par la référence absolue est sélectionnée.
- Appuyez sur la touche F4.

La référence de la cellule présente maintenant le caractère $ devant la lettre de colonne et devant le numéro de ligne.

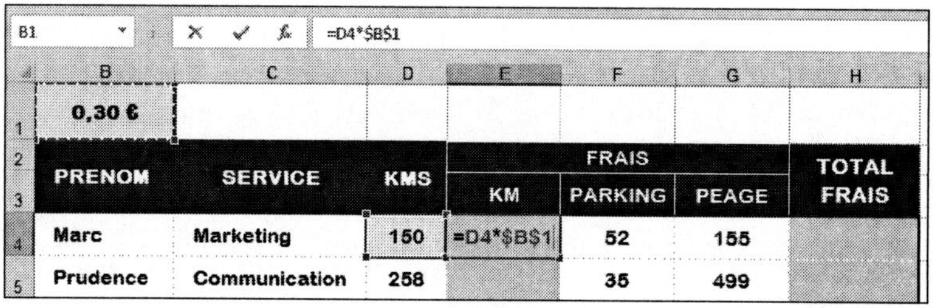

B1 =D4*$B$1

	B	C	D	E	F	G	H
1	0,30 €						
2	PRENOM	SERVICE	KMS	FRAIS			TOTAL FRAIS
3				KM	PARKING	PEAGE	
4	Marc	Marketing	150	=D4*$B$1	52	155	
5	Prudence	Communication	258		35	499	

Lorsque vous appuyez sur la touche F4*, vous obtenez une référence absolue de cellule ; si vous appuyez sur* F4 *une seconde fois, seule la référence de la ligne devient absolue ; si vous appuyez sur* F4 *une troisième fois, c'est alors la référence de la colonne qui devient absolue.*

- Appuyez sur la touche F4 autant de fois que nécessaire afin de rendre absolu l'élément souhaité.
- Au besoin, terminez la saisie de la formule puis validez.

Dans notre exemple, nous avons recopié la cellule E4 sur les cellules E5 à E10 ; notez que la référence absolue (B1) est restée fixe dans les différentes formules contrairement aux autres cellules. Sur cet exemple, seule la référence de la ligne pourrait être fixée car la recopie se fait vers le bas.

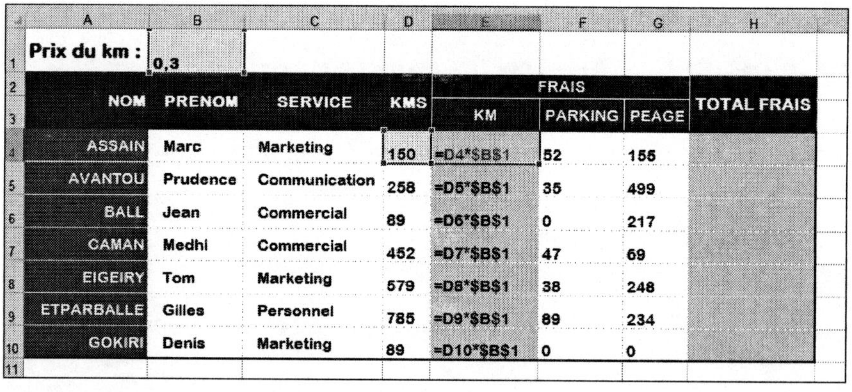

	A	B	C	D	E	F	G	H
1	Prix du km :	0,3						
2	NOM	PRENOM	SERVICE	KMS	FRAIS			TOTAL FRAIS
3					KM	PARKING	PEAGE	
4	ASSAIN	Marc	Marketing	150	=D4*$B$1	52	155	
5	AVANTOU	Prudence	Communication	258	=D5*$B$1	35	499	
6	BALL	Jean	Commercial	89	=D6*$B$1	0	217	
7	CAMAN	Medhi	Commercial	452	=D7*$B$1	47	69	
8	EIGEIRY	Tom	Marketing	579	=D8*$B$1	38	248	
9	ETPARBALLE	Gilles	Personnel	785	=D9*$B$1	89	234	
10	GOKIRI	Denis	Marketing	89	=D10*$B$1	0	0	
11								

Pour utiliser une référence absolue dans une formule, vous pouvez au préalable nommer la cellule (cf. Nommer des plages de cellules du chapitre Zones nommées) et faire référence à cette cellule dans la formule de calcul (cf. Utiliser des zones nommées dans une formule).

Pour illustrer cette fonctionnalité, nous avons affiché les formules au lieu des résultats dans les cellules (outil **Afficher les formules** de l'onglet **Formules** - groupe **Vérification des formules**).

Saisir une formule multifeuille

Cette technique permet d'insérer dans une feuille une formule (appelée formule 3D) faisant référence à des cellules d'une ou plusieurs autres feuilles.

- Activez la cellule où vous souhaitez afficher le résultat.
- Saisissez le signe =
- Commencez la formule et, au moment désiré, cliquez sur l'onglet de la feuille concernée puis sélectionnez la ou les cellules de votre choix, terminez la formule.
- Validez.

Ici, la cellule C4 additionne le contenu des cellules F4 des feuilles "Semestre 1" et "Semestre 2".

Vous pouvez également effectuer des formules multiclasseurs ; dans ce cas, tous les classeurs intervenant dans le calcul doivent être ouverts. Pour atteindre une cellule d'une feuille d'un autre classeur, utilisez le bouton **Changer de fenêtre** de l'onglet **Affichage** (ou l'icône du fichier dans la barre des tâches), afin d'activer le classeur correspondant.

Créer une formule contenant une fonction

- Activez la cellule où vous souhaitez afficher le résultat.
- Cliquez sur l'outil **Insérer une fonction** [fx] situé dans la barre de formule ou dans l'onglet **Formules**, ou faites [⇧][F3].
- Dans la boîte de dialogue **Insérer une fonction**, utilisez la liste déroulante **Ou sélectionnez une catégorie** si vous souhaitez afficher une catégorie particulière de fonctions.

  *La catégorie **Les dernières utilisées** affiche la liste des dernières fonctions que vous avez utilisées ainsi que les plus courantes. La catégorie **Tous** affiche toutes les fonctions disponibles.*
- Pour rechercher une fonction particulière, vous pouvez saisir dans la zone **Recherchez une fonction**, soit le nom exact de la fonction, soit une description de l'utilisation que vous souhaitez en faire ; validez ensuite la recherche par le bouton **Rechercher** ou par la touche [↵].
- Cliquez sur la fonction recherchée dans le cadre **Sélectionnez une fonction** pour la sélectionner.

  Lorsqu'une fonction est sélectionnée, la syntaxe de la fonction ainsi qu'une description s'affichent en dessous du cadre.

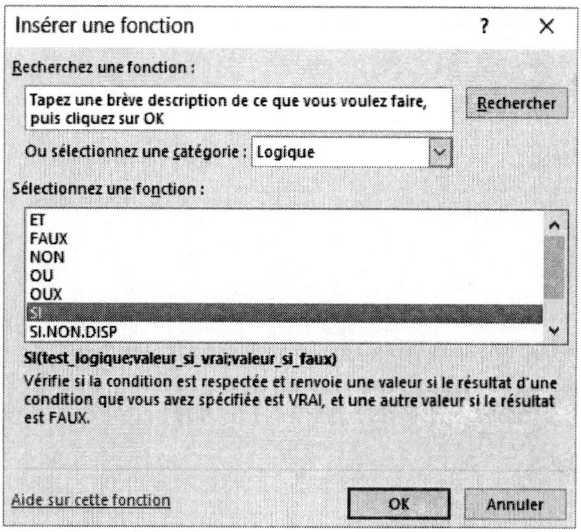

- Si nécessaire, cliquez sur le lien **Aide sur cette fonction** pour afficher l'aide de Excel sur la fonction sélectionnée.
- Cliquez sur le bouton **OK** pour activer la boîte de dialogue **Arguments de la fonction.**
- Pour définir chaque argument de la fonction :
  - cliquez dans la zone de saisie correspondante puis cliquez sur le bouton ,
  - sélectionnez dans la feuille de calcul, la ou les cellules correspondant à l'argument,
  - cliquez sur le bouton pour afficher de nouveau la boîte de dialogue.

  Vous pouvez également saisir directement un argument.

  La fonction SI permet de créer une formule conditionnelle : dans cet exemple, si la valeur de la cellule est supérieure ou égale à 1000, le texte ***Budget dépassé*** *apparaîtra dans la cellule ; sinon c'est le texte* ***Budget ok*** *qui apparaîtra.*

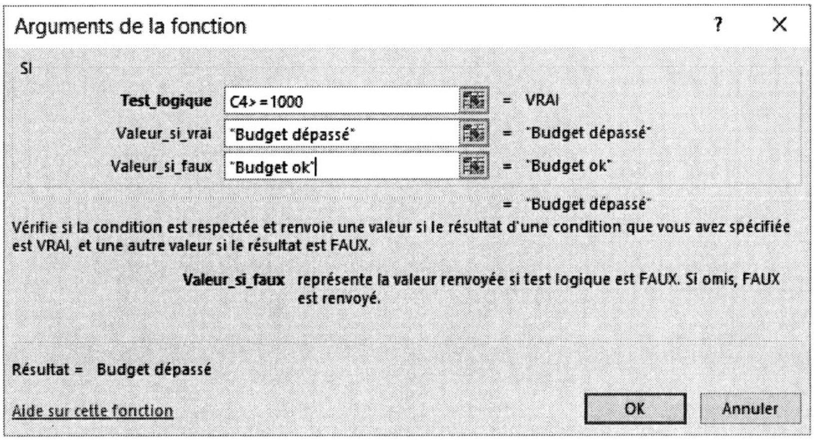

- Cliquez sur le bouton **OK** lorsque tous les arguments ont été définis.

Vous pouvez insérer une fonction à l'intérieur d'une formule ou d'une autre fonction ; dans ce cas, commencez la formule, et au moment désiré, cliquez sur (situé à gauche de la barre de formule) pour afficher une liste contenant les dernières fonctions utilisées ainsi que l'option **Autres fonctions** pour accéder à la liste complète des fonctions ; vous pouvez aussi utiliser le bouton **Récentes** du groupe **Bibliothèque de fonctions** de l'onglet **Formules.**

Pour insérer des fonctions en utilisant l'Assistant, vous pouvez aussi activer l'onglet **Formules** et cliquer sur l'un des boutons du groupe **Bibliothèque de fonctions** (qui regroupent les fonctions par type) puis cliquer sur la fonction concernée.

Utiliser la saisie semi-automatique de fonction

*Cette manipulation vous permet de saisir vous-même une fonction, sans passer par l'**Assistant Fonction**, tout en étant aidé par Excel afin de limiter les erreurs de syntaxe et les fautes de frappe.*

- Activez la cellule dans laquelle vous souhaitez afficher le résultat de la formule.
- Saisissez le signe = (égal) et les premières lettres de la fonction.

Dès la saisie de la première lettre, Excel affiche la liste des fonctions commençant par cette lettre.

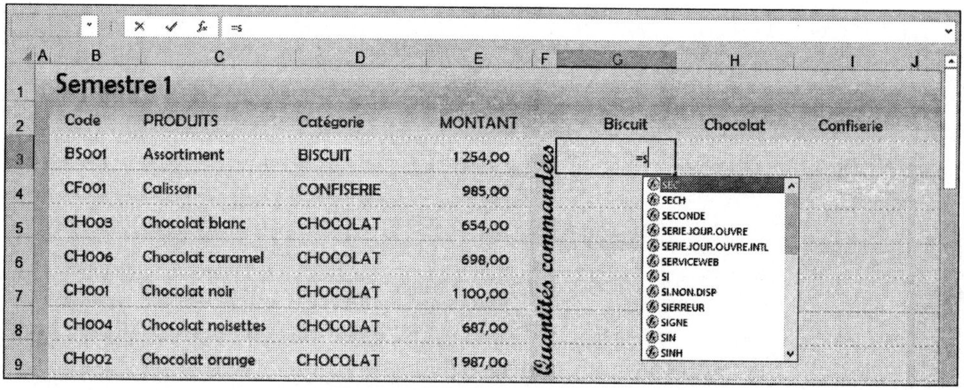

- Continuez de saisir le nom de la fonction ou faites un double clic sur le nom qui apparaît dans la liste puis indiquez les arguments.

  Au fur et à mesure de la saisie, des info-bulles vous guident dans l'élaboration de la formule.

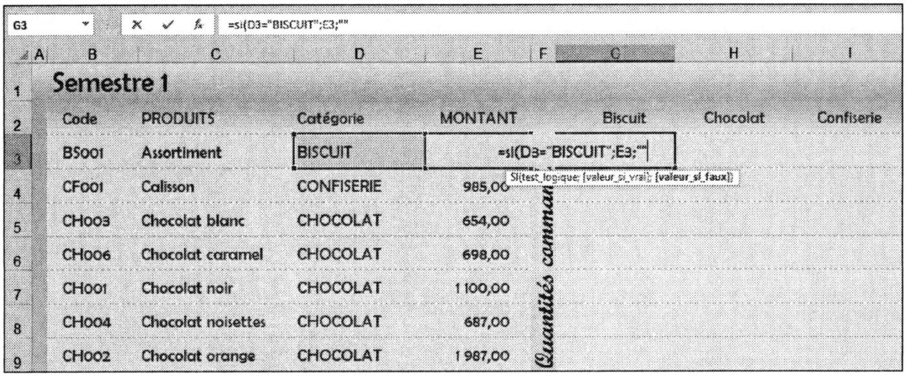

- N'oubliez pas de terminer la formule par la saisie du signe **)** puis validez en appuyant sur la touche [Entrée].

Additionner un ensemble de cellules

- Activez la cellule où vous souhaitez afficher la somme des valeurs.

- Cliquez sur l'outil **Somme automatique** [Σ] du groupe **Édition** de l'onglet **Accueil** ou utilisez le raccourci [Alt] =.

  *Vous retrouvez ce bouton dans l'onglet **Formules** - groupe **Bibliothèque de fonctions**.*

  Excel affiche une fonction intégrée appelée SOMME() et propose d'additionner par défaut le groupe de cellules situé au-dessus ou à gauche de la cellule du résultat (ici E3 à E11).

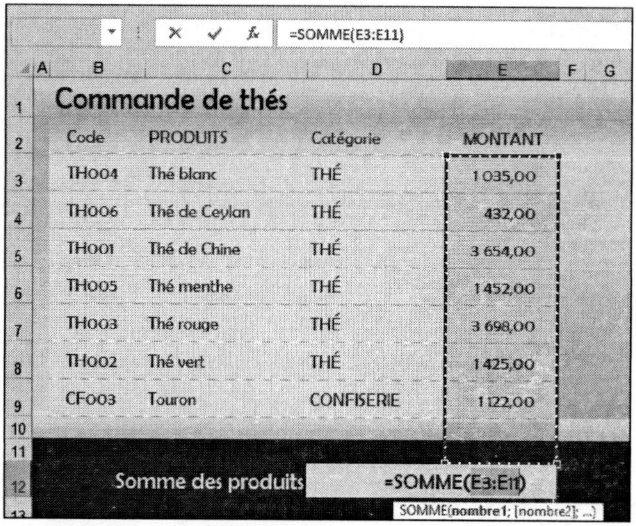

- Si la sélection des cellules n'est pas satisfaisante, modifiez-la à l'aide d'un cliqué-glissé sur les cellules concernées.
- Validez par la touche ↵ ou cliquez sur l'outil **Entrer** ✓.
- Lorsque vous sélectionnez une plage de cellules contenant des valeurs numériques, Excel affiche, entre autres, la somme de ces valeurs dans la barre d'état.

Utiliser les fonctions statistiques simples

- Activez la cellule où vous souhaitez afficher le résultat statistique.
- Ouvrez la liste de l'outil Σ du groupe **Édition** de l'onglet **Accueil** ; vous pouvez aussi ouvrir la liste associée au bouton **Somme automatique** du groupe **Bibliothèque de fonctions** de l'onglet **Formules.**
- Cliquez sur la fonction désirée :

Moyenne Calcule la moyenne d'un ensemble de cellules contenant des valeurs numériques.

NB Calcule le nombre de cellules contenant des valeurs numériques dans un ensemble de cellules.

Max. Extrait la valeur maximale d'un ensemble de cellules contenant des valeurs numériques.

Min. Extrait la valeur minimale d'un ensemble de cellules contenant des valeurs numériques.

Excel affiche la fonction correspondant à votre choix et sélectionne un groupe de cellules adjacent.

- Si la sélection des cellules n'est pas satisfaisante, modifiez-la en cliquant sur une cellule pour la sélectionner ou en effectuant un cliqué-glissé pour sélectionner une plage de cellules.
- Appuyez sur la touche ↵ ou cliquez sur l'outil ✓ pour valider la formule de calcul.

Lorsque vous sélectionnez une plage de cellules contenant des valeurs numériques, vous visualisez sur la barre d'état, outre leur somme, la moyenne de ces valeurs ; vous visualisez aussi, pour n'importe quelle sélection, le nombre de cellules non vides ; pour visualiser d'autres résultats de fonction, cliquez avec le bouton droit de la souris sur la barre d'état et choisissez parmi les fonctions proposées (**Nb (nombres)**, **Minimum** ou **Maximum**).

Créer une formule conditionnelle simple

Ce type de formule permet d'afficher une valeur ou d'effectuer un calcul selon une ou plusieurs conditions.

- Activez la cellule où vous souhaitez afficher le résultat.
- Utilisez la fonction **SI** pour effectuer un test logique (VRAI ou FAUX) sur la valeur d'une cellule ou sur le résultat d'une autre formule ; en fonction du résultat de ce test, la fonction SI effectue une action si le résultat est Vrai, ou une autre action si le résultat est Faux.

  La syntaxe de la fonction **SI** est la suivante :

  =SI(test_logique;valeur si VRAI;valeur si FAUX)

La formule saisie en I4 a été recopiée en I5, I6, I7 et I8. Dans cet exemple, nous testons la valeur de la cellule ***Stock final*** *(H4) :* ***=SI(H4<=1000;"A commander";"En attente")****. Si le contenu de la cellule* ***H4*** *est inférieur ou égal à 1000, le texte "A commander" s'affiche dans la cellule de résultat, sinon le texte "En attente" s'affiche.*

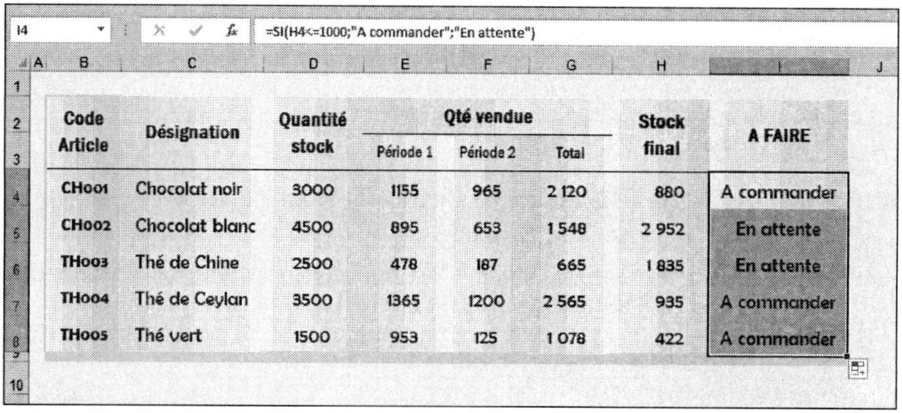
I4 =SI(H4<=1000;"A commander";"En attente")

Code Article	Désignation	Quantité stock	Qté vendue Période 1	Qté vendue Période 2	Qté vendue Total	Stock final	A FAIRE
CH001	Chocolat noir	3000	1155	965	2 120	880	A commander
CH002	Chocolat blanc	4500	895	653	1 548	2 952	En attente
TH003	Thé de Chine	2500	478	187	665	1 835	En attente
TH004	Thé de Ceylan	3500	1365	1200	2 565	935	A commander
TH005	Thé vert	1500	953	125	1 078	422	A commander

Notez qu'en inversant le test, le résultat reste identique si vous inversez aussi la valeur si VRAI et la valeur si FAUX : **=SI(H4>1000;"En attente";"A commander")**.

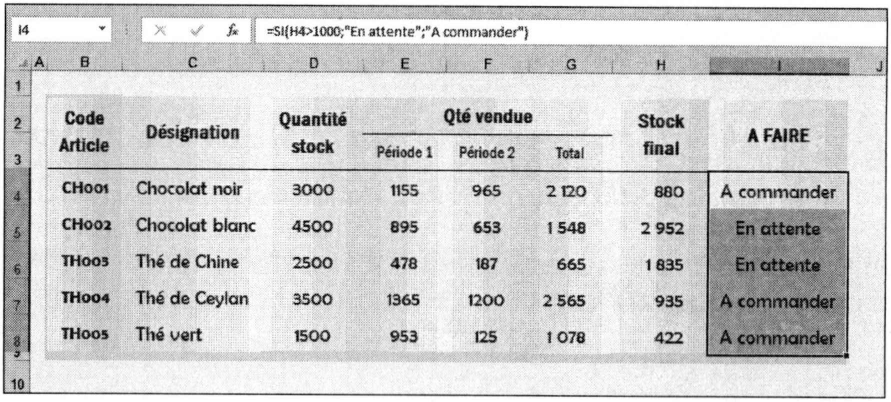
I4 =SI(H4>1000;"En attente";"A commander")

Code Article	Désignation	Quantité stock	Qté vendue Période 1	Qté vendue Période 2	Qté vendue Total	Stock final	A FAIRE
CH001	Chocolat noir	3000	1155	965	2 120	880	A commander
CH002	Chocolat blanc	4500	895	653	1 548	2 952	En attente
TH003	Thé de Chine	2500	478	187	665	1 835	En attente
TH004	Thé de Ceylan	3500	1365	1200	2 565	935	A commander
TH005	Thé vert	1500	953	125	1 078	422	A commander

Pour afficher un résultat uniquement si la condition est VRAI, vous pouvez ne pas renseigner l'argument FAUX, par exemple : **=SI(H4<1000;"A commander")** ; dans ce cas, si la condition n'est pas vérifiée, l'action n'étant pas définie dans la formule, Excel affiche la valeur **FAUX**.

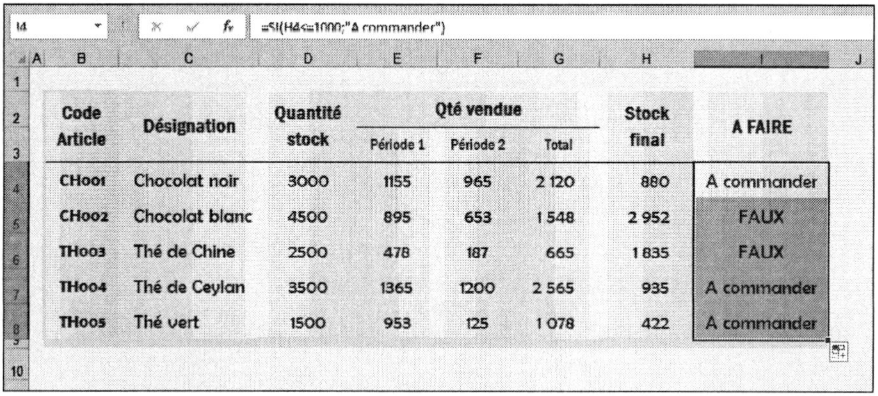

I4 =SI(H4<=1000;"A commander")

Code Article	Désignation	Quantité stock	Qté vendue Période 1	Qté vendue Période 2	Qté vendue Total	Stock final	A FAIRE
CH001	Chocolat noir	3000	1155	965	2 120	880	A commander
CH002	Chocolat blanc	4500	895	653	1 548	2 952	FAUX
TH003	Thé de Chine	2500	478	187	665	1 835	FAUX
TH004	Thé de Ceylan	3500	1365	1200	2 565	935	A commander
TH005	Thé vert	1500	953	125	1 078	422	A commander

Pour laisser le contenu d'une cellule vide d'un des résultats (VRAI ou FAUX) afin d'éviter l'affichage de VRAI ou FAUX, saisissez deux guillemets ; exemple : **=SI(H4<=1000;"A commander";"")**.

La ou les cellules dont le test est FAUX n'affichent rien :

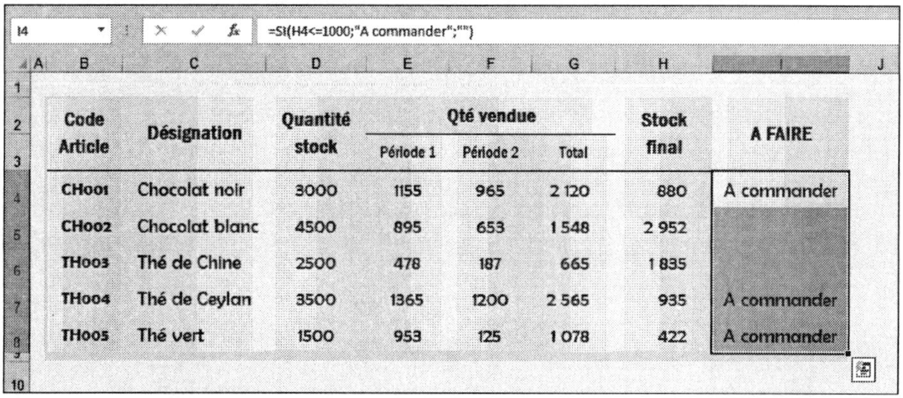

I4 =SI(H4<=1000;"A commander";"")

Code Article	Désignation	Quantité stock	Qté vendue Période 1	Qté vendue Période 2	Qté vendue Total	Stock final	A FAIRE
CH001	Chocolat noir	3000	1155	965	2 120	880	A commander
CH002	Chocolat blanc	4500	895	653	1 548	2 952	
TH003	Thé de Chine	2500	478	187	665	1 835	
TH004	Thé de Ceylan	3500	1365	1200	2 565	935	A commander
TH005	Thé vert	1500	953	125	1 078	422	A commander

Dans une formule conditionnelle, diverses actions peuvent être réalisées :

Affichage d'un nombre	saisir le nombre.
Affichage d'un texte	saisir le texte entre guillemets.
Affichage d'un résultat de calcul	entrer la formule de calcul.
Affichage du contenu d'une cellule	montrer la cellule.
Aucun affichage	taper "".

Au niveau des conditions, plusieurs opérateurs sont disponibles :

=	égal
>/<	supérieur à/inférieur à
<>	différent de
>=/<=	supérieur ou égal à/inférieur ou égal à

Créer une formule conditionnelle imbriquée

Lorsqu'un résultat de condition de test implique plus de deux possibilités, vous pouvez imbriquer des formules conditionnelles.

=SI(test_logique 1 ; valeur si VRAI ; valeur si FAUX)

↓

=SI(test_logique 2 ; valeur si VRAI ; valeur si FAUX)

Dans ce cas, la formule s'écrit : **=SI(test_logique 1;valeur si VRAI;SI(test_logique 2;valeur si VRAI;valeur si FAUX))**. La formule conditionnelle n° 2 est bien "imbriquée" dans la première.

Vous pouvez ainsi imbriquer plusieurs conditions les unes dans les autres.

Dans cet exemple deux conditions ont été imbriquées dans une troisième : si le ***Stock final*** *est inférieur à* ***100****, alors le texte* ***"Commande urgente"*** *est affiché ; si le* ***Stock final*** *est compris entre* ***100 et 500****, le texte* ***"Passer commande"*** *est affiché ; s'il est compris entre* ***500 et 1000****, le texte* ***"Stock compris entre 500 et 1000"*** *est affiché ; si aucune de ces conditions n'est vérifiée, le texte* ***"Stock > à 1000"*** *est affiché.*

I4 =SI(H4<100;"Commande urgente";SI(H4<500;"Passer commande";SI(H4<1000;"Stock compris entre 500 et 1000";"Stock > à 1000")))

Code Article	Désignation	Quantité stock	Qté vendue			Stock final	A FAIRE
			Période 1	Période 2	Total		
CH001	Chocolat noir	3000	1155	965	2 120	880	Stock compris entre 500 et 1000
CH002	Chocolat blanc	4500	2145	2304	4 449	51	Commande urgente
TH001	Thé de Chine	2500	478	187	665	1 835	Stock > à 1000
TH002	Thé Blanc	2500	587	1547	2 134	366	Passer commande
TH003	Thé Bleu	3500	698	485	1 183	2 317	Stock > à 1000
TH004	Thé de Ceylan	3500	1365	1200	2 565	935	Stock compris entre 500 et 1000
TH005	Thé vert	1500	953	125	1 078	422	Passer commande

Notez qu'en fin de formule, il y a une parenthèse pour fermer chaque condition.

Pour faciliter l'écriture de la formule, vous pouvez scinder les arguments en insérant des sauts de ligne à l'aide des touches Alt ↵.

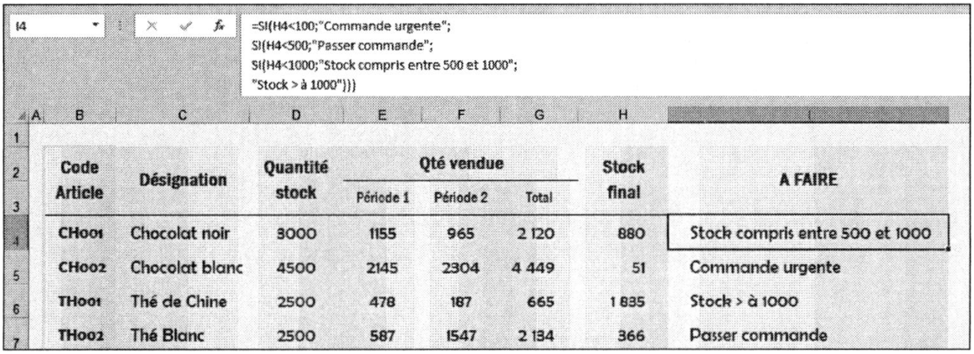

L'insertion de sauts de ligne dans une formule n'a aucune incidence sur le résultat.

Combiner l'opérateur OU ou ET dans une formule conditionnelle

Pour poser plusieurs conditions, utilisez l'opérateur OU ou ET selon le cas :

- si plusieurs conditions doivent être vérifiées en même temps :

  =SI(ET(cond1;cond2;...;condn);action à réaliser si les n conditions sont satisfaites;action à réaliser si au moins une des conditions n'est pas satisfaite)

- si au moins une des conditions doit être vraie :

  =SI(OU(cond1;cond2;...;condn);action à réaliser si au moins une condition est satisfaite;action à réaliser si aucune condition n'est satisfaite)

*Dans cet exemple, si l'enfant est un **Garçon ET** qu'il a moins de **13** ans, le symbole d'un cadeau (lettre **e** de la police Webdings) est affiché dans la cellule de la colonne **Voiture**, dans le cas contraire, la cellule est vide :*

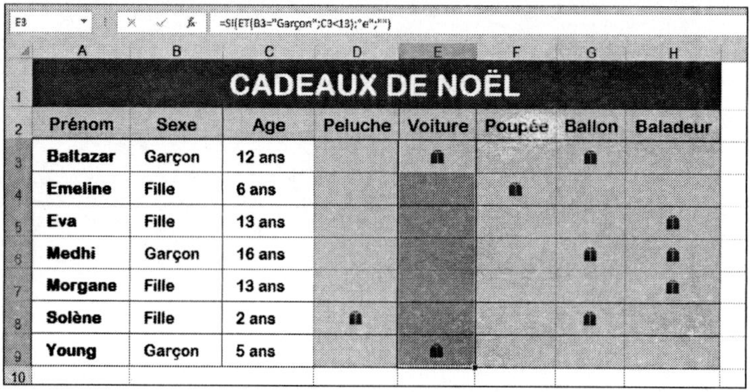

E3 =SI(ET(B3="Garçon";C3<13);"e";"")

CADEAUX DE NOËL							
Prénom	Sexe	Age	Peluche	Voiture	Poupée	Ballon	Baladeur
Baltazar	Garçon	12 ans		🎁		🎁	
Emeline	Fille	6 ans			🎁		
Eva	Fille	13 ans					🎁
Medhi	Garçon	16 ans				🎁	🎁
Morgane	Fille	13 ans					🎁
Solène	Fille	2 ans	🎁			🎁	
Young	Garçon	5 ans		🎁			

Compter les cellules répondant à un critère spécifique (NB.SI)

*La fonction NB.SI dont la syntaxe est **=NB.SI(plage;critères)**, permet de compter le nombre de cellules qui répondent à un ou plusieurs critères.*

Pour illustrer cette fonction, nous avons calculé le nombre de jours dont la quantité de pluie est supérieure à 5 mm.

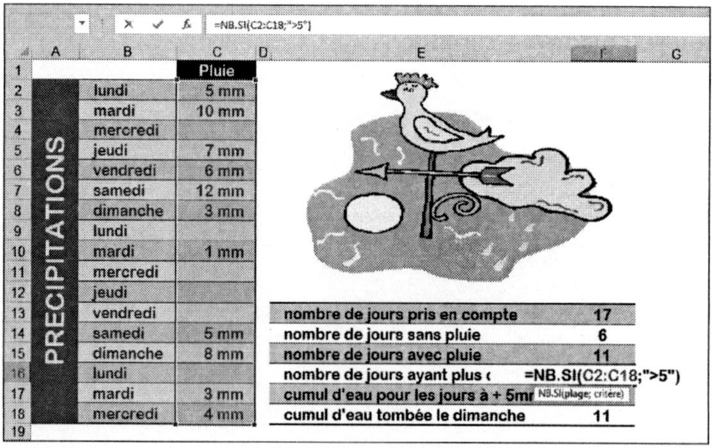

=NB.SI(C2:C18;">5")

PRECIPITATIONS	Pluie
lundi	5 mm
mardi	10 mm
mercredi	
jeudi	7 mm
vendredi	6 mm
samedi	12 mm
dimanche	3 mm
lundi	
mardi	1 mm
mercredi	
jeudi	
vendredi	
samedi	5 mm
dimanche	8 mm
lundi	
mardi	3 mm
mercredi	4 mm

nombre de jours pris en compte	17
nombre de jours sans pluie	6
nombre de jours avec pluie	11
nombre de jours ayant plus (	=NB.SI(C2:C18;">5")
cumul d'eau pour les jours à + 5mr	NB.SI(plage; critère)
cumul d'eau tombée le dimanche	11

- Cliquez sur la cellule dans laquelle vous souhaitez afficher le résultat.
- Commencez à saisir le début de la formule **=NB.SI(**
- Puis à l'aide d'un cliqué-glissé, sélectionnez la **plage** de cellules sur laquelle porte le calcul.

  Vous pouvez aussi bien sûr, saisir la référence de la plage de cellules si vous ne voulez pas ou ne pouvez pas utiliser la méthode du cliqué-glissé.
- Saisissez un point-virgule (;) pour indiquer le changement d'argument.
- Puis, saisissez le **critère** ; celui-ci peut être composé :
  - d'un nombre : saisir alors la valeur directement ; exemple : =NB.SI((C2:C18);**5**) pour rechercher uniquement la quantité de pluie égale à 5.
  - d'une référence de cellule ; exemple : =NB.SI((C2:C18);C2) pour rechercher la quantité contenue dans la cellule C2.
  - d'une expression : saisir l'expression entre guillemets ; exemple : =NB.SI(C2:C18;">5") pour rechercher le nombre de jours où la quantité de pluie est supérieure à 5.
  - d'une chaîne de texte : saisir le texte recherché entre guillemets ; exemple : =NB.SI(B2:B18;"lundi") pour rechercher le nombre de lundi.

  Notez que les critères ne tiennent pas compte de la casse des caractères : la chaîne "lundi" ou "Lundi" ou "LUNDI" indiqueront le même résultat.
- En insérant le caractère générique ? (point d'interrogation) dans un critère, vous recherchez un caractère quelconque. Par exemple, le critère « p?rt » renvoie les résultats « port » et « part ».
- En insérant un * (astérisque), vous recherchez un nombre quelconque de caractères. Par exemple, le critère « rou* » renvoie les résultats « roux », « rouge », « rouget », « rougeole ».
- Pour rechercher un point d'interrogation ou un astérisque en tant que tel, tapez ~ (tilde) devant ce caractère. Par exemple, le critère «xx902~?» renvoie le résultat « xx902?».

  Pour obtenir le caractère tilde seul (~), appuyez simultanément sur la touche AltGr *et la touche 2 (au-dessus du pavé alphabétique), puis appuyez sur la barre d'espace.*

Calculer la somme d'une plage répondant à un critère (SOMME.SI)

La fonction SOMME.SI, dont le principe est sensiblement identique à celui de la fonction NB.SI (cf. Compter les cellules répondant à un critère spécifique (NB.SI)), permet d'additionner les cellules d'une plage répondant à un critère donné. La syntaxe de la fonction est :
*s=**SOMME.SI(plage_de_cellules;critère;plage_à_additionner)**.*

Pour illustrer cette fonction, nous avons calculé en F17 la somme de la quantité d'eau uniquement si la valeur journalière est supérieure à 5 mm en utilisant seulement les deux premiers arguments de la fonction car la plage de cellules contenant le critère et celle contenant les valeurs à calculer est la même (C2 à C18). En F18, nous avons calculé la somme de la quantité d'eau tombée le dimanche en utilisant les trois arguments de la fonction car la plage de cellules contenant le critère "dimanche" (B2 à B18) n'est pas la même que la plage de cellules contenant les valeurs à additionner (C2 à C18).

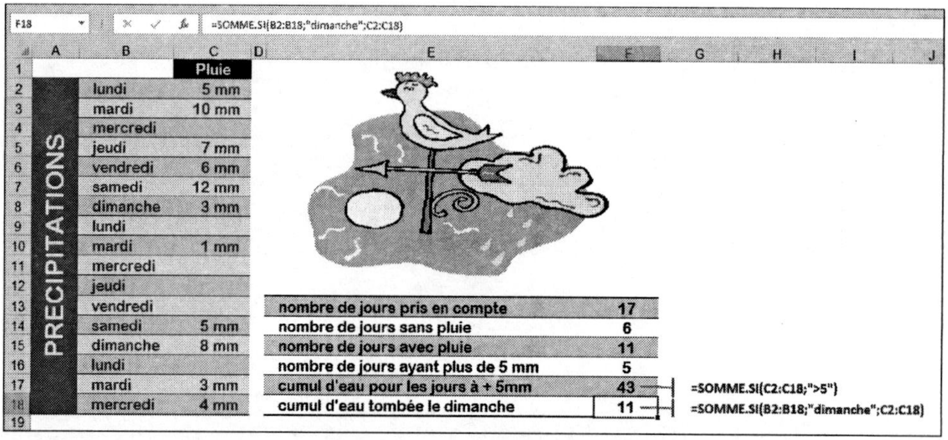

- Cliquez sur la cellule dans laquelle vous souhaitez afficher le résultat.
- Commencez par saisir le début de la formule **=SOMME.SI(**
- Puis, à l'aide d'un cliqué-glissé, sélectionnez la **plage** de cellules sur lesquelles porte le critère. Les cellules doivent contenir des nombres ou des noms, des matrices ou des références contenant des nombres (les valeurs vides ou textuelles ne sont pas prises en compte).

Vous pouvez aussi bien sûr, saisir la référence de la plage de cellules si vous ne voulez ou ne pouvez pas utiliser la méthode du cliqué-glissé.

- Saisissez un point-virgule (;) pour indiquer le changement d'argument.
- Saisissez l'argument **critère**, celui-ci peut être composé d'un nombre, d'une référence de cellule, d'une expression ou d'une chaîne de texte (cf. Compter les cellules répondant à un critère spécifique (NB.SI)).
- Si besoin, saisissez un point-virgule (;) puis sélectionnez la plage de cellules contenant les valeurs à additionner.

  Si cet argument est omis, Excel additionne les cellules contenues dans l'argument plage_de_cellules.
- Validez par la touche ↵.

Utiliser des zones nommées dans une formule

Cette fonctionnalité permet de remplacer dans une formule, une référence de plages de cellules par la zone nommée correspondante. Nous vous rappelons que les cellules ou plages de cellules nommées sont gérées comme des références absolues lors de la copie des formules.

- Commencez la formule et arrêtez-vous lorsque vous avez besoin d'insérer le nom.
- Cliquez sur le bouton **Dans une formule** du groupe **Noms définis** de l'onglet **Formules**.

  La liste des zones préalablement nommées s'affiche (cf. Zones nommées - Nommer des plages de cellules) :

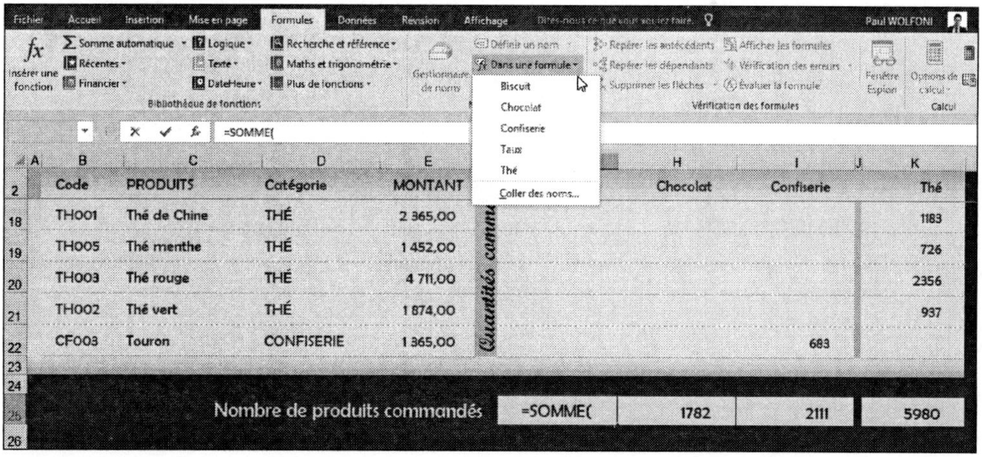

- Cliquez sur le nom correspondant à la plage de cellules à insérer dans la formule.
- Continuez et terminez la formule.

Vous pouvez également saisir le nom directement dans la formule, à la place des références de cellules.

Insérer des lignes de statistiques

Il s'agit d'ajouter des lignes de sous-totaux.

- Triez le tableau en fonction de la colonne qui contiendra les groupes devant faire l'objet d'un sous-total.
- Sélectionnez une cellule du tableau concerné par les lignes de statistiques.
- Activez l'onglet **Données** et cliquez sur le bouton **Sous-total** du groupe **Plan**.
- Dans la liste **À chaque changement de**, sélectionnez la colonne qui contient les groupes devant faire l'objet d'un calcul statistique.
- Choisissez ensuite dans la liste **Utiliser la fonction** le calcul à effectuer.

Somme	Calcule la somme.
Nombre	Calcule le nombre d'éléments.
Moyenne	Calcule la moyenne.
Max	Repère la valeur maximale.
Min	Repère la valeur minimale.
Produit	Multiplie les valeurs.
Chiffres	Détermine le nombre de valeurs comprises dans la liste des arguments (Nbval).
Écartype	(D'une série de nombres) représente la dispersion des valeurs autour de la moyenne.
Écartypep	Calcule l'écart type d'une population à partir de la population entière.
Var	Calcule la variance qui est égale au carré de l'écart type, sur la base d'un échantillon.
Varp	Calcule la variance sur la base de l'ensemble de la population.

- Enfin, cochez les colonnes qui contiennent les valeurs sur lesquelles effectuer les calculs.

Dans cet exemple, nous souhaitons calculer la ***Somme*** *de la colonne* ***MONTANT*** *pour chaque* ***Catégorie*** *de produit.*

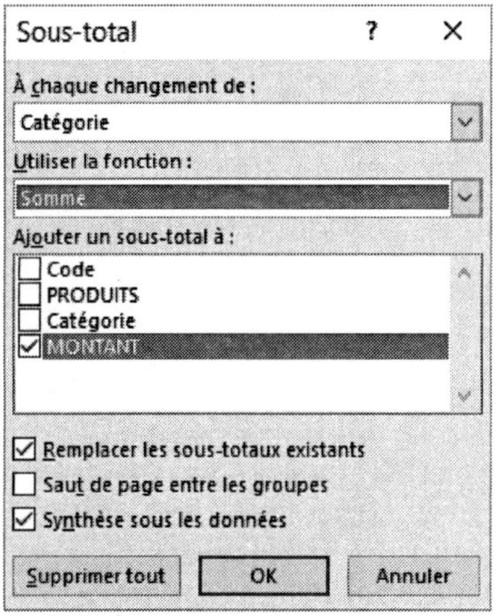

- Laissez l'option **Remplacer les sous-totaux existants** cochée si vous souhaitez substituer les éventuels sous-totaux déjà créés par ceux que vous êtes en train de créer.
- Cochez l'option **Saut de page entre les groupes** pour insérer automatiquement un saut de page après chaque groupe de sous-totaux.
- Laissez l'option **Synthèse sous les données** cochée pour réaliser des sous-totaux et des totaux sous les données détaillées. Si cette option est décochée, seuls les sous-totaux apparaîtront au-dessus des données détaillées.
- Cliquez sur le bouton **OK**.

Excel calcule les statistiques demandées et construit un plan à partir de celles-ci ; vous visualisez ici la somme des montants pour chaque catégorie de produit ainsi que le ***Total général*** *des montants toutes catégories confondues car nous avons coché l'option* ***Synthèse sous les données****.*

Code	PRODUITS	Catégorie	MONTANT
BS001	Assortiment	BISCUIT	1 254,00
BS002	Croquant amandes	BISCUIT	854,00
BS003	Croquant figues	BISCUIT	766,00
BS004	Diamant chocolat	BISCUIT	688,00
		Total BISCUIT	3 562,00
CH003	Chocolat blanc	CHOCOLAT	654,00
CH004	Chocolat noisettes	CHOCOLAT	687,00
CH002	Chocolat orange	CHOCOLAT	1 987,00
CH005	Chocolat praliné	CHOCOLAT	1 258,00
		Total CHOCOLAT	4 586,00
TH004	Thé blanc	THÉ	1 035,00
TH006	Thé de Ceylan	THÉ	432,00
TH001	Thé de Chine	THÉ	3 654,00
TH003	Thé rouge	THÉ	3 698,00
TH002	Thé vert	THÉ	1 425,00
		Total THÉ	10 244,00
		Total général	18 392,00

Pour réduire l'affichage d'un groupe de cellules, cliquez sur l'outil **Masquer** (onglet **Données** - groupe **Plan**) ou l'outil situé en regard du total de la ligne.
À l'inverse, pour développer l'affichage d'un groupe, cliquez sur l'outil **Afficher les détails** ou sur l'outil .

Pour plus de détails concernant l'utilisation d'un plan, reportez-vous au titre Utiliser un plan du chapitre Tri et plan.

Le bouton **Supprimer tout** de la boîte de dialogue **Sous-total** permet de supprimer tous les sous-totaux (ainsi que le plan) du tableau sélectionné.

Effectuer des calculs sur des données de type date

Après avoir abordé le principe de calcul sur les dates utilisé par Excel, nous vous proposons de découvrir quelques fonctions spécifiques au traitement des dates à travers quelques exemples.

Principe de calcul sur des jours

- Si le calcul porte sur des jours, procédez comme pour les autres calculs car Excel enregistre les dates sous la forme de nombres séquentiels appelés numéros de série. De ce fait, elles peuvent être ajoutées, soustraites et incluses dans d'autres calculs.
- Par défaut, sous Windows, Excel utilise le calendrier depuis 1900 (Excel pour Macintosh, le calendrier depuis 1904). Le 1er janvier 1900 correspond donc (pour Excel sous Windows) au numéro de série 1 et le 1er janvier 2005 correspond au nombre 38 353, car 38 353 jours se sont écoulés depuis le 1er janvier 1900.
- Pour utiliser une fonction spécifique de gestion de dates et d'heures, vous pouvez activer l'onglet **Formules** et cliquer sur le bouton **DateHeure** du groupe **Bibliothèque de fonctions** puis sur la fonction concernée afin d'utiliser l'Assistant.

  ANNEE(numéro_de_série)

  Convertir un numéro de série en année.

  AUJOURDHUI()

  Renvoyer le numéro de série de la date du jour.

  DATE(année;mois;jour)

  Renvoyer le numéro de série d'une date précise.

  DATEVAL(date_texte)

  Convertir une date représentée sous forme de texte en numéro de série.

  FIN.MOIS(date_départ;mois)

  Renvoyer le numéro séquentiel de la date du 1er jour du mois précédant ou suivant la date_départ du nombre de mois indiqué.

  FRACTION.ANNEE(date_début;date_fin;[base])

  Renvoyer la fraction de l'année représentant le nombre de jours entre la date de début et la date de fin.

  HEURE(numéro_de_série)

  Convertir un numéro de série en heure.

  JOUR(numéro_de_série)

  Convertir un numéro de série en jour du mois.

JOURS(date_fin;date_début)

Calculer le nombre de jours entre les deux dates.

JOURS360(date_début;date_fin;[méthode])

Calculer le nombre de jours séparant deux dates sur la base d'une année de 360 jours.

JOURSEM(numéro_de_série;[type_retour])

Convertir un numéro de série en jour de la semaine.

MAINTENANT()

Renvoyer le numéro de série de la date et de l'heure du jour.

MINUTE(numéro_de_série)

Convertir un numéro de série en minute.

MOIS(numéro_de_série)

Convertir un numéro de série en mois.

MOIS.DECALER(date_départ;mois)

Renvoyer le numéro séquentiel de la date qui représente une date spécifiée (l'argument date_départ), corrigée en plus ou en moins du nombre de mois indiqué.

NB.JOURS.OUVRES(date_début;date_fin;[jours_fériés])

Renvoyer le nombre de jours ouvrés entiers compris entre deux dates.

NB.JOURS.OUVRES.INTL(date_début;date_fin;[weekend];[jours_fériés])

Renvoyer le nombre de jours ouvrés entiers compris entre deux dates à l'aide de paramètres identifiant les jours du week-end et leur nombre.

NO.SEMAINE(numéro_de_série;[type_retour])

Convertir un numéro de série en numéro de semaine dans l'année.

NO.SEMAINE.ISO(date)

Renvoyer le numéro ISO de la semaine de l'année correspondant à une date donnée.

SECONDE(numéro_de_série)

Convertir un numéro de série en seconde.

SERIE.JOUR.OUVRE(date_début;nb_jours;[jours_fériés])

Renvoyer le numéro de série de la date avant ou après le nombre de jours ouvrés spécifiés.

**SERIE.JOUR.OUVRE.INTL(date_départ;nb_jours;
[nb_jours_week-end];[jours_fériés])**

Renvoyer le numéro de série de la date avant et après un nombre spécifié de jours ouvrés en spécifiant des paramètres qui identifient et dénombrent les jours inclus dans le week-end.

TEMPS(heure;minute;seconde)

Renvoyer le numéro de série d'une heure précise.

TEMPSVAL(heure_texte)

Convertir une heure représentée sous forme de texte en numéro de série.

Combiner du texte avec une date

Pour combiner dans une cellule le texte et la date contenus dans différentes cellules, vous pouvez utiliser la fonction **TEXTE** dont la syntaxe est :
=TEXTE(valeur;format_texte)

L'argument **valeur** représente une valeur numérique ou une formule dont le résultat est une valeur numérique ou bien encore une référence à une cellule contenant une valeur numérique.

L'argument **format_texte** représente un format de nombre sous forme de texte défini dans la zone **Catégorie** de la boîte de dialogue **Format de cellule**.

Voici un exemple d'utilisation :

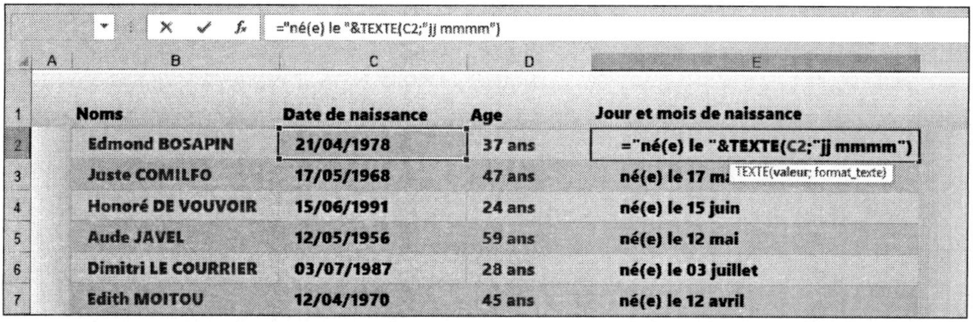

Calculer la différence entre deux dates (fonction DATEDIF)

DATEDIF est l'une des fonctions "masquées" de l'application Excel ; elle n'apparaît pas dans l'Assistant fonction ni dans l'aide en ligne. Les fonctions masquées ont été introduites dans Excel pour des raisons de compatibilité avec d'autres tableurs, elles fonctionnent parfaitement mais ne font pas partie des fonctions "officielles" d'Excel.

Cette fonction s'avère très pratique dans le cas, par exemple, où vous souhaitez calculer l'ancienneté d'un employé en années et en mois. La syntaxe de la fonction **DATEDIF** est **DATEDIF(Date_début;Date_fin;Type)**.

L'argument **Type** représente la durée calculée et peut prendre les valeurs suivantes :

"y" pour calculer la différence absolue en années.

"M" pour calculer la différence absolue en mois.

"d" pour calculer la différence absolue en jour.

"ym" pour calculer la différence en mois si les deux dates sont dans la même année.

"yd" pour calculer la différence en jours si les deux dates sont dans la même année.

"md" pour calculer la différence en jours si les deux dates sont dans le même mois.

Voici un exemple d'utilisation :

	A	B	C
1		**Date de début**	**30/11/2013**
2		**Date de fin**	**01/12/2015**
4		**Nombre de jours**	**=DATEDIF(C1;C2;"d")**
5		**Nombre de mois**	**=DATEDIF(C1;C2;"m")**
6		**Nombre d'années**	**=DATEDIF(C1;C2;"y")**
7			

Voici un autre exemple qui permet de calculer l'âge d'une personne en fonction de la date du jour (fonction=**Aujourd'hui()**) :

	A	B	C	D	E
1		**Date de naissance**	**25/02/1964**	**FORMULES**	
3		**Age en années**	**51 ans**	**=DATEDIF(C1;AUJOURDHUI();"y")&" ans"**	
4		**Nombre de mois**	**51 ans et 4 mois**	**=DATEDIF(C1;AUJOURDHUI();"y")&" ans et "&DATEDIF(C1;AUJOURDHUI();"ym")&" mois"**	
5					

Calculer le nombre de jours ouvrés ou non entre deux dates

Excel sait calculer le nombre de jours ouvrés (du lundi au vendredi) qui séparent deux dates à l'aide de la fonction **NB.JOURS.OUVRES** dont la syntaxe est : **=NB.JOURS.OUVRES(jour_début;jour_fin)**

Voici un exemple d'utilisation :

	B	C
1	**Date de début**	**30/11/2013**
2	**Date de fin**	**01/12/2015**
4	**Nombre de jours ouvrés**	**522**
5	**Formule de calcul**	**=NB.JOURS.OUVRES(C1;C2)**

Pour que cette fonction puisse tenir compte des jours fériés, vous devez y ajouter un troisième argument faisant référence à un jour férié ou à une plage de dates fériées. La syntaxe de cette fonction est alors :

=NB.JOURS.OUVRES(jour_début;jour_fin;jours_fériés)

Sur cet exemple, les jours fériés ont été calculés dans la plage de cellules B3 à B15.

H4 =NB.JOURS.OUVRES(F4;G4;$B$4:$B$15)

Année	**2015**
Jours fériés	
Premier de l'an	jeudi 01 janvier 2015
Pâques	dimanche 05 avril 2015
Lundi de Pâques	lundi 06 avril 2015
Fête du travail	vendredi 01 mai 2015
Victoire 1945	vendredi 08 mai 2015
Ascension	jeudi 14 mai 2015
Pentecôte	lundi 25 mai 2015
Fête nat.	mardi 14 juillet 2015
Assomption	samedi 15 août 2015
Toussaint	dimanche 01 novembre 2015
Armistice	mercredi 11 novembre 2015
Noël	vendredi 25 décembre 2015

L'année 2015 n'est pas une année BISSEXTILE

Nombre de jours chômés (hors week-end) : **9**

	Mois	Début	Fin	Nombre de jours ouvrés	Nbre de dimanches
1	janvier	01/01/2015	31/01/2015	21	4
2	février	01/02/2015	28/02/2015	20	4
3	mars	01/03/2015	31/03/2015	22	5
4	avril	01/04/2015	30/04/2015	21	4
5	mai	01/05/2015	31/05/2015	17	5
6	juin	01/06/2015	30/06/2015	22	4
7	juillet	01/07/2015	31/07/2015	22	4
8	août	01/08/2015	31/08/2015	21	5
9	septembre	01/09/2015	30/09/2015	22	4
10	octobre	01/10/2015	31/10/2015	22	4
11	novembre	01/11/2015	30/11/2015	20	5
12	décembre	01/12/2015	31/12/2015	22	4
			Total	**252**	**52**

Pour calculer le nombre de jours entre deux dates (jours fériés, chômés... inclus), vous pouvez utiliser la fonction **JOURS** dont la syntaxe est **JOURS(date_fin;date_début)**.

Calculer la date située après un nombre de jours ouvrés donné

La fonction **SERIE.JOUR.OUVRE** vous permet de calculer une date correspondant à une date (date de début) plus ou moins le nombre de jours ouvrés spécifié. Les jours ouvrés excluent les samedi et dimanche ainsi que toutes les dates identifiées comme étant des jours chômés.

La syntaxe de cette fonction est la suivante :

=SERIE.JOUR.OUVRE(date_début;nb_jours;jours_fériés) :

date_début Représente la date de début.

nb_jours Représente le nombre de jours ouvrés avant ou après la date de début. Un nombre de jours positif donne une date future, à l'inverse, un nombre de jours négatif donne une date passée.

jours_fériés Représente une liste de dates à exclure du calendrier des jours de travail (jours fériés, congés, absence...). Cet argument est facultatif.

Voici un exemple d'utilisation : nous souhaitons trouver la date d'échéance d'un travail devant commencer le 01 mai 2015 et qui est d'une durée de 40 jours ouvrés.

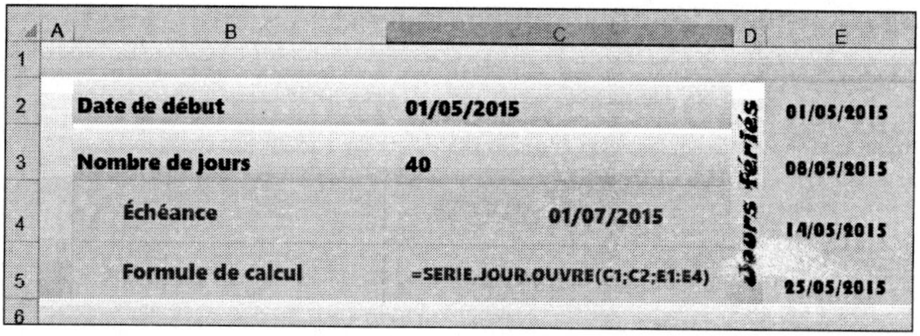

*Le format **Date** a été appliqué à la cellule C3 car, par défaut, Excel affiche le résultat sous forme de numéro de série.*

Si cette formule vous renvoie un message d'erreur, en voici sa signification :

#VALEUR! Un argument n'est pas une date valide.

#NOMBRE! La date de début plus le nombre de jours ne donne pas une date valide.

Calculer des jours fériés

Pour le calcul de certains jours fériés (dimanche de Pâques, Ascension...), des formules différentes (imbriquées ou non) sont nécessaires.

Voici, ci-après, les différents calculs à utiliser pour les jours fériés ; chacune de ces formules fait référence à l'année saisie dans la cellule B2, il suffit de modifier l'année pour mettre à jour les jours fériés.

	A	B	C
1			
2	**Année**	**2015**	
3			
4		Jours fériés	Formules
5	Premier de l'an	jeudi 01 janvier 2015	=DATE(B2;1;1)
6	Pâques	dimanche 05 avril 2015	=ARRONDI(DATE(B2;4;MOD(234-11*MOD(B2;19);30))/7;)*7-6
7	Lundi de Pâques	lundi 06 avril 2015	=B6+1
8	Fête du travail	vendredi 01 mai 2015	=DATE(B2;5;1)
9	Victoire 1945	vendredi 08 mai 2015	=DATE(B2;5;8)
10	Ascension	jeudi 14 mai 2015	=B6+39
11	Pentecôte	lundi 25 mai 2015	=B6+50
12	Fête nat.	mardi 14 juillet 2015	=DATE(B2;7;14)
13	Assomption	samedi 15 août 2015	=DATE(B2;8;15)
14	Toussaint	dimanche 01 novembre 2015	=DATE(B2;11;1)
15	Armistice	mercredi 11 novembre 2015	=DATE(B2;11;11)
16	Noël	vendredi 25 décembre 2015	=DATE(B2;12;25)

Additionner des mois et des années

- Pour additionner des mois, respectez la syntaxe suivante :
  =DATE(ANNEE(date_départ);MOIS(date_départ)+délai_mois; JOUR(date_départ))

  Par exemple, pour calculer un délai de 2 mois, utilisez cette formule :

  =DATE(ANNEE(AUJOURDHUI());MOIS(AUJOURDHUI())+2;JOUR(AUJOURDHUI()))
- Pour additionner des années, respectez la syntaxe suivante :
  =DATE(ANNEE(date_départ)+délai_annuel;MOIS(date_départ); JOUR(date_départ))

Effectuer des calculs sur des données de type heure

Après avoir abordé le principe de calcul sur les heures utilisé par Excel, nous vous proposons de découvrir des méthodes et formules spécifiques au traitement d'heures à travers quelques exemples.

Principe de calcul sur des heures

- Lorsque vous saisissez une heure dans une cellule, Excel l'enregistre sous forme de nombre décimal allant de 0 à 1 (1 non compris) pour chaque période de 24 heures.
- Pour que Excel puisse reconnaître l'information comme une heure et l'enregistrer sous la forme d'un nombre décimal, vous devez séparer les différentes parties de l'heure par le signe deux-points (:). Par exemple, 18h30 et 43 secondes doit être saisi suivant cette syntaxe **18:30:43**. Pour ne pas inclure les secondes, saisissez **18:30**.

Exemple d'heure saisie	Valeur enregistrée par Excel
00:00 (minuit)	0
11:59	0,499305555555556
12:00 (midi)	0,5
15:00 (15h)	0,625
18:00 (18h)	0,75

Ce concept d'heure permet d'appliquer des calculs arithmétiques aux heures.

Exemple : pour calculer la différence entre 18:00 (18 h) et 15:00 (15 h), Excel effectue ce calcul :

= ***0,75 - 0,625*** = ***0,125***

Excel met à votre disposition de nombreux formats d'heure prédéfinis.

Calculer la différence entre deux heures

- Pour effectuer ce calcul et représenter le résultat au format horaire standard, c'est-à-dire heures:minutes:secondes, vous pouvez utiliser la fonction **TEXTE** dont la syntaxe est **=TEXTE(valeur;format_texte)**.
  - L'argument **valeur** représente une valeur numérique ou une formule dont le résultat est une valeur numérique ou bien encore une référence à une cellule contenant une valeur numérique.

- L'argument **format_texte** représente un format de nombre sous forme de texte défini dans la zone **Catégorie** de la boîte de dialogue **Format de cellule** (onglet **Accueil** - groupe **Cellules** - outil **Format** - option **Format de cellule** - onglet **Nombre**).

Voici un exemple d'utilisation :

	A	B	C
1	**heure de début**	08:30:45	
2	**heure de fin**	15:15:00	
3			
4	**Description**	**Résultat**	**Formule**
5	nombre d'heures entre deux heures	6	=TEXTE(B2-B1;"h")
6	nombre d'heures et de minutes entre deux heures	6:44	=TEXTE(B2-B1;"h:mm")
7	nombre d'heures, de minutes et de secondes entre deux heures	6:44:15	=TEXTE(B2-B1;"h:mm:ss")
8			

Convertir des heures

Pour convertir des unités telles que les heures dans une autre unité de mesure, vous pouvez utiliser la fonction **CONVERT** dont la syntaxe est :

=CONVERT(nombre;"de_unité";"à_unité")

nombre Représente le nombre à convertir.

"de_unité" Correspond à l'unité du nombre à convertir (présenté entre guillemets).

"à_unité" Correspond à l'unité du résultat (présenté entre guillemets).

Cette fonction permet la conversion de multiples unités de mesure (poids, masse, distance, pression, force, énergie...).

Découvrons son utilisation dans le cadre d'une conversion d'unités de mesure du temps ; selon l'unité à convertir et celle souhaitée, utilisez ces arguments :

Année	**"yr"**
Jour	**"day"**
Heure	**"hr"**
Minute	**"mn"**
Seconde	**"sec"**

*Exemple, pour convertir **10 ans** en heures, utilisez cette formule :*

=CONVERT(10;"yr";"hr")

Résultat = 87 660 (heures)

Utiliser une fonction Recherche

La fonction RECHERCHEV permet de chercher une valeur dans la première colonne d'un tableau (V = Verticale) puis de renvoyer la valeur contenue dans la cellule située sur la même ligne et dans la colonne spécifiée.

- Créez un tableau permettant de regrouper les données que vous allez devoir récupérer par la suite lors de la recherche puis triez le tableau par ordre croissant, sur les données de la première colonne du tableau.

  Nommez cette plage de cellules si vous ne souhaitez pas la sélectionner lors de la création de la formule de calcul.

- Cliquez dans la cellule où doit être affichée la donnée recherchée du tableau.
- Créez votre formule de calcul en respectant la syntaxe suivante :

  =RECHERCHEV(valeur_cherchée;table_matrice;no_index_col;valeur_proche)

valeur_cherchée	Est la valeur que la fonction cherche dans la colonne correspondant à no_index_col.
table_matrice	Est le tableau à partir duquel les données vont être récupérées. Cet argument peut être les références d'une plage de cellules ou le nom d'une plage de cellules.
no_index_col	Est le numéro de la colonne du tableau (Table_matrice) qui contient la valeur recherchée. La première colonne du tableau est la colonne 1.
valeur_proche	Est une valeur logique qui permet d'effectuer une recherche exacte ou voisine de celle recherchée. Si la valeur_proche est VRAI ou omise, une donnée égale ou immédiatement inférieure à la valeur cherchée est affichée. Si la valeur_proche est FAUX, seule la valeur recherchée s'affiche.

	A	B	C	D	E	F	G	H	I
1	LOCATION DE PEDALOS						Prix à la journée		
2	Code	Désignation	Prix journée	Nbre journées	TOTAL		P1	Pédalo à mouches	34 €
3							P2	Pédalo à raquettes	33 €
4	P3	Pédalo à roulettes	12,00 €	4 jours	48,00 €		P3	Pédalo à roulettes	12 €
5	P3	=RECHERCHEV(A4;$G$2:$I$7;2)	=RECHERCHEV(A4;$G$2:$I$7;3)	4 jours	=C4*D4		P4	Pédalo Famille nombreuse	42 €
6							P5	Pédalo Tandem	28 €
7							P6	Pédalo tout terrain	36 €

Sur cet exemple, la fonction RECHERCHEV cherche la référence exacte du produit (contenue en cellule A4) dans le tableau des codes produits (G2 à I7) et y trouve la désignation dans sa deuxième colonne et son prix dans la troisième colonne.

- Validez la formule par la touche ↵.

La plage de cellules G2:I7 est en référence absolue dans la formule (présence des symboles $) afin qu'elle reste toujours la même quand les formules seront recopiées sur les autres cellules du tableau. Pour faciliter la lecture de la formule (et conserver ses références absolues), vous pouvez nommer cette plage de cellules et faire référence au nom de cette plage de cellules. Cette technique s'avère intéressante si la table matrice se trouve sur une autre feuille par exemple ou dans un autre classeur.

D'une manière similaire, la fonction RECHERCHEH effectue une recherche horizontale (dans la première ligne d'un tableau) et renvoie la valeur contenue dans la cellule située dans la même colonne et dans la ligne spécifiée.

Consolider des données

Cette fonctionnalité permet de combiner (pour les cumuler, par exemple) des valeurs de plusieurs plages de données placées sur différentes feuilles de calcul.

- Avant de lancer la consolidation, vérifiez les points suivants :
  - Chaque plage de données source doit être placée dans une feuille de calcul distincte ; aucune des plages source ne doit être placée dans la feuille de calcul sur laquelle vous allez placer la consolidation.
  - Assurez-vous que les tableaux à consolider aient la même structure (même nombre de lignes et de colonnes, même type de données dans les cellules) et qu'ils soient positionnés dans les mêmes cellules sur les différentes feuilles.
  - Nommez, si vous le souhaitez, chaque plage de données source (cf. Zones nommées - Nommer des plages de cellules).
- Activez la cellule où vous souhaitez voir placer la première cellule du tableau consolidé.
- Activez l'onglet **Données** et cliquez sur l'outil **Consolider** du groupe **Outils de données.**
- Choisissez la **Fonction** de synthèse à utiliser pour consolider les données ; pour cumuler les données des différents tableaux, choisissez **Somme**.
- Si les données à consolider se situent dans un autre classeur, cliquez sur le bouton **Parcourir**, localisez le classeur concerné, sélectionnez-le puis cliquez sur **OK**.

- Si les données à consolider se situent dans le classeur actif, pour chaque plage de données à consolider :
  - cliquez sur le bouton pour réduire la boîte de dialogue,
  - accédez à la feuille de calcul puis sélectionnez les cellules concernées ou saisissez le nom de la zone des données source,
  - cliquez sur le bouton pour afficher à nouveau la boîte de dialogue,
  - cliquez sur le bouton **Ajouter**.

  *Cette consolidation va calculer la somme des cellules **D3 à J23** des feuilles **Semaine 1**, **Semaine 2**, **Semaine 3** et **Semaine 4**.*

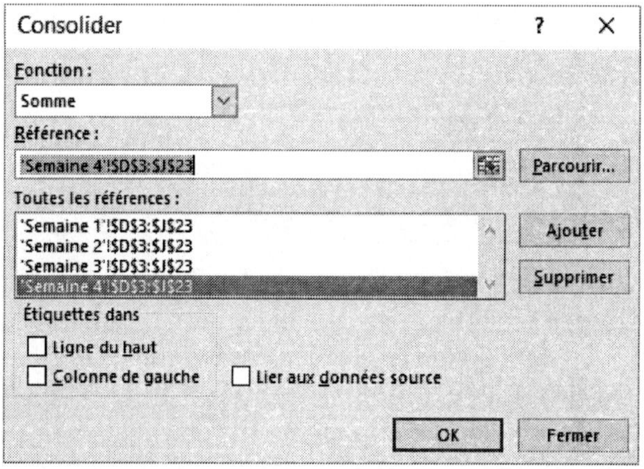

- Cochez l'option **Lier aux données source** si vous souhaitez créer un lien permanent entre les données source et le tableau consolidé. Dans ce cas, celui-ci sera mis à jour automatiquement à chaque modification d'une des données source.

  Notez que dans ce cas, vous ne pouvez plus modifier les cellules ni les plages incluses dans la consolidation.

- Cochez ou non les options du cadre **Étiquettes dans** si les données copiées contiennent ou pas des libellés de lignes et/ou de colonnes.
- Cliquez sur le bouton **OK** pour valider.

  Le résultat de la consolidation apparaît aussitôt.

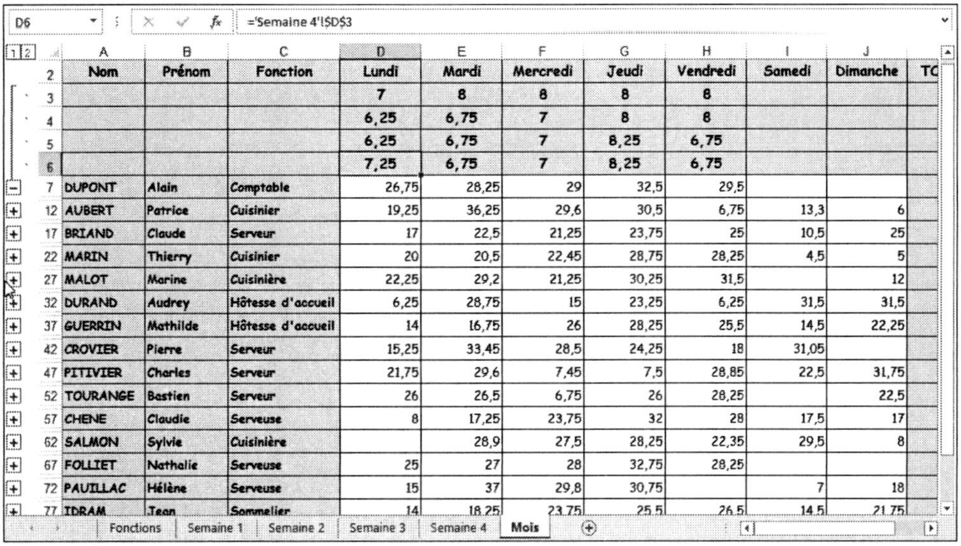

	A	B	C	D	E	F	G	H	I	J	
2	Nom	Prénom	Fonction	Lundi	Mardi	Mercredi	Jeudi	Vendredi	Samedi	Dimanche	TC
3				7	8	8	8	8			
4				6,25	6,75	7	8	8			
5				6,25	6,75	7	8,25	6,75			
6				7,25	6,75	7	8,25	6,75			
7	DUPONT	Alain	Comptable	26,75	28,25	29	32,5	29,5			
12	AUBERT	Patrice	Cuisinier	19,25	36,25	29,6	30,5	6,75	13,3	6	
17	BRIAND	Claude	Serveur	17	22,5	21,25	23,75	25	10,5	25	
22	MARIN	Thierry	Cuisinier	20	20,5	22,45	28,75	28,25	4,5	5	
27	MALOT	Marine	Cuisinière	22,25	29,2	21,25	30,25	31,5		12	
32	DURAND	Audrey	Hôtesse d'accueil	6,25	28,75	15	23,25	6,25	31,5	31,5	
37	GUERRIN	Mathilde	Hôtesse d'accueil	14	16,75	26	28,25	25,5	14,5	22,25	
42	CROVIER	Pierre	Serveur	15,25	33,45	28,5	24,25	18	31,05		
47	PITIVIER	Charles	Serveur	21,75	29,6	7,45	7,5	28,85	22,5	31,75	
52	TOURANGE	Bastien	Serveur	26	26,5	6,75	26	28,25		22,5	
57	CHENE	Claudie	Serveuse	8	17,25	23,75	32	28	17,5	17	
62	SALMON	Sylvie	Cuisinière		28,9	27,5	28,25	22,35	29,5	8	
67	FOLLIET	Nathalie	Serveuse	25	27	28	32,75	28,25			
72	PAUILLAC	Hélène	Serveuse	15	37	29,8	30,75		7	18	
77	IDRAM	Jean	Sommelier	14	18,25	23,75	25,5	26,5	14,5	21,75	

Quand un lien a été demandé, Excel génère le plan du tableau de consolidation ; les références de la feuille de calcul et du classeur source sont reprises dans les formules du tableau ainsi consolidé.

Générer une table à double entrée

Pour illustrer l'utilisation d'une table à double entrée, nous souhaitons connaître les différentes valeurs de remboursement pour un capital emprunté fixe de 15 000 €, un nombre variable de mensualités et des taux d'intérêt variables.

- Saisissez les éléments initiaux du calcul à réaliser (taux d'intérêt, la durée de l'emprunt, le montant de l'emprunt, pour notre exemple).
- Saisissez les en-têtes et les lignes de la table, lesquels correspondent aux paramètres variables.

  Attention, la table ainsi préparée ne doit pas être accolée aux éléments initiaux et la première donnée variable en ligne doit être située une ligne plus haut et une colonne plus à droite que la première donnée variable en colonne.
- À l'intersection de cette ligne et de cette colonne, saisissez la formule de calcul puis validez.

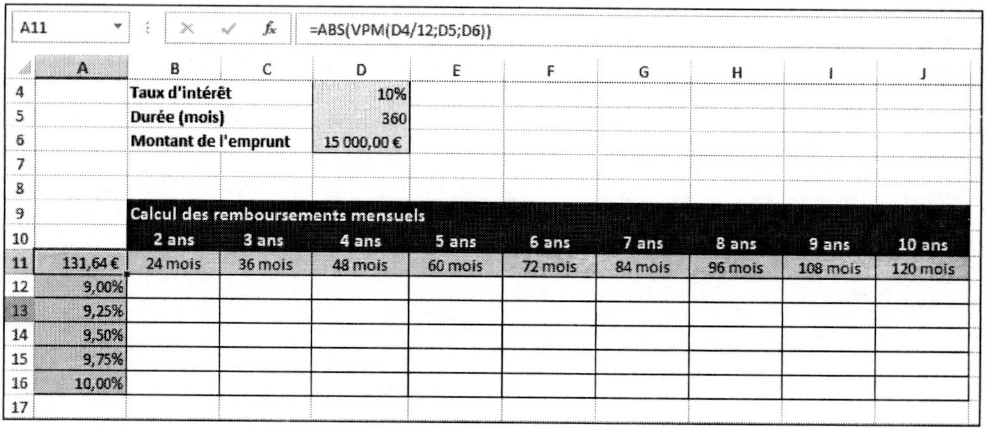

Pour cet exemple, en A1 nous avons utilisé la fonction VPM pour calculer les mensualités de remboursement d'un emprunt sur la base de mensualités et d'un taux d'intérêt constants. Et nous avons utilisé la fonction ABS pour effectuer ce calcul en valeur absolue.

- Sélectionnez la plage de cellules comprenant la formule de calcul jusqu'à la dernière cellule de la table.
- Activez l'onglet **Données**, cliquez sur le bouton **Analyse scénarios** du groupe **Prévision**.
- Activez l'option **Table de données.**
- Dans la zone **Cellule d'entrée en ligne**, indiquez la référence de la cellule utilisée dans la formule qui correspond aux données variables situées sur la première ligne de la table.

  Dans notre exemple, la première ligne correspond à des durées, nous allons donc utiliser la cellule D5.
- Indiquez selon le même principe la **Cellule d'entrée en colonne.**

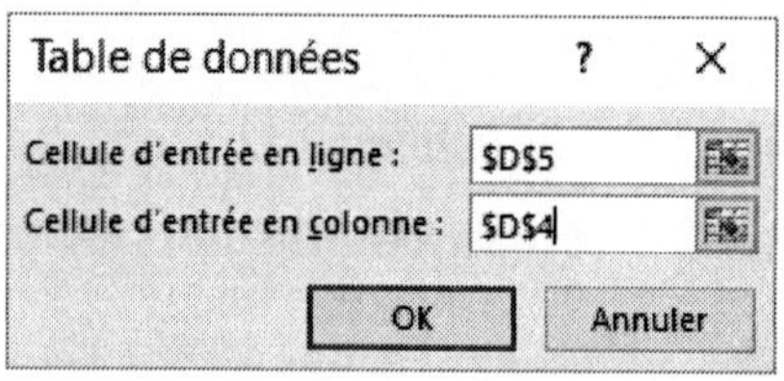

Cliquez sur le bouton **OK**.

Le tableau des remboursements est intégralement calculé par Excel.

	A	B	C	D	E	F	G	H	I	J
4		Taux d'intérêt		10%						
5		Durée (mois)		360						
6		Montant de l'emprunt		15 000,00 €						
7										
8										
9		Calcul des remboursements mensuels								
10		2 ans	3 ans	4 ans	5 ans	6 ans	7 ans	8 ans	9 ans	10 ans
11	131,64 €	24 mois	36 mois	48 mois	60 mois	72 mois	84 mois	96 mois	108 mois	120 mois
12	9,00%	685,27 €	477,00 €	373,28 €	311,38 €	270,38 €	241,34 €	219,75 €	203,14 €	190,01 €
13	9,25%	686,99 €	478,74 €	375,06 €	313,20 €	272,25 €	243,24 €	221,70 €	205,14 €	192,05 €
14	9,50%	688,72 €	480,49 €	376,85 €	315,03 €	274,12 €	245,16 €	223,66 €	207,14 €	194,10 €
15	9,75%	690,44 €	482,25 €	378,64 €	316,86 €	276,00 €	247,08 €	225,63 €	209,15 €	196,16 €
16	10,00%	692,17 €	484,01 €	380,44 €	318,71 €	277,89 €	249,02 €	227,61 €	211,18 €	198,23 €

Sur cet exemple, pour effectuer des calculs à partir des cellules B11 à I11 malgré le texte « mois », le format personnalisé 0 « mois » a été appliqué à ces cellules.

Utiliser une formule matricielle

Cette formule a la particularité de pouvoir effectuer plusieurs calculs et de renvoyer des résultats simples ou multiples. Une formule matricielle ne peut intervenir que sur deux (ou plus) ensembles de valeurs appelés communément arguments matriciels. Ces derniers doivent avoir le même nombre de lignes et de colonnes.

Procédez comme pour un calcul ordinaire mais, au lieu de travailler par cellule, travaillez par plage de cellules et, au lieu de valider par [Entrée] ou [Ctrl][Entrée], validez par la combinaison de touches [Ctrl][Maj][Entrée].

Voyons à travers trois exemples différents, l'utilisation d'une formule matricielle.

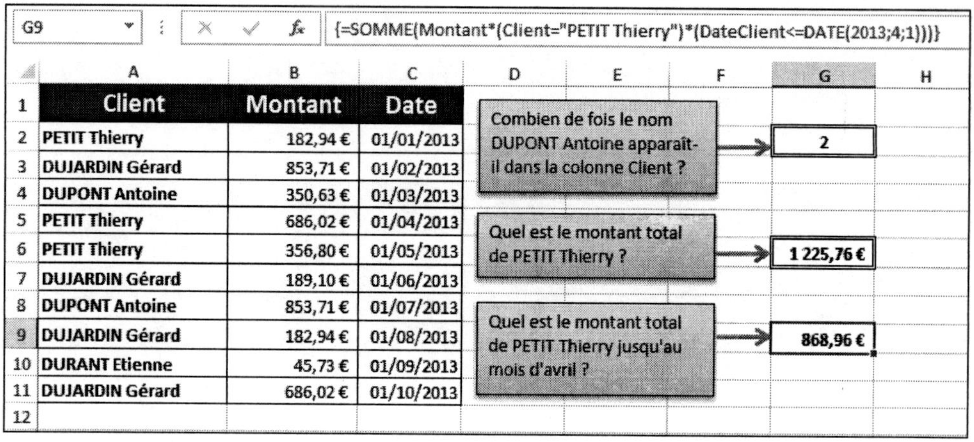

	A	B	C
1	Client	Montant	Date
2	PETIT Thierry	182,94 €	01/01/2013
3	DUJARDIN Gérard	853,71 €	01/02/2013
4	DUPONT Antoine	350,63 €	01/03/2013
5	PETIT Thierry	686,02 €	01/04/2013
6	PETIT Thierry	356,80 €	01/05/2013
7	DUJARDIN Gérard	189,10 €	01/06/2013
8	DUPONT Antoine	853,71 €	01/07/2013
9	DUJARDIN Gérard	182,94 €	01/08/2013
10	DURANT Etienne	45,73 €	01/09/2013
11	DUJARDIN Gérard	686,02 €	01/10/2013
12			

Pour simplifier la lecture des formules, nous avons nommé les zones : ***Client*** *(A2:A11),* ***Montant*** *(B2:B11) ;* ***DateClient*** *(C2:C11).*

Les formules matricielles ont été saisies en G2, G6 et G9 :

G2 {=SOMME(SI(Client="DUPONT Antoine";1;0))}
Par cette formule, nous recherchons dans la plage de cellules **Client**, l'occurrence **"DUPONT Antoine"** ; dans le cas où la condition est vérifiée, Excel ajoute **1**, sinon Excel ajoute **0**.
Le même résultat pourrait être obtenu à l'aide de la fonction SOMME.SI.

G6 {=SOMME(Montant*(Client="PETIT Thierry"))}
Par cette formule, nous demandons à calculer la somme des montants correspondant au client PETIT Thierry : **SOMME(Montant** tel que : ***(**le client s'appelle PETIT Thierry : **Client="PETIT Thierry"**.

G9 {=SOMME(Montant*(Client="PETIT Thierry")*(DateClient<=DATE(2013;4;1)))}
Par cette formule, nous demandons à calculer la somme des montants correspondant au client PETIT Thierry et datés avant le 1/4/2013 inclus : **SOMME(Montant** tel que :***(** le client s'appelle PETIT Thierry : **Client= "PETIT Thierry** et tel que ***(** la date est inférieure ou égale au 1/4/2013 : **DateClient<=DATE(2013;4;1)**.

Une formule matricielle se reconnaît aux accolades qui entourent la formule.

Atteindre une valeur cible

Cette technique vous permet de résoudre le problème suivant : quelle valeur doit contenir une cellule pour que tel résultat atteigne telle valeur cible.

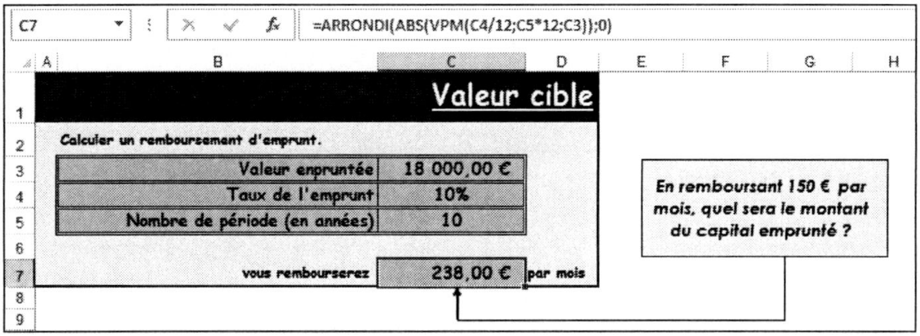

- Activez la cellule qui doit atteindre une valeur précise et vérifiez qu'elle contient bien une formule de calcul. Si possible, visualisez en même temps la cellule à modifier.
- Activez l'onglet **Données** et cliquez sur le bouton **Analyse scénarios** du groupe **Prévision.**
- Cliquez sur l'option **Valeur cible**.
- Vérifiez que le champ **Cellule à définir** fait bien référence à la cellule (ou au nom de la cellule) qui contient la formule pour laquelle vous souhaitez trouver une solution.
- Précisez la **Valeur à atteindre**.
- Choisissez dans la zone **Cellule à modifier**, la référence de cellule (ou le nom de la cellule) que vous souhaitez ajuster pour atteindre la valeur cible.

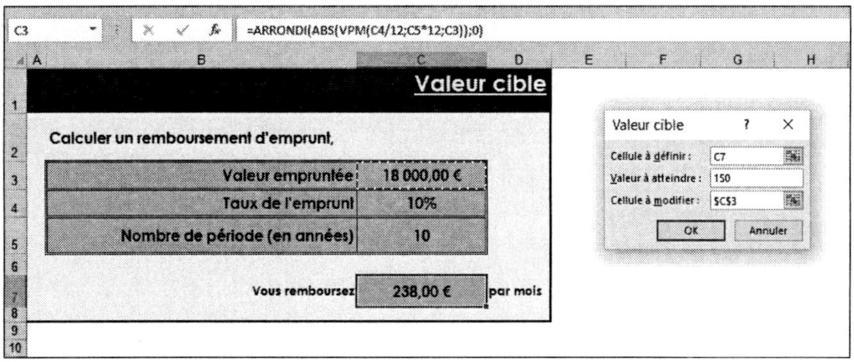

En remboursant 150 € par mois, quel pourra être le montant du capital emprunté ?

- Cliquez sur le bouton **OK** pour lancer la recherche.

Dès qu'Excel a trouvé une solution, il s'arrête et affiche le résultat dans la feuille de calcul.

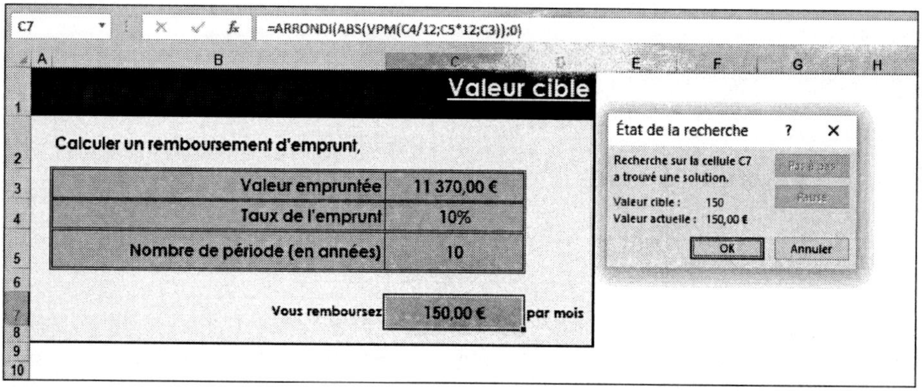

- Si le résultat proposé vous convient, cliquez sur le bouton **OK** pour le conserver dans la feuille. Si vous souhaitez retrouver les valeurs d'origine, cliquez sur **Annuler**.

Réaliser des scénarios

Un scénario vous permet de résoudre un problème en considérant plusieurs hypothèses, il s'agit donc d'un outil d'analyse de simulation. Prenons l'exemple d'un tableau d'emprunt :

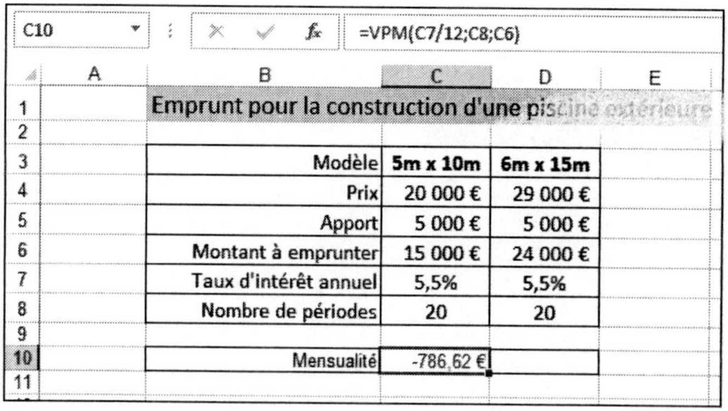

Scénario et valeur cible

Nous cherchons à évaluer le montant du remboursement mensuel en fonction des trois variables Montant à emprunter, Taux d'intérêt et Nombre de périodes contenues dans les cellules C6, C7 et C8.

Créer des scénarios

- Activez l'onglet **Données** et cliquez sur le bouton **Analyse scénarios** du groupe **Prévision.**
- Activez l'option **Gestionnaire de scénarios.**
- Dans la boîte de dialogue **Gestionnaire de scénarios**, cliquez sur le bouton **Ajouter** puis saisissez le **Nom du scénario** à créer.
- Dans la zone **Cellules variables**, précisez les cellules contenant les données à faire varier.

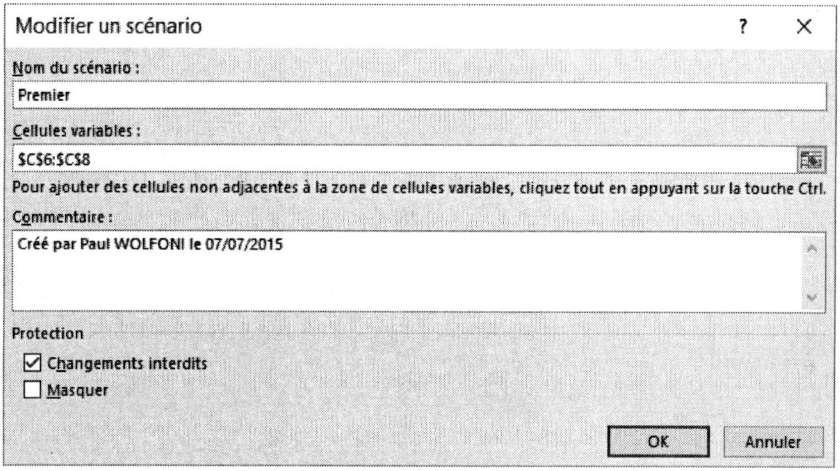

- Cliquez sur le bouton **OK** puis saisissez la valeur de chaque cellule variable et validez.

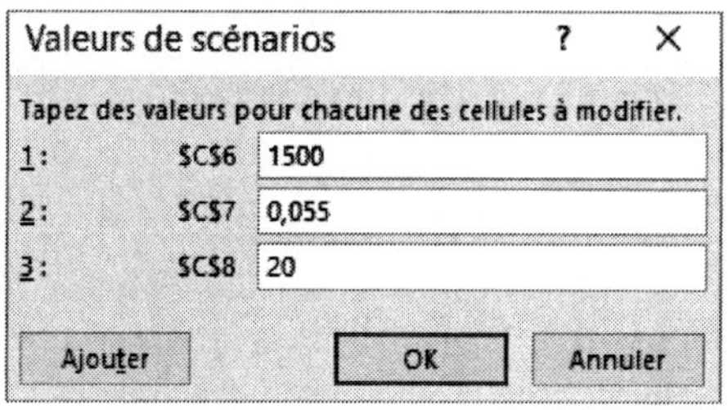

- Créez de la même façon les autres scénarios.

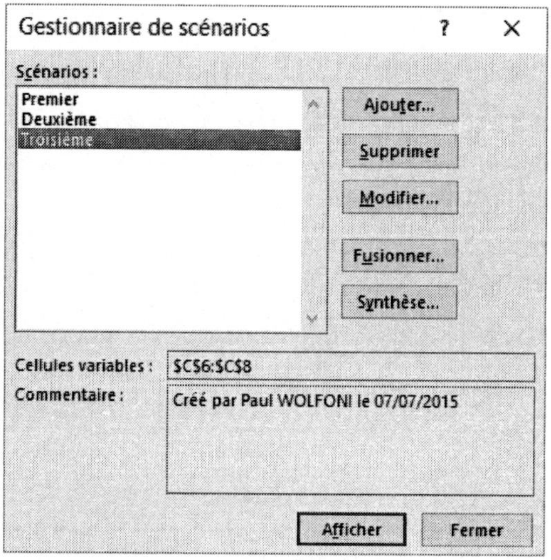

- Cliquez sur le bouton **Fermer**.

Lancer l'exécution des scénarios

- Activez l'onglet **Données** et cliquez sur le bouton **Analyse scénarios** du groupe **Prévision**.
- Activez l'option **Gestionnaire de scénarios**.
- Si seul un scénario doit être lancé, sélectionnez-le puis cliquez sur le bouton **Afficher**. Dans ce cas, le résultat est affiché dans la feuille de calcul.
- Si tous les scénarios doivent être exécutés, cliquez sur le bouton **Synthèse**. Au besoin, sélectionnez les cellules dont vous souhaitez afficher la valeur pour chaque scénario dans la feuille de synthèse.

  Si vous avez cliqué sur le bouton ***Synthèse****, Excel vous propose deux types de rapport.*

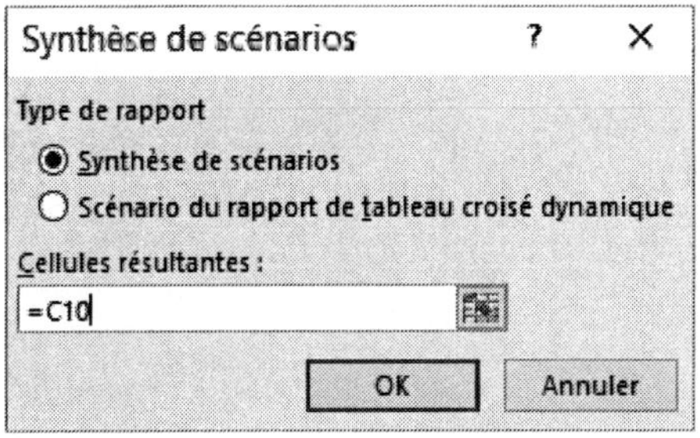

⏎ Activez le **Type de rapport** souhaité et cliquez sur le bouton **OK**.

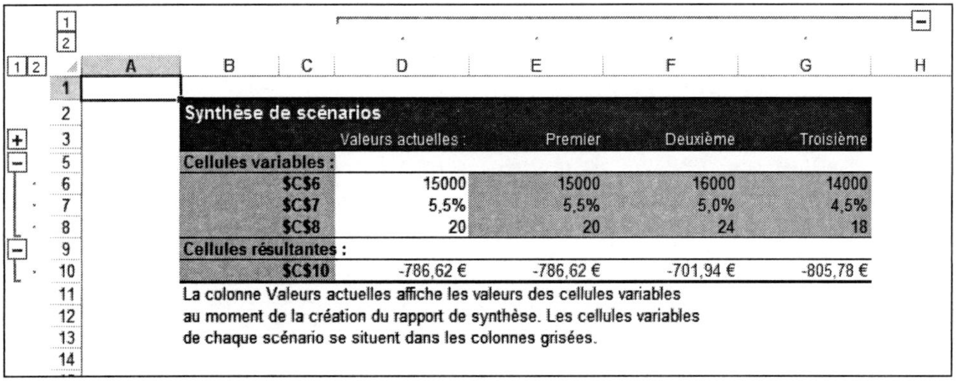

La synthèse est proposée sous forme de plan dans une nouvelle feuille de calcul. Nous obtenons ainsi les valeurs des différentes mensualités selon les valeurs des trois variables définies.

Afficher les formules à la place des résultats

- Activez l'onglet **Formules** et cliquez sur l'outil **Afficher les formules** du groupe **Vérification des formules** ou utilisez le raccourci-clavier Ctrl ".
- Pour masquer les formules et afficher à nouveau les résultats, cliquez sur l'outil ou utilisez le même raccourci-clavier.

Localiser et résoudre les erreurs dans une formule

Excel peut vérifier un certain nombre d'erreurs commises dans des formules comme l'apparition d'une valeur d'erreur (ex. "#NOM?", "#VALEUR!"...), d'un nombre stocké sous forme de texte, etc. Lorsqu'un problème est trouvé, un triangle s'affiche dans le coin supérieur gauche de la cellule contenant la formule.

Afficher les erreurs

Lorsque, dans une cellule, le résultat d'une formule affiche une valeur d'erreur comme #NOM?, #N/A, #DIV0! ..., il est possible de retrouver toutes les cellules qui interviennent dans cette formule.

- Activez la cellule contenant l'erreur.
- Activez l'onglet **Formules** et ouvrez la liste de l'outil **Vérification des erreurs** du groupe **Vérification des formules.**
- Cliquez sur l'option **Repérer une erreur.**

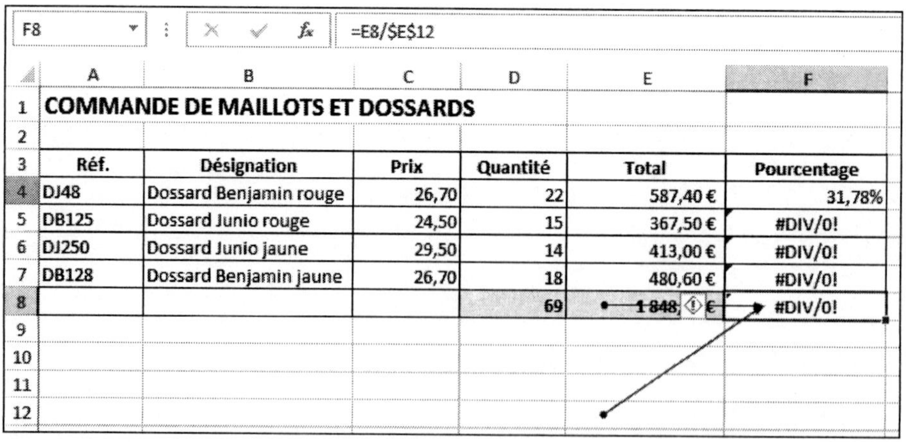

F8 =E8/$E$12

	A	B	C	D	E	F
1	COMMANDE DE MAILLOTS ET DOSSARDS					
2						
3	Réf.	Désignation	Prix	Quantité	Total	Pourcentage
4	DJ48	Dossard Benjamin rouge	26,70	22	587,40 €	31,78%
5	DB125	Dossard Junio rouge	24,50	15	367,50 €	#DIV/0!
6	DJ250	Dossard Junio jaune	29,50	14	413,00 €	#DIV/0!
7	DB128	Dossard Benjamin jaune	26,70	18	480,60 €	#DIV/0!
8				69	1 848, €	#DIV/0!
9						
10						
11						
12						

Des flèches d'audit apparaissent à l'écran. Les flèches rouges relient la cellule qui a produit l'erreur à celles qui y font référence, tandis que les flèches bleues désignent les antécédents de la cellule qui a entraîné l'erreur.

Pour effacer les flèches d'audit, cliquez sur l'outil **Supprimer les flèches** du groupe **Vérification des formules** de l'onglet **Fomules**.

Analyser l'erreur d'une formule

- Activez la cellule contenant l'erreur, repérable par le triangle de couleur (vert par défaut) dans le coin supérieur gauche de la cellule.
- Cliquez sur le bouton situé à gauche de la cellule active.

Une liste d'options apparaît, la première indique le type de l'erreur repérée par Excel.

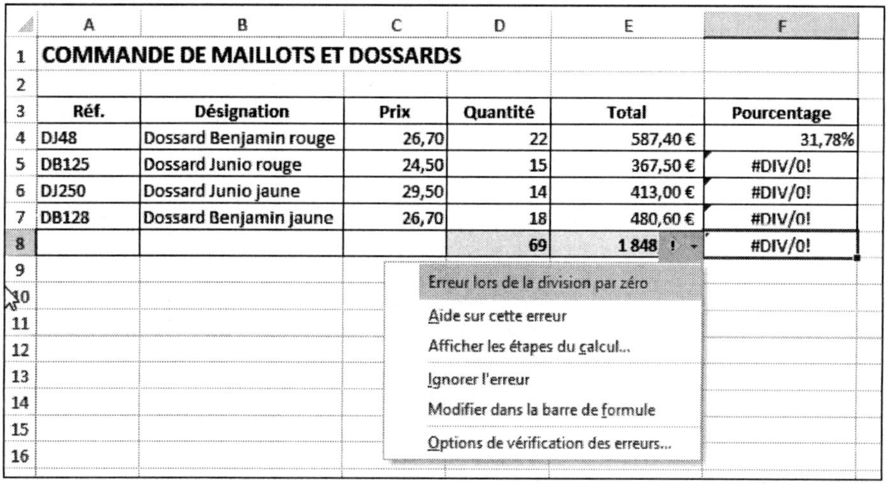

- Cliquez sur l'option de votre choix :

Ignorer l'erreur	Désactive le repère d'erreur : le triangle de couleur ainsi que le bouton disparaissent.
Modifier dans la barre de formule	Positionne le curseur dans la barre de formule afin que vous puissiez modifier cette formule.
Options de vérification des erreurs	Affiche la boîte de dialogue **Options Excel** permettant ainsi l'activation ou la désactivation des **Règles de vérification des erreurs** gérées par Excel.

Selon le type d'erreur, d'autres options peuvent être disponibles.

Si aucune des options ne vous intéresse, activez une autre cellule pour masquer ces options ou faites Echap.

Si aucun indicateur d'erreur (triangle de couleur et bouton) n'apparaît dans la cellule, cliquez sur l'onglet **Fichier** puis sur **Options** ; activez la catégorie **Formules** et activez l'option **Activer la vérification des erreurs en arrière-plan** dans la partie **Vérification des erreurs.** Cliquez sur **OK** pour valider.

Analyser les erreurs de toutes les formules

- Accédez à la boîte de dialogue **Options Excel** (onglet **Fichier - Options**) ; activez la catégorie **Formules** et modifiez, si besoin, la liste des erreurs qu'Excel doit repérer en activant ou désactivant les options dans la partie **Règles de vérification des erreurs.**
- Activez la feuille pour laquelle vous souhaitez vérifier les erreurs.
- Activez l'onglet **Formules** et cliquez sur l'outil **Vérification des erreurs** du groupe **Vérification des formules.**

*Excel sélectionne la première cellule contenant une erreur et affiche dans la boîte de dialogue **Vérifier les erreurs**, le détail de la formule ainsi que le détail de l'erreur.*

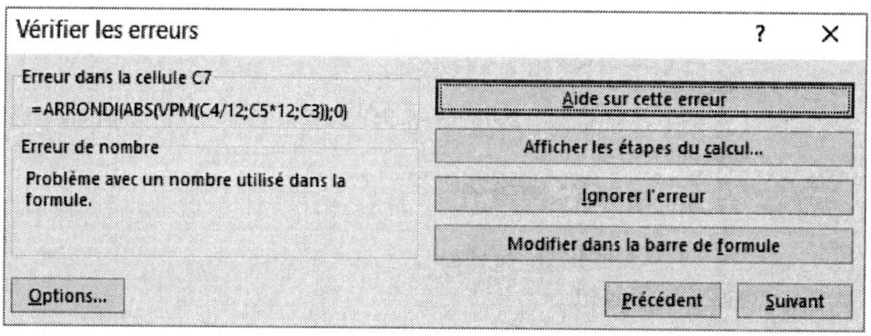

- Vous pouvez choisir d'obtenir de l'aide sur cette erreur, d'afficher les étapes du calcul, d'ignorer l'erreur ou de modifier dans la barre de formule en cliquant sur le bouton **Aide sur cette erreur**, **Afficher les étapes du calcul**, **Ignorer l'erreur**, **Modifier dans la barre de formule** selon le cas.

*Les boutons de la boîte de dialogue **Vérifier les erreurs** peuvent être différents en fonction du type d'erreur.*

- Selon votre choix, le bouton **Reprendre** peut apparaître dans la boîte de dialogue **Vérifier les erreurs** afin que vous puissiez continuer la vérification des cellules suivantes.
- Si vous désirez passer directement à l'erreur suivante ou précédente sans traiter l'erreur sélectionnée, cliquez sur les boutons **Précédent** ou **Suivant**.

Pour réactiver les repères d'erreur des cellules où vous avez choisi d'**Ignorer l'erreur**, cliquez sur le bouton **Rétablir les erreurs ignorées** (**Options Excel**, catégorie **Formules - Vérifier les erreurs**).

Évaluer des formules

Cette technique permet d'afficher le résultat des différentes parties d'une formule imbriquée.

- Sélectionnez la cellule à évaluer.
- Activez l'onglet **Fomules** et cliquez sur l'outil **Évaluer la formule** du groupe **Vérification des formules**.

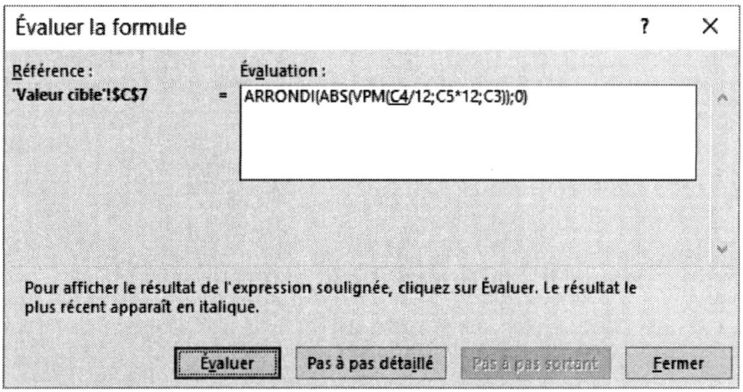

- Cliquez sur le bouton **Évaluer** pour afficher le résultat de l'expression soulignée de la zone **Évaluation**. Le résultat s'affiche alors en italique.
- Cliquez à nouveau sur le bouton **Évaluer** pour afficher le résultat de la partie suivante et ainsi de suite.
- Lorsque toute la formule a été évaluée, cliquez sur le bouton **Fermer** pour mettre fin à l'évaluation ou sur le bouton **Redémarrer** (qui a remplacé le bouton **Évaluer**) pour revoir l'évaluation.

Si la formule à évaluer contient une référence à une autre formule, le bouton **Pas à pas détaillé** permet d'afficher le détail de cette formule (lorsque celle-ci est soulignée) dans un nouveau cadre de la zone **Évaluation**. Le bouton **Pas à pas sortant** permet alors de revenir à la formule initiale.

Utiliser la fenêtre Espion

*La **Fenêtre Espion** permet d'observer le contenu des cellules ainsi que le détail des formules simultanément.*

- Sélectionnez les cellules que vous désirez observer.
- Activez l'onglet **Formules** et cliquez sur le bouton **Fenêtre Espion** du groupe **Vérification des formules**.

*Si la **Fenêtre Espion** s'affiche sur la feuille de calcul, vous pouvez ancrer cette fenêtre en effectuant un double clic sur sa barre de titre. Pour la libérer de nouveau, faites-la glisser à partir de sa barre de titre vers le centre de l'écran.*

- Pour observer des cellules, ajoutez-les à la **Fenêtre Espion** :
  - Sélectionnez la ou les cellules ; pour sélectionner toutes les cellules d'une feuille contenant des formules, activez l'onglet **Accueil** puis cliquez sur le bouton **Rechercher et sélectionner** du groupe **Édition**, cliquez sur l'option **Sélectionner les cellules** et activez l'option **Formules**.
  - Cliquez sur le bouton **Ajouter un espion** ; vérifiez la sélection dans la boîte de dialogue du même nom et cliquez sur le bouton **Ajouter**.

*Tant que la **Fenêtre Espion** reste affichée, vous pouvez à tout moment sélectionner une nouvelle cellule (ou plage de cellules) et l'ajouter à la liste des espions.*

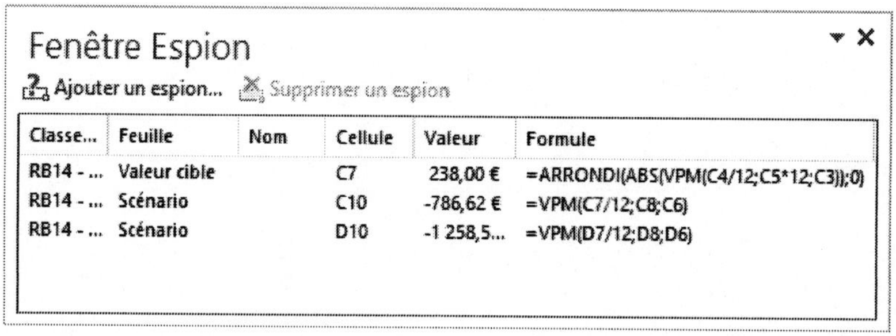

- Pour modifier la largeur des colonnes, effectuez un cliqué-glissé au niveau de l'intersection des intitulés de colonne.

- Pour atteindre rapidement une cellule correspondant à une ligne de la **Fenêtre Espion**, effectuez un double clic sur cette ligne.
- Lorsque vous n'avez plus besoin de la **Fenêtre Espion**, cliquez de nouveau sur le bouton **Fenêtre Espion** de l'onglet **Formules** pour la refermer ou cliquez sur le bouton x.

Effectuer le suivi des relations entre les formules et les cellules

Afficher les antécédents

Il s'agit de repérer, à l'aide des flèches d'audit, les cellules intervenant dans une formule.

- Sélectionnez la cellule contenant la formule.
- Activez l'onglet **Formules** et cliquez sur l'outil **Repérer les antécédents** du groupe **Vérification des formules.**

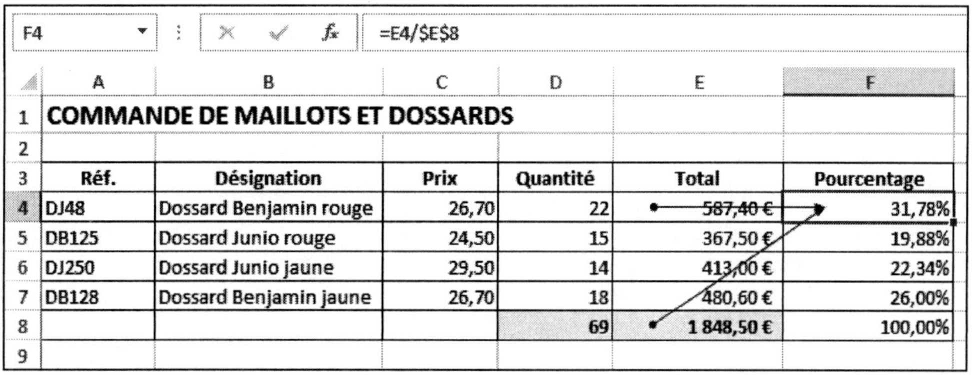
F4 =E4/$E$8

	A	B	C	D	E	F
1	COMMANDE DE MAILLOTS ET DOSSARDS					
2						
3	Réf.	Désignation	Prix	Quantité	Total	Pourcentage
4	DJ48	Dossard Benjamin rouge	26,70	22	587,40 €	31,78%
5	DB125	Dossard Junio rouge	24,50	15	367,50 €	19,88%
6	DJ250	Dossard Junio jaune	29,50	14	413,00 €	22,34%
7	DB128	Dossard Benjamin jaune	26,70	18	480,60 €	26,00%
8				69	1 848,50 €	100,00%
9						

Dans l'exemple ci-dessus, les flèches bleues repèrent les antécédents de la cellule F4 : les cellules E4 et E8 sont utilisées dans la formule de la cellule F4.

- Pour masquer les flèches des antécédents, ouvrez la liste de l'outil **Supprimer les flèches** et cliquez sur l'option **Supprimer les flèches des antécédents.**

Afficher les dépendants

Il s'agit de repérer, à l'aide des flèches d'audit, les cellules contenant une formule qui font référence à la cellule sélectionnée.

- Activez la cellule concernée.
- Activez l'onglet **Formules** et cliquez sur l'outil **Repérer les dépendants** du groupe **Vérification des formules.**

  La cellule E8 intervient dans la formule des cellules F4 à F8.

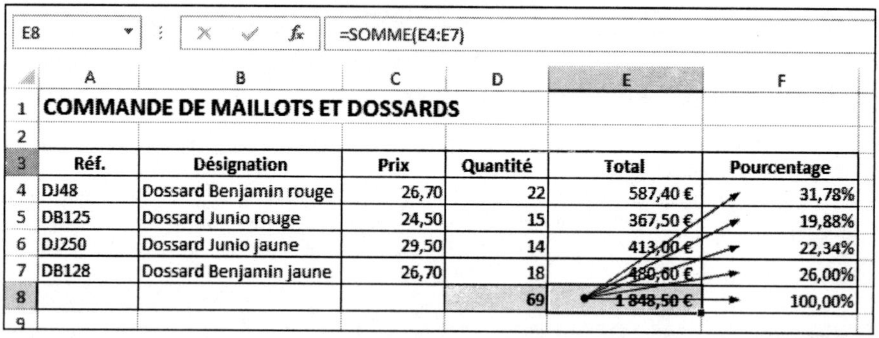
E8 =SOMME(E4:E7)

	A	B	C	D	E	F
1	**COMMANDE DE MAILLOTS ET DOSSARDS**					
2						
3	**Réf.**	**Désignation**	**Prix**	**Quantité**	**Total**	**Pourcentage**
4	DJ48	Dossard Benjamin rouge	26,70	22	587,40 €	31,78%
5	DB125	Dossard Junio rouge	24,50	15	367,50 €	19,88%
6	DJ250	Dossard Junio jaune	29,50	14	413,00 €	22,34%
7	DB128	Dossard Benjamin jaune	26,70	18	480,60 €	26,00%
8				69	1 848,50 €	100,00%
9						

- Pour masquer les flèches des dépendants, ouvrez la liste de l'outil **Supprimer les flèches** puis cliquez sur l'option **Supprimer les flèches des dépendants.**

Pour effacer toutes les flèches d'audit, cliquez sur l'outil **Supprimer les flèches** de l'onglet **Formules** du groupe **Vérification des formules.**

Découvrir et activer le complément Solveur

Le Solveur Excel est un outil d'analyse de simulation ; il permet de trouver la valeur optimale ou minimale d'une cellule objectif, et ce, en fonction de conditions (cellules de contraintes) que vous aurez appliquées aux valeurs d'autres cellules de la formule (cellules variables ou variables de décision).

Dans le but de résoudre un problème, vous devrez définir les paramètres suivants :

- *L'**Objectif à atteindre** représente la cellule dont la valeur doit être optimisée ou atteindre une certaine valeur. Elle contient généralement une formule et sa valeur dépend d'une ou plusieurs cellules variables (la définition de cette cellule n'est cependant pas obligatoire).*
- *Les **cellules à modifier** (ou variables de décision) représentent les cellules dont la valeur peut être modifiée par le solveur jusqu'à ce que les contraintes du problème soient satisfaites et que la « cellule à définir » atteigne l'objectif défini.*
- *Les **cellules contraintes** représentent une ou plusieurs cellules dont les valeurs doivent atteindre un niveau donné ou bien rester dans certaines limites. En principe, elles doivent contenir des formules dépendant de ces cellules variables.*

Pour résoudre un problème, le Solveur fait intervenir plusieurs itérations pour lesquelles il utilise un ensemble de valeurs de cellules variables pour recalculer la feuille de calcul, et examine les contraintes associées ainsi que l'éventuelle valeur de la cellule à définir.

Le Solveur affiche alors la valeur de la cellule variable la plus proche de la solution recherchée. Vous pouvez ainsi créer un rapport de synthèse contenant les caractéristiques du problème, ses valeurs originelles et ses valeurs finales.

Par défaut le complément Solveur n'est pas disponible dans Excel, vous devez l'activer.

- Cliquez sur l'onglet **Fichier** puis sur **Options**.
- Dans la catégorie **Compléments**, ouvrez la liste **Gérer**, cliquez sur **Compléments Excel** puis sur le bouton **Atteindre**.

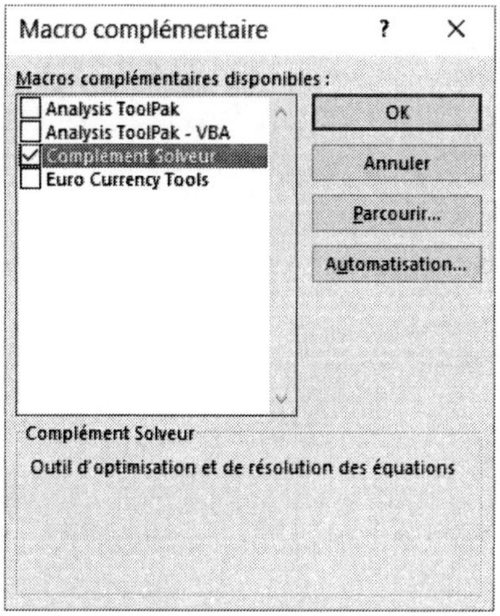

- Dans la liste **Macros complémentaires disponibles**, cochez l'option **Complément Solveur**.
- Cliquez sur le bouton **OK** pour valider.

Définir et résoudre un problème à l'aide du Solveur

Prenons l'exemple suivant : dans le cadre d'un projet d'emprunt bancaire, nous allons rechercher la proposition la plus avantageuse compatible avec nos capacités de remboursement en sachant que le taux est fixe et que le montant des remboursements est constant.

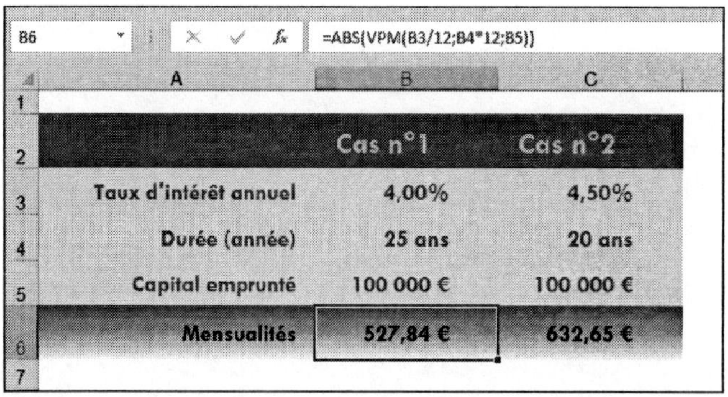

	Cas n°1	Cas n°2
Taux d'intérêt annuel	4,00%	4,50%
Durée (année)	25 ans	20 ans
Capital emprunté	100 000 €	100 000 €
Mensualités	527,84 €	632,65 €

Les mensualités ont été calculées avec les fonctions VPM et ABS.

Le problème posé est celui-ci : quelle serait la durée (nombre de mensualités) pour un remboursement d'environ 500 € par mois ?

- Activez l'onglet **Données** puis cliquez sur le bouton **Solveur** du groupe **Analyse.**

Si cette commande n'apparaît pas, vous devez l'activer (cf. Découvrir et activer le complément Solveur).

- Cliquez sur l'icône associée au champ **Objectif à définir**, cliquez sur la cellule objectif (qui doit obligatoirement contenir une formule), puis cliquez sur l'icône pour agrandir à nouveau la boîte de dialogue **Paramètres du solveur**.

*Vous pouvez aussi taper directement la référence ou le nom de la cellule objectif dans le champ **Objectif à définir**.*

- Ensuite activez l'option :
  - **Max** pour rechercher la valeur la plus élevée de l'objectif,
  - **Min** pour rechercher la plus petite valeur de l'objectif,
  - **Valeur** pour rechercher une valeur précise.

Pour notre exemple, nous recherchons une mensualité d'environ 500 €, nous demanderons donc à rechercher une valeur minimale.

- Cliquez sur l'icône associée au champ **Cellules variables**, puis cliquez sur chaque cellule variable de décision (200 maxi), séparez les cellules non contiguës par un point-virgule. Chacune de ces cellules doit être associée directement ou non à la cellule objectif. Cliquez ensuite sur l'icône pour agrandir la boîte de dialogue **Paramètres du solveur**.
- Renseignez chacune des **Contraintes** à appliquer en suivant cette procédure :
  - Cliquez sur le bouton **Ajouter** pour ouvrir la boîte de dialogue **Ajouter une contrainte.**
  - Cliquez sur l'icône associée au champ **Référence de cellule** puis cliquez sur la cellule (ou plage de cellules) que vous allez soumettre à une contrainte. Cliquez ensuite sur l'icône pour agrandir de nouveau la boîte de dialogue **Ajouter une contrainte.**

- À l'aide de la liste déroulante située entre la **Référence de cellule** et la **Contrainte**, définissez la relation (**<=**, **=**, **>=**, **ent**, **bin** ou **dif**) :
  - **bin** s'il s'agit d'une contrainte binaire (c'est-à-dire impliquant deux variables). Dans ce cas, le mot **binaire** s'affiche en **Contrainte**.
  - **ent** pour que le résultat obtenu dans la cellule référencée (cellule variable obligatoirement) soit un nombre entier. Ceci peut s'avérer pratique si, par exemple, vous cherchez à calculer un nombre d'actions (celles-ci ne peuvent pas être fragmentées). Dans ce cas, le mot **entier** s'affiche en **Contrainte**.
  - **dif** pour que le résultat obtenu dans la cellule référencée (cellule variable obligatoirement) soit différent. Dans ce cas, **TousDifférents** s'affiche dans le champ **Contrainte**.
  - **<=** (inférieur ou égal), **>=** (supérieur ou égal) ou **=** (égal) pour effectuer une comparaison par rapport à une valeur, une formule, une référence ou un nom de cellule ; saisissez alors cette donnée dans la zone **Contrainte**.

Dans cet exemple, nous recherchons un montant de remboursement inférieur ou égal à 500 €.

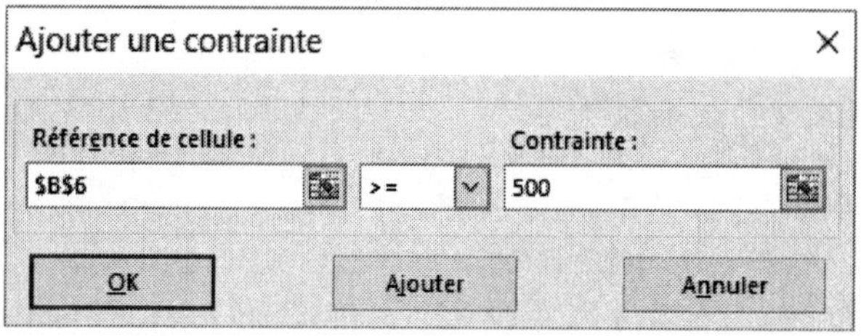

- Pour valider votre saisie et créer une nouvelle contrainte, cliquez sur le bouton **Ajouter**.
- Lorsque toutes les contraintes ont été définies, cliquez sur le bouton **OK** pour valider votre dernière saisie et revenir à la boîte de dialogue **Paramètres du solveur**.

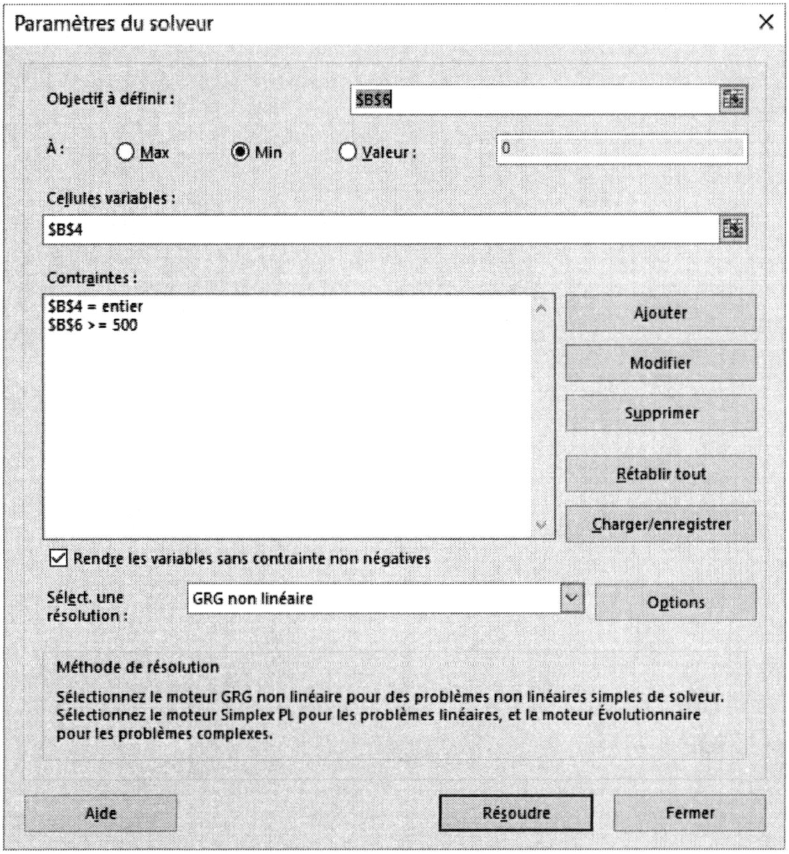

Dans notre exemple, dans la mesure où la banque ne prête pas sur des fractions d'années ni de mois, nous avons ajouté la contrainte supplémentaire par laquelle la durée (cellule $B$4) doit être un nombre entier.

- Selon le type de problème à résoudre (non linéaire simple, linéaire ou complexe), vous pouvez sélectionner dans la liste **Sélect. une résolution** une méthode de résolution différente (**GRG non linéaire**, **Simplex PL** ou **Évolutionnaire**).
- Cliquez sur le bouton **Résoudre** (le bouton **Fermer** permet de mémoriser les paramètres du Solveur sans lancer la résolution du problème).

*Selon le résultat obtenu, les options disponibles dans la fenêtre **Résultat du solveur** varient.*

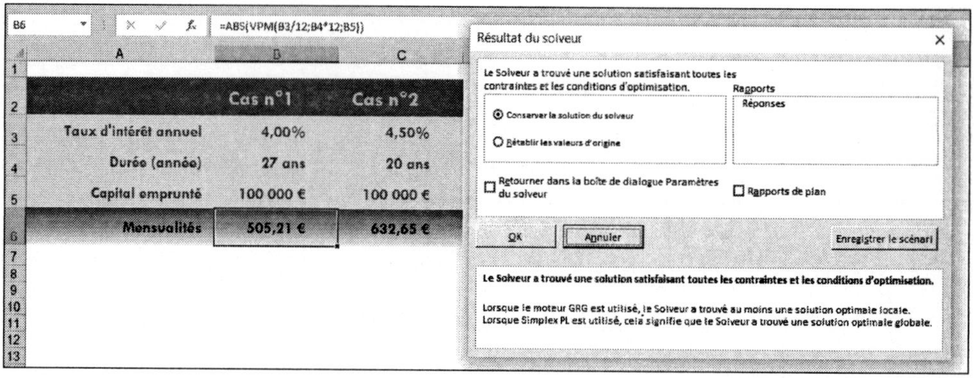

Un commentaire sur le résultat obtenu vous est proposé dans la partie inférieure de la fenêtre.

- Pour conserver la solution proposée ou au contraire revenir aux valeurs d'origine, activez l'option **Conserver la solution du solveur** ou **Rétablir les valeurs d'origine** selon le cas.

  Pour créer un rapport basé sur ce résultat, cliquez dans la zone **Rapports** sur le type de rapport souhaité afin de le sélectionner.

  *Après validation de la fenêtre **Résultat du solveur**, le rapport sera créé dans une nouvelle feuille de calcul.*

- Pour mémoriser les valeurs des cellules variables de décision comme scénario afin de pouvoir l'afficher ultérieurement, cliquez sur le bouton **Enregistrer le scénario** et saisissez le **Nom du scénario** souhaité.

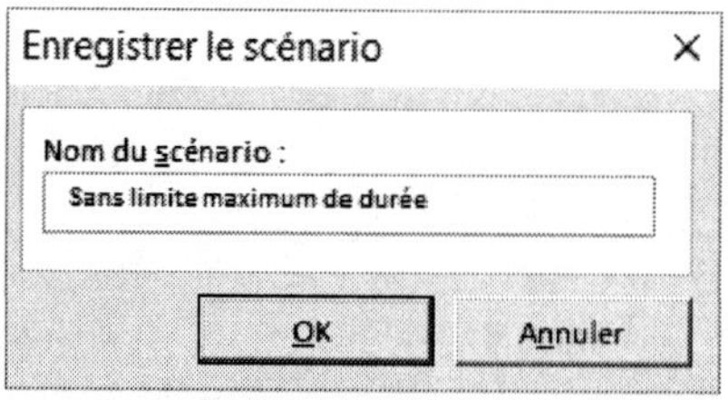

  Puis cliquez sur **OK**.

- Cliquez sur le bouton **OK** de la fenêtre **Résultat du solveur** pour tenir compte des modifications apportées.

*Si vous avez souhaité conserver un rapport du résultat, une nouvelle feuille de calcul nommée **Rapport de solution x** est intégrée au classeur.*

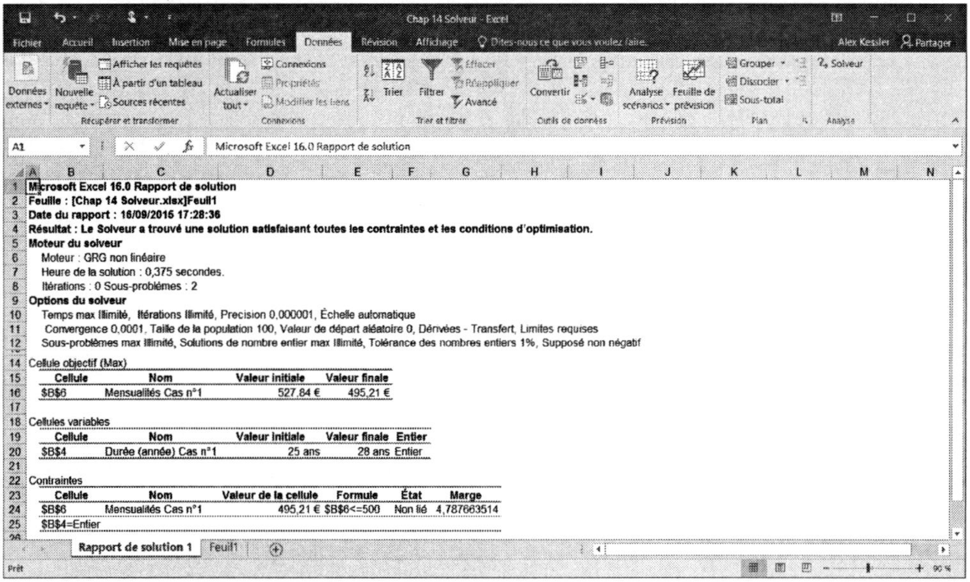

- Pour modifier une des contraintes, ouvrez de nouveau, la boîte de dialogue **Paramètres du solveur** (onglet **Données** - bouton **Solveur**), cliquez sur la contrainte concernée puis sur le bouton **Modifier**. Apportez les modifications souhaitées dans la boîte de dialogue **Modifier une contrainte** puis validez par **OK**.
- Pour supprimer une des **Contraintes**, cliquez sur la contrainte concernée puis sur le bouton **Supprimer**.

Afficher les solutions intermédiaires du Solveur

- Activez l'onglet **Données** puis cliquez sur le bouton **Solveur** du groupe **Analyse**.
- Définissez le problème à résoudre (cf. Définir et résoudre un problème à l'aide du Solveur).
- Cliquez sur le bouton **Options** de la fenêtre **Paramètres du solveur**.

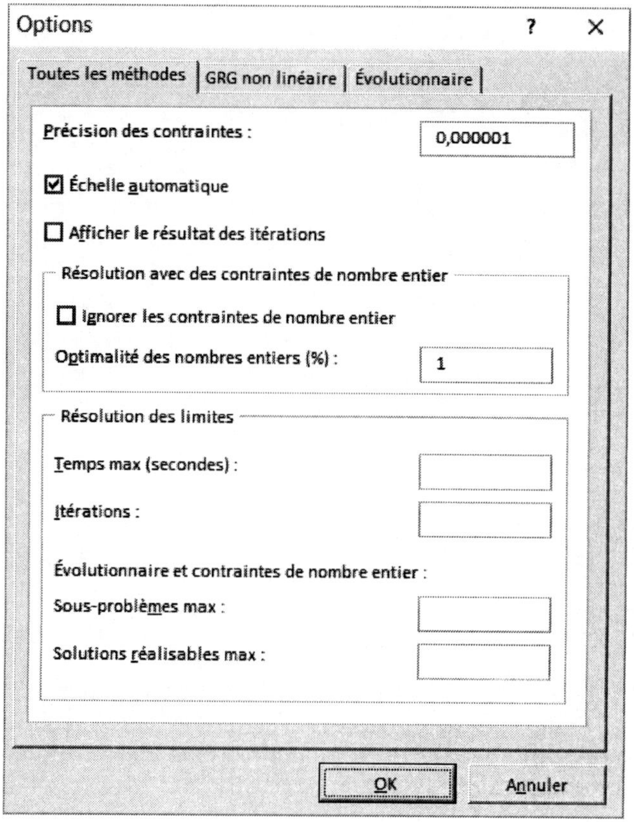

- Cochez l'option **Afficher le résultat des itérations** pour afficher les résultats de chaque solution intermédiaire.
- Cliquez sur **OK**.

Modifier la mise en valeur des caractères

- Sélectionnez les cellules ou les caractères concernés.
- Activez l'onglet **Accueil**.

Modifier la police ou la taille

- Ouvrez la liste **Police** du groupe **Police** ou la liste **Taille de police** de ce même groupe selon le cas.
- Faites glisser la souris, sans cliquer, sur la police ou la taille souhaitée.

  Vous visualisez l'effet produit immédiatement sur les cellules sélectionnées dans la feuille de calcul.

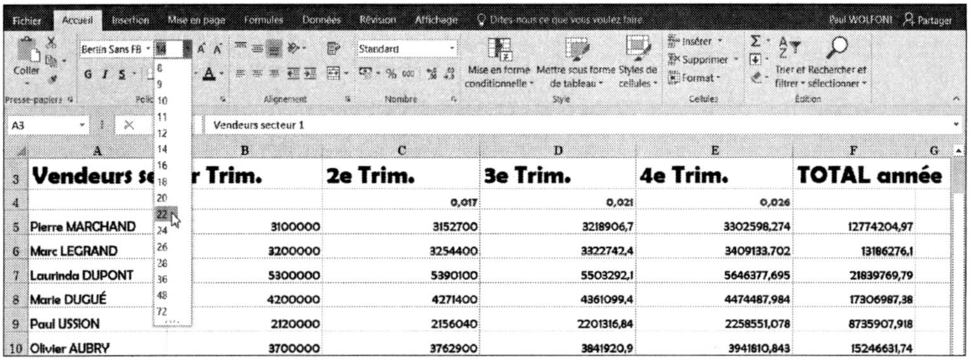

- Cliquez sur la police ou la taille souhaitée.

Vous pouvez aussi cliquer sur le Lanceur de boîte de dialogue du groupe **Police** pour ouvrir la boîte de dialogue **Format de cellule** (ou Ctrl ⇧ **F**) et faire vos choix dans l'onglet **Police.**

Pour augmenter ou diminuer la taille des caractères d'un point, cliquez sur l'outil **Augmenter la taille de police** A ou l'outil **Réduire la taille de police** A.

Pour définir la police et/ou la taille utilisée(s) par défaut dans tout nouveau classeur, cliquez sur l'onglet **Fichier** puis sur **Options.** Dans la catégorie **Général**, choisissez la police désirée dans la liste **Toujours utiliser cette police** et la taille des caractères voulue dans la liste **Taille de la police** de la partie **Lors de la création de classeurs** (cf. Classeurs - Créer un classeur basé sur un modèle).

Ajuster la taille des caractères

Cette fonction indique à Excel de réduire automatiquement la taille des caractères si le contenu de la cellule ne peut pas être entièrement affiché dans le sens de la largeur.

Sélectionnez les cellules concernées puis activez l'onglet **Accueil** et cliquez sur le Lanceur de boîte de dialogue du groupe **Alignement** ou faites Ctrl ⇧ **F.**

Cochez l'option **Ajuster** de la zone **Contrôle du texte** (onglet **Alignement**). Puis, cliquez sur le bouton **OK.**

Après réduction de la taille, les caractères retrouvent leur taille d'origine si vous augmentez la largeur de la colonne.

Appliquer l'attribut Gras, Souligné, Italique

Sélectionnez les cellules ou les caractères concernés.

Activez l'onglet **Accueil** et appliquez les mises en valeur souhaitées :

- attribut gras, cliquez sur l'outil **Gras** G ou faites Ctrl **G,**
- attribut italique, cliquez sur l'outil **Italique** *I* ou Ctrl **I,**
- attribut souligné simple, cliquez sur l'outil **Souligner** S ou faites Ctrl **U,**
- attribut double souligné, ouvrez la liste associée à l'outil **Souligner** S et activez l'option **Double souligné.**

Pour annuler une mise en valeur, exécutez une seconde fois l'une des manipulations précédentes sur la sélection voulue.

Plusieurs mises en valeur peuvent être appliquées à une même sélection.

Appliquer d'autres attributs

*Il s'agit d'appliquer la mise en valeur **Barré**, **Exposant** ou **Indice** ou encore de choisir d'autres styles de soulignement.*

- Sélectionnez les cellules ou les caractères concernés.
- Activez l'onglet **Accueil** et cliquez sur le lanceur de boîte de dialogue du groupe **Police** ou faites Ctrl ⇧ **F** puis activez, si besoin l'onglet **Police**.

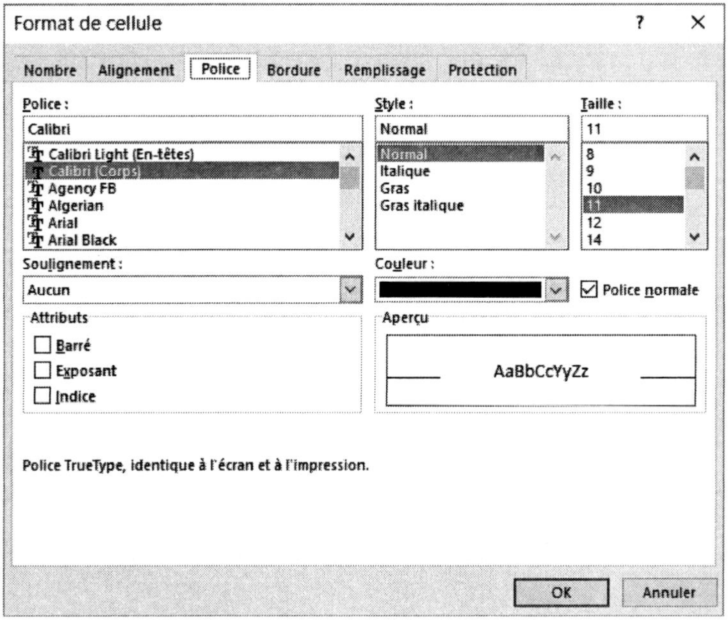

- Appliquez les mises en valeur souhaitées dans le cadre **Attributs** : **Barré**, **Exposant** et/ou **Indice**.

  *La liste **Soulignement** permet de choisir un autre type de soulignement.*

- Cliquez sur le bouton **OK**.

Changer la couleur

- Sélectionnez les cellules ou les caractères concernés.
- Dans l'onglet **Accueil**, ouvrez la liste associée à l'outil **Couleur de police** du groupe **Police** puis cliquez sur la couleur attendue.

Vous pouvez aussi sélectionner la couleur dans la boîte de dialogue **Format de cellule** - onglet **Police**.

La couleur sélectionnée s'affiche sur l'outil **Couleur de police** : pour appliquer cette couleur à une autre cellule, il suffit de cliquer directement sur l'outil, sans ouvrir la liste.

Utiliser la mini barre d'outils

- Pour modifier les mises en valeur des caractères avec la mini barre d'outils, sélectionnez les caractères concernés.

  Une mini barre d'outils apparaît temporairement au-dessus de la sélection.

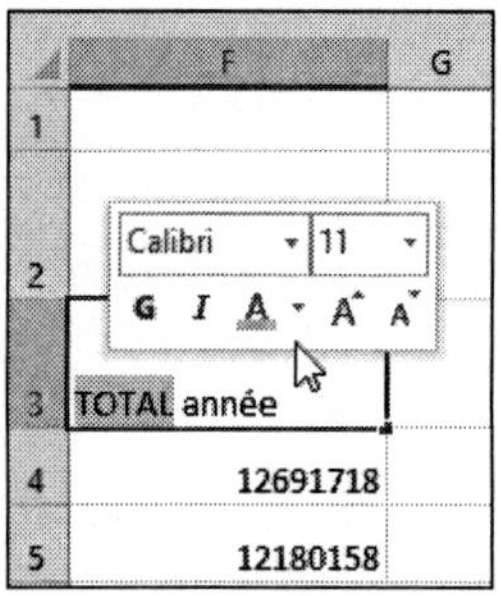

- Pointez la mini barre d'outils puis cliquez sur la mise en valeur à appliquer.

La mini barre d'outils s'affiche si l'option **Afficher la mini barre d'outils lors de la sélection** de la boîte de dialogue **Options Excel** (onglet **Fichier** - **Options** - catégorie **Général**) est active.

Appliquer un format de nombre

- Pour appliquer un format prédéfini, sélectionnez les cellules concernées puis, dans l'onglet **Accueil**, ouvrez la liste **Format de nombre** du groupe **Nombre**.

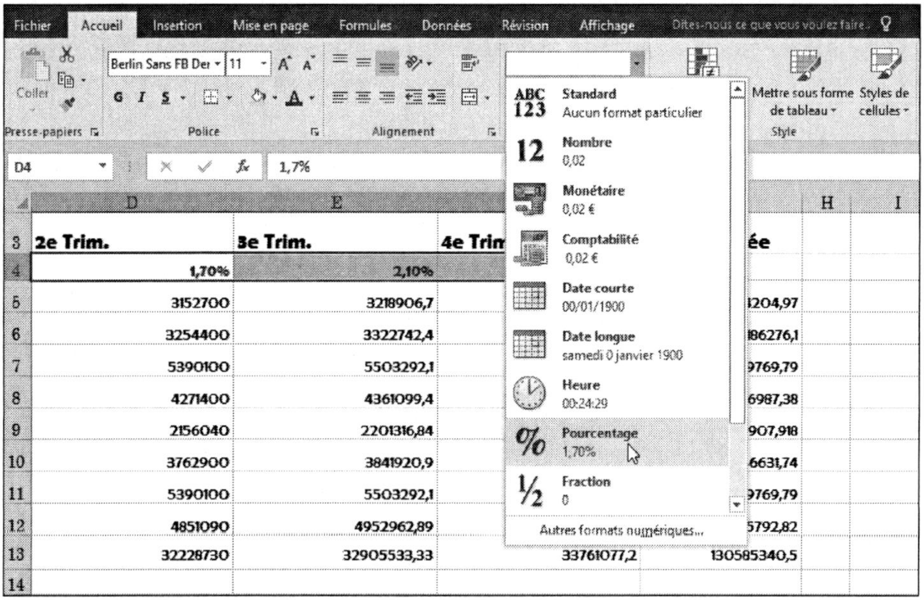

- Cliquez sur un des formats proposés par Excel.

  *Lorsque vous appliquez le format **Pourcentage**, les nombres concernés sont multipliés par 100 afin d'être convertis en pourcentages.*

  *Le format **Texte** permet d'afficher des valeurs numériques comme du texte (par défaut, aligné à gauche dans la cellule).*

- Si besoin, augmentez ou diminuez le nombre de décimales en cliquant sur l'outil **Ajouter une décimale** ou sur l'outil **Réduire les décimales**.

Des dièses peuvent apparaître dans certaines cellules lorsque la largeur de la colonne est insuffisante pour afficher la valeur avec le format demandé ; dans ce cas, il suffit d'élargir la colonne pour afficher correctement la valeur.

Pour réinitialiser le format de nombre des cellules sélectionnées, ouvrez la liste **Format de nombre** et cliquez sur l'option **Standard**. Les cellules ayant le format **Standard** n'ont pas de format de nombre spécifique.

Pour appliquer rapidement le format **Monétaire**, **Pourcentage** ou **Milliers**, cliquez respectivement sur l'outil , l'outil % ou sur l'outil 000.

Pour appliquer un autre format aux cellules sélectionnées, activez l'onglet **Accueil**, ouvrez la liste **Format de nombre** du groupe **Nombre** et cliquez sur l'option **Autres formats numériques** ou cliquez sur le Lanceur de boîte de dialogue du groupe **Nombre** ou faites Ctrl ⇧ **F** puis activez si besoin, l'onglet **Nombre** de la boîte de dialogue **Format de cellule.**

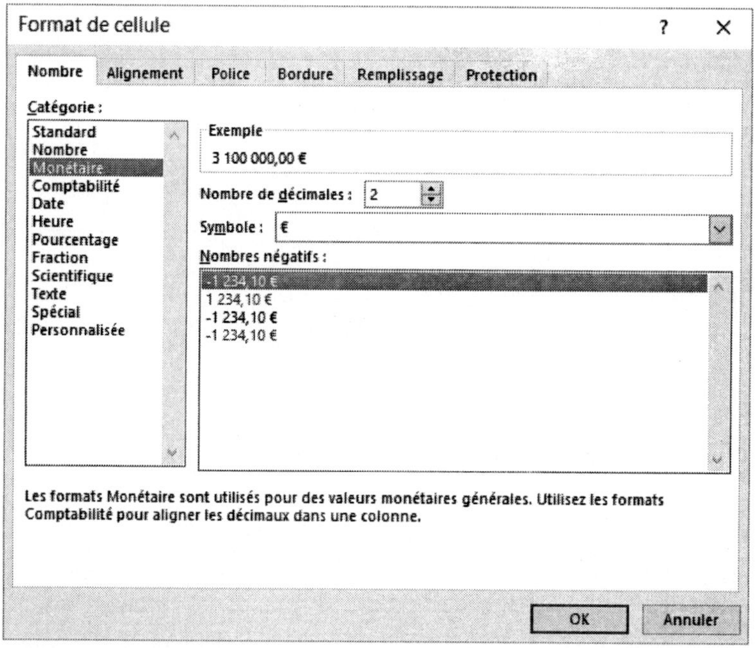

Dans la liste **Catégorie**, sélectionnez celle qui contient le format à utiliser.

Modifiez, si besoin, les paramètres du format (exemple : **Nombre de décimales...**).

Cliquez sur le bouton **OK.**

Pour combiner du texte avec une date ou une valeur numérique, vous pouvez utiliser la fonction TEXTE (cf. Calculs avancés - Effectuer des calculs sur les données de type date) ou bien personnaliser le format (cf. Créer un format personnalisé).

Créer un format personnalisé

- Sélectionnez les cellules concernées par le format.
- Dans l'onglet **Accueil**, ouvrez la liste **Format de nombre** du groupe **Nombre** et cliquez sur l'option **Autres formats numériques** ou cliquez sur le Lanceur de boîte de dialogue du groupe **Nombre** ou faites Ctrl ⇧ **F** puis activez, si besoin, l'onglet **Nombre**.
- Dans la liste **Catégorie**, sélectionnez **Personnalisée** puis saisissez ou complétez le format personnalisé dans la zone de saisie **Type** en respectant les principes suivants :

  - Un format personnalisé peut être composé de quatre sections, séparées par des points-virgules, définissant dans l'ordre : le format des nombres positifs, le format des nombres négatifs, le format des valeurs nulles et le format du texte.

  *Exemple : **0,00" kg";[rouge]-0,00" kg";0**. Cet exemple affiche les valeurs positives avec deux décimales suivies du texte kg, les valeurs négatives apparaissent en rouge précédées du signe - et suivies du texte kg, les valeurs nulles seront affichées sans décimale et sans le texte kg, aucun format particulier n'est défini pour les valeurs de type texte.*

  - Il est possible de définir une seule section, dans ce cas, elle est utilisée pour tous les nombres, quelle que soit leur valeur.

  *Exemple : **# ##0" HT"**. Dans cet exemple, quelle que soit la valeur saisie (positive, négative ou nulle) un espace sera affiché entre les milliers et les centaines et la valeur sera suivie du texte HT.*

  - Pour créer votre format personnalisé, vous pouvez utiliser les syntaxes suivantes :

  Pour ajouter du texte dans un format personnalisé : vous devez le saisir entre guillemets. Faites attention à ne pas laisser d'espace avant les guillemets (Excel interpréterait cet espace comme une demande de division par 1000).

  Pour un format numérique personnalisé :

  # ## affiche un espace entre les milliers et les centaines

  0 affiche les valeurs sans les décimales

  0,00 affiche deux décimales

  Exemple : ***# ##0,00" HT"*** : la saisie *2415* s'affiche sous la forme *2 415,00 HT*

  Pour personnaliser un format de date :

  Pour les jours, utilisez les codes (la donnée entre parenthèses est un exemple) : j (1) - jj (01) - jjj (sam) - jjjj (samedi)

  Pour les mois, utilisez les codes : m (1) - mm (01) - mmm (jan) - mmmm (janvier)

  Pour les années, utilisez les codes : aa (04) - aaaa (2011)

Utilisez le caractère de votre choix comme séparateur

Exemple : *"**Le** "**jjj jj mmm aaaa*** : la saisie *24/4/11* affiche la date sous la forme *Le dim 24 avr 2011*.

Si la saisie contient du texte : utilisez le caractère @ pour représenter le texte saisi.

Exemple : ***"Région** : "@* : la saisie *Sud* affichera *Région : Sud*

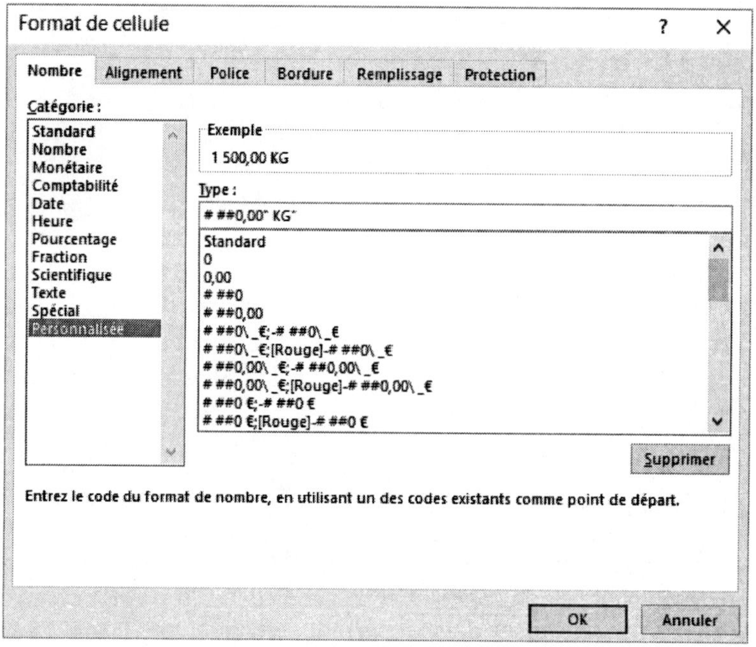

Rappelons que la touche # s'obtient généralement avec la combinaison des touches AltGr *et **3** du pavé alphanumérique.*

Validez par le bouton **OK**.

Pour personnaliser l'affichage des données, vous pouvez aussi utiliser la fonction TEXTE (cf. Calculs avancés - Effectuer des calculs sur des données de type date).

Pour masquer le contenu de certaines cellules, créez le format personnalisé ;;; (trois points-virgules).

Répartir une saisie dans la hauteur de la ligne

La hauteur de la ligne est alors automatiquement ajustée afin de permettre l'affichage du contenu de la cellule sur plusieurs lignes sans modifier la largeur de la colonne.

- Sélectionnez la ou les cellules concernées.
- Dans l'onglet **Accueil**, cliquez sur l'outil **Renvoyer à la ligne automatiquement** du groupe **Alignement** ou cliquez sur le Lanceur de boîte de dialogue du groupe **Alignement** et cochez l'option **Renvoyer à la ligne automatiquement** visible dans la zone **Contrôle du texte** puis cliquez sur **OK**.

Si la largeur de la colonne n'est pas suffisante pour afficher son contenu, le texte s'affiche sur la ligne (ou les lignes) suivante et la hauteur de la ligne est automatiquement agrandie :

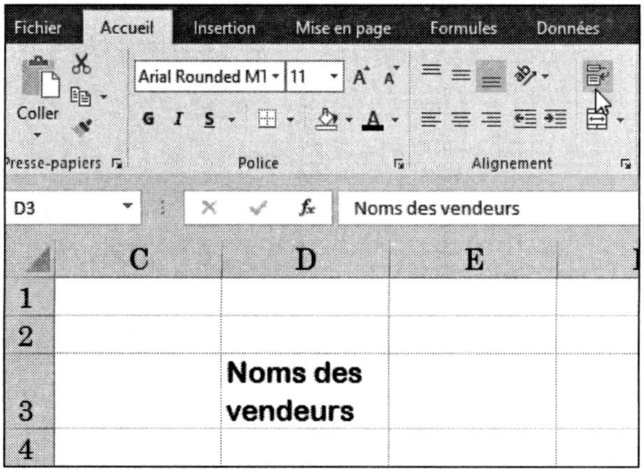

Si la largeur de la colonne est agrandie suffisamment pour afficher le contenu de la cellule sur une seule ligne, le texte apparaît alors sur une seule ligne mais la hauteur de la ligne n'est pas modifiée, vous pouvez alors dans ce cas faire un double clic sur le trait horizontal situé sous le numéro de ligne pour ajuster la hauteur de la ligne.

Vous pouvez également saisir plusieurs lignes dans une cellule en utilisant la combinaison des touches Alt ↵ à chaque changement de ligne imposé. Dans ce cas, si la colonne est agrandie, le texte reste affiché sur plusieurs lignes.

Modifier l'orientation du contenu des cellules

- Sélectionnez les cellules concernées.
- Dans l'onglet **Accueil**, ouvrez la liste de l'outil **Orientation** du groupe **Alignement**.

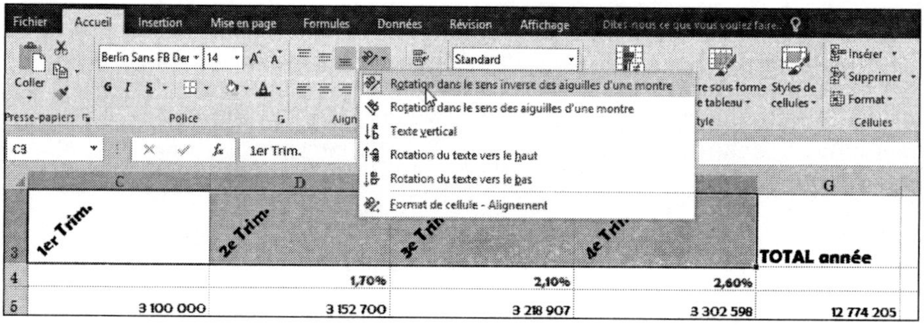

- Cliquez sur l'orientation souhaitée.

L'option **Format de cellule - Alignement** de la liste permet d'ouvrir la boîte de dialogue **Format de cellule** - onglet **Alignement** afin d'y sélectionner un angle de rotation personnalisé dans la zone **degrés** (cadre **Orientation**).

Aligner le contenu des cellules

- Sélectionnez les cellules concernées et activez l'onglet **Accueil**.
- Pour modifier l'alignement vertical du contenu des cellules par rapport à la hauteur de la ligne, cliquez sur l'un des outils suivants, présent dans le groupe **Alignement** :

  Aligner en haut, **Aligner au centre**, **Aligner en bas.**
- Pour modifier l'alignement horizontal du contenu des cellules par rapport à la largeur de la colonne, cliquez sur l'un des outils suivants : **Aligner à gauche**, **Centrer**, **Aligner à droite.**

Vous retrouvez ces options dans la boîte de dialogue **Format de cellule** - onglet **Alignement** (que vous ouvrez en cliquant sur le Lanceur de boîte de dialogue du groupe **Alignement** de l'onglet **Accueil**), dans les listes **Horizontal** et **Vertical** ; l'option **Standard** de la liste **Horizontal** permet le retour à l'alignement d'origine.

Pour justifier le contenu d'une cellule, accédez à la boîte de dialogue **Format de cellule** - onglet **Alignement** puis ouvrez la liste **Horizontal** et sélectionnez l'option **Justifié** pour justifier le texte en largeur et/ou ouvrez la liste **Vertical** et sélectionnez l'option **Justifié** pour justifier le texte en hauteur.

Appliquer un retrait au contenu des cellules

- Sélectionnez les cellules concernées.
- Sur l'onglet **Accueil**, cliquez une ou plusieurs fois sur l'outil **Augmenter le retrait** du groupe **Alignement** ; utilisez l'outil **Diminuer le retrait** pour le réduire.
- Pour appliquer un autre type de retrait, sur l'onglet **Accueil**, cliquez sur le Lanceur de boîte de dialogue du groupe **Alignement** ou faites Ctrl ⇧ **F** puis activez, si besoin, l'onglet **Alignement**.
- Ouvrez la liste **Horizontal** et sélectionnez le type de retrait à effectuer :

Gauche (Retrait)	Pour appliquer un alignement à gauche dans les cellules et appliquer un retrait par rapport au bord gauche des cellules.
Droite (Retrait)	Pour appliquer un alignement à droite dans les cellules et appliquer un retrait par rapport au bord droit des cellules.
Distribué (Retrait)	Pour appliquer un alignement justifié dans les cellules et appliquer un retrait par rapport au bord gauche et droit des cellules.

- Précisez dans la zone **Retrait**, la valeur souhaitée.

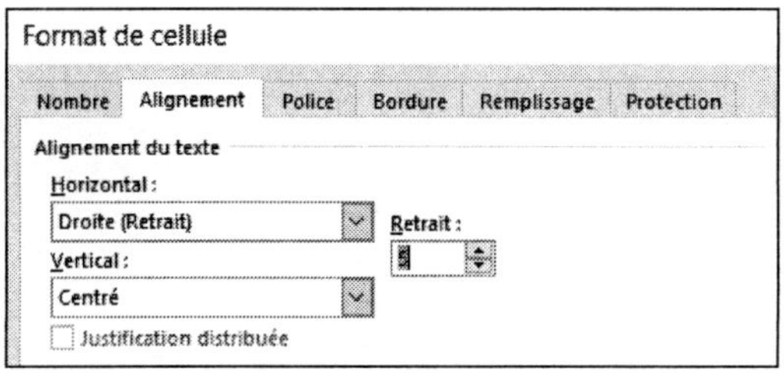

*Chaque incrément de la zone **Retrait**, obtenu en cliquant sur ou , équivaut à la largeur d'un caractère.*

- Cliquez sur le bouton **OK**.

Fusionner des cellules

Cette manipulation permet de regrouper plusieurs cellules afin de faire "déborder" le contenu de la première sur les autres. Les cellules fusionnées n'en forment plus qu'une seule.

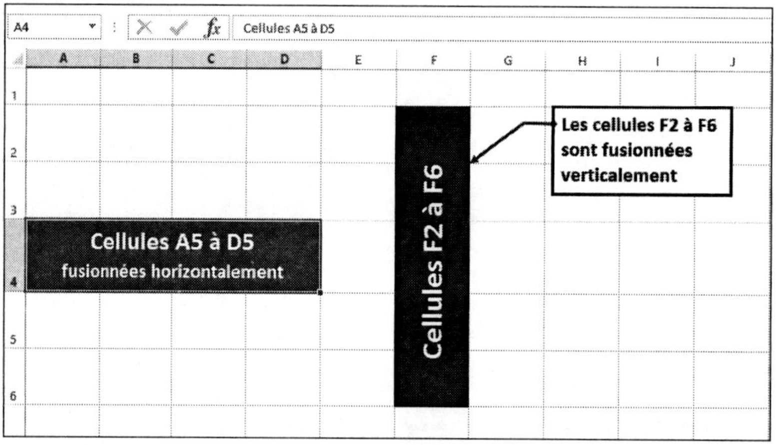

- Sélectionnez les cellules à fusionner.

  Seules les données situées dans la première cellule de la sélection apparaîtront dans les cellules fusionnées.

- Dans l'onglet **Accueil**, ouvrez la liste de l'outil **Fusionner et centrer** du groupe **Alignement** et choisissez l'option adéquate :

  Pour fusionner la sélection tout en centrant horizontalement le contenu de la première cellule sur la sélection.

  Pour fusionner la sélection dans le sens horizontal, sans changer l'alignement horizontal de la sélection.

  Pour fusionner la sélection dans le sens horizontal ou vertical, sans changer l'alignement horizontal de la sélection.

  Pour annuler la fusion de la cellule sélectionnée.

Pour fusionner des cellules, vous pouvez aussi accéder à la boîte de dialogue **Format de cellule** - onglet **Alignement** puis cocher l'option **Fusionner les cellules.**

Centrer un contenu sur plusieurs colonnes

Lorsque des cellules ont été fusionnées, un message peut s'afficher lorsque vous souhaitez insérer ou supprimer des lignes ou des colonnes, vous informant que l'action n'est pas possible. Dans ce cas, vous pouvez utiliser la commande ***Centrer sur plusieurs colonnes*** *qui permet d'obtenir la même disposition horizontale des cellules sans avoir à les fusionner.*

Sur l'exemple suivant, le titre du tableau, contenu dans la cellule B2, est centré sur les cellules B2 à G2 :

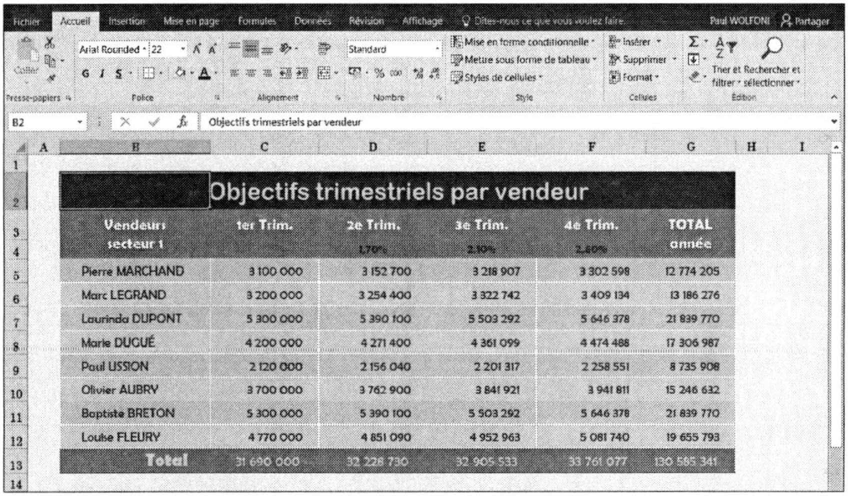

Bien que le titre apparaisse dans les cellules C2, D2 et E2, il est toujours présent dans la cellule B2 ; si vous souhaitez modifier ce titre, vous devez sélectionner la cellule B2.

- Si vous avez fusionné les cellules concernées, activez l'outil **Fusionner et centrer** 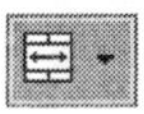 de l'onglet **Accueil** (groupe **Alignement**) pour supprimer la fusion.
- Sélectionnez ensuite la cellule contenant le texte à centrer ainsi que les cellules adjacentes sur lesquelles le contenu doit être centré.
- Activez le Lanceur de boîte de dialogue  du groupe **Alignement** de l'onglet **Accueil.**
- Ouvrez la liste **Horizontal** et choisissez l'option **Centré sur plusieurs colonnes** puis cliquez sur le bouton **OK.**

Appliquer des bordures aux cellules

Par défaut, aucune bordure n'apparaît autour des cellules. La grille que vous visualisez sur la feuille de calcul ne s'imprime pas si vous ne le précisez pas.

Appliquer des bordures prédéfinies

- Sélectionnez les cellules concernées par une même bordure.
- Dans l'onglet **Accueil**, ouvrez la liste de l'outil **Bordures** du groupe **Police.**

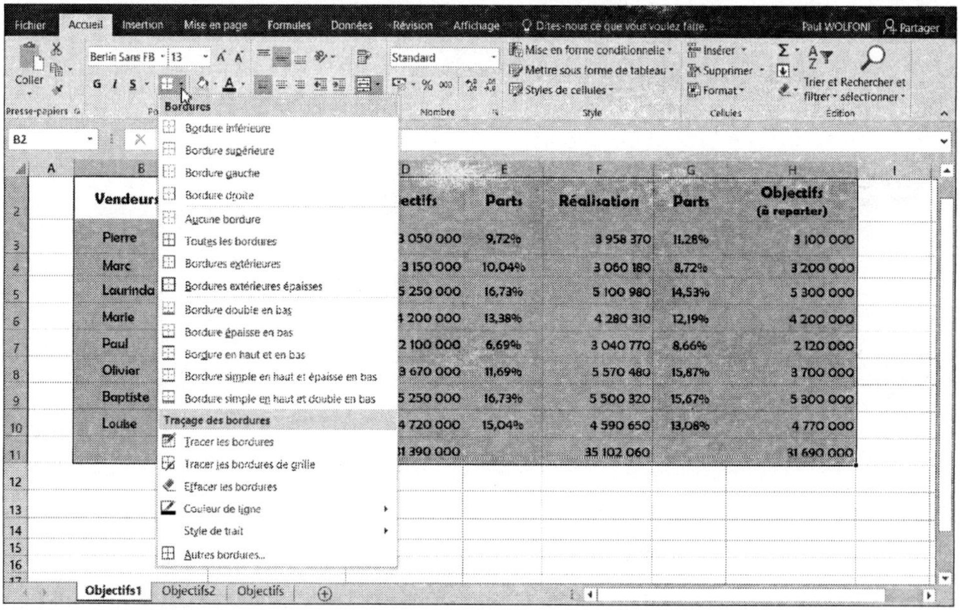

- Cliquez sur le type de bordure souhaité.
  L'outil ⊞ permet de quadriller les cellules sélectionnées.
- La dernière bordure appliquée s'affiche sur l'outil ; pour l'appliquer sur une nouvelle sélection, cliquez sur l'outil, sans ouvrir la liste.
- Pour supprimer toutes les bordures sur la sélection, choisissez l'option **Aucune bordure** dans la liste de l'outil .

Appliquer d'autres bordures

- Sélectionnez les cellules concernées par une même bordure.
- Sur l'onglet **Accueil**, ouvrez la liste de l'outil du groupe **Police** puis cliquez sur l'option **Autres bordures** ou cliquez sur le Lanceur de boîte de dialogue du groupe **Police** ou faites Ctrl ⇧ **F** puis activez, si besoin, l'onglet **Bordure**.

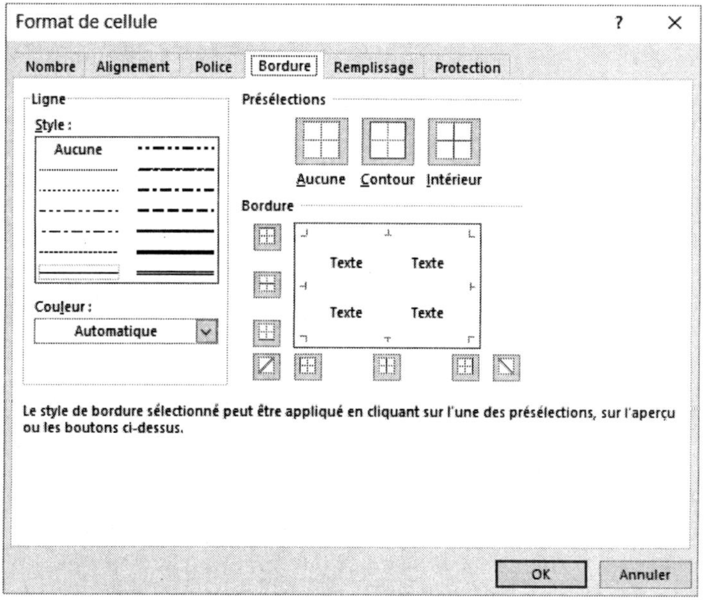

- Pour placer une bordure précise autour des bords externes de la sélection, choisissez le **Style** et la **Couleur** de la bordure puis cliquez sur le bouton **Contour**. Pour quadriller les cellules, cliquez sur le bouton **Intérieur**.

  Pour placer une bordure le long des bords spécifiés de chaque cellule de la sélection, choisissez tout d'abord le **Style** et la **Couleur** puis cliquez sur le bouton correspondant du cadre **Bordure** pour afficher ou masquer la bordure ou cliquez sur la bordure visible dans la zone d'aperçu. Cliquez sur le bouton **Intérieur** pour insérer des traits autour de chaque cellule sélectionnée à l'exception des bords externes de la sélection.

  Les boutons et permettent de tracer des diagonales dans les cellules.

- Validez en cliquant sur le bouton **OK**.

- Visualisez le résultat en cliquant en dehors de la sélection.

Tracer une bordure

- Sur l'onglet **Accueil**, ouvrez la liste de l'outil **Bordures** du groupe **Police.**
- Choisissez la **Couleur de ligne** et le **Style de trait.**

*L'outil **Tracer les bordures** est automatiquement activé : le pointeur de la souris prend la forme d'un crayon.*

- Cliquez sur les bords de cellule à tracer.
- Pour tracer un quadrillage, sélectionnez l'outil **Tracer les bordures de grille** dans la liste de l'outil **Bordures** puis tracez le quadrillage à l'aide d'un cliqué-glissé.
- Pour effacer une bordure, sélectionnez l'outil **Effacer les bordures** de cette même liste puis effacez chaque bordure en cliquant dessus.

Pour désactiver un de ces outils, appuyez sur la touche Echap.

Appliquer une couleur de fond aux cellules

- Sélectionnez les cellules concernées.
- Sur l'onglet **Accueil**, ouvrez la liste de l'outil **Couleur de remplissage** du groupe **Police.**

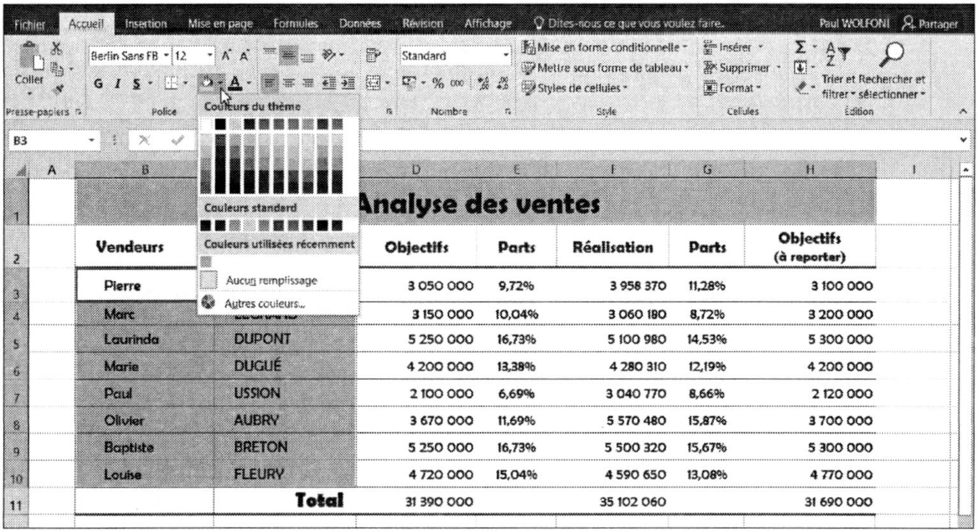

- Si l'une des **Couleurs du thème** ou **Couleurs standard** vous convient, pointez la teinte de votre choix pour avoir un aperçu du résultat directement dans les cellules sélectionnées, ou cliquez sur cette teinte pour l'appliquer.
- Pour sélectionner une autre couleur, activez l'option **Autres couleurs** ; dans la boîte de dialogue **Couleurs** qui apparaît, vous pouvez :
  - Dans l'onglet **Standard**, cliquez sur la pastille de couleur à appliquer.
  - Dans l'onglet **Personnalisées**, utilisez le curseur de couleur ou les zones **Rouge**, **Vert**, **Bleu** pour définir les composants de la couleur à appliquer.

  Cliquez sur le bouton **OK** de la boîte de dialogue **Couleurs.**

La dernière couleur appliquée s'affiche sur l'outil **Couleur de remplissage**  ; pour l'appliquer sur une nouvelle sélection, il suffit de cliquer sur l'outil, sans ouvrir sa liste.

Les couleurs sélectionnées dans la boîte de dialogue **Couleurs** apparaissent par la suite dans la zone **Couleurs utilisées récemment** de la liste associée à l'outil **Couleur de remplissage** 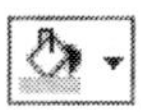.

La boîte de dialogue **Format des cellules** - onglet **Remplissage** vous permet aussi d'appliquer une couleur dans le fond des cellules.

Pour annuler une couleur de fond sur une sélection de cellules, choisissez l'option **Aucun remplissage** dans la liste associée à l'outil **Couleur de remplissage**.

Appliquer un motif ou un dégradé dans le fond des cellules

- Sélectionnez les cellules concernées.
- Sur l'onglet **Accueil**, cliquez sur le Lanceur de boîte de dialogue du groupe **Police** ou faites Ctrl ⇧ **F**.
- Activez l'onglet **Remplissage**.

Appliquer un motif

- Dans la zone **Couleur d'arrière-plan**, sélectionnez, si besoin, une couleur pour l'arrière-plan de la cellule et/ou du motif.
- Pour appliquer un motif dans le fond des cellules sélectionnées, ouvrez la liste **Couleur de motif** et choisissez la couleur de premier plan si vous souhaitez créer un motif coloré.

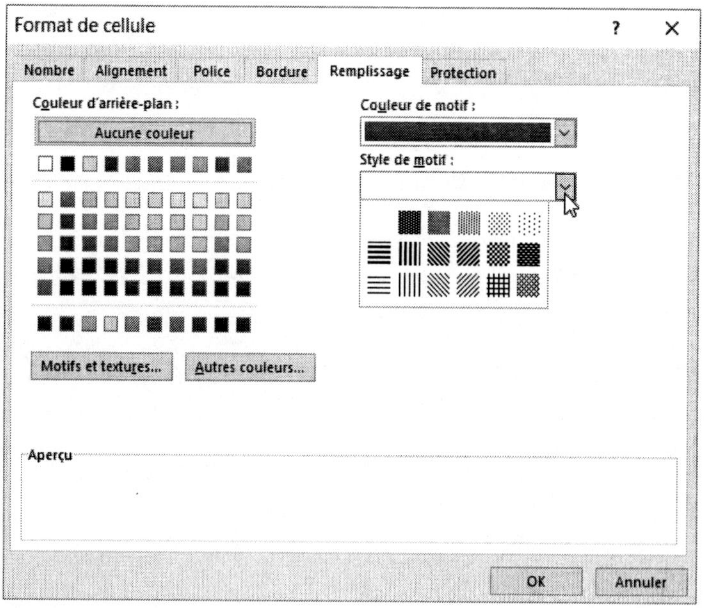

- Ouvrez ensuite la liste **Style de motif** et sélectionnez celui que vous souhaitez appliquer aux cellules.

Appliquer un dégradé

- Cliquez sur le bouton **Motifs et textures** de la boîte de dialogue **Format de cellule** - onglet **Remplissage.**
- Ouvrez les listes **Couleur 1** et **Couleur 2** pour sélectionner les couleurs du dégradé.
- Dans la zone **Type de dégradé**, choisissez celui qui vous convient puis cliquez sur un des modèles proposés de la zone **Variantes.**

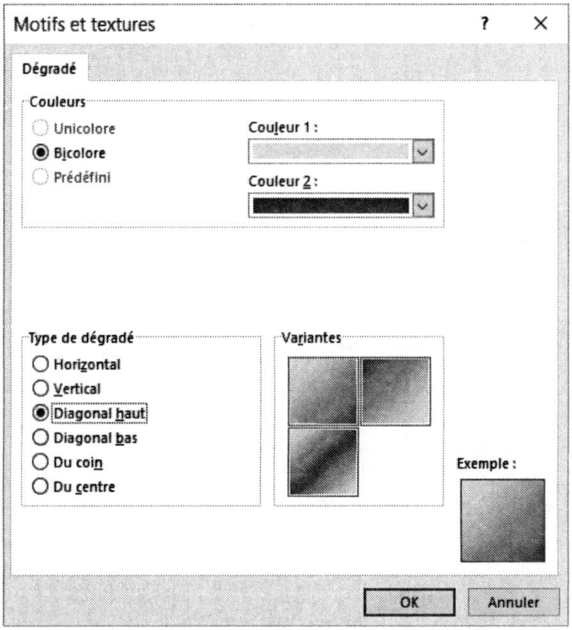

- Cliquez sur le bouton **OK** une première fois pour quitter la boîte de dialogue **Motifs et textures**, puis une seconde fois pour quitter la boîte de dialogue **Format de cellule.**

Appliquer une mise en forme conditionnelle prédéfinie

Une mise en forme conditionnelle permet de mettre en évidence des cellules contenant des valeurs numériques, des dates ou des heures en affichant dans les cellules des barres de données, de couleurs, des icônes qui prendront différentes formes selon la valeur contenue dans chaque cellule. L'aspect des cellules est modifié en fonction d'une condition gérée par Excel.

*L'outil **Analyse rapide** intégré à Excel 2016 permet d'appliquer un modèle de mise en forme conditionnelle en un seul clic.*

- Sélectionnez les cellules sur lesquelles vous souhaitez appliquer une mise en forme conditionnelle.
- Cliquez sur le bouton **Analyse rapide** qui apparaît en bas à droite de la sélection (ou Ctrl **Q**).

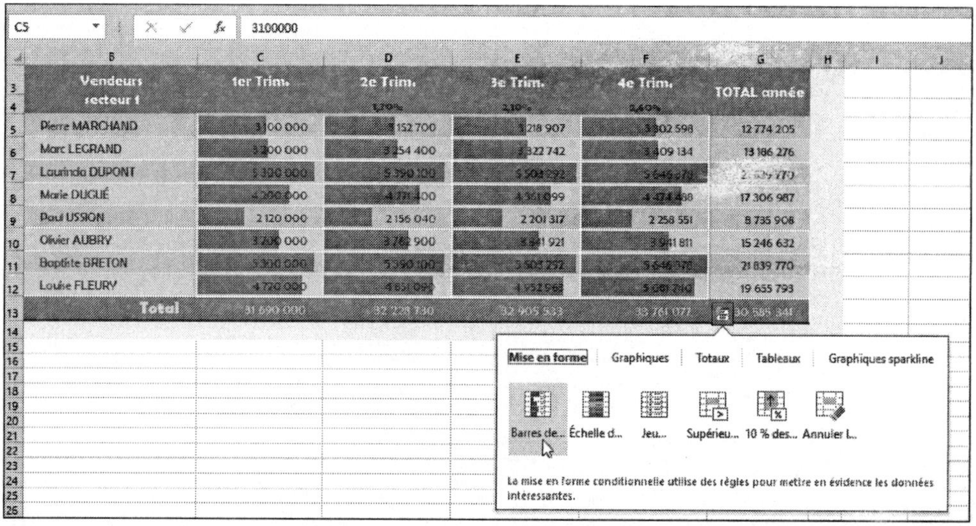

*La galerie **Analyse rapide** est composée de différents onglets : **Mise en forme**, **Graphiques**, **Totaux**, **Tableaux**, **Graphiques sparkline** à partir desquels vous pouvez mettre en forme vos données. L'onglet actif apparaît en caractères gras.*

- Activez l'onglet **Mise en forme** si ce n'est déjà fait, puis pointez l'un des cinq modèles proposés pour en avoir un aperçu en temps réel :

  Barres de données : elles permettent de comparer les valeurs des différentes cellules afin de repérer rapidement les valeurs les plus élevées et les moins élevées. La longueur de la barre de données représente la valeur dans la cellule : plus la barre est longue, plus la valeur est élevée.

  Sur l'exemple précédent, la mise en forme conditionnelle Barres de données a été appliquée sur les cellules C5 à F12, ce qui permet de bien mettre en évidence les écarts d'un trimestre à l'autre.

  Échelles de couleurs : elles permettent de comprendre la distribution et les variations des valeurs. Vous pouvez appliquer une échelle à deux couleurs (la teinte de la couleur représente les valeurs les plus élevées et les plus basses) ou à trois couleurs (la teinte de la couleur représente les valeurs élevées, les valeurs intermédiaires et les valeurs basses). Ce paramètre est modifiable par le bouton **Mise en forme conditionnelle** - **Nuances de couleurs** - option **Autres règles** (onglet **Accueil** - groupe **Style**).

  *Ici, une mise en forme conditionnelle **Échelles de couleurs** à trois couleurs a été appliquée sur les cellules C5 à F12. Les valeurs inférieures à une certaine valeur sont représentées par plusieurs nuances d'une couleur, les valeurs comprises entre deux valeurs sont représentées par plusieurs nuances d'une autre couleur et les valeurs supérieures sont représentées par plusieurs nuances d'une troisième couleur.*

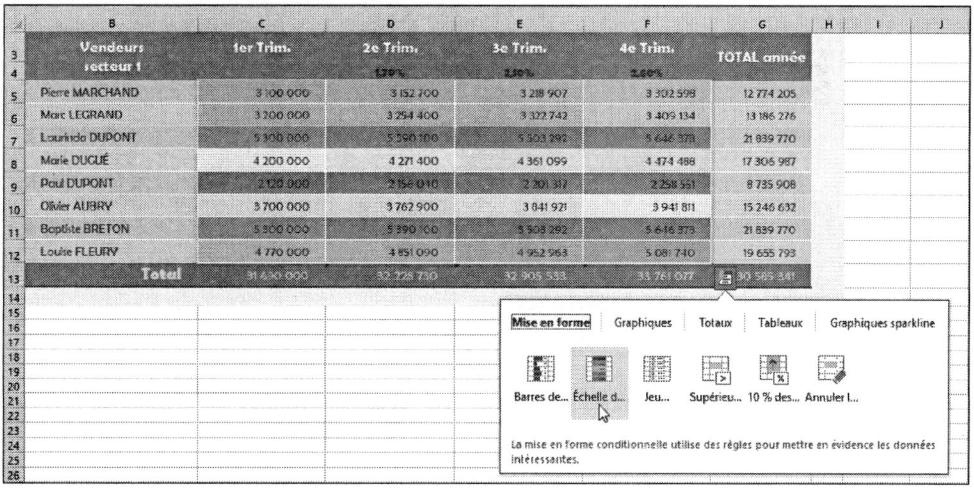

Jeux d'icônes : ils permettent d'annoter et de classer des données de trois à cinq catégories, séparées par une valeur seuil. Chaque icône représente une plage de valeurs. Par exemple, dans le jeu nommé **3 Flèches (en couleur)**, la flèche verte orientée vers le haut représente les valeurs les plus élevées, la flèche jaune horizontale les valeurs intermédiaires et la flèche rouge orientée vers le bas, les valeurs les plus basses. Le choix du jeu d'icônes peut être modifié à partir du bouton **Mise en forme conditionnelle** - **Jeux d'icônes** (onglet **Accueil** - groupe **Style**).

Ici, une mise en forme conditionnelle ***Jeux d'icônes*** *de type* ***3 Flèches (en couleur)*** *a été appliquée sur les cellules C5 à F12. Remarquez que la couleur des flèches varie selon que les valeurs sont inférieures à une certaine valeur, comprises entre deux valeurs ou supérieures aux autres.*

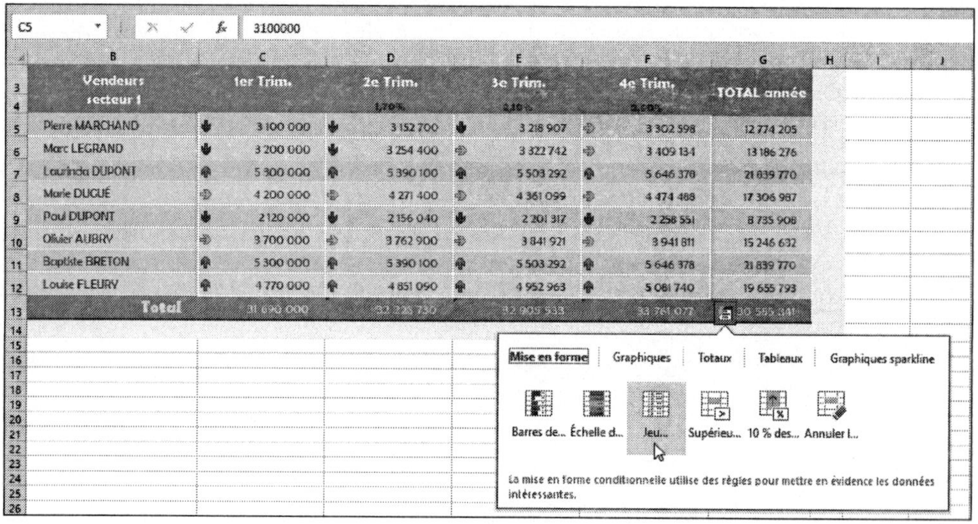

Supérieur à : pour repérer à l'aide d'un code couleur les valeurs supérieures à un certain montant. Ce montant ainsi que la couleur appliquée sont modifiables à partir du bouton **Mise en forme conditionnelle** - **Règles de mise en surbrillance des cellules** - **Supérieur à** (onglet **Accueil** - groupe **Style**).

Ici les valeurs les plus importantes sont affichées en rouge.

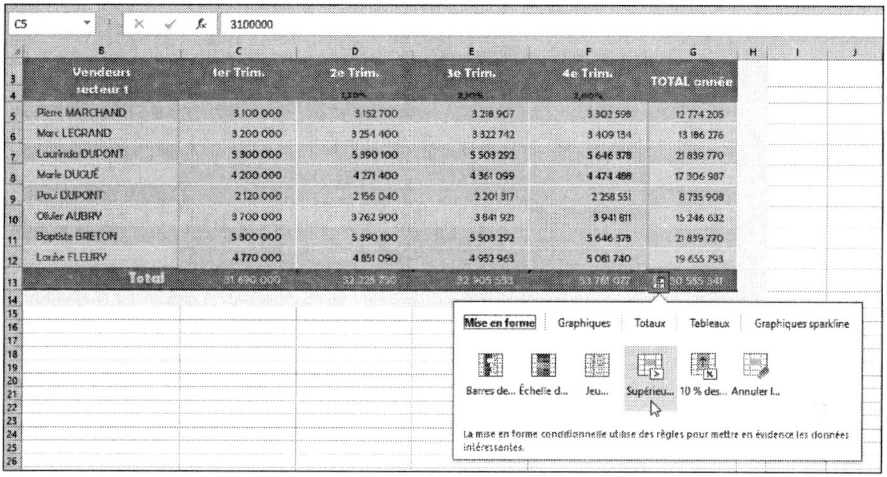

10 % des valeurs les plus élevées : pour mettre en forme les N valeurs les plus élevées. Le pourcentage (10 par défaut) ainsi que le format à appliquer sont modifiables à partir du bouton **Mise en forme conditionnelle - Règles des valeurs plus/moins élevées - 10 % les plus élevé(e)s** (onglet **Accueil** - groupe **Style**).

Ici, un remplissage rouge clair avec texte rouge foncé a été appliqué aux valeurs les plus élevées.

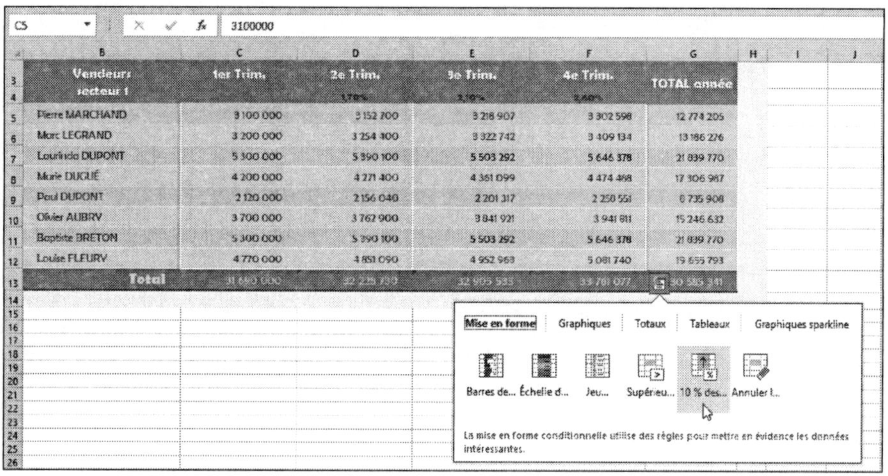

- Pour annuler la mise en forme conditionnelle des cellules sélectionnées, utilisez l'option **Annuler la mise en forme** de la galerie **Analyse rapide** ou l'option **Effacer les règles des cellules sélectionnées** du bouton **Mise en forme conditionnelle - Effacer les règles** (onglet **Accueil** - groupe **Style**).

Vous pouvez cumuler plusieurs mises en valeur conditionnelles sur la même plage de cellules.

Lorsque vous modifiez une donnée, la mise en forme conditionnelle appliquée à la cellule est immédiatement mise à jour.
Pour appliquer une mise en forme conditionnelle à l'aide d'options et de couleurs supplémentaires, vous pouvez sélectionner vos données puis, sur l'onglet **Accueil**, ouvrez la liste du bouton **Mise en forme conditionnelle** du groupe **Style** puis cliquez sur le modèle de barres de données, de nuances de couleurs ou de jeu d'icônes à appliquer.

Créer une règle de mise en forme conditionnelle

Il s'agit de créer vos propres conditions pour appliquer une des mises en forme conditionnelles prédéfinies ou pour appliquer une mise en forme que vous personnalisez.

- Sélectionnez les cellules concernées par la mise en forme conditionnelle.
- Sur l'onglet **Accueil**, ouvrez la liste du bouton **Mise en forme conditionnelle** du groupe **Style**.
- Cliquez sur l'option **Nouvelle règle**.

*La boîte de dialogue **Nouvelle règle de mise en forme** apparaît ; vous accédez aussi à cette boîte de dialogue en activant l'option **Autres règles** située dans les menus associés aux options **Barres de données**, **Nuances de couleurs** et **Jeux d'icônes**.*

Créer une mise en forme conditionnelle de type Barres de données

- Vérifiez que l'option **Mettre en forme toutes les cellules d'après leur valeur** de la zone **Sélectionnez un type de règle** est active.
- Ouvrez la liste **Style de mise en forme** et sélectionnez si besoin l'option **Barre de données**.

Réalisez l'une des manipulations suivantes :

- Pour appliquer la barre de données uniquement aux valeurs inférieures et supérieures, sélectionnez les options **Valeur inférieure** et **Valeur supérieure** dans les listes **Type** des zones **Minimum** et **Maximum**.

*Dans ce cas, vous ne pouvez pas préciser de **Valeur**.*

- Pour appliquer la barre aux valeurs ou aux dates ou heures comprises dans un intervalle, sélectionnez l'option **Nombre** dans les listes **Type** des zones **Minimum** et **Maximum** puis entrez une **Valeur** dans chacune des zones.
- Pour appliquer la barre aux valeurs représentant un certain pourcentage du total des valeurs, sélectionnez l'option **Pourcentage** dans les listes **Type** des zones **Minimum** et **Maximum** puis entrez une **Valeur** dans chacune des zones.

Les valeurs valides sont comprises entre 0 et 100. N'entrez pas de signe de pourcentage.

- Pour appliquer la barre en fonction de centiles, sélectionnez l'option **Centile** dans les listes **Type** des zones **Minimum** et **Maximum** puis entrez une **Valeur** dans chacune des zones (entre 0 et 100).

Un centile permet de visualiser un groupe de valeurs élevées (telles que le 20ème centile) dans une proportion de barre de données et les valeurs basses (telles que le 20ème centile) dans une autre proportion de barre de données car ils représentent les valeurs extrêmes qui peuvent biaiser la visualisation de vos données. Vous ne pouvez pas utiliser un centile si la plage de cellules contient plus de 8 191 points de données.

- Pour appliquer la barre en fonction du résultat à une formule, sélectionnez l'option **Formule** dans les listes **Type** des zones **Minimum** et **Maximum** puis entrez une **Valeur** dans chacune des zones.

La formule doit renvoyer une valeur numérique, de date ou d'heure. Précédez la formule du signe égal (=). Lorsque les formules ne sont pas valides, aucune mise en forme n'est appliquée au résultat.

Vous pouvez choisir un **Type** différent pour la zone **Minimum** et pour la zone **Maximum** (par exemple, un type **Nombre** dans la zone **Minimum** et un type **Pourcentage** dans la zone **Maximum**) ; vérifiez cependant que la valeur de la zone **Minimum** est inférieure à celle de la zone **Maximum**.

Pour définir l'apparence de la barre, choisissez les paramètres souhaités dans les champs : **Remplissage**, **Couleur**, **Bordure** et/ou **Couleur**.

*Cette barre sera appliquée aux cellules dont la valeur représente 25 à 75 % du total des valeurs. Selon les paramètres choisis, un modèle de barre s'affiche dans la zone **Aperçu**.*

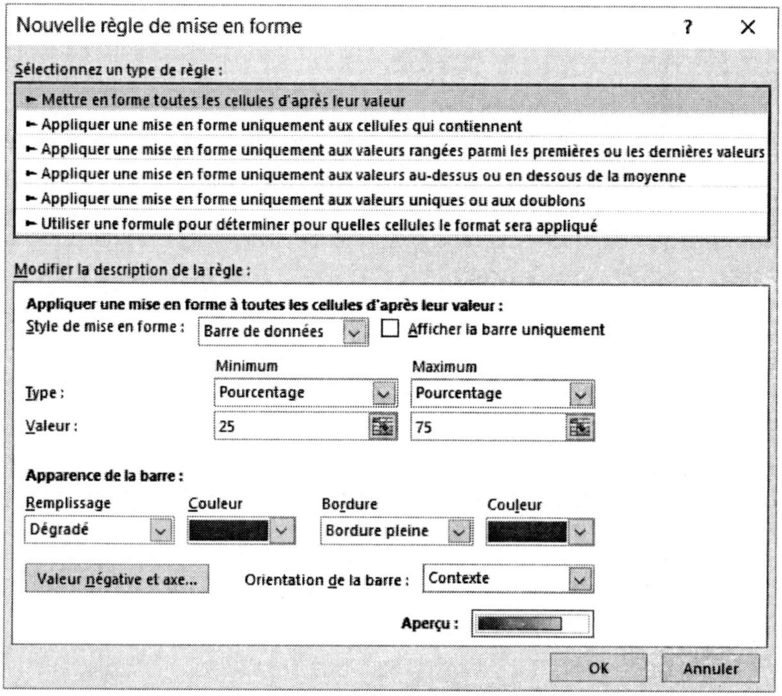

- Pour modifier l'**Orientation de la barre**, ouvrez la liste correspondante et choisissez **Contexte** (valeur par défaut), **De gauche à droite** ou **De droite à gauche**.
- Pour définir l'apparence de la barre lorsque la valeur est négative, cliquez sur le bouton **Valeur négative et axe** puis définissez dans la boîte de dialogue **Valeur négative et paramètres de l'axe** les options de remplissage et de couleurs de cette barre. Définissez également si nécessaire les paramètres de placement ainsi que la couleur de l'axe.

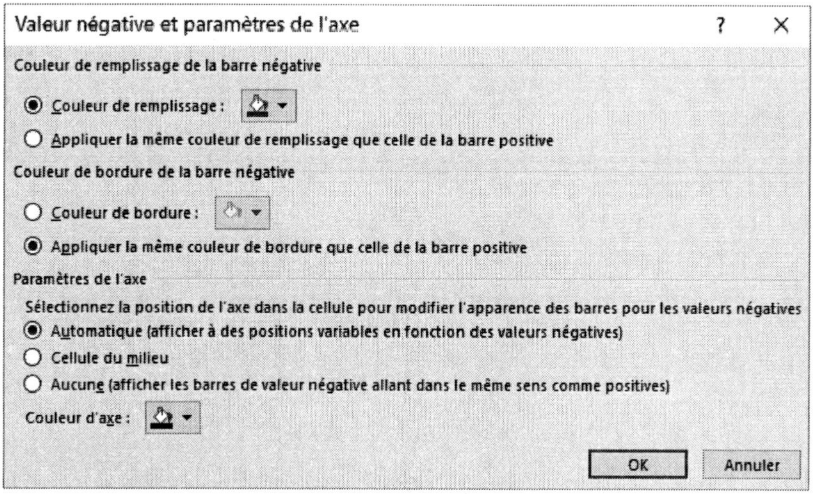

Validez par **OK**.

- Pour afficher uniquement la barre de données et non la valeur de la cellule, cochez l'option **Afficher la barre uniquement**.
- Cliquez sur le bouton **OK**.

Créer une mise en forme conditionnelle de type Nuances de couleurs

- Dans la boîte de dialogue **Nouvelle règle de mise en forme**, vérifiez que l'option **Mettre en forme toutes les cellules d'après leur valeur** de la zone **Sélectionnez un type de règle** est active.
- Ouvrez la liste **Style de mise en forme** et sélectionnez si besoin l'option **Échelle à deux couleurs** ou l'option **Échelle à trois couleurs.**
- Réalisez les mêmes types de manipulations que dans le sous-titre précédent :
  - Ouvrez la liste **Type** de la zone **Minimum** et choisissez l'option **Valeur inférieure, Nombre, Pourcentage, Formule** ou **Centile.**
  - Dans la zone **Valeur**, saisissez le nombre, le pourcentage (sans le symbole), le centile ou créez la formule de calcul indiquant la condition pour afficher les valeurs minimales.
  - Ouvrez la liste **Couleur** et choisissez celle qui vous convient.

- Faites la même chose dans la zone **Maximum** et, pour une échelle à trois couleurs, dans la zone **Milieu**.

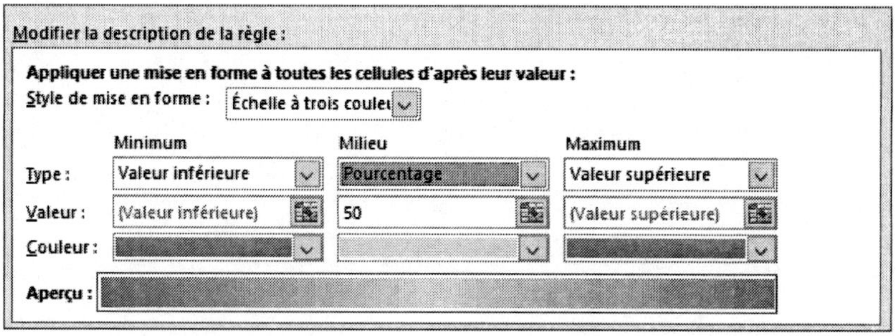

- Cliquez sur le bouton **OK**.

Créer une mise en forme conditionnelle de type Jeux d'icônes

- Dans la boîte de dialogue **Nouvelle règle de mise en forme**, vérifiez que l'option **Mettre en forme toutes les cellules d'après leur valeur** de la zone **Sélectionnez un type de règle** est active.
- Ouvrez la liste **Style de mise en forme** et sélectionnez l'option **Jeux d'icônes.**
- Ouvrez la liste **Style d'icône** et choisissez celui qui vous convient.
- Cliquez sur le bouton **Ordre inverse des icônes** si vous souhaitez que la première icône représente les valeurs les plus basses et la dernière les valeurs les plus hautes.
- Cochez l'option **Afficher l'icône uniquement** si vous souhaitez afficher uniquement les icônes et non la valeur des cellules.
- Vous pouvez modifier le symbole de chaque icône associé au **Style d'icône** sélectionné. Pour cela, cliquez sur la flèche en regard de l'**Icône** à modifier puis cliquez sur le symbole souhaité.
- Pour chaque icône choisie, sélectionnez un opérateur de comparaison : > >= < <=...
  - Ouvrez les listes **Type** de chaque zone et choisissez l'option **Nombre**, **Pourcentage**, **Formule** ou **Centile.**
  - Dans les zones **Valeur**, saisissez le nombre, le pourcentage, le centile ou créez la formule de calcul.

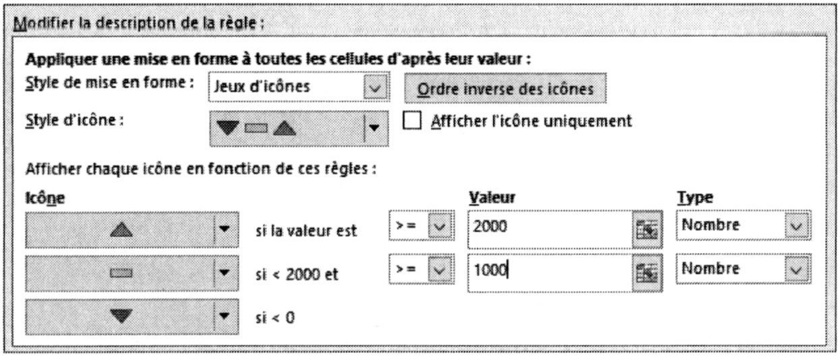

L'icône apparaîtra dans les cellules dont la valeur est supérieure ou égale à 2000, l'icône apparaîtra pour les valeurs comprises entre 1000 et 2000 et l'icône apparaîtra pour les valeurs inférieures à 1000.

Il existe trois tailles d'icônes. La taille affichée dépend de la taille de police utilisée dans les cellules.

- Cliquez sur le bouton **OK**.

Formater des cellules en fonction de leur contenu

La donnée sera alors mise en forme selon sa valeur (par exemple, les valeurs négatives apparaîtront en rouge et en gras) (voir aussi Appliquer une mise en forme conditionnelle prédéfinie).

Appliquer un format prédéfini

- Sélectionnez les cellules concernées par le format conditionnel.
- Sur l'onglet **Accueil**, cliquez sur le bouton **Mise en forme conditionnelle** du groupe **Style** et sélectionnez une des options proposées dans le sous-menu **Règles de mise en surbrillance des cellules** ou dans le sous-menu **Règles des valeurs plus/moins élevées.**

En fonction de l'option choisie, la boîte de dialogue qui apparaît permet de saisir ou de modifier la donnée représentative de la règle à appliquer. Ici, vous pouvez modifier la première zone pour appliquer un format aux N premières valeurs.

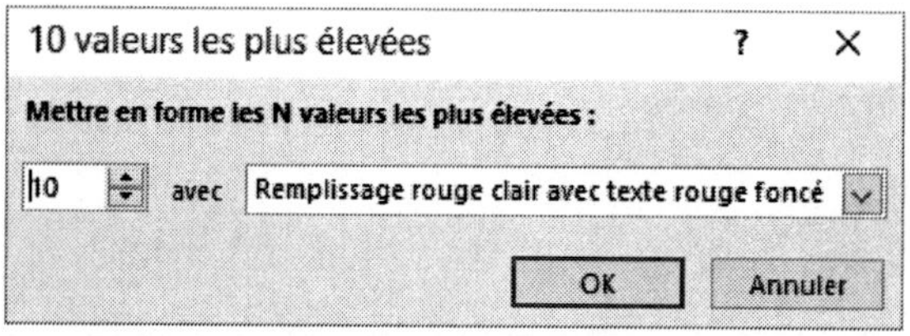

- Modifiez ou saisissez les données correspondant au format à appliquer.
- Ouvrez la liste déroulante qui suit afin de choisir le format.
- Cliquez sur le bouton **OK**.

Personnaliser le format

- Sélectionnez les cellules concernées par le format conditionnel.
- Sur l'onglet **Accueil**, cliquez sur le bouton **Mise en forme conditionnelle** du groupe **Style** et cliquez sur l'option **Nouvelle règle**.
- Dans la zone **Sélectionnez un type de règle**, sélectionnez le type de règle que vous souhaitez créer, à savoir l'une des règles commençant par l'intitulé **Appliquer une mise en forme...** ou la règle **Utiliser une formule pour déterminer pour quelles cellules le format sera appliqué**.
- Dans le cadre **Modifier la description de la règle**, précisez vos conditions d'application de la règle à l'aide des listes et des zones de saisie proposées.

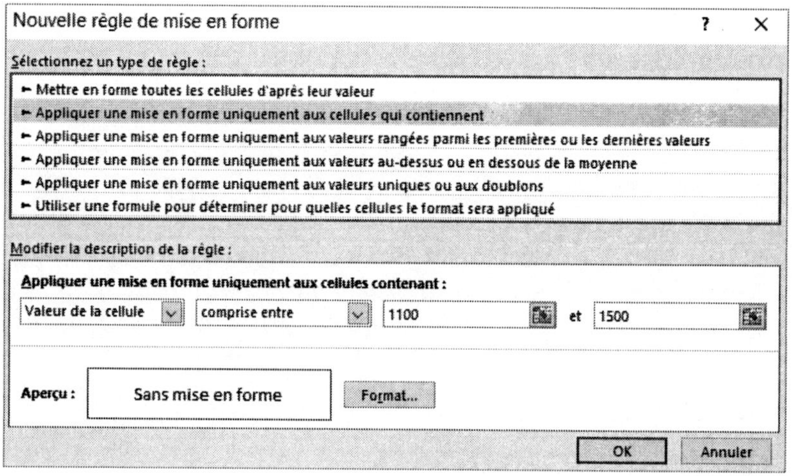

- Cliquez sur le bouton **Format** : la boîte de dialogue **Format de cellule** apparaît. Activez les différents onglets afin de personnaliser le format des cellules dont les valeurs correspondent à la condition puis cliquez sur le bouton **OK** deux fois.

Supprimer toutes les règles de mise en forme conditionnelle

Cette technique vous montre comment supprimer les formats conditionnels (liés à des règles) appliqués dans une feuille ou sur une plage de cellules.

- Activez la feuille de calcul contenant les mises en forme conditionnelles à effacer ou sélectionnez les cellules sur lesquelles sont appliquées les mises en forme conditionnelles à effacer.
- Sur l'onglet **Accueil**, cliquez sur le bouton **Mise en forme conditionnelle** du groupe **Style**, pointez l'option **Effacer les règles** puis cliquez sur l'option **Effacer les règles des cellules sélectionnées** ou **Effacer les règles de la feuille entière** selon votre souhait.

Pour redonner l'aspect d'origine aux cellules sélectionnées vous pouvez aussi utiliser l'option **Annuler la mise en forme** de la galerie **Analyse rapide** (cf. Appliquer une mise en forme conditionnelle prédéfinie).

Gérer les règles de mise en forme conditionnelle

- Sélectionnez si besoin les cellules concernées par les mises en forme conditionnelles à modifier.
- Sur l'onglet **Accueil**, cliquez sur le bouton **Mise en forme conditionnelle** du groupe **Style** et cliquez sur l'option **Gérer les règles**.

La boîte de dialogue ***Gestionnaire des règles de mise en forme conditionnelle*** *affiche les différentes règles appliquées à la sélection (ici, quatre règles).*

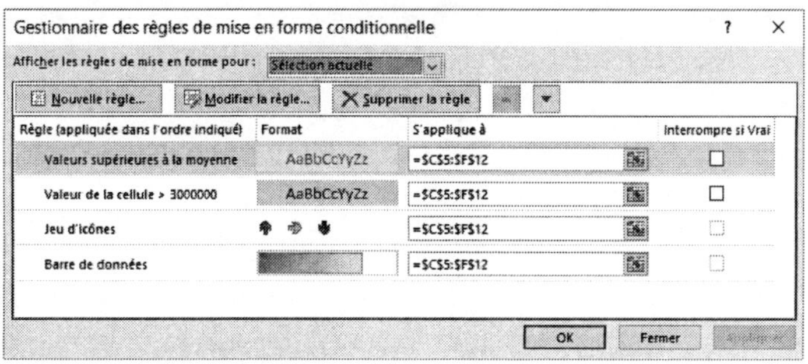

- Ouvrez la liste **Afficher les règles de mise en forme pour** puis choisissez l'option **Sélection actuelle**, **Cette feuille de calcul** ou **Feuille : x** selon le cas.
- Pour sélectionner une règle, cliquez sur la ligne correspondante.
- Pour modifier une règle, sélectionnez-la et cliquez sur le bouton **Modifier la règle** ; apportez vos modifications dans la boîte de dialogue **Modifier la règle de mise en forme**, similaire à la boîte de dialogue **Nouvelle règle de mise en forme**.
- Pour supprimer une règle, sélectionnez-la et cliquez sur le bouton **Supprimer la règle**.
- Pour modifier les cellules concernées par la règle, sélectionnez-la et utilisez le bouton de la zone **S'applique à** pour modifier la sélection. Celle-ci peut concerner des cellules situées sur une autre feuille de calcul du classeur actif.

  Pour modifier la priorité des règles, sélectionnez une des règles concernées puis cliquez sur le bouton ou .

  Une règle placée plus haut dans la liste est prioritaire sur une règle placée plus bas. Par défaut, les nouvelles règles sont toujours ajoutées en haut de la liste et ont, par conséquent, un niveau de priorité plus élevé.

- Activez la case à cocher **Interrompre si Vrai** pour qu'Excel ne teste pas les règles suivantes si la règle active est vérifiée.

  *La case à cocher **Interrompre si Vrai** permet aussi d'assurer la compatibilité avec les versions précédentes de Microsoft Excel qui ne prennent pas en charge plusieurs règles de mise en forme conditionnelle. Par exemple, si vous disposez de trois règles pour une plage de cellules, les versions d'Excel antérieures à Excel 2007 appliquent la dernière règle dans l'ordre de priorité. Si vous souhaitez que la première ou la seconde règle soit appliquée, activez la case à cocher **Interrompre si Vrai** pour cette règle.*

- Cliquez sur le bouton **OK** pour valider les modifications en fermant la boîte de dialogue **Gestionnaire des règles de mise en forme conditionnelle** ou sur le bouton **Annuler** pour ne pas les valider.

Appliquer un style de cellule

Un style est une mise en valeur prédéfinie qui peut être appliquée sur n'importe quelle cellule. Vous pouvez créer vos propres styles de cellule.

- Sélectionnez les cellules concernées par l'application du style.
- Dans l'onglet **Accueil**, cliquez sur le bouton **Styles de cellules** du groupe **Style**.

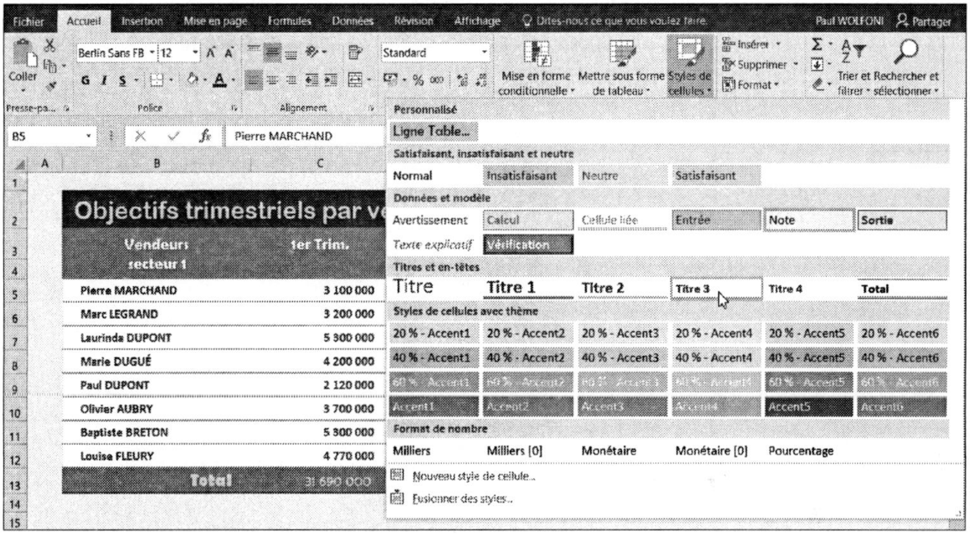

*La liste de tous les styles apparaît dans différentes catégories (**Satisfaisant, insatisfaisant et neutre**, **Données et modèle**, **Titres et en-têtes**...).*

*Selon la résolution de votre écran, il est possible que le bouton **Styles de cellules** soit remplacé par la galerie de styles : dans ce cas, cliquez sur le bouton pour afficher l'intégralité de la galerie.*

- Cliquez sur le style à appliquer.
- Pour retrouver la mise en forme appliquée avant l'application d'un style, cliquez sur le bouton **Styles de cellules** du groupe **Style** et sélectionnez le style **Normal** de la catégorie **Satisfaisant, insatisfaisant et neutre**.

Créer un style de cellule

Créer un style permet d'enregistrer la mise en forme d'une cellule afin de l'appliquer rapidement à d'autres cellules.

- Activez la cellule dont la mise en forme doit être enregistrée dans le style.
- Dans l'onglet **Accueil**, cliquez sur le bouton **Styles de cellules** du groupe **Style** puis activez l'option **Nouveau style de cellule.**
- Saisissez le **Nom du style** à créer, dans la boîte de dialogue **Style.**

  La description du style est affichée dans le cadre ***Le style inclut (par exemple).***
- Décochez les éventuelles mises en valeur à ne pas inclure dans le style.

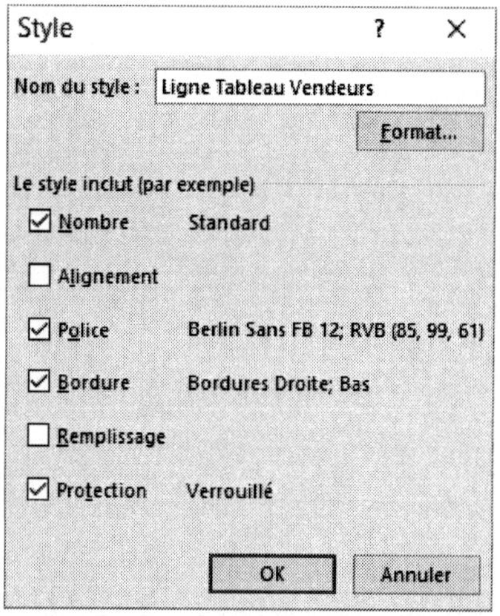

- Au besoin, modifiez certaines mises en valeur grâce au bouton **Format.**
- Validez par le bouton **OK.**

  Notez que le style ainsi créé n'est pas appliqué à la cellule active, mais vous pouvez le faire (cf. Appliquer un style de cellule). Les styles sont définis uniquement pour le classeur actif.

Les styles que vous avez créés apparaissent dans la liste **Styles de cellules**, catégorie **Personnalisé.**

Gérer les styles de cellule

- Dans l'onglet **Accueil**, cliquez sur le bouton **Styles de cellules** du groupe **Style**.
- Pour modifier un style de cellule, faites un clic droit sur le style à modifier, puis cliquez sur l'option **Modifier**. Cliquez sur le bouton **Format** de la boîte de dialogue **Style**, apportez les modifications dans la boîte de dialogue **Format de cellule** puis validez par le bouton **OK**.

  Toutes les cellules mises en forme avec le style sont immédiatement modifiées.
- Pour supprimer un style de cellule, faites un clic droit sur le style à modifier, puis cliquez sur l'option **Supprimer**.

  La suppression est immédiate : les cellules sur lesquelles le style avait été appliqué perdent leur mise en forme et retrouvent une mise en forme standard. Attention, la suppression d'un style ne peut pas être annulée.
- Pour insérer la liste des styles de cellule à la barre d'outils Accès rapide, faites un clic droit sur un des styles puis cliquez sur l'option **Ajouter la galerie à la barre d'outils Accès rapide**.
- Pour intégrer les styles de cellule d'un autre classeur (ce dernier doit être ouvert), cliquez sur l'option **Fusionner des styles** de la boîte de dialogue **Style**, puis faites un double clic sur le classeur contenant les styles à utiliser. Cliquez sur le bouton **Oui** si vous souhaitez fusionner les styles portant des noms identiques, ou cliquez sur **Non** si vous souhaitez conserver les styles du classeur actif intacts.

Appliquer un style de tableau

Cette technique permet d'appliquer un format prédéfini au tableau.

- Sélectionnez les cellules sur lesquelles vous souhaitez appliquer le style de tableau ou, pour l'appliquer à l'ensemble du tableau, cliquez dans une cellule quelconque du tableau concerné.
- Dans l'onglet **Accueil**, cliquez sur le bouton **Mettre sous forme de tableau** du groupe **Style** et, dans la liste qui s'affiche, cliquez sur le style de tableau à appliquer.

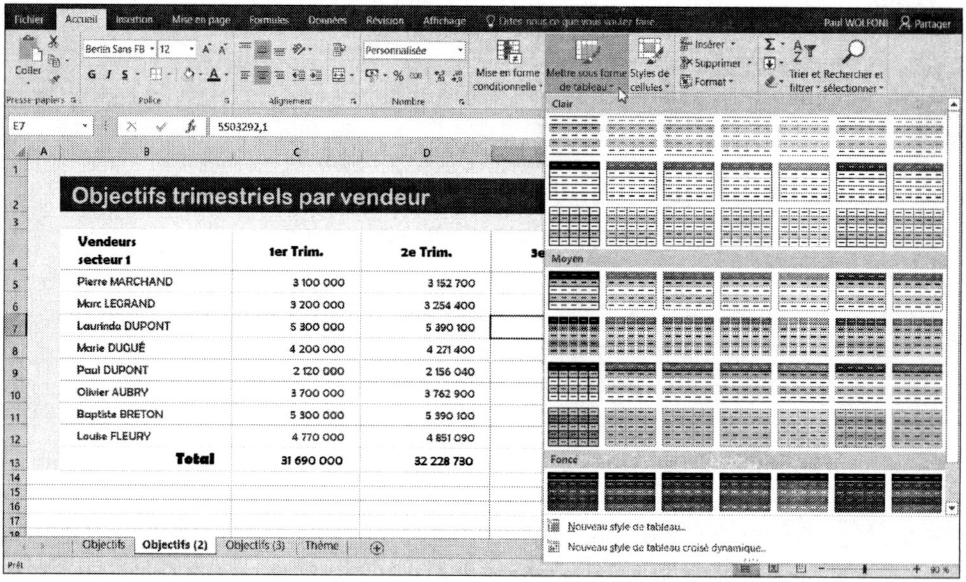

*La boîte de dialogue **Mettre sous forme de tableau** s'affiche et vous propose de convertir la sélection des cellules en tableau de données (cf. chapitre Tableaux de données) ; la sélection des cellules apparaît dans la zone **Où se trouvent les données de votre tableau ?** et elle est matérialisée par un cadre en pointillés dans la feuille de calcul :*

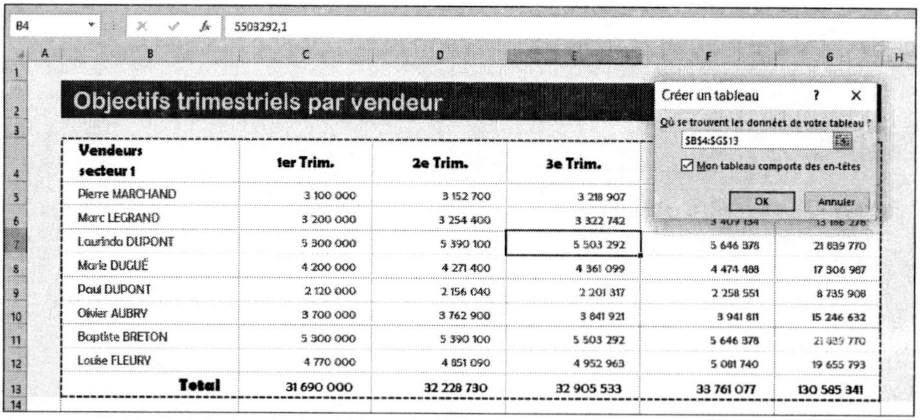

- Si la sélection proposée n'est pas correcte, sélectionnez directement dans la feuille de calcul les cellules concernées par le format.
- Si le tableau comporte des en-têtes de colonne, cochez, si besoin, l'option **Mon tableau comporte des en-têtes.**

  Dans notre exemple, la ligne 4 contient les en-têtes de colonne du tableau.

- Cliquez sur le bouton **OK.**

  *Le style de tableau choisi s'applique alors aux cellules du tableau. Excel ayant converti les cellules en tableau de données, les en-têtes de colonnes du tableau présentent maintenant un bouton permettant d'ouvrir une liste déroulante pour filtrer ou trier les données. Un nouvel onglet nommé **Outils de tableau - Création** apparaît. Vous pouvez utiliser les outils qu'il propose pour personnaliser ou modifier le tableau (cf. chapitre Tableaux de données).*

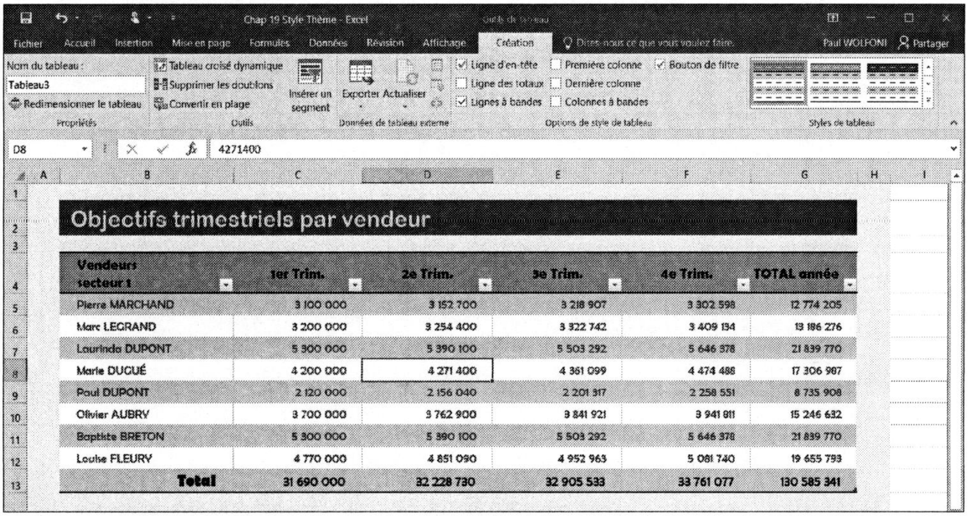

- Si vous souhaitez conserver le style du tableau sans qu'il soit converti en tableau de données, cliquez sur le bouton **Convertir en plage** de l'onglet **Outils de tableau - Création** (groupe **Outils**) puis cliquez sur le bouton **Oui** du message de confirmation qui s'affiche.

Appliquer un thème au classeur

Un thème est un ensemble d'éléments de mises en forme qui inclut des couleurs, des polices (y compris des polices d'en-tête et de corps de texte) et des effets graphiques (y compris des lignes et des effets de remplissage) qui donnent un aspect cohérent à votre classeur. Lorsque vous changez le thème, cela affecte immédiatement la présentation des cellules sur lesquelles des styles ont été appliqués.

- Activez la feuille de calcul concernée par l'application du thème.
- Activez l'onglet **Mise en page** et cliquez sur le bouton **Thèmes** du groupe **Thèmes.**

La liste des thèmes prédéfinis apparaît.

- Faites glisser la souris (sans cliquer !) sur les thèmes pour visualiser directement la mise en forme dans votre feuille de calcul.

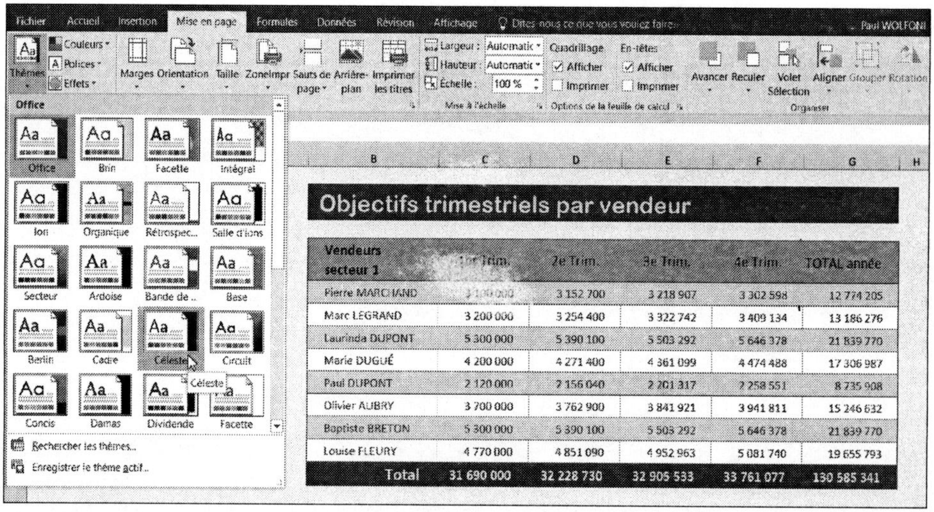

- Lorsque vous avez choisi le thème, cliquez sur son nom.

Le thème appliqué modifie la présentation des cellules mises en forme avec des styles.

Le thème utilisé par défaut est le thème nommé **Office**.

Si le thème que vous voulez utiliser n'est pas répertorié, cliquez sur l'option **Rechercher les thèmes** pour le trouver sur votre ordinateur ou sur un emplacement du réseau.

Personnaliser les couleurs du thème

Les couleurs du thème contiennent deux couleurs de texte, deux couleurs de fond de cellules, six couleurs d'accentuation et deux couleurs de lien hypertexte.

Modifier l'ensemble des couleurs associé au thème

- Activez l'onglet **Mise en page** et cliquez sur le bouton **Couleurs** du groupe **Thèmes.**
- Faites glisser la souris (sans cliquer !) sur les différents ensembles de couleurs pour visualiser directement l'effet produit dans la feuille de calcul.

  *Les quatre couleurs de texte et de fond sont représentées par les couleurs du bouton **Couleurs** ; les huit autres couleurs apparaissent à gauche du nom de l'ensemble de couleurs lorsque vous ouvrez la liste.*
- Lorsque vous avez choisi l'ensemble de couleurs, cliquez sur son nom.

Créer un ensemble de couleurs

- Cliquez sur le bouton **Couleurs** du groupe **Thèmes** de l'onglet **Mise en page** puis sur l'option **Personnaliser les couleurs** qui apparaît à la fin de la liste.

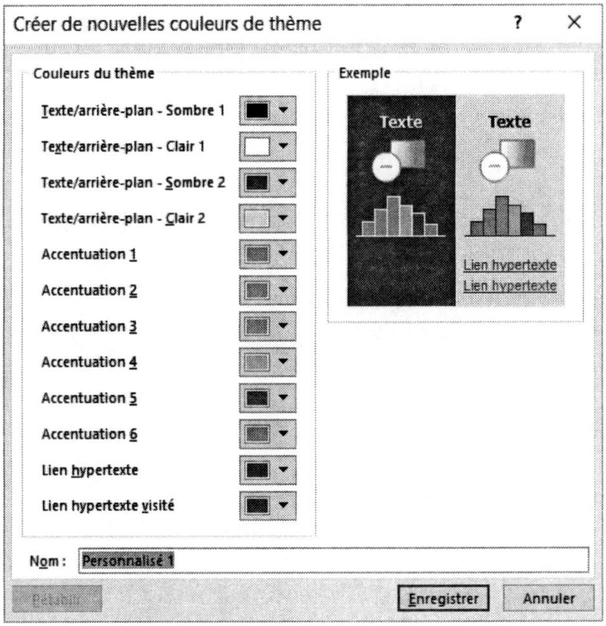

- Dans la zone **Couleurs du thème**, cliquez sur le bouton correspondant à l'élément dont vous voulez changer la couleur puis sélectionnez la couleur.

  *La zone **Exemple** se modifie en fonction des choix effectués.*

- Lorsque toutes les couleurs ont été définies, accédez à la zone **Nom**, sélectionnez le nom provisoire puis saisissez un nom approprié pour les nouvelles couleurs du thème.

  *Si vous souhaitez retrouver les couleurs d'origine de chaque élément, cliquez sur le bouton **Rétablir**.*

- Cliquez sur le bouton **Enregistrer**.

Les jeux de couleurs créés apparaissent dans la liste associée au bouton **Couleurs**, sous la catégorie **Personnalisé**.

Personnaliser les polices du thème

Les polices du thème contiennent une police de titre et une police de corps de texte.

Modifier le jeu de polices associé au thème

- Activez l'onglet **Mise en page** et cliquez sur le bouton **Polices** du groupe **Thèmes**.
- Faites glisser la souris (sans cliquer !) sur les différentes polices pour visualiser l'effet produit dans la feuille de calcul.
- Lorsque vous l'avez choisi, cliquez sur le nom de la police souhaitée.

Créer un jeu de polices

Vous pouvez modifier deux polices pour créer votre propre jeu de polices du thème.

- Cliquez sur le bouton **Polices** du groupe **Thèmes** de l'onglet **Mise en page** puis sur l'option **Personnaliser les polices** qui apparaît à la fin de la liste.
- Sélectionnez les polices que vous voulez utiliser dans les zones **Police du titre** et **Police du corps du texte**.

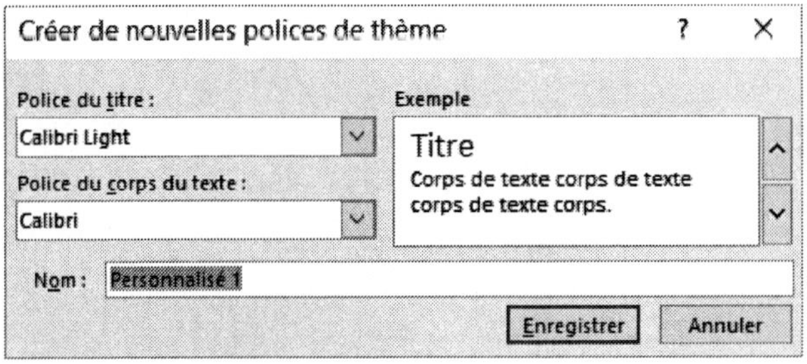

La zone ***Exemple*** *affiche un aperçu des polices sélectionnées.*

- Dans la zone **Nom**, saisissez un nom approprié pour le nouveau jeu de polices.
- Cliquez sur le bouton **Enregistrer**.

Les jeux de polices créés apparaissent dans la liste associée au bouton **Polices**, sous la catégorie **Personnalisé**.

Personnaliser les effets du thème

Les effets du thème sont des jeux de lignes et d'effets de remplissage. Bien que vous ne puissiez pas créer votre propre jeu d'effets, vous pouvez modifier celui qui est associé au thème actif.

- Activez l'onglet **Mise en page** et cliquez sur le bouton **Effets** du groupe **Thèmes**.

Vous visualisez les lignes et les effets de remplissage utilisés dans chaque jeu d'effets de thème pour les objets graphiques.

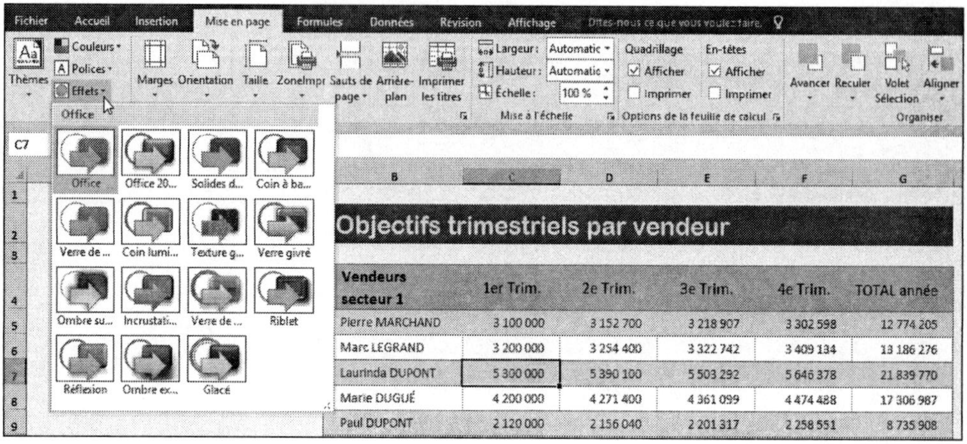

- Faites glisser la souris sur les différents effets proposés puis, lorsque vous l'avez choisi, cliquez sur celui qui vous convient.

Enregistrer un thème

Tous les changements apportés aux couleurs, aux polices ou aux effets de ligne et de remplissage d'un thème peuvent être enregistrés en tant que thème personnalisé, que vous pouvez ensuite appliquer à d'autres classeurs.

- Réalisez vos modifications sur le thème actif (personnalisez les couleurs, les polices, les effets).
- Activez l'onglet **Mise en page** et cliquez sur le bouton **Thèmes** du groupe **Thèmes**.
- Cliquez sur l'option **Enregistrer le thème actif**.
- Saisissez le nom souhaité dans la zone **Nom de fichier**.

  Le dossier d'enregistrement des thèmes personnalisés est activé ; il s'agit du dossier :

  C:\Utilisateurs\Nom de l'utilisateur\AppData\Roaming\Microsoft\Templates\Document Themes

- Cliquez sur le bouton **Enregistrer**.

Les thèmes personnalisés créés apparaissent dans la liste associée au bouton **Thèmes**, sous la catégorie **Personnalisé**.

Le type de fichier d'un thème est **Thème Office (*.thmx)**.

Trier les données d'un tableau selon un seul critère portant sur les valeurs

Excel 2016 vous permet de trier rapidement un tableau d'après les valeurs contenues dans l'une de ses colonnes.

- Sélectionnez, si besoin, les cellules à trier.

  Si tout le tableau doit être trié et si celui-ci ne contient pas de ligne ou de colonne vierge ou de cellules fusionnées, il n'est pas nécessaire d'effectuer une sélection.

- Cliquez dans une des cellules de la colonne en fonction de laquelle vous souhaitez trier ; si vous avez effectué une sélection, utilisez les touches ⇥ ou ⇧ ⇥ pour accéder à cette colonne.

- Cliquez sur le bouton **Trier et filtrer** de l'onglet **Accueil**, groupe **Édition** puis sur l'option **Trier de A à Z** pour trier dans un ordre croissant (de A à Z ou de 0 à 9) ou sur l'option **Trier de Z à A** pour trier dans un ordre décroissant (de Z à A ou de 9 à 0).

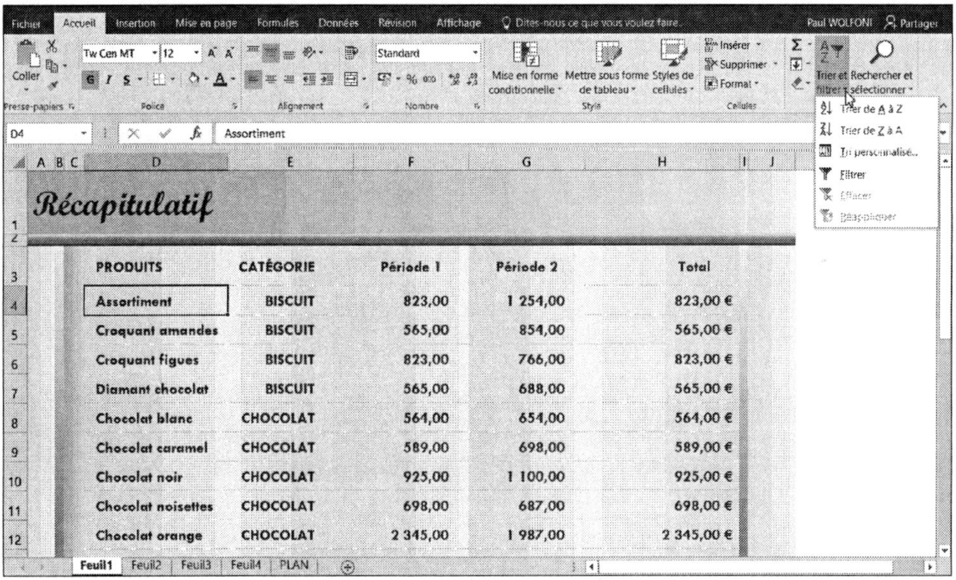

*Ces options portent des noms différents en fonction du contenu des cellules sélectionnées : **Trier de A à Z** ou **Trier de Z à A** pour du texte, **Trier du plus petit au plus grand** ou **Trier du plus grand au plus petit** pour des nombres ou **Trier du plus ancien au plus récent** ou **Trier du plus récent au plus ancien** pour des dates.*

Vous retrouvez les outils [A↓Z] et [Z↓A] dans le groupe **Trier et filtrer** de l'onglet **Données** ainsi qu'à partir des listes déroulantes d'un tableau de données (cf. Tableaux de données - Créer un tableau de données et/ou Filtre des données - Activer le filtrage automatique).

Pour trier les données d'un tableau selon plusieurs critères, reportez-vous au titre correspondant, un peu plus loin dans ce chapitre.

Pour annuler un tri, vous pouvez cliquer sur le bouton **Annuler** de la barre d'outils **Accès rapide** ou utiliser le raccourci-clavier [Ctrl] **Z**.

Trier les données selon une couleur de cellule, de police ou selon un jeu d'icônes

Si vous avez appliqué une couleur de cellule ou de police à une plage de cellules ou à une colonne du tableau, vous pouvez effectuer un tri en fonction de ces couleurs. Vous pouvez aussi trier en fonction d'un jeu d'icônes créé par une mise en forme conditionnelle (voir chapitre correspondant).

- Sélectionnez si besoin, les cellules à trier.
- Cliquez sur le bouton **Trier et filtrer** de l'onglet **Accueil**, groupe **Édition** puis sur l'option **Tri personnalisé**.

  *La boîte de dialogue **Tri** s'affiche.*
- Cochez l'option **Mes données ont des en-têtes** si la première ligne de la sélection contient les intitulés des colonnes et ne doit donc pas être triée.
- Ouvrez la liste **Trier par** et choisissez la colonne qui contient la couleur ou les icônes qui doivent servir de critère de tri.
- Dans la liste **Trier sur**, activez l'une des options suivantes :

  Couleur de cellule pour effectuer un tri par couleur de cellule,

  Couleur de police pour effectuer un tri par couleur de police,

  Icône de cellule pour trier par jeu d'icônes.
- Ouvrez la première liste déroulante de la zone **Ordre** et choisissez, selon le type de tri, la couleur de cellule, la couleur de police ou l'icône selon laquelle les données doivent être triées.

- Ouvrez la seconde liste déroulante de la zone **Ordre** et choisissez l'option **En haut** pour afficher les lignes correspondantes à la couleur ou à l'icône choisie vers le haut ou l'option **En bas** dans le cas contraire.

  Sur cet exemple, les lignes dont les cellules de la colonne ***MONTANT*** *contiennent une icône en forme de triangle seront affichées en premier.*

- Cliquez sur le bouton **OK** pour lancer le tri.

Vous retrouverez également ce critère de tri à partir des listes déroulantes d'un tableau de données (cf. Tableaux de données - Créer un tableau de données et/ou Filtre des données - Activer le filtrage automatique).

Trier les données d'un tableau selon plusieurs critères

Avec Excel 2016, vous pouvez combiner jusqu'à 64 critères de tri.

- Sélectionnez, si besoin, les cellules à trier.
- Cliquez sur le bouton **Trier et filtrer** de l'onglet **Accueil**, groupe **Édition** puis sur l'option **Tri personnalisé.**
- Cochez l'option **Mes données ont des en-têtes** si la première ligne de la sélection contient les intitulés des colonnes et ne doit donc pas être triée.

Trier selon plusieurs critères portant sur les valeurs

Vous pouvez trier un tableau par rapport aux valeurs de plusieurs colonnes (par exemple, un tableau présentant des notes peut être trié par rapport au nom de l'élève, à son prénom, à sa date de naissance, à ses notes...).

- Accédez à la boîte de dialogue **Tri** : cliquez sur le bouton **Trier et filtrer** de l'onglet **Accueil** - groupe **Edition** puis sur l'option **Tri personnalisé**.

- Précisez le premier critère de tri :
  - ouvrez la liste **Trier par** et sélectionnez la colonne en fonction de laquelle il faut trier,
  - ouvrez, si besoin, la liste **Trier sur** et activez l'option **Valeurs**,
  - ouvrez la liste **Ordre** et choisissez l'ordre de tri :

    croissant, avec l'option **De A à Z** si la colonne contient du texte, l'option **Du plus petit au plus grand** si la colonne contient des valeurs numériques ou l'option **Du plus ancien au plus récent** si la colonne contient des dates ;

    décroissant, avec l'option **De Z à A** si la colonne contient du texte, l'option **Du plus grand au plus petit** si la colonne contient des valeurs numériques ou l'option **Du plus récent au plus ancien** si la colonne contient des dates.
- Cliquez sur le bouton **Ajouter un niveau** pour afficher une seconde ligne de critères.
- Précisez le second critère de tri :
  - ouvrez la liste **Puis par** et choisissez la seconde colonne devant servir de critère de tri,
  - vérifiez que la liste **Trier sur** affiche l'option **Valeurs**,
  - précisez l'**Ordre** de tri.
- Reprenez les deux dernières manipulations si vous souhaitez définir d'autres critères.

  *Ici, le tableau sera trié en fonction des notes générales (colonne **RÉSULTATS**) puis, si deux élèves ont la même note, par nom puis par prénom et enfin par date de naissance.*

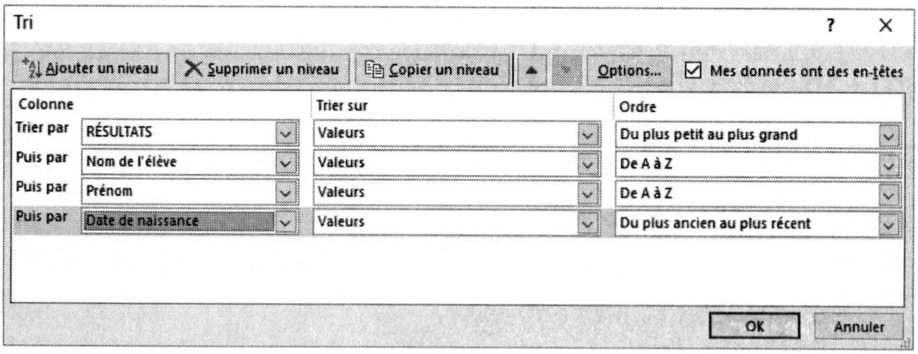

- Cliquez sur le bouton **OK** pour lancer le tri.

Trier selon plusieurs critères de couleurs ou d'icônes

Vous pouvez trier le tableau en fonction de plusieurs couleurs de cellules et/ou de police et de jeux d'icônes d'une même colonne.

- Dans la boîte de dialogue **Tri**, précisez le premier critère de tri.
- Cliquez sur le bouton **Ajouter un niveau** pour afficher une seconde ligne de critères.
- Précisez le second critère de tri :
  - ouvrez la liste **Puis par** et veillez à sélectionner la même colonne que pour le premier critère,
  - ouvrez la liste **Trier sur** et choisissez l'élément sur lequel le tri doit se faire,
  - précisez l'**Ordre** de tri.
- Reprenez les deux dernières manipulations si vous souhaitez ajouter d'autres critères.

*Sur cet exemple, le tableau sera trié en fonction de deux des couleurs de fond des cellules de la colonne **Nom de l'élève**.*

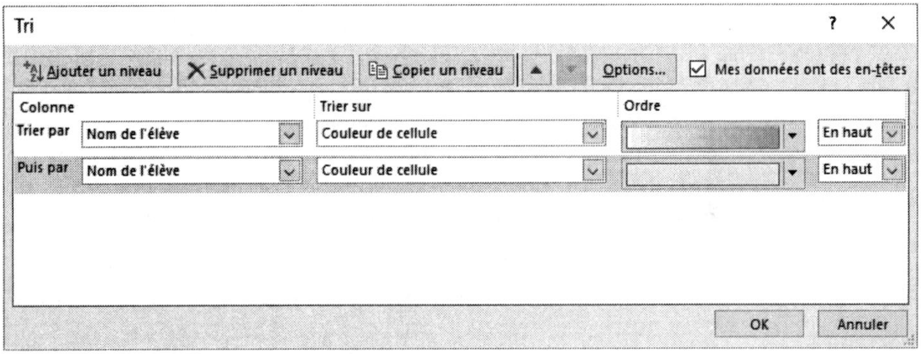

- Cliquez sur le bouton **OK** pour lancer le tri.

Vous pouvez combiner plusieurs critères basés sur le contenu des cellules et/ou sur leurs mises en forme (couleur de fond, de police et/ou de jeu d'icônes).

Gérer les critères de tri

- Accédez à la boîte de dialogue **Tri**.
- Pour sélectionner un critère, cliquez au début de la ligne (sur l'intitulé **Trier par** ou **Puis par**).

- Pour modifier l'ordre des critères, sélectionnez la ligne correspondant au critère à déplacer et cliquez sur le bouton pour le faire "monter" dans la liste ou sur le bouton pour le faire "descendre".
- Pour supprimer un critère, sélectionnez la ligne correspondante puis cliquez sur le bouton **Supprimer un niveau.**
- Pour copier un critère, sélectionnez-le puis cliquez sur le bouton **Copier un niveau.**

Le bouton **Options** de la boîte de dialogue **Tri** permet d'activer l'option **Respecter la casse** pour différencier les majuscules des minuscules et/ou modifier l'**Orientation** afin de trier des colonnes plutôt que des lignes.

Utiliser un plan

Un plan vous permet de visualiser ou d'afficher et d'imprimer uniquement les résultats principaux d'un tableau, sans le détail des lignes ou colonnes.

Créer un plan automatiquement

Si vous avez synthétisé votre tableau à l'aide de formules (somme, moyenne...), vous pouvez créer un plan automatique.

- Sélectionnez le tableau concerné ou cliquez dans une cellule quelconque du tableau.
- Activez l'onglet **Données**, ouvrez la liste du bouton **Grouper** du groupe **Plan**, et sélectionnez l'option **Plan automatique**.

Des boutons permettant de gérer les différents niveaux du plan apparaissent à gauche et/ou au-dessus de la feuille de calcul. Ce plan est composé de trois niveaux : le niveau 3 correspond aux lignes de détail (ligne 4 à 7 et 9 à 14), le niveau 2 correspond aux totaux par type de dépenses (lignes 8 et 15). Le niveau 1 correspond au total des dépenses (ligne 16). Tous les niveaux sont ici développés.

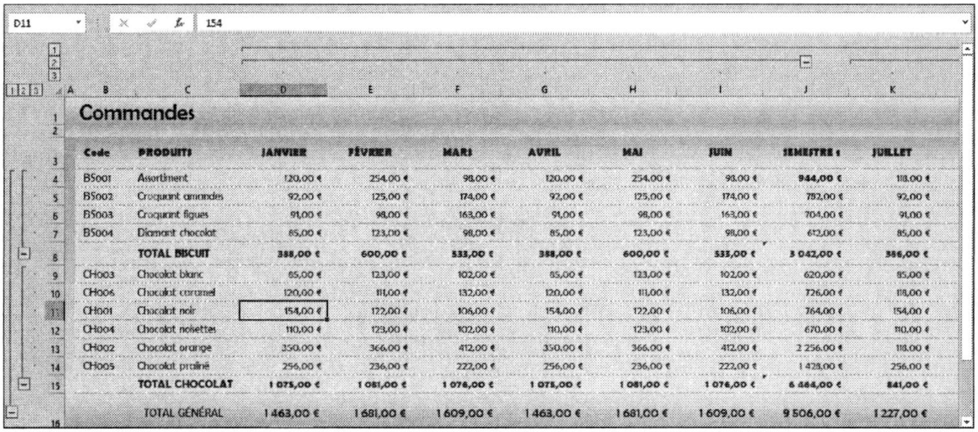

Code	PRODUITS	JANVIER	FÉVRIER	MARS	AVRIL	MAI	JUIN	SEMESTRE 1	JUILLET
BS001	Assortiment	120,00 €	254,00 €	98,00 €	120,00 €	254,00 €	98,00 €	944,00 €	118,00 €
BS002	Croquant amandes	92,00 €	125,00 €	174,00 €	92,00 €	125,00 €	174,00 €	782,00 €	92,00 €
BS003	Croquant figues	91,00 €	98,00 €	163,00 €	91,00 €	98,00 €	163,00 €	704,00 €	91,00 €
BS004	Diamant chocolat	85,00 €	123,00 €	98,00 €	85,00 €	123,00 €	98,00 €	612,00 €	85,00 €
	TOTAL BISCUIT	388,00 €	600,00 €	533,00 €	388,00 €	600,00 €	533,00 €	3 042,00 €	386,00 €
CH003	Chocolat blanc	85,00 €	123,00 €	102,00 €	85,00 €	123,00 €	102,00 €	620,00 €	85,00 €
CH006	Chocolat caramel	120,00 €	111,00 €	132,00 €	120,00 €	111,00 €	132,00 €	726,00 €	118,00 €
CH001	Chocolat noir	154,00 €	122,00 €	106,00 €	154,00 €	122,00 €	106,00 €	764,00 €	154,00 €
CH004	Chocolat noisettes	110,00 €	123,00 €	102,00 €	110,00 €	123,00 €	102,00 €	670,00 €	110,00 €
CH002	Chocolat orange	350,00 €	366,00 €	412,00 €	350,00 €	366,00 €	412,00 €	2 256,00 €	118,00 €
CH005	Chocolat praliné	256,00 €	236,00 €	222,00 €	256,00 €	236,00 €	222,00 €	1 428,00 €	256,00 €
	TOTAL CHOCOLAT	1 075,00 €	1 081,00 €	1 076,00 €	1 075,00 €	1 081,00 €	1 076,00 €	6 464,00 €	841,00 €
	TOTAL GÉNÉRAL	1 463,00 €	1 681,00 €	1 609,00 €	1 463,00 €	1 681,00 €	1 609,00 €	9 506,00 €	1 227,00 €

Si vous ne visualisez pas les symboles du plan ⊟ et ⊞, cliquez sur l'onglet **Fichier** puis sur **Options** ; dans la catégorie **Options avancées**, faites défiler les options jusqu'au groupe **Options d'affichage de la feuille de calcul** et cochez l'option **Afficher les symboles du plan si un plan est appliqué.**

Créer un plan manuellement

Il s'agit de regrouper les lignes et/ou colonnes du tableau selon un ou plusieurs niveaux.

- Sélectionnez les lignes (colonnes) adjacentes devant faire partie d'un même niveau de plan (sans inclure l'éventuelle ligne de synthèse associée à la sélection).
- Activez l'onglet **Données** et cliquez sur l'outil **Grouper** du groupe **Plan.**
- Activez l'option **Lignes** ou **Colonnes** selon le type de groupement à effectuer puis validez par **OK.**
- Pour insérer ou retirer une colonne (ligne) dans le groupe de niveau précédent, sélectionnez la colonne (ou la ligne) puis cliquez à nouveau sur le bouton **Grouper** ou sur le bouton **Dissocier** selon le cas, du groupe **Plan.**
- Activez l'option **Lignes** ou **Colonnes** selon le cas puis validez par **OK.**

Exploiter le plan

- Pour masquer les colonnes ou les lignes subordonnées, cliquez sur le bouton correspondant.
- Pour masquer tous les groupes de même niveau, cliquez sur le bouton numéroté correspondant au niveau.

  Sur cet exemple, les lignes et les colonnes appartenant au niveau 3 ne sont plus visibles. Les boutons se transforment en .

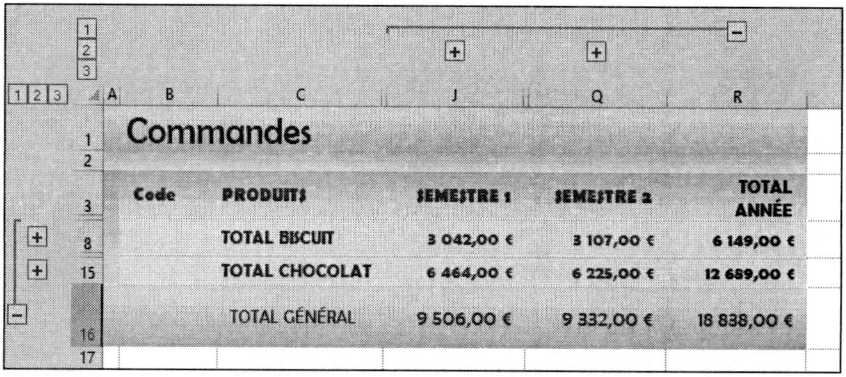

- Pour afficher à nouveau les colonnes ou lignes subordonnées, cliquez sur chaque bouton ou cliquez sur le bouton correspondant au niveau suivant.

Supprimer un plan

- Activez la feuille contenant le plan.
- Dans l'onglet **Données**, ouvrez la liste associée au bouton **Dissocier** du groupe **Plan** puis cliquez sur l'option **Effacer le plan**.

Si vous supprimez un plan alors que les données de détail sont masquées, il est possible que les lignes ou les colonnes de détail restent masquées. Dans ce cas, pour afficher de nouveau les données, sélectionnez les lignes ou les colonnes visibles, affichez le menu contextuel de la sélection et activez l'option **Afficher**.

Activer le filtrage automatique

Le filtrage automatique vous permet de filtrer les données d'un tableau afin d'afficher uniquement les lignes qui correspondent aux critères que vous spécifiez.

Si la plage de cellules a été convertie en tableau de données (cf. Tableaux de données - Créer un tableau de données), la fonction ***filtrage automatique*** *est déjà activée et les boutons de listes déroulantes apparaissent dans les en-têtes de colonnes.*

- Activez une des cellules de la plage de cellules concernée.
- Cliquez sur le bouton **Trier et filtrer** de l'onglet **Accueil**, groupe **Édition** puis sur l'option **Filtrer**.

Des boutons de listes déroulantes apparaissent dans chaque cellule d'en-tête de colonne : cela indique que le filtrage est activé mais aucun filtre n'est encore appliqué.

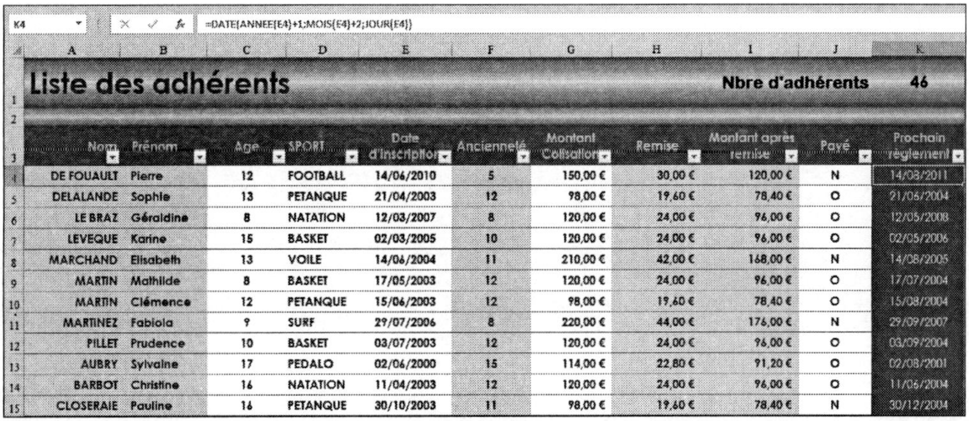

Nom	Prénom	Age	SPORT	Date d'inscription	Ancienneté	Montant Cotisation	Remise	Montant après remise	Payé	Prochain règlement
DE FOUAULT	Pierre	12	FOOTBALL	14/06/2010	5	150,00 €	30,00 €	120,00 €	N	14/08/2011
DELALANDE	Sophie	13	PETANQUE	21/04/2003	12	98,00 €	19,60 €	78,40 €	O	21/06/2004
LE BRAZ	Géraldine	8	NATATION	12/03/2007	8	120,00 €	24,00 €	96,00 €	O	12/05/2008
LEVEQUE	Karine	15	BASKET	02/03/2005	10	120,00 €	24,00 €	96,00 €	O	02/05/2006
MARCHAND	Elisabeth	13	VOILE	14/06/2004	11	210,00 €	42,00 €	168,00 €	N	14/08/2005
MARTIN	Mathilde	8	BASKET	17/05/2003	12	120,00 €	24,00 €	96,00 €	O	17/07/2004
MARTIN	Clémence	12	PETANQUE	15/06/2003	12	98,00 €	19,60 €	78,40 €	O	15/08/2004
MARTINEZ	Fabiola	9	SURF	29/07/2006	8	220,00 €	44,00 €	176,00 €	N	29/09/2007
PILLET	Prudence	10	BASKET	03/07/2003	12	120,00 €	24,00 €	96,00 €	O	03/09/2004
AUBRY	Sylvaine	17	PEDALO	02/06/2000	15	114,00 €	22,80 €	91,20 €	O	02/08/2001
BARBOT	Christine	16	NATATION	11/04/2003	12	120,00 €	24,00 €	96,00 €	O	11/06/2004
CLOSERAIE	Pauline	16	PETANQUE	30/10/2003	11	98,00 €	19,60 €	78,40 €	N	30/12/2004

- Créez les filtres souhaités (cf. ci-après Filtrer des données selon un contenu ou une mise en forme).

Vous pouvez créer trois types de filtre : par valeurs de liste, par format ou par critères. Une fois les données filtrées, vous pouvez les copier, les modifier, les mettre en forme, les représenter sous forme de graphique et les imprimer sans les réorganiser ni les déplacer.

- Pour désactiver le filtrage automatique, cliquez de nouveau sur le bouton **Trier et filtrer** de l'onglet **Accueil**, groupe **Édition** puis sur l'option **Filtrer**.

  Le fait de désactiver le filtrage automatique entraîne l'annulation d'éventuels filtres donc l'affichage de toutes les données.

Filtrer des données selon un contenu ou une mise en forme

Grâce au filtre automatique, vous pouvez filtrer vos données en fonction du contenu des cellules, de leur couleur de fond, de leur couleur de police ou de leur mise en forme conditionnelle par jeux d'icônes.

Filtrer selon certaines valeurs de la colonne

- Activez le filtrage automatique.
- Ouvrez la liste déroulante associée à la colonne contenant les valeurs en fonction desquelles vous souhaitez filtrer.

  *Le menu **Filtre automatique** s'ouvre et affiche la liste de toutes les valeurs contenues dans la colonne active (jusqu'à 10 000 valeurs). Par défaut, les cases à cocher correspondantes sont activées : vous visualisez toutes les valeurs de la colonne. Vous retrouvez également dans ce menu, les options de tri.*

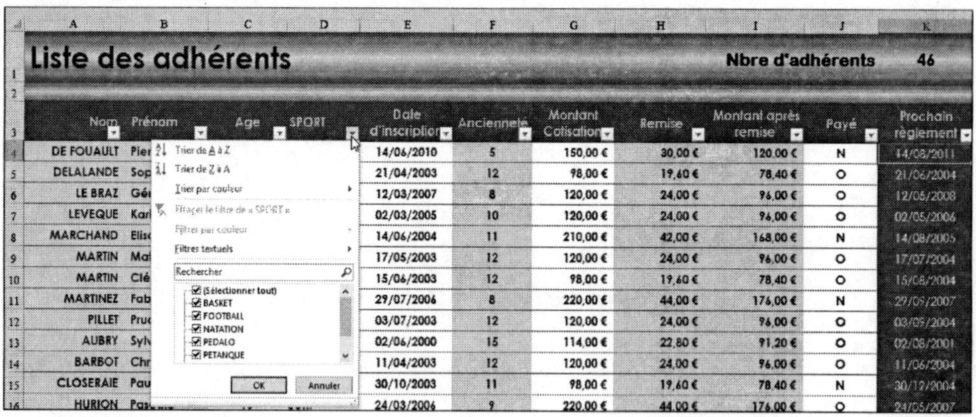

*Vous pouvez modifier les dimensions du menu **Filtre automatique** en faisant glisser la bordure inférieure.*

- Pour masquer certaines valeurs, décochez les cases à cocher correspondantes.

- Pour afficher quelques valeurs, il est plus rapide de décocher l'option **(Sélectionner tout)** puis de cocher les valeurs à afficher.
- Pour rechercher une valeur précise, saisissez-la dans la zone **Rechercher**.

  Si la valeur existe dans la colonne, elle est aussitôt sélectionnée. Dans le cas contraire, le message ***Aucune correspondance*** *apparaît à la place de la liste des valeurs.*

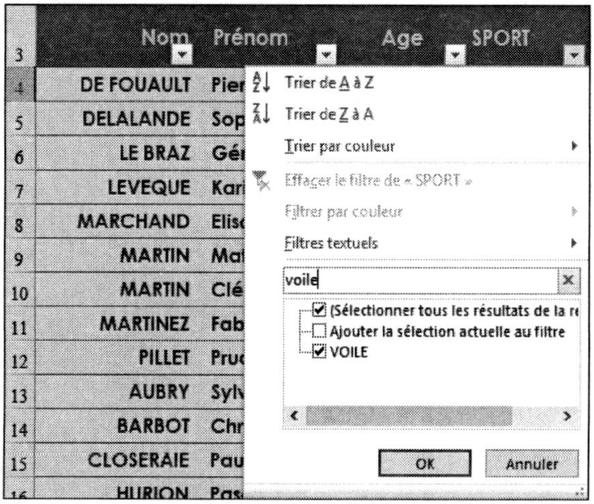

- Pour afficher de nouveau la liste complète des valeurs, cliquez sur la croix située à droite de la zone de recherche.
- Pour filtrer les cellules non vides, activez l'option **(Sélectionner tout)** puis désactivez l'option **(Vides)** située en bas de la liste des valeurs ; au contraire, pour filtrer les cellules vides, désactivez l'option **(Sélectionner tout)** et activez l'option **(Vides)**.

  L'option ***(Vides)*** *n'apparaît pas si la colonne ne contient pas de cellules vides.*

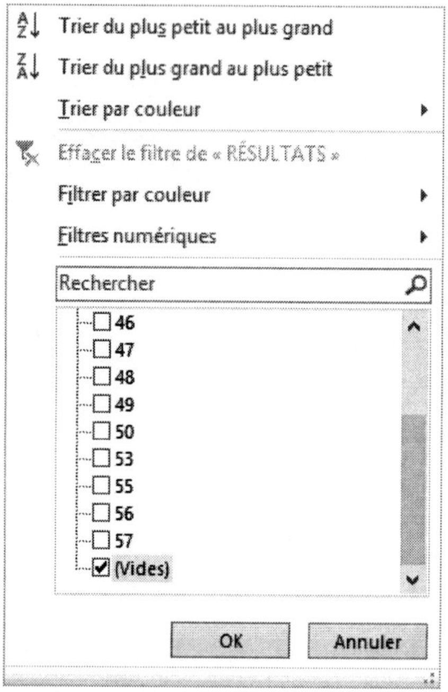

- Cliquez sur le bouton **OK**.

  Seules les lignes correspondant aux valeurs sélectionnées sont visibles. Le bouton de la liste déroulante apparaît sous la forme suivante : . Si vous pointez ce bouton, une info-bulle affiche le filtre qui est appliqué à la colonne.

  Vous pouvez personnaliser vos critères de filtre ou utiliser des filtres spécifiques aux données de type numérique, date...

Filtrer selon une couleur de cellule, de police ou un jeu d'icônes

Si vous avez appliqué dans votre tableau une couleur de cellule ou de police, ou encore une mise en forme conditionnelle sous forme de jeu d'icônes, vous pouvez filtrer les données en fonction d'une de ces couleurs ou du jeu d'icônes.

- Activez le filtrage automatique et ouvrez la liste déroulante associée à la colonne.
- Activez l'option **Filtrer par couleur**.

Cette option n'est pas disponible si la colonne ne contient pas de couleur ou de jeu d'icônes.

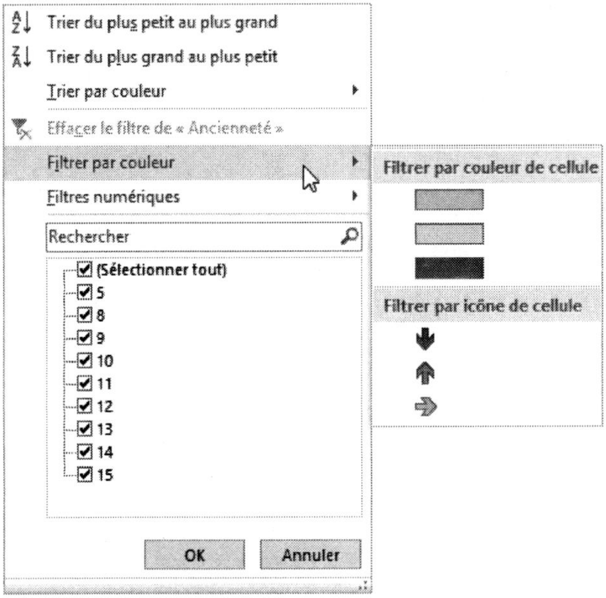

*Les options **Filtrer par couleur de cellule**, **Filtrer par couleur de police** et **Filtrer par icône de cellule** s'affichent ou non en fonction du type de format appliqué dans la colonne.*

- Selon le type de format, cliquez sur une couleur de cellule, une couleur de police ou une icône du jeu d'icônes.

Vous ne pouvez pas combiner ces trois types de filtre.

Filtrer selon le contenu ou la mise en forme de la cellule active

Vous pouvez filtrer rapidement les données en fonction de la valeur contenue dans une cellule précise.

- Activez le filtrage automatique.
- Cliquez avec le bouton droit de la souris sur une cellule contenant la valeur, la couleur, la couleur de police ou l'icône en fonction de laquelle les données doivent être filtrées.

- Activez l'option **Filtrer** et cliquez sur l'une des options suivantes :

  Filtrer par la valeur de la cellule sélectionnée pour filtrer selon le contenu texte, nombre, date ou heure de la cellule.

  Filtrer par la couleur de la cellule sélectionnée pour filtrer selon la couleur de la cellule sélectionnée.

  Filtrer par la couleur de police de la cellule sélectionnée pour filtrer selon la couleur de police de la cellule sélectionnée.

  Filtrer par l'icône de la cellule sélectionnée pour filtrer selon l'icône visible dans la cellule sélectionnée.

Filtrer selon un critère personnalisé

Il s'agit de filtrer les données selon certaines valeurs contenues dans la colonne ; en fonction du type de données de la colonne, Excel propose trois types de filtre : des filtres numériques (pour des données de type numérique), des filtres chronologiques (pour les données de type date) ou des filtres de texte (pour des données alphanumériques).

- Activez le filtrage automatique et ouvrez la liste déroulante associée à la colonne contenant les données en fonction desquelles vous souhaitez filtrer.
- Cliquez, selon le type de données de la colonne, sur l'option **Filtres numériques**, **Filtres chronologiques** ou **Filtres textuels**.
- Cliquez sur l'option **Filtre personnalisé** ou sur toute autre option ouvrant une boîte de dialogue (exemple : **est égal à**, **est différent de**, **est supérieur à**...).

  *Quelle que soit l'option choisie, la boîte de dialogue **Filtre automatique personnalisé** s'affiche ; si vous avez sélectionné une autre option que **Filtre personnalisé**, la première liste de la boîte de dialogue affiche alors le terme correspondant à l'option choisie (ex : **différent de** ou **antérieur au**).*

- Par la première liste, sélectionnez l'opérateur de comparaison.
- Activez la zone suivante et saisissez ou sélectionnez la valeur de comparaison ; vous pouvez utiliser des caractères génériques tels que ? pour remplacer un seul caractère ou * pour remplacer une suite de caractères.

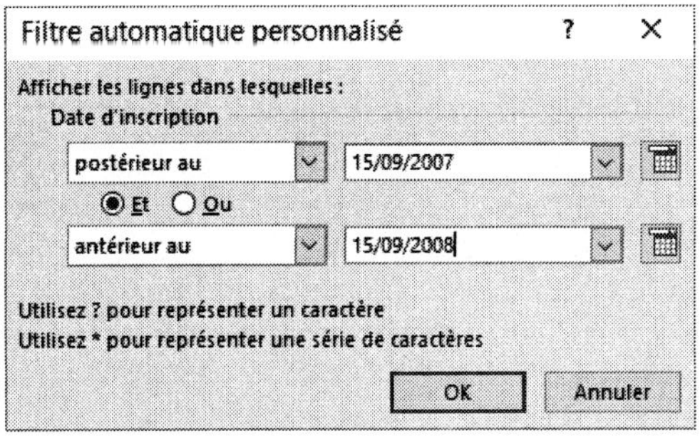

Pour un filtre chronologique, vous pouvez cliquer sur le bouton ***Sélecteur de dates*** *pour sélectionner une date à travers un calendrier déroulant.*

Les options ***Et*** *et* ***Ou*** *permettent de définir plusieurs critères de filtre (cf. Filtrer selon plusieurs critères).*

- Cliquez sur le bouton **OK**.

Utiliser des filtres spécifiques aux types de données

Filtrer selon un intervalle de valeurs ou de dates (filtre numérique ou chronologique)

- Activez le filtrage automatique et ouvrez la liste déroulante associée à la colonne.
- Activez l'option **Filtres chronologiques** ou **Filtres numériques** puis cliquez sur l'option **Entre**.
- Dans la boîte de dialogue **Filtre automatique personnalisé** qui s'affiche, précisez la valeur inférieure de l'intervalle en regard du premier opérateur de comparaison (**postérieur ou égal au** ou **est supérieur ou égal à**).
- Vérifiez que l'option **Et** est active.
- Précisez la valeur supérieure de l'intervalle en regard du second opérateur de comparaison (**antérieur ou égal au** ou **est inférieur ou égal à**).
- Cliquez sur le bouton **OK**.

Filtrer selon les valeurs maximales ou minimales (filtre numérique)

- Activez le filtrage automatique et ouvrez la liste déroulante associée à la colonne.
- Activez l'option **Filtres numériques** puis l'option **10 premiers**.

- Indiquez si vous souhaitez avoir les valeurs maximales (**Haut**) ou minimales (**Bas**).
- Précisez le nombre de lignes, correspondant à votre critère, qu'il faut afficher.
- Dans la dernière liste de la boîte de dialogue, choisissez l'option **Éléments** pour filtrer les lignes correspondant au critère ou l'option **Pourcentage** pour filtrer un nombre de lignes correspondant au pourcentage du nombre total de valeurs de la liste.

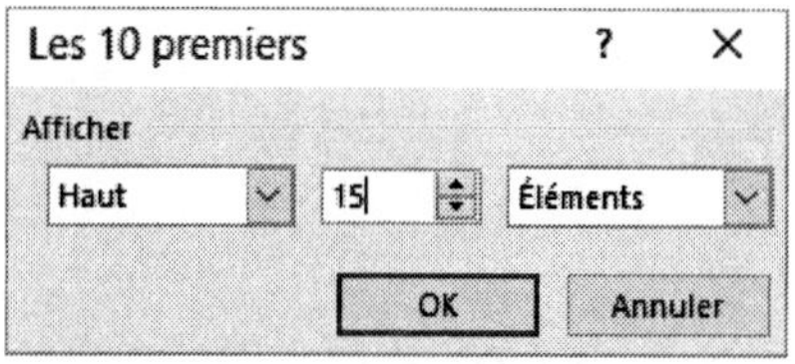

- Cliquez sur le bouton **OK**.

Filtrer selon la moyenne des valeurs (filtre numérique)

- Activez le filtrage automatique et ouvrez la liste déroulante associée à la colonne.
- Activez l'option **Filtres numériques** puis l'une des options suivantes :

Au-dessus de la moyenne Pour filtrer les données correspondant à des valeurs au-dessus de la moyenne.

En dessous de la moyenne Pour filtrer les données correspondant à des valeurs en dessous de la moyenne.

Les nombres au-dessus et en dessous de la moyenne sont fonction de la plage de cellules ou de la colonne du tableau d'origine et non de l'éventuel sous-ensemble de données filtrées.

Utiliser un filtre dynamique (filtre chronologique)

Avec un filtre dynamique, vous pouvez changer les critères lorsque vous réappliquez le filtre.

- Activez le filtrage automatique et ouvrez la liste déroulante associée à la colonne.
- Activez l'option **Filtres chronologiques** puis cliquez sur l'une des options correspondant à une date prédéfinie (**Demain**, **Aujourd'hui**, **Hier**, **La semaine prochaine...**).

L'option ***Toutes les dates de cette période*** *permet de filtrer par période (par exemple,* ***Janvier*** *ou* ***Trimestre 3****).*

L'option ***Cette année*** *renvoie des dates dans le futur pour l'année actuelle, alors que l'option* ***Année à ce jour*** *ne renvoie que les dates jusqu'à la date du jour incluse.*

Filtrer selon plusieurs critères

Deux critères pour une même colonne

- Activez le filtrage automatique et ouvrez la liste déroulante associée à la colonne.
- Cliquez, selon le type de données de la colonne, sur l'option **Filtres numériques**, **Filtres chronologiques** ou **Filtres textuels**.
- Cliquez sur l'option **Filtre personnalisé**.
- Précisez le premier critère de filtre sur la première ligne : précisez l'opérateur et la valeur de comparaison.
- Précisez comment doivent être reliés les deux critères :
  - par le **Et** logique pour que Excel filtre les données répondant simultanément à tous les critères.
  - Par le **Ou** logique pour que Excel filtre les données répondant à l'un ou à l'autre des critères.
- Précisez le deuxième critère de filtre sur la seconde ligne : précisez l'opérateur et la valeur de comparaison.

  Sur cet exemple, seules les lignes dont la date d'inscription est comprise entre le 15/09/2007 et le 15/09/2008 s'afficheront.

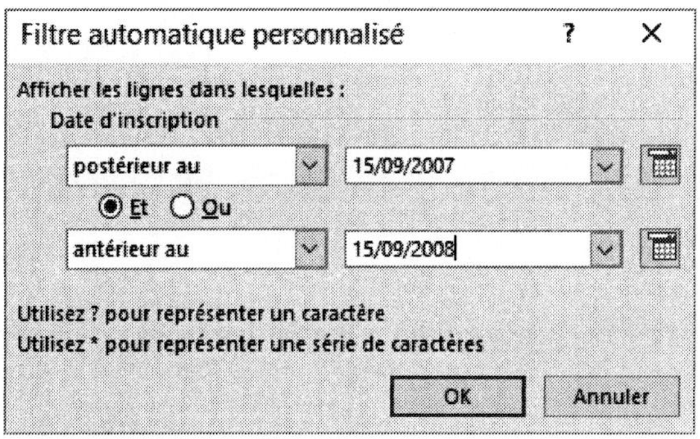

- Cliquez sur le bouton **OK**.

Vous ne pouvez pas poser un critère de contenu et un critère de mise en forme sur une même colonne.

Plusieurs critères sur des colonnes différentes

- Activez le filtrage automatique.
- Définissez chaque critère dans chaque colonne concernée.

  Les filtres sont additifs, c'est-à-dire que chaque filtre supplémentaire est basé sur le filtre actif, ce qui réduit encore davantage le sous-ensemble de données.

Vous pouvez poser un critère de contenu et un critère de mise en forme sur des colonnes différentes.

Effacer un filtre

Il s'agit tout simplement d'afficher de nouveau toutes les données.

- Pour désactiver un filtre sur une colonne, ouvrez la liste déroulante associée à la colonne et activez l'option **Effacer le filtre de** suivie du nom de la colonne.
- Pour désactiver tous les filtres, désactivez le filtrage automatique ou cliquez sur le bouton **Trier et filtrer** du groupe **Édition** de l'onglet **Accueil** puis cliquez sur l'option **Effacer**.

Filtrer des données à l'aide d'un filtre complexe

Un filtre complexe nécessite la création d'une zone de critères dans laquelle vous allez vous-même saisir les critères de filtre. Vous pourrez ensuite filtrer les données directement dans le tableau mais aussi les copier à un autre endroit.

Créer une zone de critères

- Prévoyez quelques lignes et colonnes vierges au-dessus ou à côté du tableau à filtrer.
- Dans la première de ces lignes vides, saisissez ou copiez le nom des en-têtes de colonnes qui serviront à définir les critères.
- Sur les lignes situées en dessous, saisissez les critères à respecter en prêtant attention aux consignes suivantes :
  - pour relier des critères par le **OU** logique, saisissez-les sur plusieurs lignes,
  - pour relier des critères par le **ET** logique, saisissez-les sur plusieurs colonnes,
  - pour relier des critères par le **ET** et le **OU** logiques, saisissez-les sur plusieurs colonnes et lignes.

Exemples :

Attentes	Zones de critères		
Adhérents de la catégorie **Junior** OU **Senior**	**Catégorie**		
	junior		
	senior		
Adhérents de la catégorie **Junior** ET qui se sont inscrits avant le 1er janvier 2006	**Catégorie**	**Date Inscription**	
	junior	<1/1/2006	
Adhérents de la catégorie Senior ET dont l'âge est compris entre 30 ET 40 ans	**Catégorie**	**Age**	**Age**
	senior	>=30	<=40

Filtrer des données selon une zone de critères

- Cliquez dans l'une des cellules du tableau contenant les données à filtrer.
- Activez l'onglet **Données** et cliquez sur le bouton **Avancé** du groupe **Trier et filtrer**.

  *La boîte de dialogue **Filtre avancé** s'affiche ; l'option **Filtrer la liste sur place** est sélectionnée.*
- Précisez, si besoin, les références des cellules contenant les données à filtrer dans la zone **Plages**.
- Cliquez dans la zone **Zone de critères** puis cliquez sur le bouton pour sélectionner la zone de critères préalablement créée ; cliquez ensuite sur le bouton pour agrandir à nouveau la boîte de dialogue.

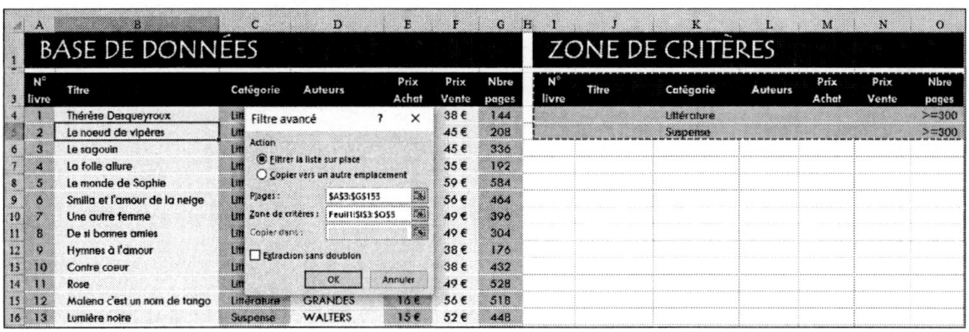

- Cochez l'option **Extraction sans doublon** pour filtrer les fiches en retirant les doublons.
- Cliquez sur le bouton **OK**.

  Seules les lignes répondant aux critères sont affichées.
- Pour afficher à nouveau toutes les lignes, effacez le filtre : cliquez sur le bouton **Effacer** du groupe **Trier et filtrer** de l'onglet **Données**.

<u>Copier des données répondant à un filtre complexe</u>

- Prévoyez un emplacement vierge, proche du tableau d'origine.
- Créez, si besoin, une zone de critères.
- Cliquez dans l'une des cellules du tableau contenant les données à filtrer et copier.
- Cliquez sur le bouton **Avancé** du groupe **Trier et filtrer** de l'onglet **Données**.
- Activez l'option **Copier vers un autre emplacement**.
- Précisez, si besoin, les références du tableau (**Plages**) et de la zone de critères (**Zone de critères**).
- Accédez à la zone **Copier dans** puis cliquez sur le bouton pour sélectionner la cellule supérieure gauche de la zone dans laquelle vous souhaitez copier les données filtrées ; cliquez ensuite sur le bouton pour agrandir à nouveau la boîte de dialogue.
- Cliquez sur le bouton **OK**.

Filtrer un tableau de données au moyen de segments

Avec Excel 2016 vous pouvez filtrer un tableau de données à l'aide de segments. Rappelons que l'utilisation de ce type de filtre introduit dans la version 2010 ne s'appliquait qu'aux données de tableau croisé dynamique.

Sachez que vous pouvez également utiliser cette fonctionnalité sur les tables de requêtes et autres tables de données.

- Créez un tableau de données (cf. Tableaux de données - Créer un tableau de données), puis cliquez sur l'une de ses cellules.

  *L'onglet **Outils de tableau - Création** s'active aussitôt.*

- Cliquez sur l'outil **Insérer un segment** du groupe **Outils** de l'onglet **Outils de tableau - Création**.
- Cochez le ou les champs du tableau de données pour lesquels vous souhaitez créer un filtre segment.

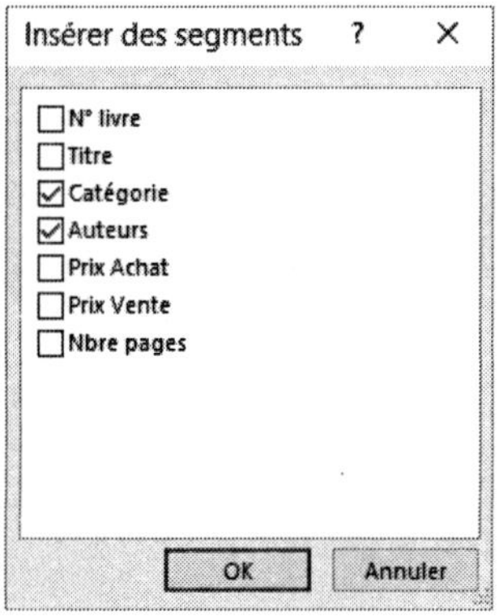

- Cliquez sur **OK** pour valider.

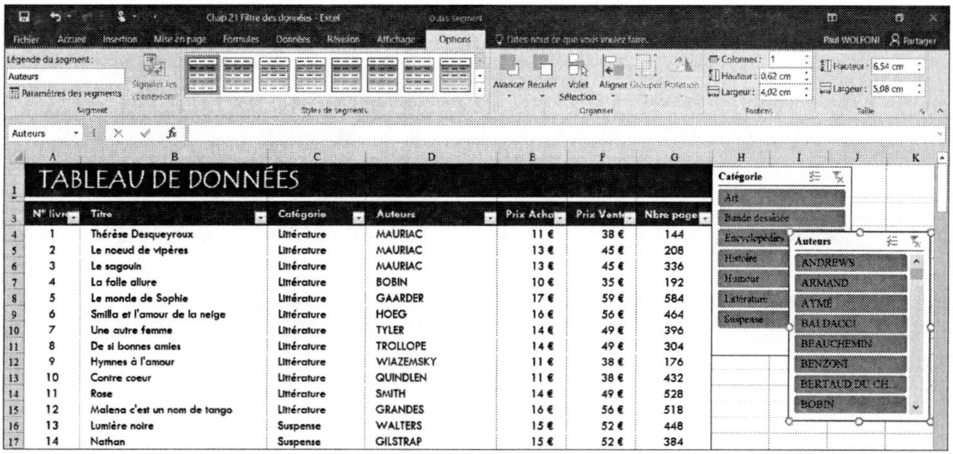

Dans cet exemple, deux filtres segments se superposent. Vous pouvez déplacer ces panneaux en faisant glisser leur barre de titre et les redimensionner en faisant glisser un des angles.

*Notez également la présence d'un nouvel onglet **Outils Segment - Options** qui s'affiche lorsqu'un des filtres à segments (panneaux) est activé.*

- Pour filtrer les données du tableau, cliquez sur un des boutons du filtre segment (maintenez la touche Ctrl enfoncée pour filtrer sur plusieurs données).

  Les modifications sont automatiquement visibles dans la feuille de calcul.

- Pour annuler un filtre, faites un clic droit sur le panneau correspondant puis cliquez sur l'option **Effacer le filtre de « nom du champ »**.

  Par défaut le style du filtre segment reprend le style du tableau auquel il est rattaché.

  Attention : notez que les modifications apportées au tableau après la création du filtre segment ne seront pas prises en compte dans le segment.

- Pour modifier la mise en forme d'un filtre segment, cliquez sur le filtre en question puis sélectionnez le style de votre choix dans le groupe **Styles de segments** de l'onglet **Outils Segment - Options**.

- Pour modifier les paramètres du segment actif, cliquez sur l'outil **Paramètres des segments** du groupe **Segment** (onglet **Outils Segment - Options**).

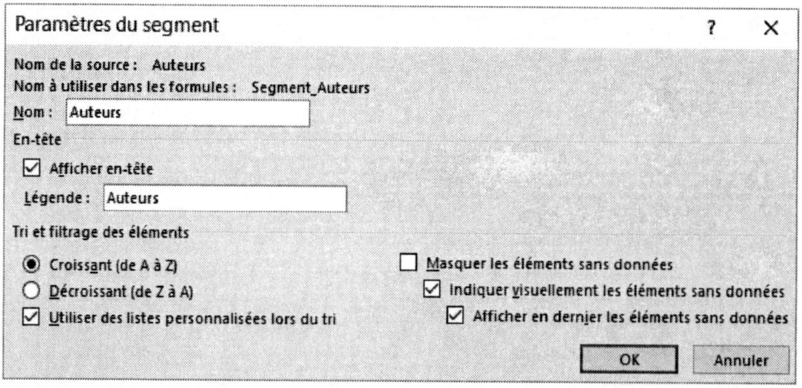

- Apportez vos modifications puis validez par le bouton **OK**.

- Pour supprimer un filtre segment, cliquez sur sa barre de titre puis appuyez sur Suppr.

  *Vous pouvez aussi faire un clic droit sur le panneau puis cliquer sur l'option **Supprimer « Nom du filtre »**.*

Effectuer des statistiques sur les données filtrées par une zone de critères

Ces calculs statistiques vont concerner les lignes dont les valeurs correspondent aux critères de la zone de critères.

- Créez la zone de critères adéquate et saisissez les critères (cf. Filtrer des données à l'aide d'un filtre complexe).
- Sélectionnez la cellule dans laquelle vous souhaitez afficher le résultat et utilisez les fonctions suivantes :

=BDNB(BDD;champ;critères)	dénombre les cellules.
=BDSOMME(BDD;champ;critères)	additionne les valeurs du champ.
=BDMOYENNE (BDD;champ;critères)	calcule la moyenne des valeurs du champ.
=BDMAX (BDD;champ;critères)	extrait la valeur maximale du champ.
=BDMIN (BDD;champ;critères)	extrait la valeur minimale du champ.

Dans lesquelles vous remplacez :

- **BDD** par la référence des cellules correspondant à la liste de données sur laquelle le calcul doit se faire (y compris les libellés de colonne).
- **champ** par la référence de la cellule contenant le libellé de la colonne sur laquelle le calcul doit se faire ; si vous utilisez la fonction **BDNB**, vous devez spécifier la valeur **0** pour cet argument afin que le calcul s'effectue correctement.
- **critères** par les références des cellules correspondant à la zone de critères.

Dès que vous modifiez un élément de la zone de critères, les statistiques se mettent à jour automatiquement.

Vous trouverez la liste de toutes les fonctions de base de données dans la catégorie **Base de données** de l'Assistant Fonction (outil *fx* dans la barre de formule).

Modifier les options de mise en page

- Activez l'onglet **Mise en page**.
- Pour modifier les marges d'impression, cliquez sur le bouton **Marges** du groupe **Mise en page** puis choisissez des marges prédéfinies **Normales**, **Larges** ou **Étroites**, ou bien cliquez sur l'option **Marges personnalisées** pour définir les valeurs des marges dans les zones **Haut**, **Gauche**, **Droite** et/ou **Bas**. Dans ce cas, vous pouvez aussi activer l'option **Horizontalement** et/ou **Verticalement** pour centrer le tableau dans la largeur et/ou la hauteur de la page.

  Cliquez sur le bouton **OK** de la boîte de dialogue de personnalisation des **Marges**.

Vous pouvez également activer le mode **Mise en page** (icône en bas à droite de la fenêtre) et pointer la bordure de la zone de marge à modifier dans la règle ; lorsque le pointeur de la souris apparaît sous la forme d'une double flèche, cliquez et faites glisser de façon à dimensionner la marge comme vous le souhaitez (une info-bulle s'affiche et indique la valeur de la marge).

- Pour modifier l'orientation des pages, cliquez sur le bouton **Orientation** du groupe **Mise en page** puis choisissez l'option **Portrait** ou **Paysage**.
- Pour définir le format du papier, cliquez sur le bouton **Taille** du groupe **Mise en page**.

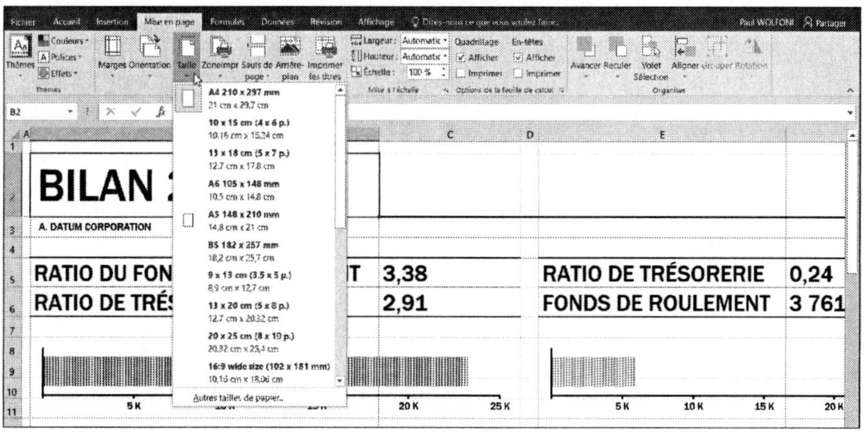

Choisissez parmi les options proposées ou cliquez sur l'option **Autres tailles de papier** pour ouvrir la boîte de dialogue **Mise en page** et choisir l'option voulue dans la liste **Format du papier**.

- Pour modifier l'échelle d'impression :
  - pour réduire la largeur ou la hauteur de la page imprimée afin d'imprimer plusieurs pages par feuille, ouvrez la liste associée au bouton **Largeur** ou **Hauteur** (selon le cas) du groupe **Mise à l'échelle** et cliquez sur le nombre de pages souhaité.
  - pour agrandir ou réduire les données imprimées en fonction d'un pourcentage de la taille réelle, sélectionnez le pourcentage souhaité dans la zone **Échelle** du groupe **Mise à l'échelle**.

Pour retrouver les dimensions d'origine, sélectionnez les options **Automatique** dans les listes **Largeur** et **Hauteur** du groupe **Mise à l'échelle**.

- Pour imprimer le quadrillage de la feuille, activez l'option **Imprimer** de la zone **Quadrillage** du groupe **Options de la feuille de calcul**.

Même si vous n'avez pas appliqué de bordures aux cellules, celles-ci seront imprimées avec une bordure simple.

*L'option **Afficher** de cette zone correspond à l'option **Quadrillage** de l'onglet **Affichage** - groupe **Afficher** et permet la visualisation du quadrillage des cellules dans la feuille de calcul.*

- Pour imprimer les lettres représentatives des colonnes et les numéros représentatifs des lignes, activez l'option **Imprimer** de la zone **En-têtes** du groupe **Options de la feuille de calcul**.

*L'option **Afficher** de cette zone correspond à l'option **Titres de l'onglet Affichage** - groupe **Afficher** et permet la visualisation des numéros de lignes et des lettres des colonnes dans la feuille de calcul.*

Certaines fonctionnalités décrites ici sont également accessibles à partir de l'onglet **Fichier** - option **Imprimer** (cf. Impression - Imprimer un classeur/une feuille/une sélection).

Créer une zone d'impression

Si vous ne souhaitez pas imprimer toute la feuille de calcul, vous pouvez définir une zone d'impression ; cette zone correspond à la partie de la feuille qui sera imprimée.

- Sélectionnez la zone à imprimer.
- Activez, si besoin, l'onglet **Mise en page**.
- Cliquez sur le bouton **ZoneImpr** du groupe **Mise en page** puis sur l'option **Définir**.

Lorsqu'une nouvelle zone d'impression est définie, Excel remplace la dernière zone créée par la nouvelle.

- Pour ajouter une autre zone à imprimer, sélectionnez-la et cliquez sur le bouton **ZoneImpr** puis sur l'option **Ajouter à la zone d'impression**. Faites la même chose pour chaque zone à ajouter.

  Les différentes zones d'impression seront imprimées sur des pages différentes.

- Pour supprimer la zone d'impression et imprimer de nouveau toute la feuille de calcul, cliquez sur le bouton **ZoneImpr** puis sur l'option **Annuler**.

Insérer/supprimer un saut de page manuel

Lorsque vous imprimez un tableau relativement grand ou une feuille de calcul contenant plusieurs tableaux, vous pouvez insérer manuellement un saut de page pour répartir les données à imprimer sur plusieurs feuilles.

- Activez la cellule à partir de laquelle les données seront imprimées sur une nouvelle page.

  Le saut de page sera inséré au-dessus et à gauche de la cellule active.

- Activez l'onglet **Mise en page** et cliquez sur le bouton **Sauts de page** du groupe **Mise en page** puis sur l'option **Insérer un saut de page**.

  Une ligne claire matérialise ce saut de page.

- Pour supprimer un saut de page, activez une cellule de la ligne et/ou de la colonne qui le suit, cliquez sur le bouton **Sauts de page** puis sur l'option **Supprimer le saut de page**.

- Pour supprimer tous les sauts de page manuels, activez n'importe quelle cellule de la feuille de calcul, cliquez sur le bouton **Sauts de page** puis sur l'option **Rétablir tous les sauts de page**.

Nous vous rappelons qu'en mode **Avec sauts de page** - onglet **Affichage**, vous pouvez déplacer les sauts de page (cf. chapitre Affichage).

Répéter des lignes/des colonnes sur chaque page imprimée

Lorsque vous imprimez un grand tableau sur plusieurs feuilles de papier, vous avez la possibilité de répéter les en-têtes de lignes ou de colonnes sur chaque page imprimée.

- Activez l'onglet **Mise en page** et cliquez sur le bouton **Imprimer les titres** du groupe **Mise en page**.

  La boîte de dialogue ***Mise en page*** *s'ouvre et l'onglet* ***Feuille*** *est actif.*

- Cliquez sur le bouton de la zone **Lignes à répéter en haut** et/ou de la zone **Colonnes à répéter à gauche**, selon le cas, puis sélectionnez dans la feuille, la ou les lignes ou colonnes à répéter.

  Sur cet exemple, les lignes 2, 3 et 4 seront imprimées en haut de chaque page.

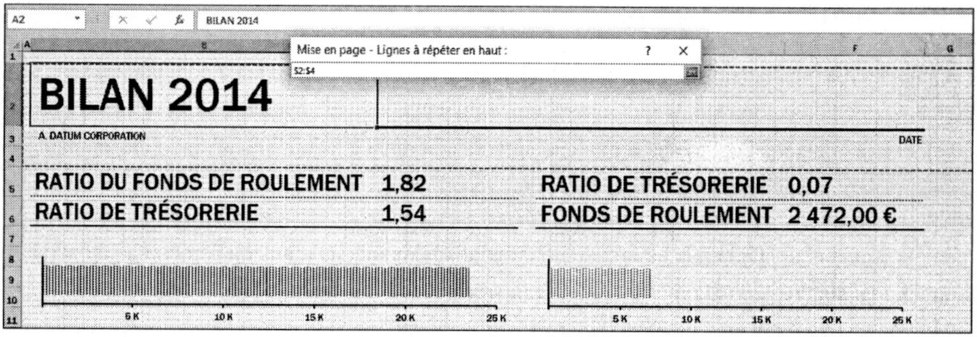

- Cliquez sur le bouton pour afficher à nouveau la boîte de dialogue en entier.
- Cliquez sur le bouton **OK**.

Créer et gérer des en-têtes et des pieds de page

Le contenu de l'en-tête est imprimé en haut de chaque page tandis que le contenu du pied de page est imprimé au bas de chaque page. Pour chaque en-tête ou pied de page, vous disposez de trois zones de texte : à gauche, au centre et à droite.

Accéder à la zone d'en-tête ou de pied de page

- Activez la feuille concernée puis choisissez l'une des techniques suivantes.
  - En mode Normal, activez l'onglet **Insertion** et cliquez sur le bouton **En-tête/Pied** du groupe **Texte.**
    Cette technique active systématiquement le mode Mise en page.
  - En mode Mise en page, cliquez dans la zone située au centre dans la marge du haut, dans laquelle apparaît le texte **Ajouter un en-tête.**

  *Le point d'insertion clignote dans la zone centrale de l'**En-tête** et l'onglet spécifique **Outils en-têtes et pieds de page - Création** s'affiche.*

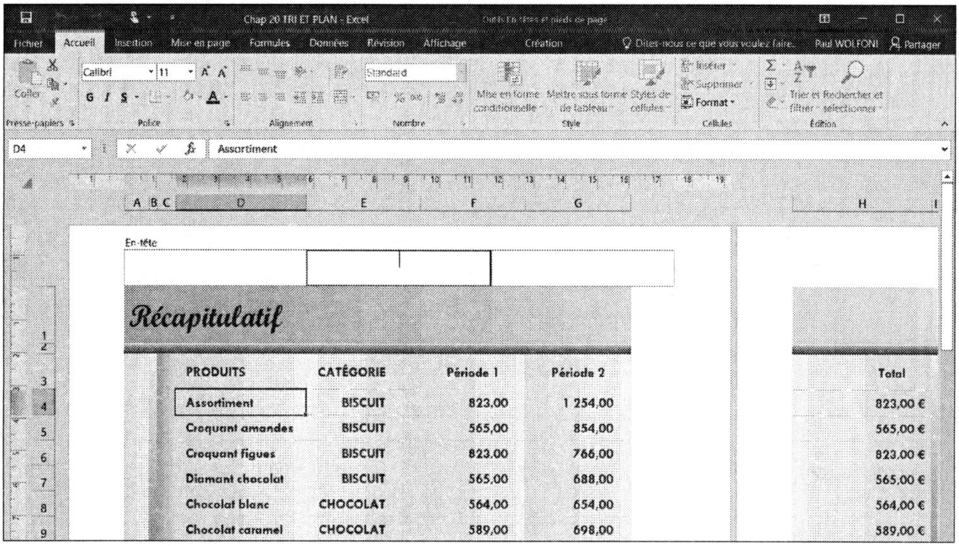

- Pour activer une des deux autres zones de texte, cliquez à l'intérieur ou utilisez la touche [Tab].
- Pour basculer de l'en-tête au pied de page, cliquez sur le bouton **Atteindre le pied de page** du groupe **Navigation** ; pour réactiver l'en-tête, cliquez alors sur le bouton **Atteindre l'en-tête.**
- Pour quitter l'en-tête ou le pied de page, cliquez dans la feuille de calcul ou faites [Echap].

Insérer un en-tête/pied de page prédéfini

- Accédez à la zone d'en-tête ou de pied de page.
- Pour insérer un en-tête, ouvrez la liste **En-tête** du groupe **En-tête et pied de page** de l'onglet **Outils en-têtes et pieds de page - Création** ; pour insérer un pied de page, ouvrez la liste **Pied de page**.

  Si Excel propose un seul contenu, il apparaîtra dans la zone centrale ; lorsque plusieurs contenus sont proposés, ils sont séparés par des points-virgules et apparaîtront dans les zones de gauche, centrale et/ou droite.

  L'option ***(aucun)*** *permet d'effacer l'en-tête ou le pied de page.*
- Cliquez sur l'en-tête ou le pied de page souhaité.

Quelle que soit la position de départ, Excel insère l'en-tête et/ou le pied de page dans des zones déterminées.

Insérer un en-tête/pied de page personnalisé

- Accédez à la zone d'en-tête ou de pied de page puis activez la zone de texte concernée en cliquant dessus.
- Saisissez le texte que vous souhaitez ; utilisez la touche ↵ pour créer plusieurs lignes.

  Pour insérer le signe & (et commercial) dans le texte d'un en-tête ou d'un pied de page, tapez-le à deux reprises. Par exemple, pour inclure "Sous-traitants & services" dans un en-tête, tapez **Sous-traitants && services.**
- Pour insérer des contenus particuliers, cliquez sur le bouton correspondant du groupe **Éléments en-tête et pied de page** de l'onglet **Outils En-têtes et pieds de page : Numéro de page, Nombre de pages, Date actuelle, Heure actuelle, Chemin d'accès** (pour insérer le chemin d'accès et le nom du classeur actif), **Nom de fichier** ou **Nom de la feuille.**

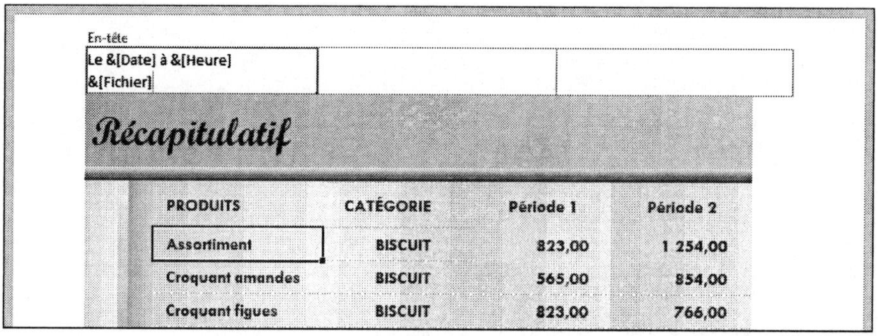

Chaque contenu particulier correspond à un code qui apparaît entre crochets.

- Pour mettre en valeur les caractères, sélectionnez-les et utilisez les outils de l'onglet **Accueil.**

Définir les options des en-têtes/pieds de page

- Accédez à la zone d'en-tête ou de pied de page de la feuille concernée.
- Activez les options suivantes du groupe **Options** de l'onglet **Outils en-têtes et pieds de page** :

  Première page différente pour différencier l'en-tête et le pied de page de la première page imprimée ; dans ce cas, précisez l'en-tête et/ou le pied de page sur la première page puis sur une des autres pages.

  Pages paires et impaires différentes pour insérer un en-tête ou un pied de page différent sur les pages paires ou impaires ; dans ce cas, précisez l'en-tête et/ou le pied de page sur une des pages impaires puis sur une des pages paires.

  Mettre à l'échelle du document pour utiliser la même taille de police et la même échelle que celle de la feuille de calcul.

  Aligner sur les marges de page pour aligner la marge de l'en-tête ou du pied de page avec les marges droite et gauche de la feuille de calcul.

Supprimer des en-têtes ou pieds de page

- Accédez à la zone d'en-tête ou de pied de page de la feuille concernée.
- Sélectionnez le contenu à supprimer à l'aide d'un cliqué-glissé et faites [Suppr].

  ou

  Ouvrez la liste **En-tête** ou **Pied de page** du groupe **En-tête et pied de page** de l'onglet **Outils en-têtes et pieds de page** et activez l'option **(aucun).**

Créer un filigrane

Contrairement à l'arrière-plan de feuille qui ne peut s'imprimer, Microsoft Excel 2016 vous offre la possibilité d'insérer une image en en-tête ou en pied de page afin de pouvoir l'imprimer derrière le texte de la feuille.

- Accédez à la création ou à la modification de l'en-tête ou du pied de page pour la feuille de calcul concernée, puis cliquez dans la zone de texte qui contiendra l'image.
- Cliquez sur le bouton **Image** du groupe **Éléments en-tête et pied de page** de l'onglet **Outils en-têtes et pieds de page.**

  La boîte de dialogue ***Insérer des images*** *s'affiche.*
- Activez l'option **À partir d'un fichier** si l'image se trouve sur le poste de travail.
- Accédez au dossier contenant l'image à mettre en filigrane.

- Faites un double clic sur le nom de l'image.
- Pour redimensionner l'image ou la mettre à l'échelle, cliquez sur le bouton **Mise en forme de l'image** du groupe **Éléments en-tête et pied de page** puis, dans la boîte de dialogue **Mise en forme de l'image**, sélectionnez les options désirées dans l'onglet **Dimension** ; cliquez sur le bouton **OK**.

Utiliser la technique des vues

Une vue permet de mémoriser une zone d'impression, des paramètres de mise en page, des paramètres de filtre, des lignes et colonnes masquées. En activant la vue, les options mémorisées sont automatiquement activées.

Créer une vue

- Préparez l'impression de la feuille (la mise en page, la zone d'impression, le masquage des colonnes...).
- Activez l'onglet **Affichage** et cliquez sur le bouton **Personnalisé** du groupe **Modes d'affichage.**
- Cliquez sur le bouton **Ajouter**.
- Saisissez le **Nom** de la vue en cours de création.
- Précisez si la vue doit mémoriser les **Paramètres d'impression** et les **Paramètres masqués des lignes, colonnes et filtres** en cochant la ou les options correspondantes.

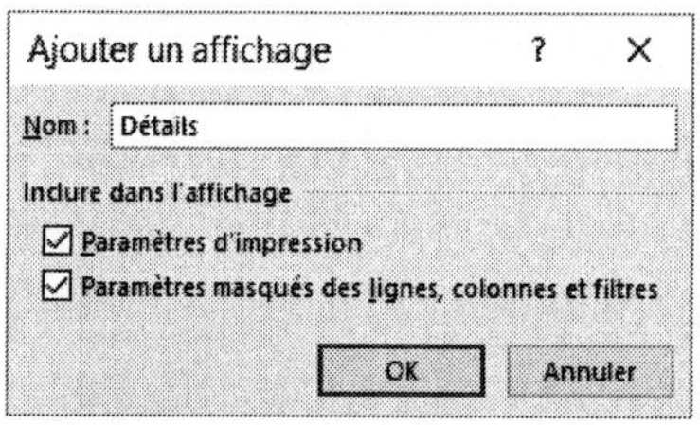

- Cliquez sur le bouton **OK**.

Utiliser une vue

- Activez l'onglet **Affichage** et cliquez sur le bouton **Personnalisé** du groupe **Modes d'affichage.**
- Cliquez sur le nom de la vue à utiliser puis sur le bouton **Afficher**.

Le bouton **Supprimer** permet de supprimer la vue sélectionnée de la liste **Affichages**.

Utiliser l'aperçu avant impression

Il s'agit de visualiser les feuilles du classeur telles qu'elles seront imprimées.

- Activez la feuille de calcul à visualiser.
- Cliquez sur l'onglet **Fichier** puis sur le bouton **Imprimer**.

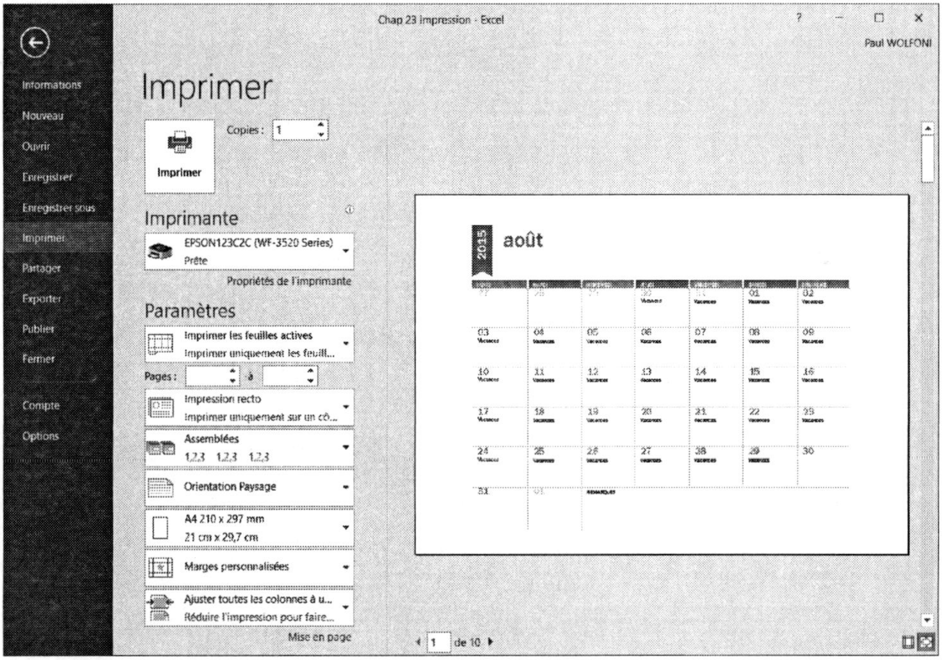

L'image réduite de la feuille telle qu'elle sera imprimée est proposée dans la partie droite de la fenêtre. Si votre imprimante ne gère pas la couleur, l'aperçu apparaît en noir et blanc. Excel affiche sous l'aperçu le numéro de la page en cours et le nombre total de pages qui seront imprimées.

- Pour zoomer un aperçu, cliquez sur l'icône **Zoom sur la page** située en bas à droite.
- Pour revenir en vision réduite, cliquez de nouveau sur l'icône **Zoom sur la page**.
- Pour afficher une autre page, utilisez les flèches en regard des numéros de page.
- Pour afficher plusieurs feuilles de calcul, ouvrez la première liste des **Paramètres** puis cliquez sur l'option **Imprimer le classeur entier**.

- Pour modifier les marges et largeurs des colonnes, cliquez sur l'icône **Afficher les marges** située en bas à droite de l'aperçu.

  Différentes poignées font leur apparition :

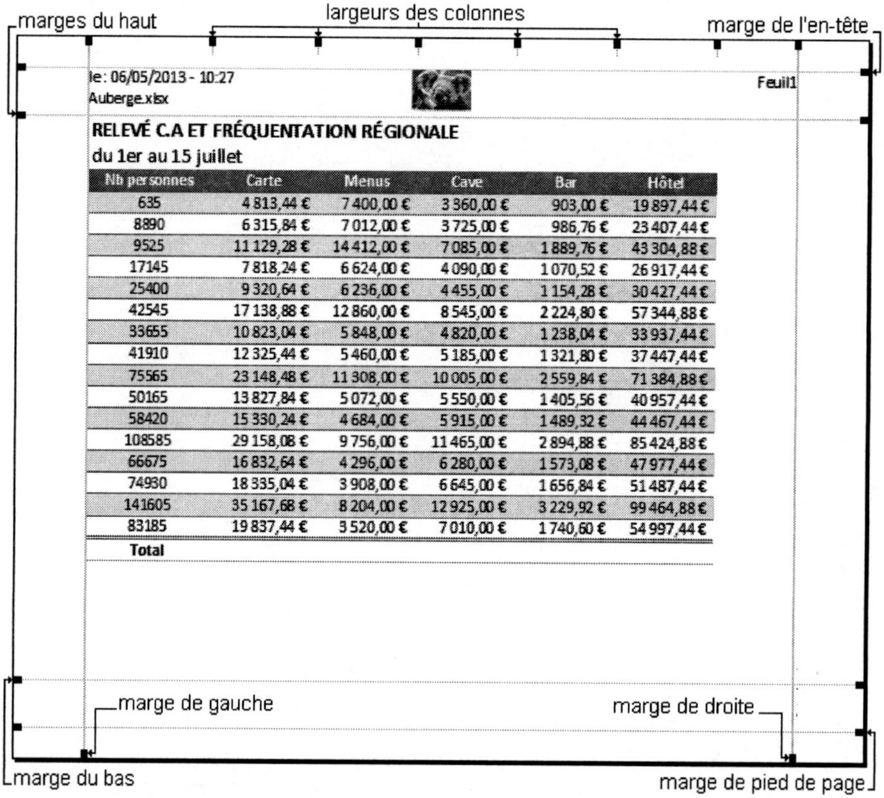

RELEVÉ C.A ET FRÉQUENTATION RÉGIONALE
du 1er au 15 juillet

Nb personnes	Carte	Menus	Cave	Bar	Hôtel
635	4 813,44 €	7 400,00 €	3 360,00 €	903,00 €	19 897,44 €
8890	6 315,84 €	7 012,00 €	3 725,00 €	986,76 €	23 407,44 €
9525	11 129,28 €	14 412,00 €	7 085,00 €	1 889,76 €	43 304,88 €
17145	7 818,24 €	6 624,00 €	4 090,00 €	1 070,52 €	26 917,44 €
25400	9 320,64 €	6 236,00 €	4 455,00 €	1 154,28 €	30 427,44 €
42545	17 138,88 €	12 860,00 €	8 545,00 €	2 224,80 €	57 344,88 €
33655	10 823,04 €	5 848,00 €	4 820,00 €	1 238,04 €	33 937,44 €
41910	12 325,44 €	5 460,00 €	5 185,00 €	1 321,80 €	37 447,44 €
75565	23 148,48 €	11 308,00 €	10 005,00 €	2 559,84 €	71 384,88 €
50165	13 827,84 €	5 072,00 €	5 550,00 €	1 405,56 €	40 957,44 €
58420	15 330,24 €	4 684,00 €	5 915,00 €	1 489,32 €	44 467,44 €
108585	29 158,08 €	9 756,00 €	11 465,00 €	2 894,88 €	85 424,88 €
66675	16 832,64 €	4 296,00 €	6 280,00 €	1 573,08 €	47 977,44 €
74930	18 335,04 €	3 908,00 €	6 645,00 €	1 656,84 €	51 487,44 €
141605	35 167,68 €	8 204,00 €	12 925,00 €	3 229,92 €	99 464,88 €
83185	19 837,44 €	3 520,00 €	7 010,00 €	1 740,60 €	54 997,44 €
Total					

  Faites glisser la poignée de votre choix.

- Pour lancer l'impression, vérifiez les options d'impression puis cliquez sur le bouton **Imprimer**.
- Pour quitter l'aperçu sans lancer l'impression, activez un autre onglet que l'onglet **Fichier** ou appuyez sur la touche Echap.

Les options **Paramètres** de la partie centrale de la fenêtre permettent de modifier directement les options de mise en page (orientation, format du papier...) (cf. Imprimer un classeur/une feuille/une sélection).

Imprimer un classeur/une feuille/une sélection

- Cliquez sur l'onglet **Fichier** puis sur l'option **Imprimer** ou faites Ctrl **P**.
- Pour sélectionner une autre imprimante que celle définie par défaut, ouvrez la liste **Imprimante** puis cliquez sur l'imprimante de votre choix.
- Pour n'imprimer que les éléments sélectionnés dans la feuille active, ouvrez la première liste **Paramètres** puis cliquez sur l'option **Imprimer la sélection**.

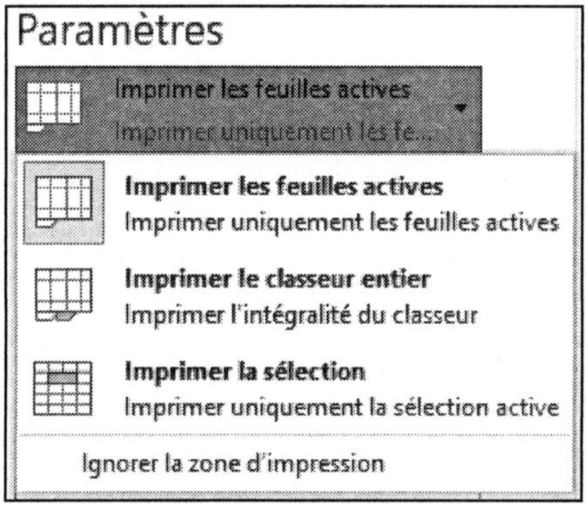

Vous pouvez aussi **Imprimer les feuilles actives** ou **Imprimer le classeur entier**.

- Si la feuille de calcul contient des zones d'impression et que Excel ne doit pas en tenir compte, ouvrez la première liste déroulante des **Paramètres** puis cliquez sur l'option **Ignorer la zone d'impression**.
- Pour imprimer un groupe de pages, saisissez le numéro de la première et de la dernière page dans les champs **Pages**.
- Si vous désirez plusieurs exemplaires de votre impression, dans le cadre **Copies** (à droite du bouton **Imprimer**), saisissez le nombre de copies souhaité.

  Si votre impression comporte plusieurs pages et que vous en demandez plusieurs exemplaires, l'option **Assemblées** dans la liste des **Paramètres** permet l'impression d'un exemplaire complet avant l'impression de la première page de l'exemplaire suivant.

- Pour modifier les options de mise en page (orientation, format de papier, marges), utilisez les listes **Paramètres** puis choisissez les options souhaitées :

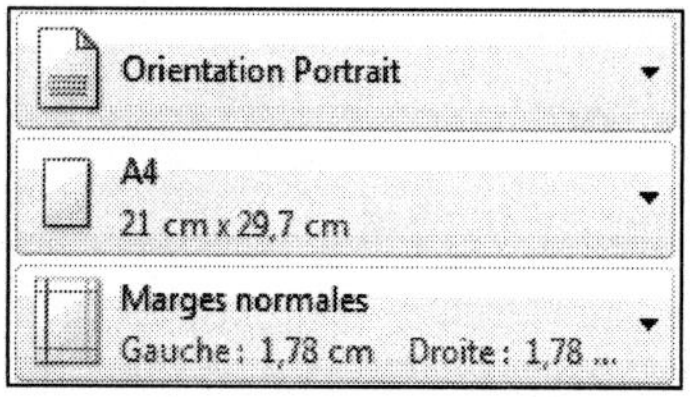

- Si vous souhaitez imprimer une feuille de calcul entière sur une seule page, vous pouvez la mettre à l'échelle. Pour cela, ouvrez la dernière liste **Paramètres** puis cliquez sur l'option correspondant à vos attentes :

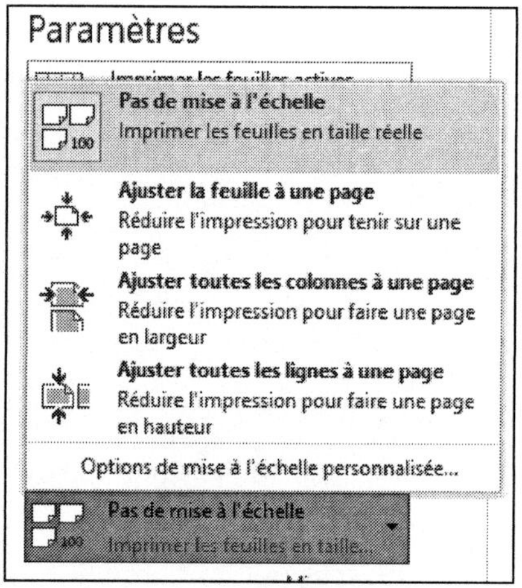

- Lorsque tous les paramètres ont été définis, cliquez sur le bouton **Imprimer** pour lancer l'impression.

Pour lancer une impression de la feuille active selon les paramètres de mise en page actifs, cliquez sur l'outil **Impression rapide** situé sur la barre d'outils **Accès rapide** ; si cet outil n'apparaît pas, ajoutez-le en cliquant sur le bouton **Personnaliser la barre d'outils Accès rapide** et en activant l'option **Impression rapide**.

Créer un graphique

- Sélectionnez les données à représenter sous forme de graphique :
  - Si les cellules concernées sont adjacentes, sélectionnez-les par cliqué-glissé.
  - Si les cellules concernées ne sont pas adjacentes, sélectionnez-les par cliqué-glissé en utilisant la touche Ctrl ; veillez à ce que les différentes plages de cellules constituent à elles toutes seules une forme rectangulaire.
  - Si les cellules concernées sont présentées dans un tableau de données, cliquez dans l'une de ses cellules.

Désignation	OUEST	EST
Chambre simple	1 722,99 €	1 809,47 €
Chambre double	926,28 €	1 284,35 €
Petit déjeuner	687,37 €	631,12 €
Demi-pension	1 912,18 €	1 560,96 €
Pension complète	998,46 €	1 015,38 €

Excel considère les blocs sélectionnés comme un seul bloc rectangulaire →

Désignation	EST
Chambre simple	1 809,47 €
Chambre double	1 284,35 €
Demi-pension	1 560,96 €
Pension complète	1 015,38 €

Dans l'exemple ci-dessus la cellule vide (en haut à gauche) doit faire partie de la sélection afin que les blocs de cellules puissent former un rectangle.

Créer un graphique à partir de l'outil Analyse rapide

*L'outil **Analyse rapide** intégré à Excel 2016 permet de créer facilement un graphique à partir des données sélectionnées.*

- Cliquez sur le bouton **Analyse rapide** qui apparaît en bas à droite de la sélection (ou Ctrl **Q**).

*La galerie **Analyse rapide** est composée de différents onglets : **Mise en forme**, **Graphiques**, **Totaux**, **Tableaux**, **Graphiques sparkline** à partir desquels vous pouvez mettre en forme vos données. L'onglet actif apparaît en caractères gras.*

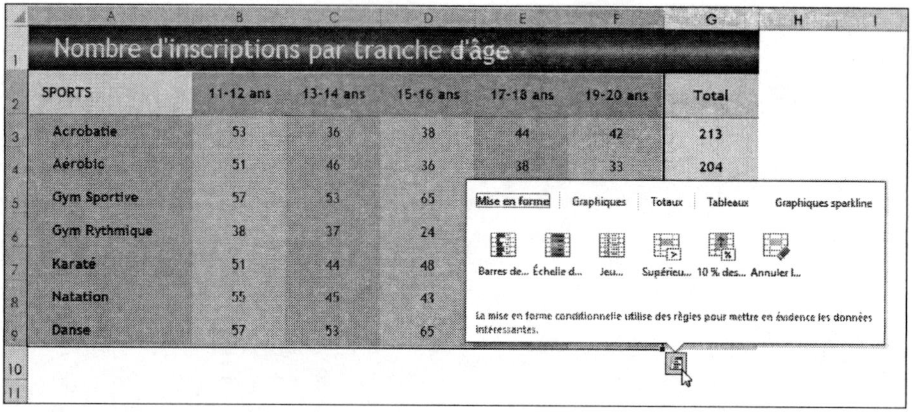

⮐ Activez l'onglet **Graphiques**, puis pointez (sans cliquer) l'un des cinq modèles proposés pour en avoir un aperçu dans une fenêtre individuelle :

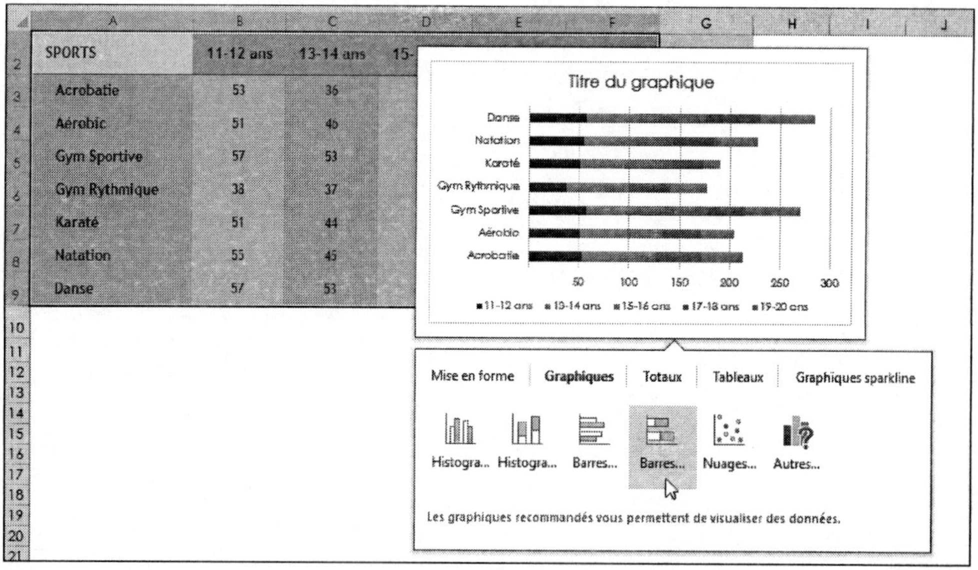

*L'option **Autres graphiques** ferme la galerie **Analyse rapide** et ouvre la fenêtre **Insérer un graphique** (cf. sous-titre suivant).*

⮐ Cliquez sur le modèle de votre choix pour valider et créer le nouveau graphique.

Créer un graphique à l'aide de l'outil Graphiques recommandés

- Après avoir effectué la sélection de vos données, activez l'onglet **Insertion**.
- Dans le groupe **Graphiques**, activez le bouton **Graphiques recommandés** pour permettre à Excel de vous suggérer quelques graphiques particulièrement bien adaptés aux données sélectionnées.
- Activez, si ce n'est déjà fait, l'onglet **Graphiques recommandés** de la fenêtre **Insérer un graphique.**
- Cliquez dans le volet gauche sur l'un des types de graphiques recommandés par Excel.

Dans la partie droite de la fenêtre, Excel présente vos données sélectionnées sous la forme du graphique choisi et vous guide dans votre choix à l'aide d'un commentaire.

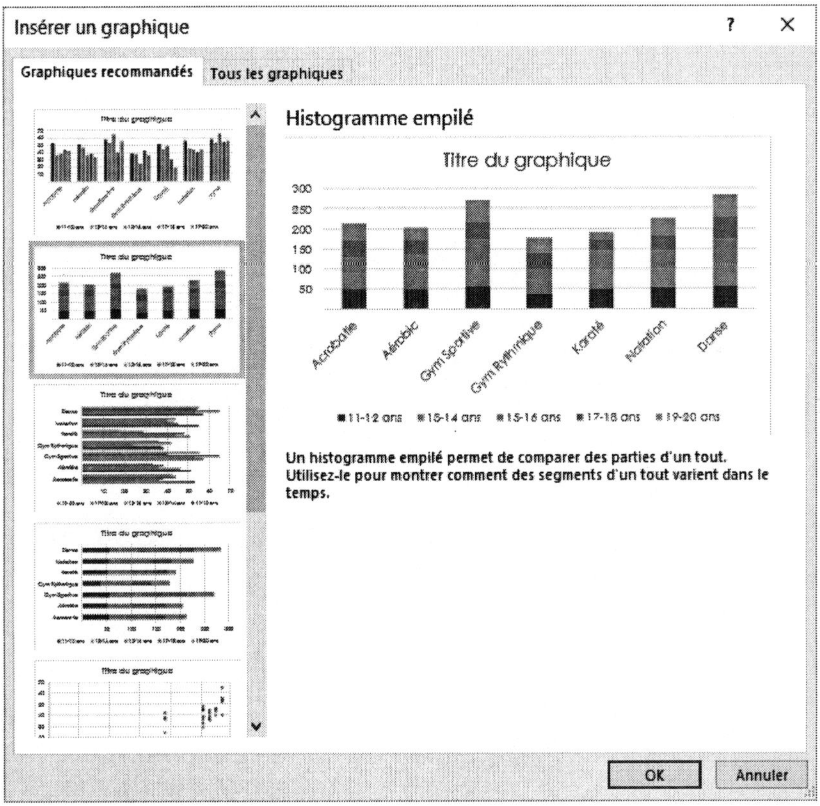

- Si le résultat proposé vous convient, cliquez sur le bouton **OK** pour valider votre choix et créer le graphique.

Créer un graphique sans la liste des graphiques recommandés

- Après avoir effectué la sélection de vos données, activez l'onglet **Insertion.**
- Dans le groupe **Graphiques**, cliquez sur le bouton **Graphiques recommandés** puis activez l'onglet **Tous les graphiques** afin d'afficher tous les types de graphiques disponibles.
- Cliquez dans la partie gauche de la fenêtre sur la catégorie de graphiques souhaitée pour lister en haut de la fenêtre les différents modèles de cette catégorie.

  *Dans cet exemple, sept modèles de graphiques de type **Histogramme** sont proposés dans la partie droite de la fenêtre **Insérer un graphique**. L'aperçu du modèle sélectionné (**Histogramme groupé** dans notre exemple) apparaît encadré.*

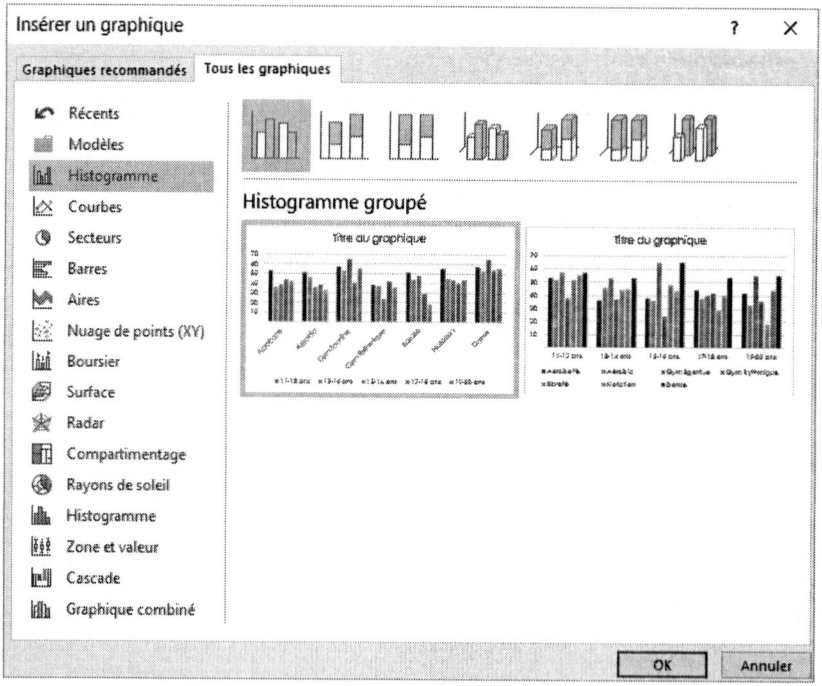

- En haut de la fenêtre, activez l'un des modèles proposés pour le visualiser.

Le choix du type de graphique est primordial pour représenter les données ; voici quelques indications sur la finalité de chaque type de graphique :

- Les **Histogrammes** permettent d'illustrer les variations des données sur une période donnée ou de comparer des éléments.
- Les graphiques en **Courbes** permettent d'afficher des données continues sur une période donnée ; ils sont définis par rapport à une échelle courante et conviennent parfaitement pour représenter les tendances dans les données à des intervalles réguliers.
- Les graphiques en **Secteurs** représentent la taille des éléments d'une seule série de données par rapport à leur somme. De même qu'un graphique en secteurs, un graphique de type **Anneau** représente la relation des différentes parties au total, mais il peut contenir plusieurs séries de données.
- Les graphiques en **Barres** permettent de représenter les comparaisons entre différents éléments.
- Les graphiques en **Aires** mettent en valeur l'amplitude des variations sur une période donnée et permettent d'attirer l'attention sur la valeur totale pour une tendance.
- Les graphiques **Nuage de points** représentent les relations entre les valeurs numériques de plusieurs séries de données. Quant aux graphiques en **Bulles**, ils sont utilisés pour représenter des données agencées en colonnes (les valeurs X sont indiquées dans la première colonne, les valeurs Y correspondantes et les valeurs de la taille des bulles sont dans des colonnes adjacentes).
- Les graphiques **Boursier** sont utilisés pour représenter la fluctuation des cotations boursières mais aussi pour représenter des données scientifiques.
- Les graphiques en **Surface** permettent de rechercher les meilleures combinaisons entre deux ensembles de données.
- Les graphiques en **Radar** comparent les valeurs regroupées d'un certain nombre de séries de données.

Cette nouvelle version d'Excel propose les types de graphiques suivants :

- les graphiques de type **Compartimentage** : les données sont réparties dans des cadres rectangulaires :

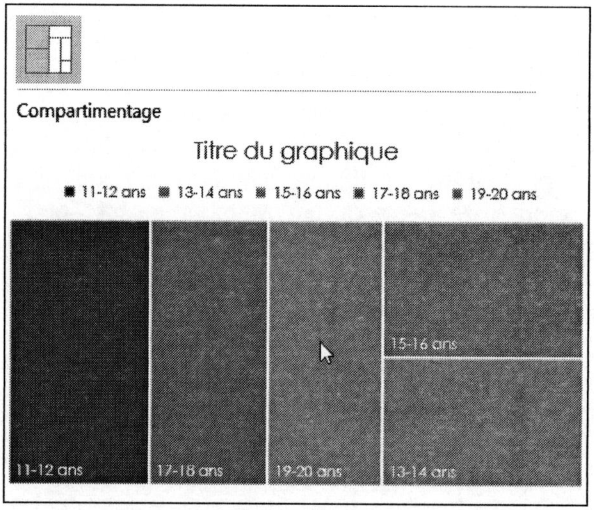

- les graphiques **Rayons de soleil** utilisables comme les graphiques en secteurs :

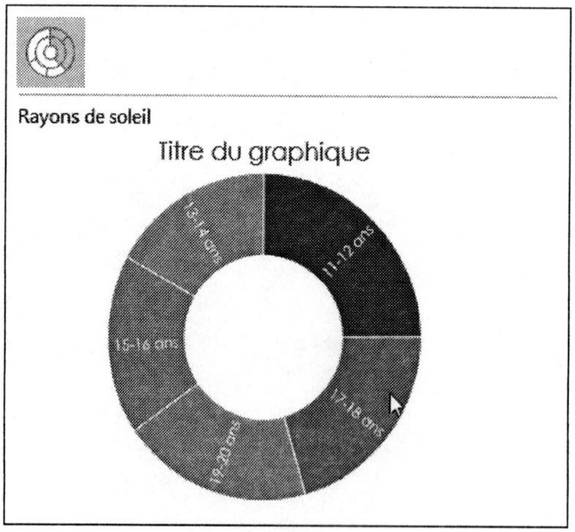

- les graphiques **Histogramme** et **Pareto** :

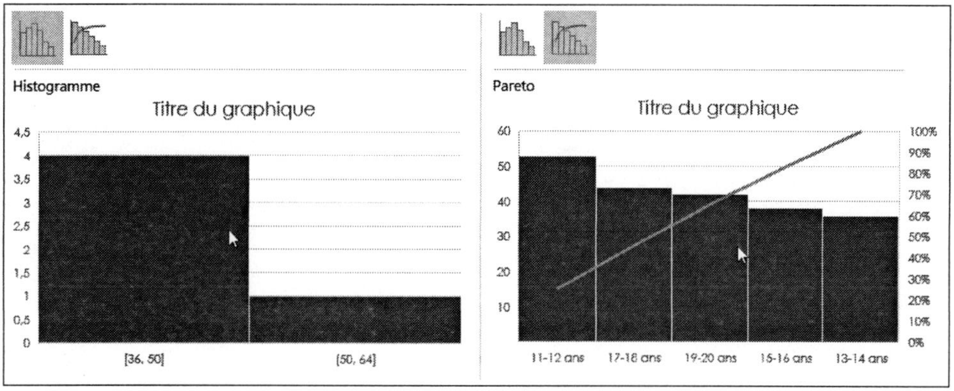

- les graphiques **Zone et valeur** :

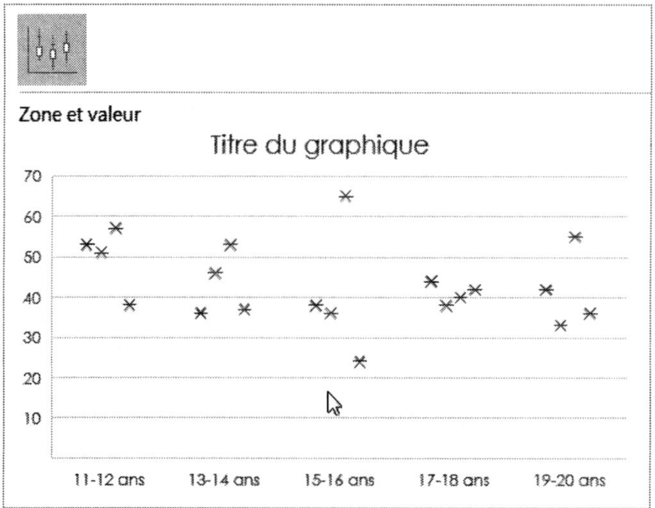

- les graphiques **Cascade** :

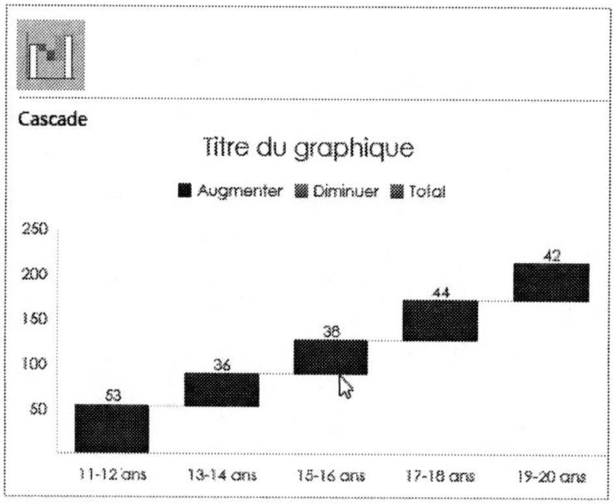

*La catégorie **Graphique combiné** propose comme son nom l'indique différentes combinaisons de graphiques comme par exemple un histogramme groupé et des courbes.*

Lorsque le modèle vous convient, cliquez sur le bouton **OK** pour créer le graphique.

Gérer le graphique créé

*Immédiatement, la **Zone de graphique** apparaît dans la feuille de calcul (ce graphique est appelé graphique incorporé). Les onglets spécifiques **Création** et **Format** associés à l'onglet **Outils de graphique** s'affichent.*

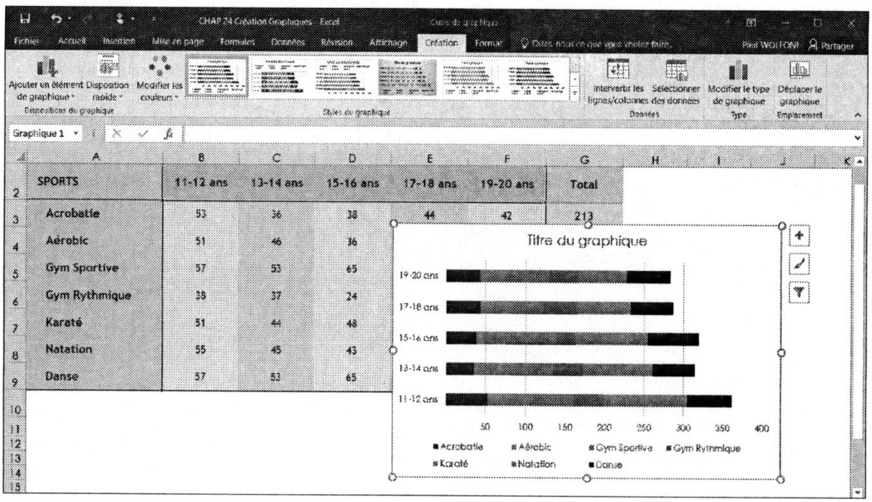

*Notez également la présence des trois outils : **Éléments de graphique**, **Styles du graphique** et **Filtres du graphique**, placés en haut à droite du graphique. Ces outils vous permettent d'ajouter facilement des éléments de graphiques tels que des titres d'axe, des étiquettes de données... et/ou de personnaliser l'aspect du graphique (ces procédures sont décrites en détails dans les titres suivants de cet ouvrage).*

Lorsqu'un graphique incorporé, créé à partir de données adjacentes, est sélectionné, des plages de cellules codées par des couleurs apparaissent ; elles mettent en valeur les données de la feuille de calcul utilisées dans le graphique.

- Déplacez, si besoin est, le graphique comme n'importe quel objet graphique : pour cela pointez un des bords extérieurs de l'objet (**Zone de graphique**) puis faites-le glisser. Vous pouvez aussi modifier ses dimensions en faisant glisser une des poignées.

Sauf intervention de votre part, toutes modifications apportées aux données sources sont répercutées dans le graphique car ils sont liés.

Le nombre de points de série de données d'un graphique 2D n'est limité que par la mémoire disponible de l'ordinateur.
Pour créer rapidement un graphique se basant sur le type de graphique par défaut, sélectionnez les données à présenter puis appuyez sur Alt F1 pour créer un graphique incorporé ou sur F11 pour créer un graphique dans une feuille graphique distincte.
Pour créer un graphique sans assistant, vous pouvez également utiliser les listes des outils suivants situés dans l'onglet **Insertion** - groupe **Graphiques** :

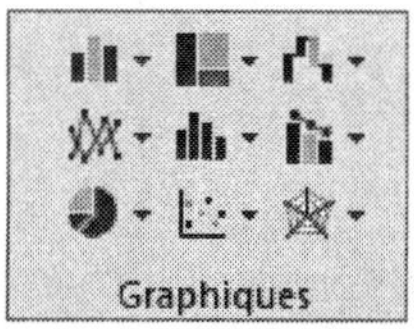

Activer/désactiver un graphique incorporé

- Pour activer un graphique incorporé, cliquez une fois dessus de façon à sélectionner l'objet graphique ou à sélectionner un des éléments du graphique.

*Les onglets **Outils de graphique** s'affichent à nouveau.*

- Pour désactiver un graphique incorporé, cliquez dans une cellule en dehors du graphique.

Changer l'emplacement d'un graphique

Par défaut, un graphique est créé dans un cadre nommé Zone graphique sur une feuille de calcul (on parle de graphique incorporé) ; vous pouvez changer son emplacement de manière à ce qu'il apparaisse dans une feuille à part entière (une feuille graphique) ou dans une autre feuille de calcul, en tant que graphique incorporé.

- S'il s'agit d'un graphique incorporé, cliquez dessus pour le sélectionner ; s'il s'agit d'un graphique existant dans une feuille graphique, cliquez sur l'onglet de la feuille pour l'activer.
- Activez l'onglet **Outils de graphique - Création** et cliquez sur le bouton **Déplacer le graphique** du groupe **Emplacement**.

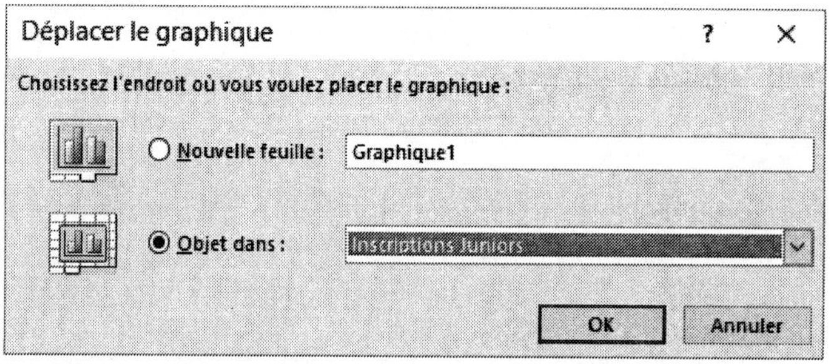

- Pour déplacer le graphique dans une feuille à part entière, activez l'option **Nouvelle feuille** et, dans la zone de saisie qui suit, modifiez si besoin, le nom de cette nouvelle feuille.
- Pour déplacer le graphique dans une feuille existante en tant que graphique incorporé, ouvrez la liste **Objet dans** et sélectionnez la feuille voulue.
- Cliquez sur le bouton **OK**.

  Si vous avez choisi de transférer le graphique dans une nouvelle feuille, celle-ci est insérée avant la feuille active.

Inverser les données d'un graphique

Il s'agit d'inverser les séries de données et les catégories.

- Activez, si besoin, le graphique.
- Activez l'onglet **Outils de graphique - Création** et cliquez sur le bouton **Intervertir les lignes/colonnes** du groupe **Données**.

Immédiatement, les données représentées en abscisse sont présentées en ordonnée et inversement.

Vous pouvez aussi cliquer sur le bouton **Sélectionner des données** du groupe **Données** de l'onglet **Outils de graphique - Création** puis dans la boîte de dialogue **Sélectionner la source de données** qui s'affiche, cliquer sur le bouton **Changer de ligne ou de colonne.**

Modifier la source de données du graphique

Cette technique permet de modifier les références des cellules représentées dans le graphique.

Première méthode

Cette méthode est réservée au graphique incorporé ; si vous devez ajouter des séries de données, ces dernières doivent être contigües à celles existantes sur le graphique.

- Sélectionnez la zone de graphique.

  Nous vous rappelons que sur la feuille de calcul, les cellules contenant les points de données sont entourées d'un rectangle bleu.

- Faites glisser la poignée du rectangle bleu de façon à insérer ou à supprimer les valeurs des nouvelles données dans le rectangle vert.

  Les titres des séries (entourés d'un rectangle vert) et les catégories (entourées d'un rectangle violet) accompagnent les modifications du rectangle bleu.

Seconde méthode

- Activez, si besoin est, le graphique.
- Activez l'onglet **Outils de graphique - Création** et cliquez sur le bouton **Sélectionner des données** du groupe **Données.**
- Dans la boîte de dialogue **Sélectionner la source de données** qui s'affiche, cliquez sur le bouton , si besoin, pour sélectionner la feuille contenant les nouvelles données à représenter, sélectionnez-les puis cliquez sur le bouton pour retrouver l'affichage de la boîte de dialogue.
- Cliquez sur le bouton **OK.**

Ajouter une ou plusieurs séries de données au graphique

- Activez, si besoin est, le graphique.
- Activez l'onglet **Outils de graphique - Création** et cliquez sur le bouton **Sélectionner des données** du groupe **Données.**

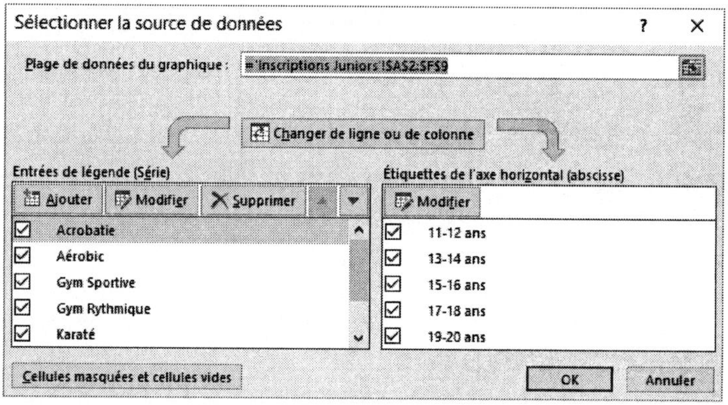

Pour ajouter plusieurs séries en une seule fois, celles-ci doivent être dans des cellules adjacentes.

*Les séries (colonne **Entrées de légende**) cochées sont déjà intégrées dans le graphique.*

- Cliquez sur le bouton **Ajouter** de la boîte de dialogue **Sélectionner la source de données.**
- Dans la zone **Nom de la série**, utilisez le bouton pour sélectionner la ou les cellule(s) contenant les étiquettes de(s) série(s) à ajouter.
- Dans la zone **Valeurs de la série**, utilisez le bouton pour sélectionner les cellules contenant les données numériques de(s) série(s) à ajouter.

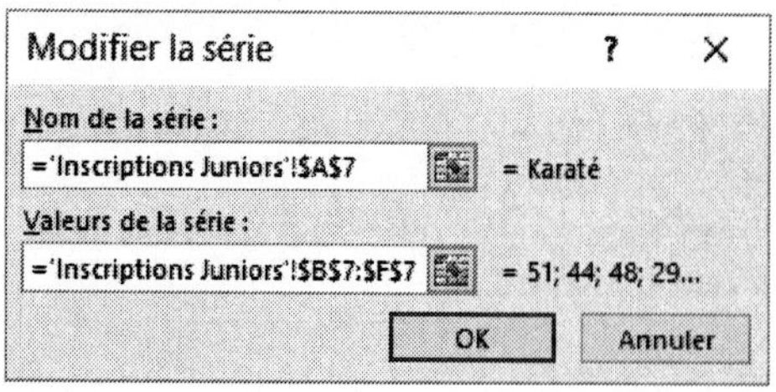

- Cliquez sur le bouton **OK** à deux reprises.

Vous pouvez aussi, comme pour modifier la source des données du graphique, faire glisser le rectangle bleu (qui apparaît dans la feuille de calcul) de manière à insérer les cellules contenant les données de la nouvelle série.

Supprimer une série de données du graphique

- Activez, si besoin est, le graphique et sélectionnez la série à supprimer en cliquant sur la série (barre, courbe...).
- Appuyez sur la touche [Suppr].

Le bouton **Supprimer** de la boîte de dialogue **Sélectionner la source de données** permet aussi de supprimer la série sélectionnée dans la zone **Entrées de légende (Série)**. Vous pouvez aussi décocher la ou les séries de votre choix dans cette boîte de dialogue afin de les désactiver.

Modifier l'ordre des séries de données du graphique

- Activez, si besoin est, le graphique.
- Activez l'onglet **Outils de graphique - Création** et cliquez sur le bouton **Sélectionner des données** du groupe **Données**.
- Cliquez sur la série dont l'ordre doit être modifié dans la partie **Entrées de légende (Série)** de la boîte de dialogue **Sélectionner la source de données**.
- Cliquez sur le bouton ▲ ou ▼ en fonction du déplacement désiré.
- Cliquez sur le bouton **OK**.

Modifier la source des étiquettes des abscisses

- Activez, si besoin est, le graphique.
- Activez l'onglet **Outils de graphique - Création** et cliquez sur le bouton **Sélectionner des données** du groupe **Données**.
- Cliquez sur le bouton **Modifier** dans la partie **Étiquettes de l'axe horizontal (abscisse)**.

- Utilisez le bouton pour sélectionner les cellules contenant les étiquettes à ajouter.
- Cliquez sur le bouton **OK** de la boîte de dialogue **Étiquettes des axes.**
- Cliquez sur le bouton **OK** de la boîte de dialogue **Sélectionner la source de données.**

Vous pouvez aussi sélectionner la première série du graphique puis modifier le deuxième argument de la fonction SERIE() visible dans la barre de formule.

Gérer les modèles de graphique

Créer un modèle de graphique permet de réutiliser un type de graphique que vous avez personnalisé.

Enregistrer un graphique comme modèle

- Faites un clic droit sur le graphique concerné puis activez l'option **Enregistrer comme modèle** du menu contextuel.
- Dans la zone **Nom de fichier**, saisissez le nom à attribuer au modèle de graphique.

  Les modèles de graphique portent l'extension .crtx et sont enregistrés par défaut dans le dossier C:\Utilisateurs\Nom de l'utilisateur\Application Data\Roaming\Microsoft\Templates\Charts.
- Cliquez sur le bouton **Enregistrer**.

Utiliser un modèle de graphique

- Pour créer un nouveau graphique à partir d'un modèle, activez l'onglet **Insertion**, cliquez sur le bouton **Graphiques recommandés** ou sur le Lanceur de boîte de dialogue du groupe **Graphiques** puis sur l'onglet **Tous les graphiques.**

  Pour modifier un graphique de manière à lui attribuer le modèle, activez l'onglet **Outils de graphique - Création** et cliquez sur le bouton **Modifier le type de graphique** du groupe **Type.**
- Dans la boîte de dialogue **Modifier le type de graphique** qui s'affiche, cliquez sur l'option **Modèles** dans le volet de gauche.

  La liste des modèles existants apparaît dans la partie droite de la boîte de dialogue.

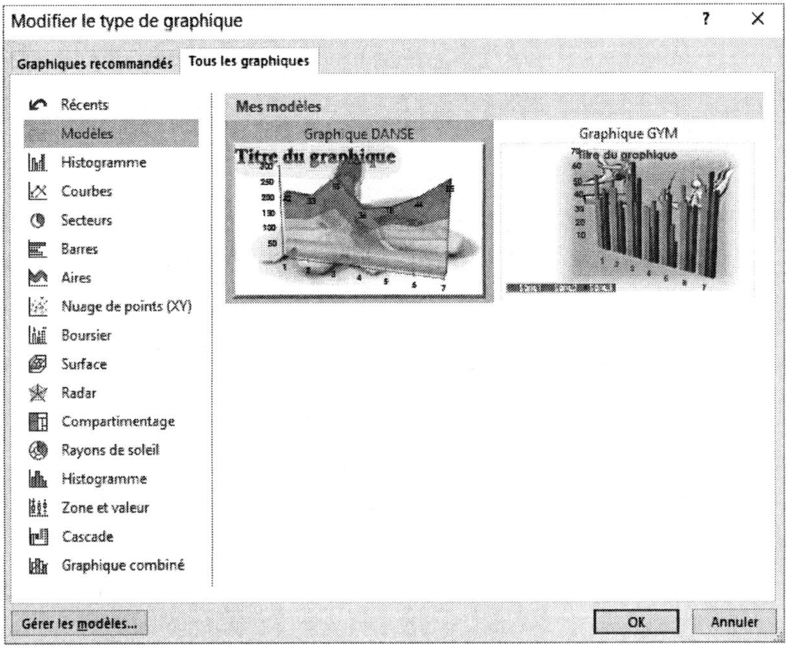

- Pour zoomer un modèle, pointez (sans cliquer) sur sa vignette.
- Faites un double clic sur le nom du modèle à utiliser.

Supprimer un modèle de graphique

- Accédez à la boîte de dialogue **Modifier le type de graphique** ou **Insérer un graphique.**
- Cliquez sur le bouton **Gérer les modèles.**

  Une fenêtre de l'Explorateur de fichiers s'affiche ; le dossier d'enregistrement des modèles y est actif.
- Cliquez sur le modèle à supprimer puis faites Suppr ou utilisez le bouton **Supprimer** du ruban ou l'option **Supprimer** de son menu contextuel. Confirmez sa suppression en cliquant sur le bouton **Oui.**
- Fermez la fenêtre de l'Explorateur de fichiers pour retrouver la boîte de dialogue d'origine.
- Cliquez sur le bouton **OK.**

La suppression d'un modèle personnalisé n'a pas d'incidence sur les graphiques ayant été basés sur ce modèle.

Créer/supprimer des graphiques sparkline

*Pour obtenir une représentation visuelle et compacte des tendances de vos données directement dans une cellule, vous pouvez y insérer de minuscules graphiques appelés **graphiques sparkline**. Un des avantages non négligeables de ces graphiques sparkline, c'est que contrairement à des graphiques ordinaires, ils sont imprimés en même temps que la feuille de calcul dans laquelle ils se trouvent.*

- Sélectionnez une ou plusieurs cellules vides dans lesquelles vous souhaitez insérer un graphique sparkline (il est conseillé de placer les graphiques sparkline près des cellules contenant les données, mais ce n'est pas obligatoire).
- Activez l'onglet **Insertion**.
- Dans le groupe **Graphiques sparkline**, cliquez sur le bouton correspondant au type de graphique sparkline à créer : **Courbes**, **Histogramme** ou **Positif/Négatif**.
- Dans la boîte de dialogue **Créer des graphiques sparkline** qui s'affiche, cliquez sur le bouton pour sélectionner la feuille contenant les données concernées par les graphiques, sélectionnez-les puis cliquez sur le bouton pour retrouver l'affichage de la boîte de dialogue.
- Selon le même principe, modifiez si nécessaire la **Plage d'emplacements** des graphiques sparkline.

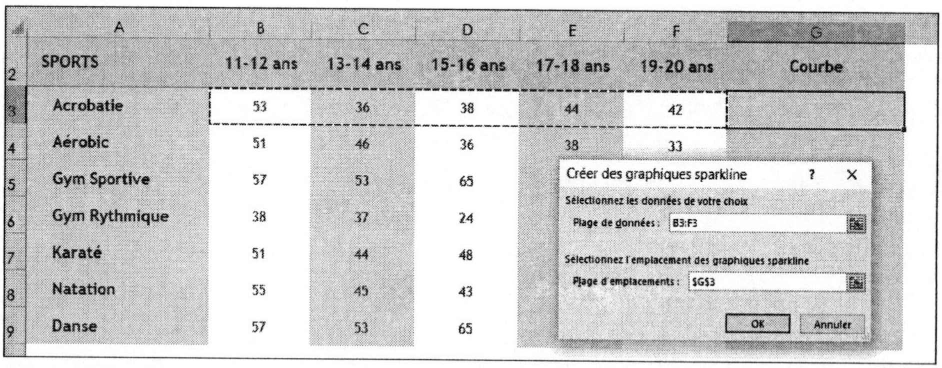

- Cliquez sur **OK** pour valider.

	A	B	C	D	E	F	G
2	SPORTS	11-12 ans	13-14 ans	15-16 ans	17-18 ans	19-20 ans	Courbe
3	Acrobatie	53	36	38	44	42	
4	Aérobic	51	46	36	38	33	
5	Gym Sportive	57	53	65	40	55	
6	Gym Rythmique	38	37	24	42	36	
7	Karaté	51	44	48	29	18	
8	Natation	55	45	43	40	44	
9	Danse	57	53	65	54	55	

Le petit graphique apparaît en arrière-plan de la ou des cellules choisies. Contrairement à un graphique ordinaire, le graphique sparkline n'est pas un objet, il est juste imbriqué dans une cellule. Vous pouvez donc, si besoin, saisir un texte dans la cellule contenant le graphique en arrière-plan comme vous le feriez dans une cellule ordinaire :

G
Courbe
Courbe annuelle

- Ajustez si besoin la hauteur de la ou des lignes pour mieux visualiser le graphique.
- Pour reproduire un graphique sparkline sur les cellules adjacentes, vous pouvez utiliser la poignée de recopie située dans l'angle inférieur droit de la cellule contenant le premier graphique sparkline.

SPORTS	11-12 ans	13-14 ans	15-16 ans	17-18 ans	19-20 ans	Courbe
Acrobatie	53	36	38	44	42	
Aérobic	51	46	36	38	33	
Gym Sportive	57	53	65	40	55	
Gym Rythmique	38	37	24	42	36	
Karaté	51	44	48	29	18	
Natation	55	45	43	40	44	
Danse	57	53	65	54	55	

- Pour sélectionner un graphique sparkline, cliquez sur la cellule dans laquelle il apparaît en arrière-plan.

  Si le graphique sparkline fait partie d'un groupe, un cadre bleu entoure ce groupe de graphiques sparkline (ce qui est le cas dans notre exemple). Notez que dans ce cas, les modifications de mise en forme apportées à l'un des graphiques seront reproduites sur tous les graphiques sparkline du groupe.

  *Lorsque vous cliquez sur une cellule contenant un graphique sparkline, un onglet spécifique **Outils sparkline - Création** contenant les groupes **Graphique sparkline, Type**, **Afficher**, **Style** et **Groupe** apparaît.*

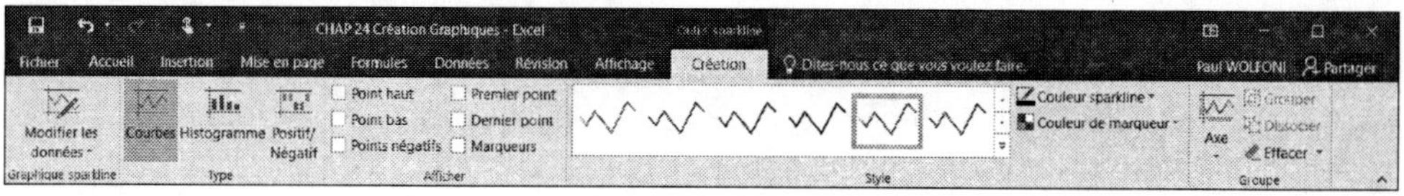

- Pour supprimer un graphique sparkline ou un groupe de graphiques sparkline, sélectionnez le ou les éléments concernés, activez l'onglet **Outils sparkline - Création** puis ouvrez la liste de l'outil **Effacer** du groupe **Groupe** et cliquez sur l'option **Supprimer les graphiques sparkline sélectionnés** ou **Supprimer les groupes de graphiques sparkline sélectionnés.**

Pour associer des graphiques sparkline à une sélection de données vous pouvez aussi cliquer sur le bouton **Analyse rapide** puis activer l'onglet **Graphiques sparkline** afin de choisir l'un des trois types de graphiques conseillés.

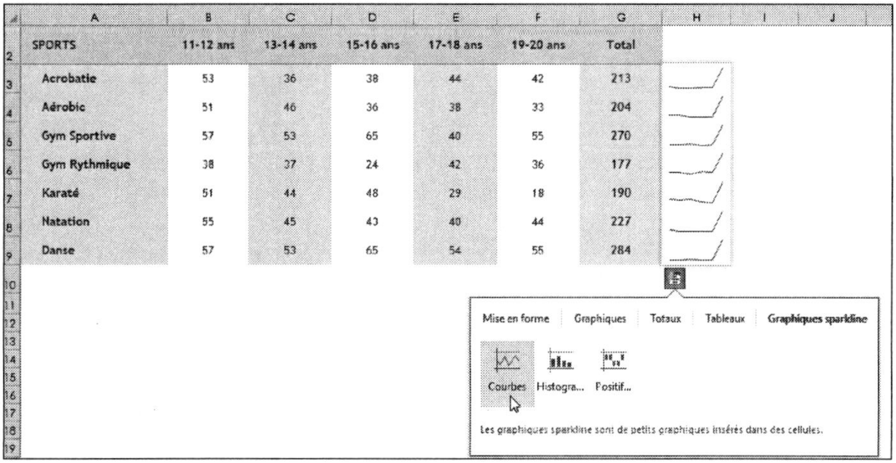

SPORTS	11-12 ans	13-14 ans	15-16 ans	17-18 ans	19-20 ans	Total
Acrobatie	53	36	38	44	42	213
Aérobic	51	46	36	38	33	204
Gym Sportive	57	53	65	40	55	270
Gym Rythmique	38	37	24	42	36	177
Karaté	51	44	48	29	18	190
Natation	55	45	43	40	44	227
Danse	57	53	65	54	55	284

Modifier un graphique sparkline

- Pour sélectionner un graphique sparkline, cliquez sur le graphique concerné (s'il fait partie d'un groupe et que seul le graphique sélectionné doit être modifié, alors dissociez-le au préalable).

  *Lorsqu'un graphique sparkline est sélectionné l'onglet **Outils sparkline - Création** contenant les groupes **Graphique sparkline**, **Type**, **Afficher**, **Style** et **Groupe** apparaît.*

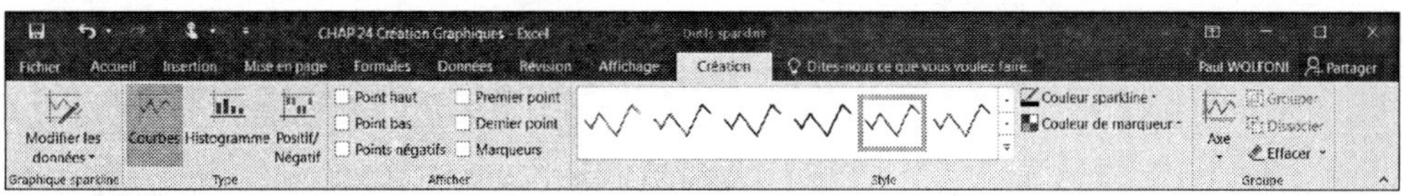

- Pour dissocier un des graphiques sparkline du groupe, sélectionnez le graphique concerné (le groupe est alors entouré d'un trait bleu), activez l'onglet **Outils sparkline - Création** et cliquez sur l'outil **Dissocier** du groupe **Groupe**.

  Une fois dissocié du groupe, le graphique sparkline peut être modifié indépendamment des autres.

- Pour modifier le **Type** d'un graphique sparkline ou d'un groupe de graphiques sparkline, sélectionnez un des graphiques concernés, puis cliquez sur le bouton **Courbes**, **Histogramme** ou **Positif/Négatif** du groupe **Type** de l'onglet **Outils sparkline - Création**.

- Pour appliquer un style prédéfini sur un graphique sparkline, sélectionnez un des graphiques concernés, puis cliquez sur le style souhaité qui apparaît dans le groupe **Style** de l'onglet **Outils sparkline - Création** (la flèche **Autres** vous donne accès à des styles complémentaires).
- Si la plage de données relative au graphique sparkline contient des dates, vous pouvez organiser les points de données dans ce graphique afin d'identifier les périodes irrégulières. Pour cela, cliquez sur le bouton **Axe** du groupe **Groupe** de l'onglet **Outils sparkline - Création**, puis cliquez sur l'option **Type de l'axe de date**. Dans la boîte de dialogue **Graphique sparkline - Plage de dates**, renseignez le champ **Sélectionnez la plage qui contient les valeurs de date pour les données du graphique sparkline** puis validez par **OK**.
- Pour afficher ou masquer certains marqueurs de données individuels (valeurs) dans un graphique sparkline de type Ligne, dans le groupe **Afficher** de l'onglet **Outils sparkline - Création**, cochez ou décochez les options **Marqueurs**, **Points négatifs** (valeurs négatives), **Point haut** (valeur la plus haute), **Point bas** (valeur la plus basse), **Premier point** (première valeur) ou **Dernier point** (dernière valeur) selon les points de valeur à afficher ou à masquer.
- Pour modifier les données et l'emplacement du groupe de sparkline ou uniquement les données d'un seul graphique sparkline, cliquez sur le graphique (du groupe ou individuel) puis cliquez sur le bouton **Modifier les données** du groupe **Graphique sparkline**, et enfin cliquez sur l'option souhaitée :

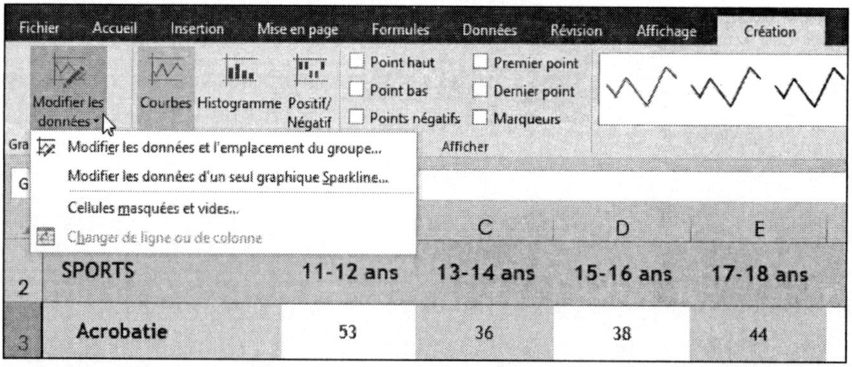

- Renseignez le ou les champs demandés dans la boîte de dialogue **Modifier les graphiques sparkline** ou **Modifier les données du graphique sparkline** selon le cas, puis validez par **OK**.

- Pour déterminer la façon dont le graphique sparkline doit gérer les cellules vides de la plage de cellules source, cliquez sur le bouton **Modifier les données** du groupe **Graphique sparkline** de l'onglet **Outils sparkline - Création**, puis cliquez sur l'option **Cellules masquées et vides.**

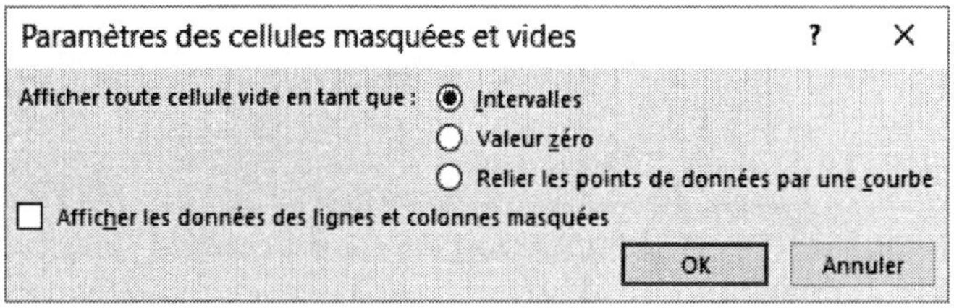

- Pour définir l'affichage des cellules vides dans le sparkline, activez l'option :
  - **Intervalles** : pour insérer une zone vide à la place de la donnée manquante et des éventuelles séries précédentes.
    Dans cet exemple, aucun chiffre n'ayant été saisi dans la colonne 13-14 ans, le sparkline occulte totalement ce champ ainsi que la série précédente (11-12 ans).

SPORTS	11-12 ans	13-14 ans	15-16 ans	17-18 ans	19-20 ans	Courbe
Danse	57		89	38	45	

  - **Valeur zéro** pour représenter la cellule vide par zéro.
    Ici, la valeur manquante est remplacée par la valeur zéro. Notez que dans ce cas, la ou les valeurs des séries précédentes sont représentées dans le sparkline.

SPORTS	11-12 ans	13-14 ans	15-16 ans	17-18 ans	19-20 ans	Courbe
Danse	57		89	38	45	

  - **Relier les points de données par une courbe** sans tenir compte de la valeur manquante :

SPORTS	11-12 ans	13-14 ans	15-16 ans	17-18 ans	19-20 ans	Courbe
Danse	57		89	38	45	

- Pour intégrer dans le sparkline les valeurs des cellules masquées, cochez l'option **Afficher les données des lignes et colonnes masquées.**
- Validez par **OK.**

Sélectionner les éléments d'un graphique

- Activez, si besoin, le graphique.
- Pointez l'élément que vous souhaitez sélectionner et cliquez.

Lorsque vous pointez un élément, son nom, et selon l'élément, sa valeur apparaissent dans une info-bulle. Lorsqu'un élément est sélectionné, il est entouré de poignées de sélection.

Si vous cliquez avec le bouton gauche de la souris, vous activez simultanément les onglets ***Outils de graphique - Création*** *et* ***Format****, mais également le menu contextuel composé d'options spécifiques :*

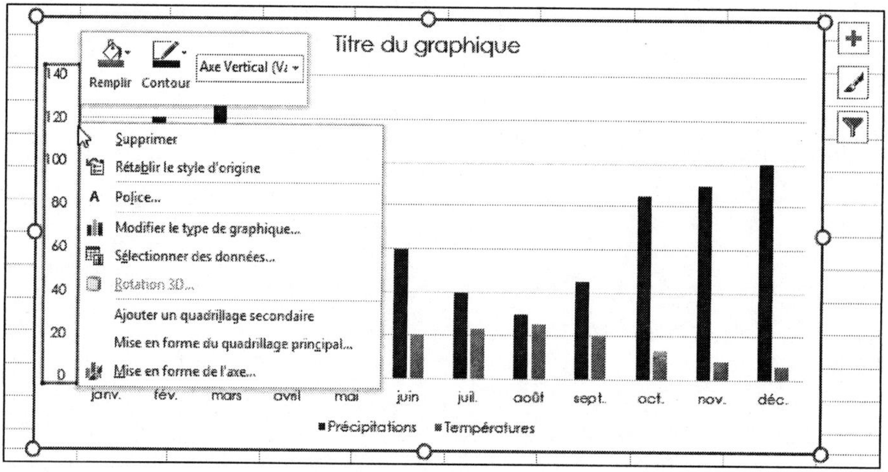

- Pour sélectionner un point d'une série, cliquez d'abord sur la série puis sur le point à sélectionner.

Sélectionner tous les éléments d'un graphique revient à sélectionner l'élément intitulé **Zone de graphique**.

Vous pouvez aussi activer l'onglet **Outils de graphique - Format**, ouvrir la liste **Éléments de graphique** du groupe **Sélection active** et cliquer sur l'élément de graphique que vous souhaitez sélectionner.

Modifier le type du graphique/d'une série

- Pour modifier l'ensemble du graphique, activez simplement le graphique ; pour modifier une série de données du graphique, sélectionnez-la.
- Activez l'onglet **Outils de graphique - Création** et cliquez sur le bouton **Modifier le type de graphique** du groupe **Type**.
- Activez, si ce n'est pas déjà fait, l'onglet **Tous les graphiques**.

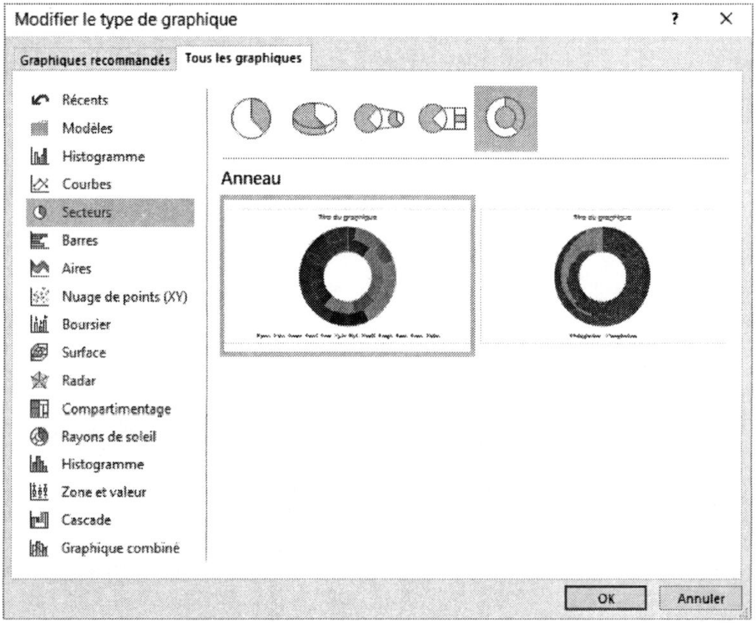

- Cliquez sur un type de graphique dans la partie gauche de la boîte de dialogue puis faites un double clic sur le sous-type de graphique souhaité, dans la partie droite de la boîte de dialogue.

Si vous utilisez fréquemment le même type de graphique, vous avez intérêt à le définir comme type de graphique par défaut : après avoir sélectionné le type de graphique dans la boîte de dialogue **Modifier le type de graphique**, faites un clic droit sur le sous-type de graphique concerné puis cliquez sur le bouton **Définir comme graphique par défaut.**

Appliquer une mise en forme prédéfinie au graphique

Les différents modèles de disposition proposés par défaut permettent d'afficher un emplacement pour le titre du graphique, la légende, la table des données...

- Activez, si besoin est, le graphique concerné puis l'onglet **Outils de graphique - Création.**

Disposition

- Ouvrez la liste associée au bouton **Disposition rapide** du groupe **Dispositions du graphique** puis cliquez sur la mise en forme souhaitée.

Par exemple, la disposition nommée ***Disposition 5*** *permet d'afficher la table des données dans l'espace réservé au graphique.*

Couleurs

- Pour appliquer des couleurs prédéfinies au graphique sélectionné, cliquez sur le bouton **Modifier les couleurs.**
- Pointez une des palettes du cadre **En couleur** ou **Monochrome** de votre choix pour en avoir un aperçu instantanément dans le graphique.

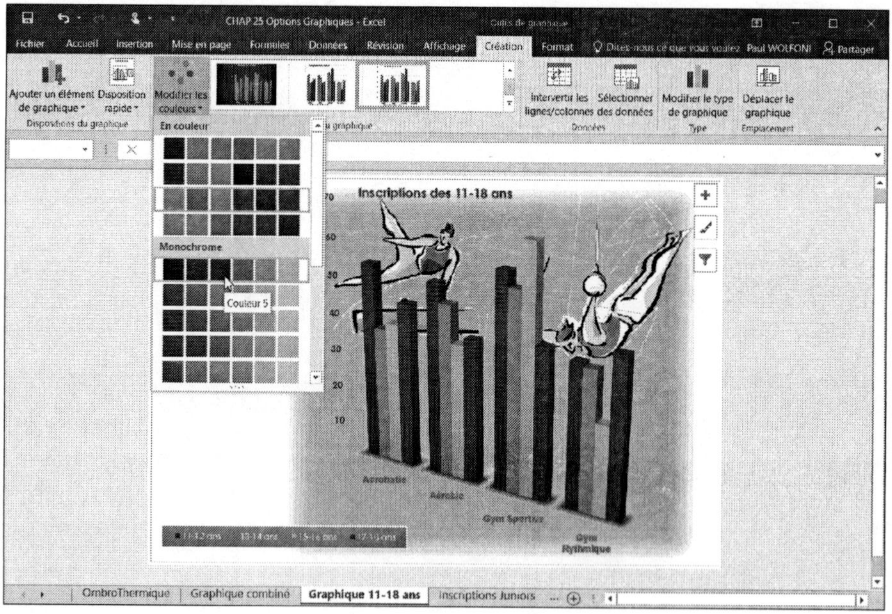

- Cliquez sur la série de couleurs souhaitée pour l'appliquer sur le graphique sélectionné.

Pour modifier les couleurs, vous pouvez aussi cliquer sur l'outil **Styles du graphique** situé en regard de la zone de graphique, activez l'onglet **Couleur** puis cliquez sur la palette de couleurs à appliquer.

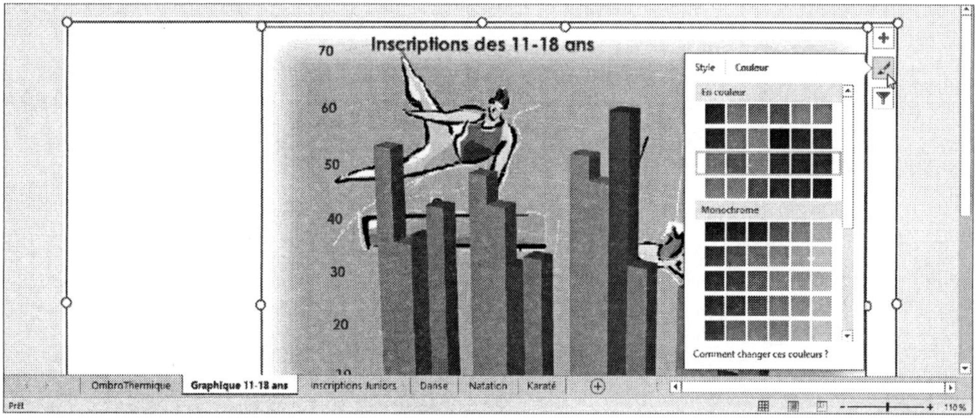

Afficher un élément de graphique

Il s'agit d'afficher (en choisissant une position d'affichage prédéfinie) ou de masquer le titre du graphique, les titres des axes, la légende, les étiquettes de données, la table des données, les axes, le quadrillage, les barres d'erreur...

- Activez, si ce n'est déjà fait, le graphique concerné.

Première méthode

- Activez l'onglet **Outils de graphique - Création** puis cliquez sur le bouton **Ajouter un élément de graphique** du groupe **Dispositions du graphique**.
- Pour afficher un élément, cliquez sur le bouton correspondant à l'élément concerné :

Axes Pour afficher l'axe horizontal principal avec ou sans les étiquettes et/ou l'axe vertical principal en choisissant son échelle de valeurs (en milliers, en millions, en milliards...).

Titres des axes Pour afficher une zone de texte modifiable correspondant à l'axe horizontal et une zone de texte modifiable correspondant à l'axe vertical.

Titre du graphique	Pour afficher une zone de texte modifiable, superposée et centrée dans le graphique ou au-dessus du graphique ; pour saisir le titre du graphique, il suffit de cliquer dans la zone de texte puis de saisir le texte.
Étiquettes de données	Pour afficher les valeurs de la série de données sélectionnée ; si aucune série n'est sélectionnée, Excel affiche les étiquettes pour toutes les séries.
Table de données	Pour afficher le tableau correspondant aux données source du graphique, sous ce dernier.
Barres d'erreur	Pour afficher la marge d'erreur potentielle concernant chaque point de données ou marque de données d'une série de données.
Quadrillages	Pour afficher le quadrillage horizontal et/ou vertical principal et/ou secondaire.
Légende	Pour afficher le titre des séries de données ; par défaut, cet élément est affiché à droite du graphique.
Courbe de tendance	Pour illustrer les tendances des données existantes ou des prévisions de données futures (cf. Options graphiques - Ajouter une courbe de tendance à un graphique).
Barres haut/bas ou **Lignes haut/bas**	Pour relier les séries de données des graphiques en courbes 2D.

- Cliquez ensuite sur le sous-type d'élément souhaité.

En pointant un des éléments proposés, vous obtenez une représentation instantanément sur le graphique actif.

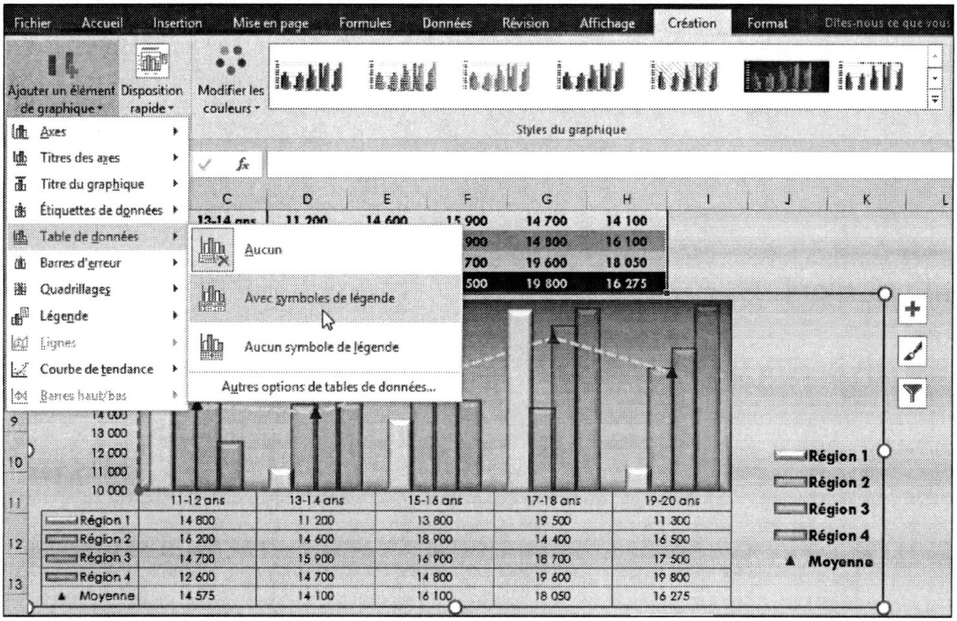

Autre méthode

- Cliquez sur l'outil **Éléments de graphique**  situé à droite du graphique.

  Les options cochées sont déjà activées pour le graphique, et leur nombre varie selon le type de graphique.

  En pointant un des éléments proposés, vous obtenez une représentation instantanément sur le graphique actif.

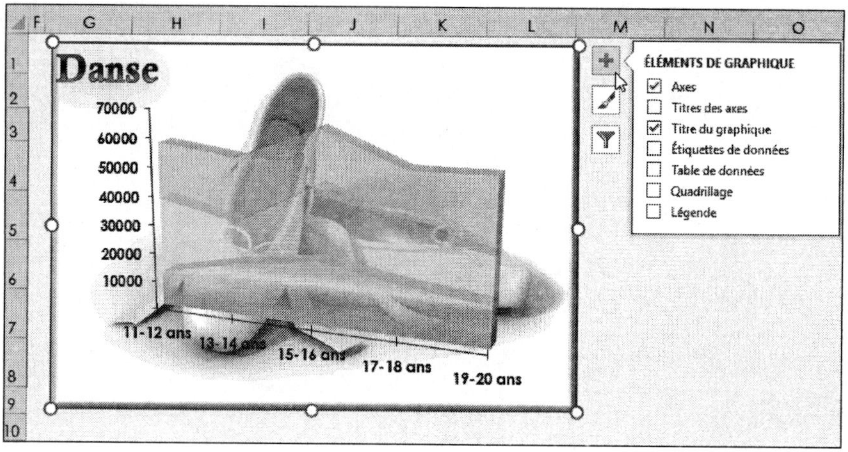

- Pour intégrer un élément au graphique, cochez l'option correspondante.

Dans ce cas, Excel intègre l'élément selon ses paramètres de position et mise en forme par défaut.

Le fait d'appliquer certaines dispositions prédéfinies permet aussi d'afficher ou de masquer certains éléments.

Pour masquer un élément, vous pouvez décocher l'option correspondante du volet **Éléments du graphique** ou bien sélectionner l'élément directement dans le graphique puis appuyer sur la touche Suppr.

Certains éléments, comme les titres, la légende... peuvent être déplacés par un cliqué-glissé. Ces mêmes éléments, ou bien d'autres (zone de traçage, légende...), peuvent être dimensionnés en faisant glisser une des poignées de sélection qui apparaissent autour de l'élément lorsque celui-ci est sélectionné.

Modifier les options de l'axe des abscisses

L'axe des abscisses est aussi appelé l'axe des X ou l'axe des catégories.

Cette manipulation permet de modifier la position des graduations, des étiquettes, l'intersection de l'axe vertical et de l'axe horizontal...

- Activez, si besoin, le graphique concerné puis faites un double clic sur l'axe des abscisses.

Le volet Office ***Format de l'axe*** *s'affiche à droite de la fenêtre. Ce volet se gère (fermeture, déplacement, modification...) selon le même principe que le volet* ***Sélection****.*

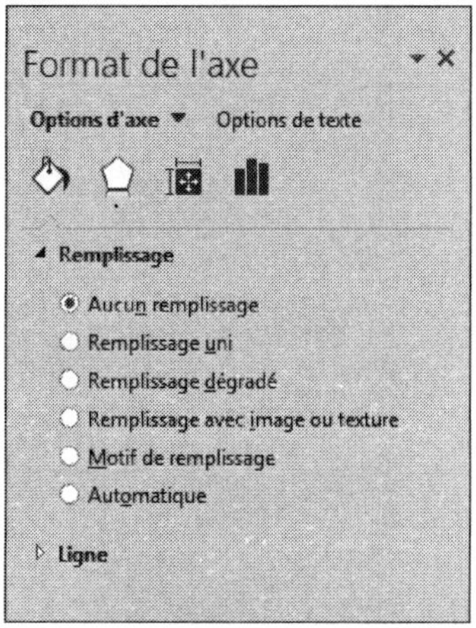

Les options du volet Office ***Format de l'axe*** *sont réparties en deux thèmes :* ***Options d'axe*** *et* ***Options de texte****. Et les options des thèmes sont classées par catégories représentées par des icônes.*

Options d'axe :

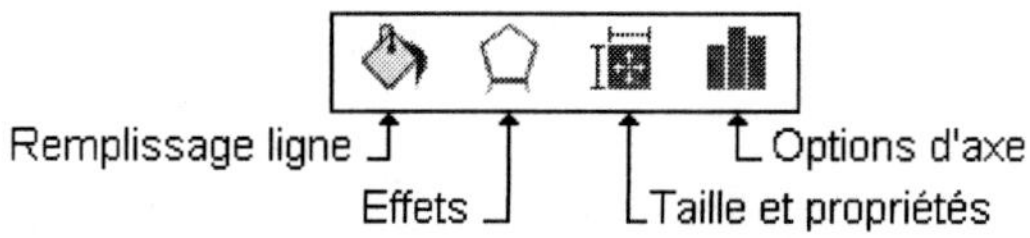

Options de texte :

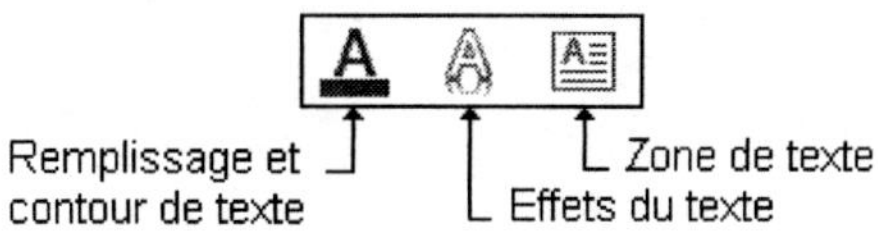

L'icône de la catégorie activée apparaît colorée (vert par défaut).

Affichez la catégorie **Options d'axe** (thème **Options d'axe**).

*Les options du thème **Options d'axe** - catégorie **Options d'axe** sont elles-mêmes regroupées en quatre listes : **Options d'axe**, **Graduations**, **Étiquettes** et **Nombre**.*

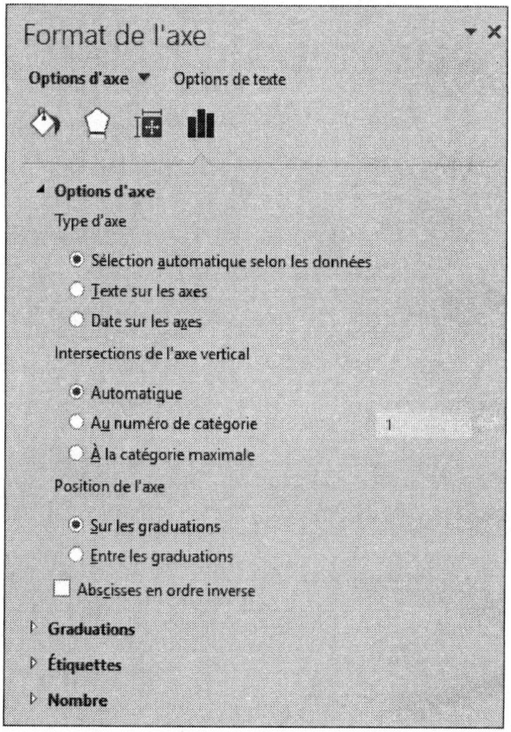

- Pour ouvrir une liste, cliquez sur la petite flèche blanche située en regard de son nom.
- Pour masquer une liste, cliquez sur le symbole ◢ situé en regard de son nom.

*Dans notre exemple la liste **Options d'axe** est ouverte, et les listes **Graduations**, **Étiquettes** et **Nombre** sont fermées.*

Liste : Options d'axe

- Pour définir le **Type d'axe**, laissez l'option **Sélection automatique selon les données** active si vous souhaitez que le type d'axe utilisé corresponde au mieux à vos données, ou activez l'option :
  - **Texte sur les axes** pour espacer de façon égale les points des données et le texte sur l'axe textuel.

- **Dates sur les axes** pour présenter les dates par ordre chronologique à intervalles définis ou sur une base d'unités (nombre de jours, nombre de mois...) même lorsque les dates de la feuille de calcul ne sont pas dans l'ordre ou n'ont pas la même unité de temps.

Si vous souhaitez modifier le point de croisement de l'axe des ordonnées et de l'axe des abscisses, dans la zone **Intersections de l'axe vertical**, activez l'option :

- **Au numéro de catégorie** puis saisissez dans le champ associé le nombre souhaité.
- **À la catégorie maximale** pour que l'axe des ordonnées (axe Y) coupe l'axe des abscisses (axe X) après la dernière catégorie de l'axe X.

*L'option **Automatique** est activée par défaut.*

Définissez la **Position de l'axe** en activant l'option **Sur les graduations** ou **Entre les graduations** selon votre choix.

Pour inverser l'ordre des étiquettes de catégories, cochez l'option **Abscisses en ordre inverse.**

Liste : Graduations

Affichez, si ce n'est déjà fait, la liste **Graduations** en cliquant sur le symbole ▷ situé en regard de son nom.

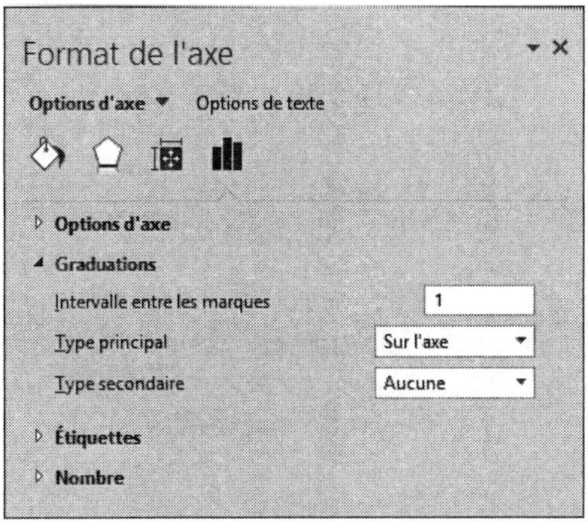

Précisez dans la zone **Intervalle entre les marques** le nombre de catégories de données à afficher entre les marques de graduation de l'axe.

Pour afficher les marques de graduation principale, ouvrez la liste **Type principal** et choisissez leur position (**À l'intérieur, À l'extérieur, Sur l'axe**).

- Pour afficher les marques de graduation secondaire, ouvrez la liste **Type secondaire** et choisissez leur position (**À l'intérieur**, **À l'extérieur**, **Sur l'axe**).

Liste : Étiquettes

- Affichez, si ce n'est déjà fait, la liste **Étiquettes** en cliquant sur le symbole ▷ situé en regard de son nom.

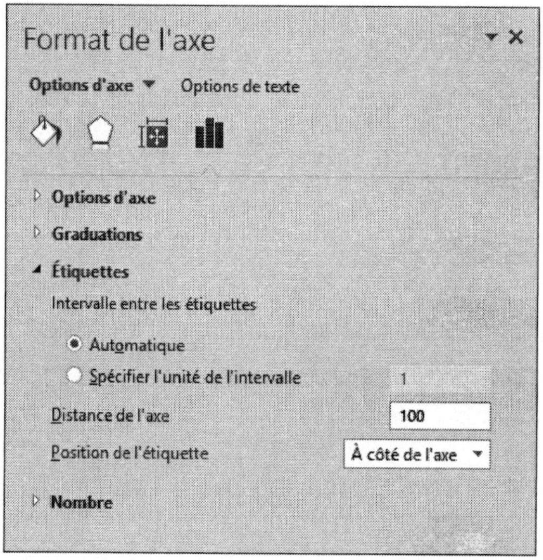

- Si vous souhaitez préciser l'intervalle entre les étiquettes des marques de graduation dans la zone **Intervalle entre les étiquettes**, activez l'option **Spécifier l'unité de l'intervalle** puis saisissez le nombre correspondant à l'intervalle souhaité ; par exemple, tapez **2** pour afficher une étiquette sur deux.
- Si vous souhaitez placer les étiquettes à une distance plus ou moins proche des axes, cliquez dans la zone de saisie **Distance de l'axe** puis saisissez un nombre moins élevé pour rapprocher l'étiquette de l'axe, et inversement, un nombre plus élevé pour espacer l'étiquette de l'axe.
- Pour afficher le texte des étiquettes de graduation, ouvrez la liste **Position de l'étiquette** et choisissez leur position (**À côté de l'axe**, **Haut**, **Bas**).

Liste : Nombre

- Affichez, si ce n'est déjà fait, la liste **Nombre** en cliquant sur le symbole ▷ situé en regard de son nom.

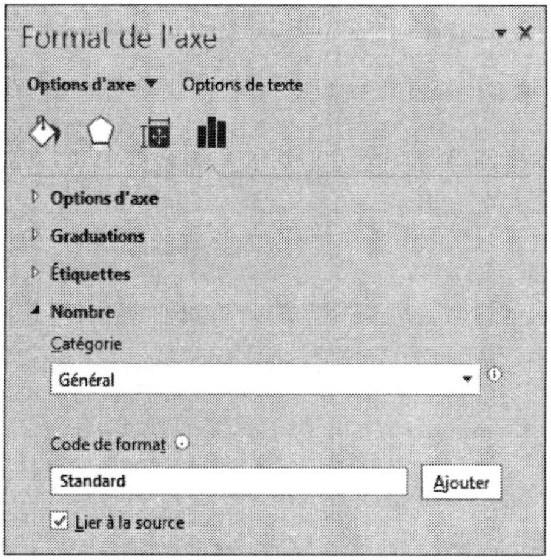

- Ouvrez la liste **Catégorie** puis choisissez l'option **Général**, **Nombre**, **Monétaire**, **Comptabilité**, **Date**, **Heure**, **Pourcentage**, **Fraction**, **Scientifique**, **Texte**, **Spécial** ou **Personnalisé.**
- Précisez ses éventuelles options en renseignant les paramètres proposés (ces derniers varient selon la catégorie choisie).
- Si vous souhaitez conserver les formats des nombres tels qu'ils sont dans la feuille de calcul, cochez l'option **Lier à la source.**

Pour modifier la profondeur de chevauchement ou d'écart des séries, sélectionnez une série de données afin d'afficher le volet Office **Mettre en forme des séries de données** puis définissez les paramètres de votre choix dans la liste **Options des séries.**

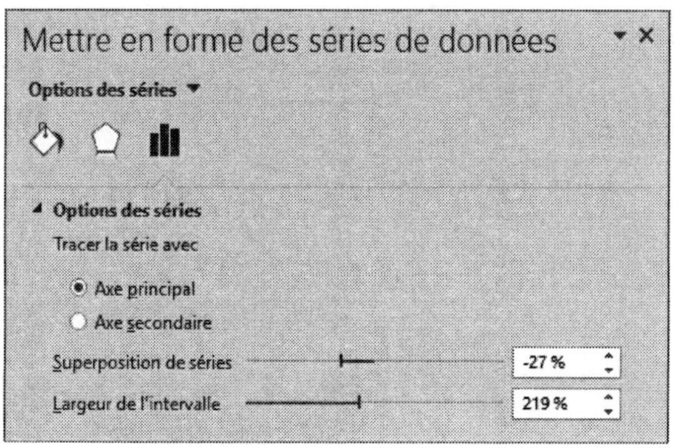

Modifier les options de l'axe des ordonnées

L'axe des ordonnées est aussi appelé axe vertical, axe des Y ou axe des valeurs. Cette technique permet de modifier l'échelle du graphique, la position des graduations, des étiquettes, l'intersection de l'axe horizontal et de l'axe vertical...

Activez, si besoin est, le graphique concerné puis faites un double clic sur l'axe des abscisses.

*Le volet Office **Format de l'axe** s'affiche à droite de la fenêtre. Ce volet est quasiment identique à celui activé et présenté dans le titre précédent (cf. Modifier les options de l'axe des abscisses).*

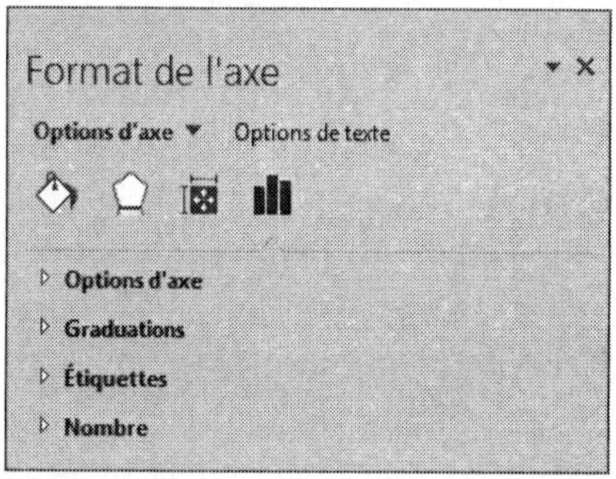

*Là aussi les options de ce volet Office **Format de l'axe** sont réparties en deux thèmes : **Options d'axe** et **Options de texte**. Et les options des thèmes sont classées par catégories représentées par des icônes.*

Options d'axe :

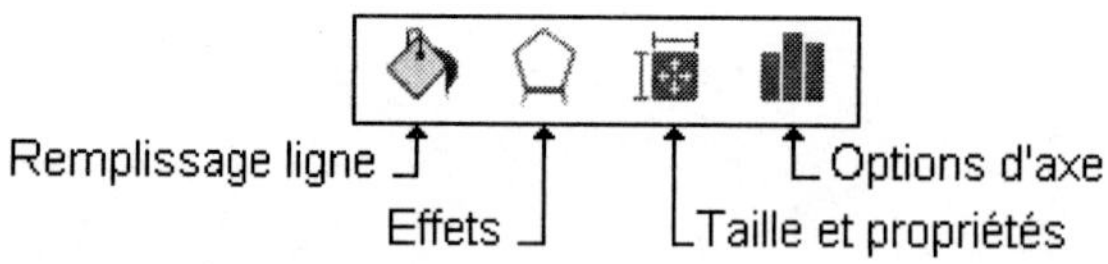

Options de texte :

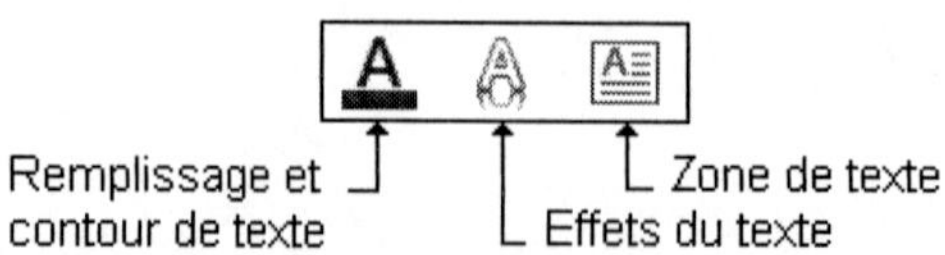

L'icône de la catégorie activée apparaît colorée (vert par défaut).

- Affichez la catégorie **Options d'axe** (thème **Options d'axe**).

  *Les options du thème **Options d'axe** - catégorie **Options d'axe** sont elles-mêmes regroupées en quatre listes : **Options d'axe**, **Graduations**, **Étiquettes** et **Nombre**.*

- Pour ouvrir une liste, cliquez sur le symbole ▷ situé en regard de son nom.

- Pour masquer une liste, cliquez sur le symbole ◢ situé en regard de son nom.

<u>Liste : Options d'axe</u>

- Ouvrez, si ce n'est déjà fait, la liste **Options d'axe**.

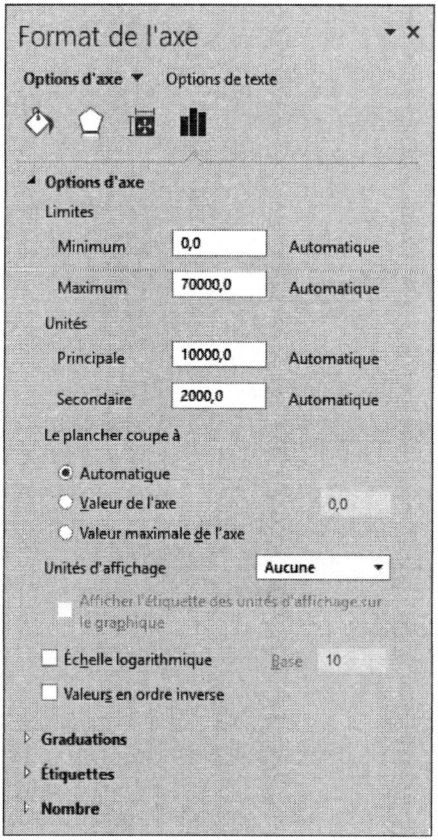

- Pour définir une valeur d'échelle particulière, modifiez les valeurs des options **Minimum** et/ou **Maximum** de la zone **Limites.**

  *Dans ce cas, l'indication **Automatique** se transforme en bouton **Réinitialiser**. Ce dernier vous permet de revenir à la valeur par défaut.*

- Pour définir l'intervalle des marques de graduation et des quadrillages du graphique, modifiez les valeurs des options **Principale** et/ou **Secondaire** de la zone **Unités.**

- Si vous souhaitez modifier le point d'intersection de l'axe des ordonnées et de l'axe des abscisses, dans la zone **L'axe horizontal coupe**, activez l'option :

  - **Valeur de l'axe** puis saisissez dans le champ associé le nombre souhaité.
  - **Valeur maximale de l'axe** pour définir que l'axe des abscisses (axe X) doit croiser l'axe des ordonnées (axe Y) au niveau de la valeur la plus élevée. Dans ce cas, les étiquettes des catégories sont placées sur le côté opposé dans le graphique.

  *L'option **Automatique** est activée par défaut.*

- Pour modifier si nécessaire les **Unités d'affichage**, ouvrez la liste correspondante puis cliquez sur l'option de votre choix :

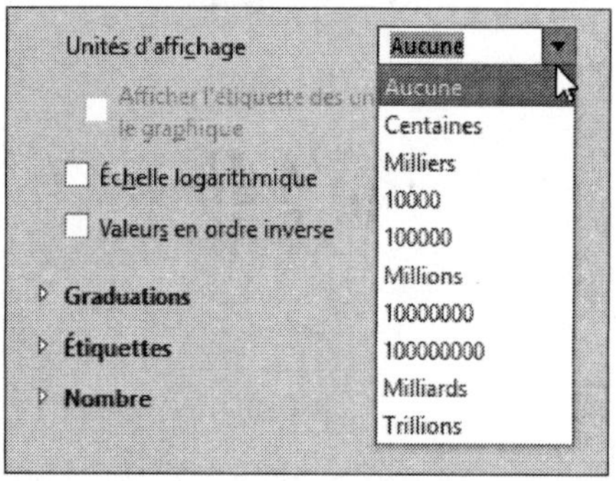

  *Par défaut, l'option **Aucune** est sélectionnée.*

- Si vous avez choisi une des unités d'affichage (pour remplacer par exemple de grandes valeurs par de plus petites), vous pouvez cocher l'option **Afficher l'étiquette des unités d'affichage sur le graphique** pour ajouter une étiquette indiquant l'unité utilisée.

- Lorsque les valeurs représentées dans le graphique couvrent une plage très importante, vous avez la possibilité de remplacer l'axe des valeurs par une échelle logarithmique. Pour cela, cochez l'option **Échelle logarithmique** puis modifiez, si besoin, la **Base** qui lui est associée.

Notez qu'il est impossible d'utiliser une telle échelle pour les valeurs négatives ou nulles.

- Pour inverser l'ordre des valeurs, cochez l'option **Valeurs en ordre inverse.**

  Sachez que si vous changez l'ordre des valeurs sur l'axe des ordonnées en partant du bas vers le haut, les étiquettes des catégories sur l'axe des abscisses apparaîtront en haut du graphique, et non plus en bas. De même, si vous changez l'ordre des catégories en partant de la gauche vers la droite, les étiquettes des valeurs apparaîtront sur la droite et non à gauche du graphique.

Liste : Graduations

- Affichez, si ce n'est déjà fait, la liste **Graduations** en cliquant sur la petite flèche blanche située en regard de son nom.
- Pour afficher les graduations principales, ouvrez la liste **Type principal** et choisissez leur position (**À l'intérieur**, **À l'extérieur**, **Sur l'axe**).
- Pour afficher les graduations secondaires, ouvrez la liste **Type secondaire** et choisissez leur position (**À l'intérieur**, **À l'extérieur**, **Sur l'axe**).

Liste : Étiquettes

- Affichez, si ce n'est déjà fait, la liste **Étiquettes** en cliquant sur la petite flèche blanche située en regard de son nom.
- Pour afficher le texte des étiquettes de graduation, ouvrez la liste **Position de l'étiquette** et choisissez leur position (**À côté de l'axe**, **Haut**, **Bas**).

Liste : Nombre

- Affichez, si ce n'est déjà fait, la liste **Nombre** en cliquant sur la petite flèche blanche située en regard de son nom.
- Ouvrez la liste déroulante **Catégorie** puis choisissez l'option **Général**, **Nombre**, **Monétaire**, **Comptabilité**, **Date**, **Heure**, **Pourcentage**, **Fraction**, **Scientifique**, **Texte**, **Spécial** ou **Personnalisé**.
- Précisez ses éventuelles options en renseignant les paramètres proposés (ces derniers varient selon la catégorie choisie).
- Si vous souhaitez conserver les formats des nombres tels qu'ils sont dans la feuille de calcul, cochez l'option **Lier à la source**.

Les graphiques de type courbes affichent les valeurs uniquement sur l'axe des ordonnées (vertical), alors que les graphiques en nuage de points (XY) et en bulles affichent leurs valeurs sur l'axe des abscisses et l'axe des ordonnées. Dans la mesure où l'échelle de l'axe horizontal du graphique de type courbes ne peut pas être modifiée autant que l'échelle de l'axe vertical utilisé dans le graphique en nuage de points, il peut être judicieux d'utiliser un graphique en nuage de points (XY) plutôt qu'un graphique en courbes si vous devez changer l'échelle de cet axe ou afficher celui-ci sous forme d'échelle logarithmique.

Créer un graphique combiné avec un axe secondaire

Cette technique permet de représenter sur un même graphique des données complètement différentes, de par leur échelle et/ou leur unité. Sur cet exemple, la première série (Précipitations) est représentée par des barres d'histogramme associées à l'axe vertical principal tandis que la seconde, qui représente les valeurs de la série ***Températures****, est représentée par une courbe associée à l'axe vertical secondaire :*

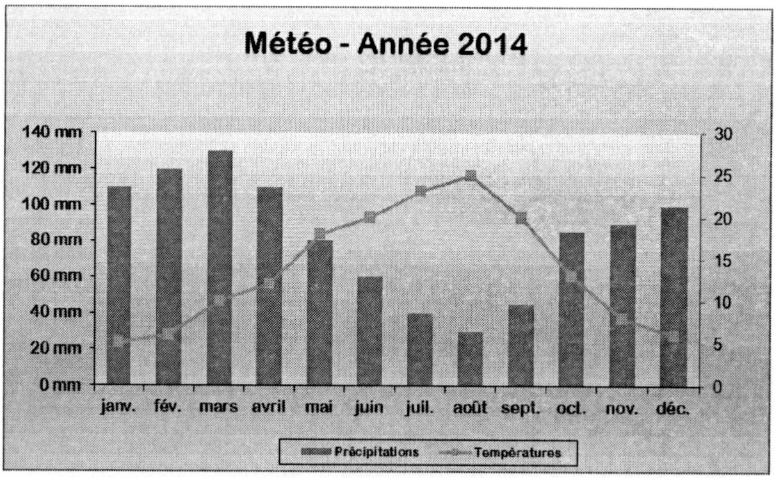

Le principe consiste à convertir un graphique en graphique combiné.

- Cliquez n'importe où dans le graphique que vous souhaitez convertir en graphique combiné.
- Activez l'onglet **Outils de graphique - Création** puis cliquez sur le bouton **Modifier le type de graphique** du groupe **Type**.

- Activez l'onglet **Tous les graphiques.**
- Activez la catégorie **Graphique combiné** dans le volet gauche de la fenêtre.
- Puis, cliquez sur la sous-catégorie **Colonne groupée - Ligne sur l'axe secondaire** 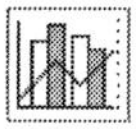 située en haut de la partie droite de la fenêtre.

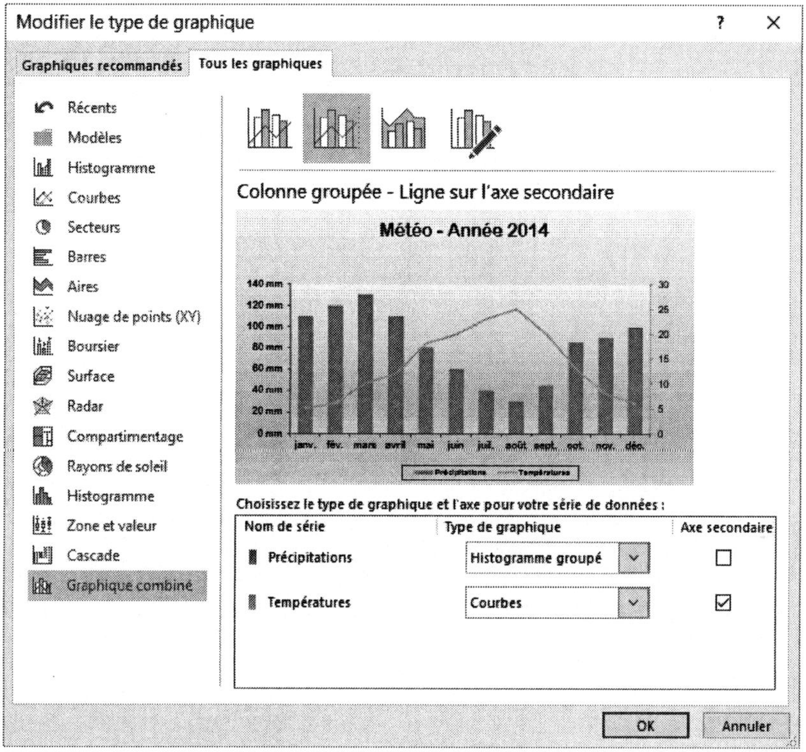

- Dans le cadre **Choisissez le type de graphique et l'axe pour votre série de données**, cochez l'option **Axe secondaire** associée à chaque série de données que vous souhaitez tracer sur l'axe secondaire.
- Puis choisissez l'option **Courbes** dans chacune des listes **Type de graphique** correspondantes.
- Vérifiez que le **Type de graphique** de toutes les autres séries est bien **Histogramme groupé**.

Pour ajouter un titre pour chaque axe vertical afin de le rendre plus lisible, vous pouvez activer le graphique concerné, cliquer sur l'outil **Éléments de graphique**, pointer (sans cliquer) la catégorie **Titres des axes** puis cliquer sur la petite flèche qui lui est associée.

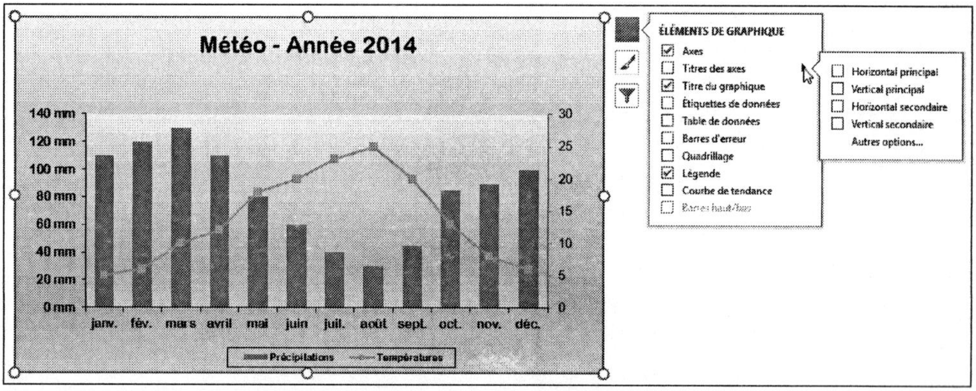

Puis cochez la ou les options de votre choix. Et enfin, cliquez dans le graphique sur chaque titre d'axe ajouté avant de renseigner le titre de cet axe.

Pour modifier les paramètres de l'axe vertical secondaire, vous pouvez cliquer sur la série du graphique, cliquez sur l'outil **Mise en forme de la sélection** (onglet **Outils de graphique - Format** - groupe **Sélection active**) afin d'afficher le volet Office **Mettre en forme des séries de données.** Effectuez alors les modifications à l'aide des différentes options réparties dans les catégories **Remplissage et ligne**, **Effets** et **Options des séries** (cf. Modifier les options de l'axe des ordonnées).

Modifier les étiquettes de données

Il s'agit de modifier l'affichage des valeurs correspondant aux données de chaque série.

- Dans le graphique, affichez, si besoin, les étiquettes de données pour la ou les séries concernées (cf. Afficher un élément de graphique).
- Activez le graphique puis cliquez sur l'outil **Éléments de graphique**.

- Pointez (sans cliquer) l'option **Étiquettes de données** pour afficher les options supplémentaires, puis cliquez sur **Autres options** pour afficher le volet Office **Format des étiquettes de données.**
- Activez la catégorie **Options d'étiquettes** du volet Office, puis la liste **Options d'étiquettes.**

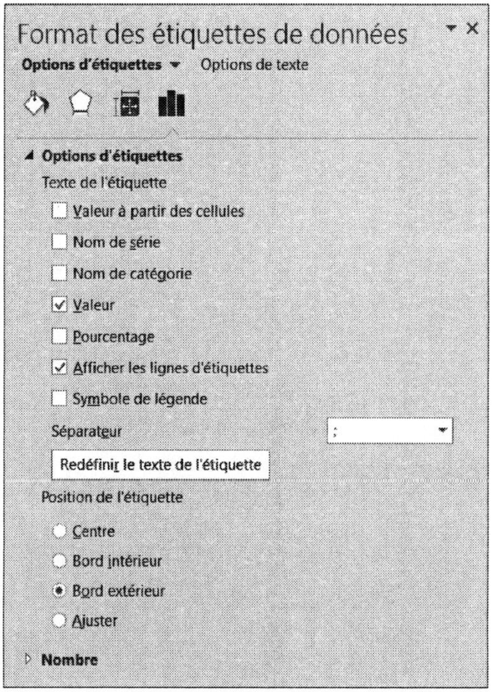

- Précisez ce que doivent afficher les étiquettes dans la zone **Texte de l'étiquette.**
- Pour afficher aussi le symbole de la légende dans l'étiquette, cochez l'option **Symbole de légende.**
- Choisissez la disposition des étiquettes par rapport à la représentation des séries (barres, courbes...) dans la zone **Position de l'étiquette.**

Pour supprimer l'affichage de toutes les étiquettes, décochez l'option **Étiquettes des données** associée à l'outil **Éléments de graphique** [+]. Pour supprimer l'affichage d'une étiquette en particulier, cliquez sur la zone correspondante dans le graphique afin de la sélectionner, puis appuyez sur la touche Suppr.

Changer la forme d'une étiquette de données

- Pour modifier l'ensemble des étiquettes d'une série, sélectionnez cette dernière dans le graphique) et, pour modifier une étiquette en particulier, sélectionnez-la.
- Faites un clic droit sur la sélection puis activez l'option **Changer les formes d'étiquettes de données** ou **Changer la forme d'étiquette de données** selon le cas.

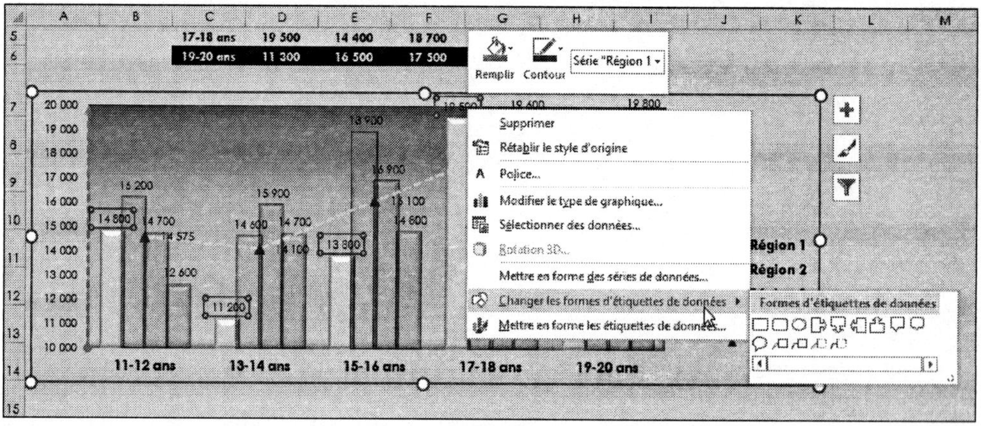

- Sélectionnez ensuite la forme de votre choix.

Restaurer un texte d'étiquette

Si vous avez personnalisé le contenu d'une étiquette de données, sachez qu'il n'est alors plus lié aux données de la feuille de calcul. Vous pouvez restaurer le lien et rétablir en même temps le texte d'origine des étiquettes.

- Pour restaurer le lien entre toutes les étiquettes d'une série de données et les cellules correspondantes de la feuille de calcul, cliquez une fois dans le graphique sur une étiquette de données de la série concernée. Pour restaurer le lien d'une étiquette en particulier, cliquez à deux reprises.
- Cliquez sur l'outil **Éléments de graphique** [+], pointez l'option **Étiquettes de données** puis cliquez sur l'option **Autres options.**
- Cliquez sur le bouton **Redéfinir le texte de l'étiquette** de la liste **Options d'étiquettes** (catégorie **Options d'étiquettes**).

Pour afficher le volet **Format des étiquettes de données**, vous pouvez aussi faire un clic droit sur l'étiquette de données puis cliquez sur l'option **Mettre en forme les étiquettes de données** ou sur **Mettre en forme l'étiquette de données** selon la sélection effectuée.

Appliquer un style rapide au graphique

Un style rapide est un ensemble prédéfini de couleurs, de remplissage et de contours appliqué aux éléments du graphique.

Première méthode

- Cliquez sur le style voulu dans le groupe **Styles du graphique** de l'onglet **Outils de graphique - Création** ; pour visualiser tous les styles disponibles en même temps, cliquez sur le bouton **Autres** de ce même groupe.

Deuxième méthode

- Activez le graphique puis cliquez sur l'outil **Styles du graphique** situé en regard de la zone de graphique.

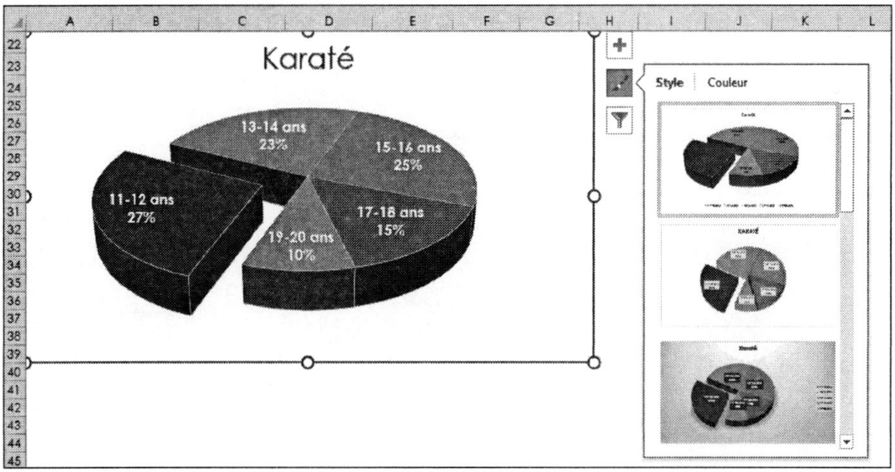

- Activez, si ce n'est déjà fait, l'onglet **Style** puis cliquez sur le modèle souhaité.

Il est possible d'appliquer un style rapide à un élément du graphique en particulier.

Pour modifier les couleurs du graphique, voir le titre Appliquer une mise en forme prédéfinie au graphique.

Pour effacer la mise en forme personnalisée de l'élément du graphique sélectionné et rétablir ainsi le style visuel général qui lui est appliqué par défaut, vous pouvez activer l'onglet **Outils de graphique - Format** puis cliquez sur le bouton **Rétablir le style d'origine** du groupe **Sélection active.**

Ajouter une courbe de tendance à un graphique

La courbe de tendance associée (obligatoirement) à une série de données permet d'illustrer les tendances des données existantes ou des prévisions de données futures. Cet outil permet de faire une analyse de régression utilisée pour faire des prévisions.

Selon le type d'analyse souhaité, vous pouvez par exemple étendre une courbe de tendance dans un graphique au-delà des données existantes afin de prévoir des valeurs futures. Mais vous pouvez aussi créer une moyenne mobile qui permet de lisser les fluctuations de données et illustrer ainsi plus précisément la tendance.

Notez qu'il est impossible d'ajouter une courbe de tendance dans un graphique 3D, empilé, en radar, en secteurs, en surface ou en anneau.

- Sélectionnez la série pour laquelle vous souhaitez ajouter une courbe de tendance.
- Cliquez sur l'outil **Éléments de graphique** [+], pointez l'option **Courbe de tendance** puis cliquez sur la petite flèche qui lui est associée.

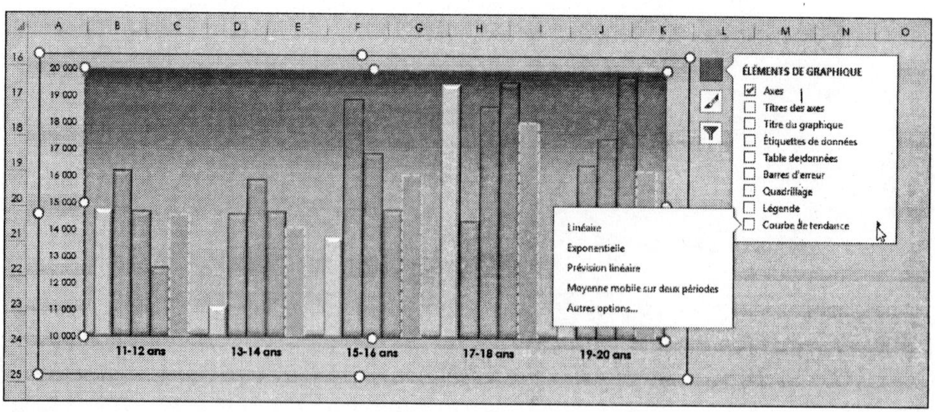

- Choisissez l'une des courbes de tendance prédéfinies ou cliquez sur l'option **Autres options** pour en définir les paramètres et sélectionnez la série concernée puis cliquez sur **OK**.

  *Le volet Office **Format de courbe de tendance** s'affiche à droite de l'écran.*

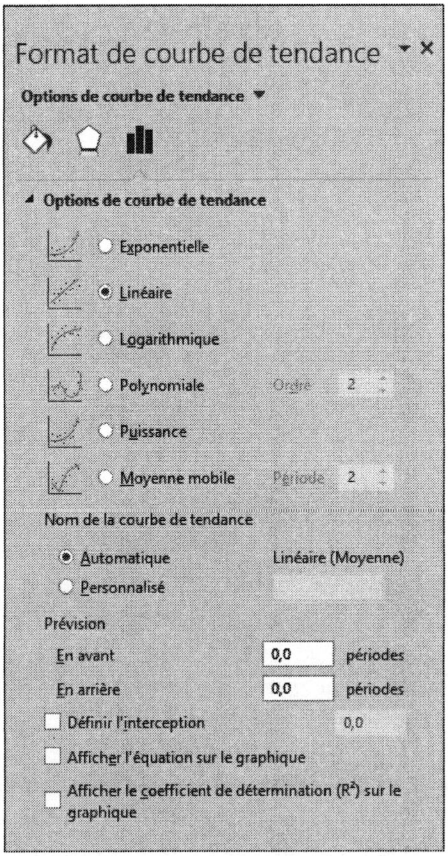

*Pour afficher ce volet Office, vous pouvez aussi faire un clic droit sur la série de données concernée puis cliquer sur l'option **Ajouter une courbe de tendance**.*

Microsoft Excel vous propose six types de courbes de tendance ou de régression. Le choix pour telle ou telle courbe de tendance dépendra du type de données dont vous disposez.

Choisissez le type de régression/de courbe de tendance en activant l'option :

- **Exponentielle** pour obtenir une ligne courbe à partir de valeurs qui augmentent ou diminuent de manière constante. Les valeurs nulles ou négatives ne peuvent pas être utilisées dans une courbe de tendance exponentielle. Choisissez ce type de courbe si vous utilisez une équation du type $y= ce^{bx}$ (*c* et *b* étant des constantes et e la base du logarithme népérien) pour calculer les moindres carrés.
- **Linéaire** pour obtenir une ligne droite pondérée à partir d'ensembles de données linéaires simples. C'est le cas si le motif des points de vos données ressemble à une ligne. Choisissez ce type de courbe si vous utilisez une équation du type $y = ax + b$ (*a* étant la pente et *b* l'ordonnée à l'origine) pour calculer les moindres carrés pour une ligne.
- **Logarithmique** pour obtenir une courbe la plus exacte possible dans le cas où la fréquence de modification des données varie rapidement, puis se stabilise. Des valeurs négatives et/ou positives peuvent être utilisées dans une courbe de tendance logarithmique. Choisissez ce type de courbe si vous utilisez une équation du type $y = c\ln x + b$ (*c* et *b* étant des constantes et ln la fonction du logarithme népérien) pour calculer les moindres carrés.
- **Polynomiale** pour représenter généralement des fluctuations (telles que des pertes et des profits par exemple) sur un grand nombre de données. L'ordre de cette courbe peut être déterminé par le nombre de fluctuations dans les données ou le nombre de courbures de courbe. Choisissez ce type de courbe si vous utilisez une équation du type $y = b + c_1x + c_2x^2 + c_3x^3 + \ldots c_6x^6$ (où *b* et $c_1 \ldots c_6$ sont des constantes) pour calculer les moindres carrés. Après avoir activé l'option **Polynomiale**, définissez la puissance la plus élevée pour la variable indépendante dans la zone **Ordre**.
- **Puissance** si, par exemple, l'ensemble de vos données comparent des mesures qui augmentent à une vitesse spécifique (telle qu'une accélération d'un dragster toutes les secondes). Les valeurs nulles ou négatives ne peuvent être utilisées dans une courbe de tendance de puissance. Choisissez ce type de courbe si vous utilisez une équation du type $y = cx^b$ (où *c* et *b* sont des constantes) pour calculer les moindres carrés.
- **Moyenne mobile** : ce type de courbe de tendance égalise les fluctuations des données afin de mettre en évidence un motif ou une tendance. Elle utilise un nombre spécifique de points de données (défini par la valeur de l'option **Période**), calcule une moyenne puis utilise cette valeur comme un point de la courbe de tendance. Choisissez ce type de courbe si vous utilisez une équation du type :

$$Ft = \frac{At + At\text{-}1 + \ldots At - n\text{+}1}{n}$$

- Notez que le nombre de points de ce type de courbe est égal au nombre total de points de la série moins le nombre spécifié pour la **Période**, ce dernier correspondant aux périodes à utiliser pour calculer la moyenne mobile.
- Pour modifier le nom attribué automatiquement par Excel à la courbe de tendance, activez l'option **Personnalisé** de la zone **Nom de la courbe de tendance** puis saisissez le nom de votre choix dans le champ correspondant.
- Pour spécifier le nombre de périodes à inclure dans une **Prévision** sur un graphique 2D, en aires non empilées, en barres, en histogrammes, en courbes, en nuages de points (XY) ou en bulles, saisissez dans le champ **En avant** ou **En arrière** la valeur des **périodes** à inclure.
- Si vous utilisez une courbe de tendance exponentielle, linéaire ou polynomiale, vous pouvez, si vous le souhaitez, spécifier le point où la courbe de tendance coupe l'axe des ordonnées (vertical) sur un graphique 2D, en aires non empilées, en barres, en histogrammes, en courbes, en nuages de points (XY) ou en bulles. Pour cela, cochez l'option **Définir l'interception** puis saisissez dans le champ qui lui est associé, la valeur indiquant le point où la courbe de tendance croise l'axe des ordonnées (vertical).
- Pour afficher l'équation de la courbe de tendance sur un graphique 2D, en aires non empilées, en histogrammes, en courbes, en nuages de points (XY) ou en bulles, cochez l'option **Afficher l'équation sur le graphique**.
- Rappelons, si besoin est, qu'une courbe de tendance est plus juste lorsque son coefficient de détermination (R^2) est égal ou proche de 1. Sachez qu'Excel calcule automatiquement la valeur de la racine carrée de la courbe de tendance que vous aurez appliquée à vos données. Pour afficher le coefficient de détermination d'une courbe de tendance sur un graphique 2D, en aires non empilées, en barres, en histogrammes, en courbes, en nuages de points (XY) ou en bulles, cochez l'option **Afficher le coefficient de détermination (R^2) sur le graphique**.
- Pour modifier/vérifier la mise en forme de la courbe de tendance, utilisez les paramètres proposés dans les différentes catégories d'options du volet Office (**Remplissage et ligne, Effets**).

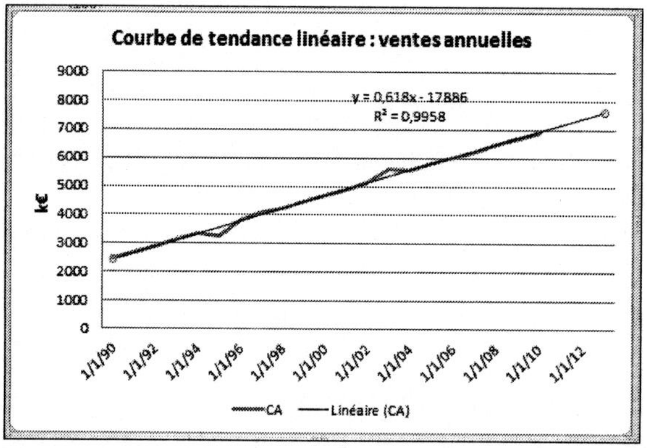

- Pour supprimer une courbe de tendance, cliquez sur la courbe pour la sélectionner puis appuyez sur la touche Suppr.

Modifier l'orientation du texte dans un élément

- Faites un double clic sur l'élément du graphique contenant le texte à modifier afin d'afficher le volet Office.
- Activez la catégorie **Taille et propriétés** puis ouvrez la liste de l'option **Orientation du texte.**

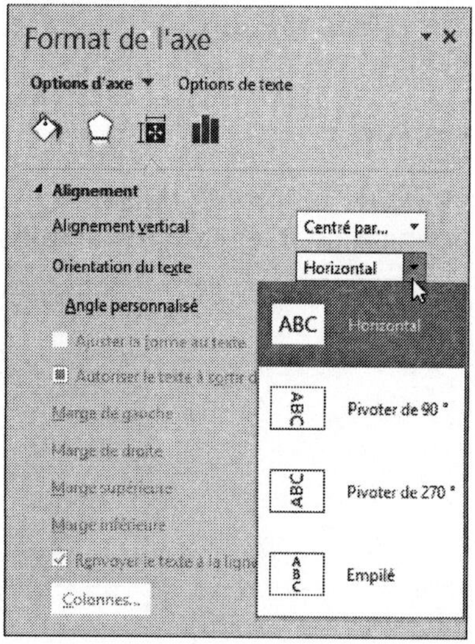

- Choisissez l'option **Pivoter de 90°** ou l'option **Pivoter de 270°** ou encore l'option **Empilé** pour afficher les caractères les uns sous les autres.

  ou

  Conservez l'option **Horizontal** dans la liste **Orientation du texte** et précisez un degré d'inclinaison dans la zone **Angle personnalisé**.

  Sur cet exemple, les étiquettes de l'axe des abscisses sont orientées à -56°.

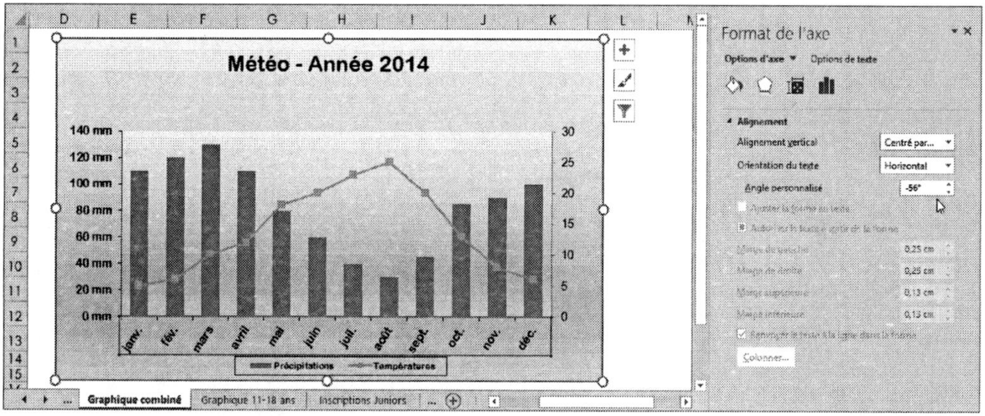

Modifier le format 3D d'un élément

Ces options vous permettent de mettre en forme l'élément de graphique sélectionné avec un effet en trois dimensions.

- Sélectionnez l'élément du graphique concerné.
- Activez l'onglet **Outils de graphique - Format** et cliquez sur le bouton **Mise en forme de la sélection** du groupe **Sélection active**.
- Activez la catégorie **Effets** du volet Office, puis ouvrez la liste **Format 3D.**

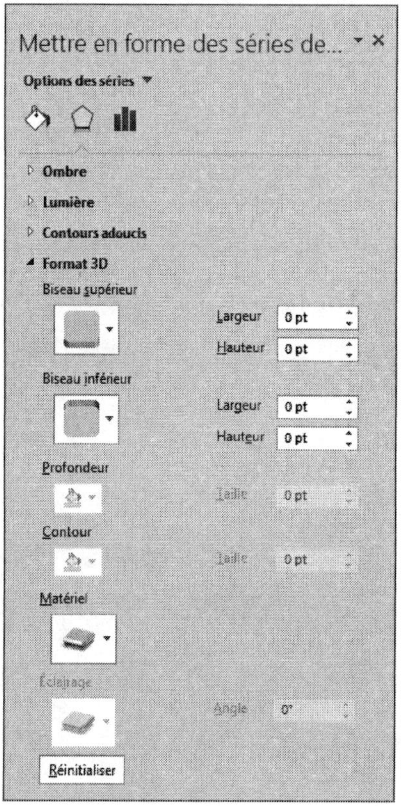

Certaines options de mise en forme 3D ne sont pas disponibles avec certains graphiques.

- Pour obtenir un effet en 3D sur la bordure supérieure ou inférieure d'un élément, ouvrez la liste **Biseau supérieur** ou **Biseau inférieur** selon le cas du cadre **Biseau** et sélectionnez l'option voulue ; définissez ensuite la **Largeur** et la **Hauteur** de la bordure.

  Un effet de biseau semble faire apparaître le contour en relief grâce à l'ajout d'ombres et de lumières autour de l'élément.

- Choisissez ensuite (si possible) la **Couleur** et la **Profondeur** de l'effet 3D.
- Pour modifier l'apparence de l'élément en modifiant sa brillance spéculaire, choisissez dans les listes **Matériel** et **Éclairage** le modèle souhaité puis définissez si besoin l'**Angle** (degré) de réflexion de la lumière.

*Les brillances spéculaires rendent les objets plus ou moins brillants. L'utilisation d'un effet de la liste **Matériel** permet de rendre les éléments plus ternes, plastiques, métalliques ou transparents.*

Le bouton **Réinitialiser** annule la mise en forme 3D appliquée à l'élément.

Modifier l'orientation/la perspective d'un graphique en 3D

Faites un double clic sur la zone de graphique.

*Vous pouvez aussi sélectionner la zone de graphique ou la zone de traçage, activer l'onglet **Outils de graphique - Format** et cliquer sur le bouton **Mise en forme de la sélection** du groupe **Sélection active**.*

Activez la catégorie **Effets**  du volet Office puis ouvrez la liste **Rotation 3D**.

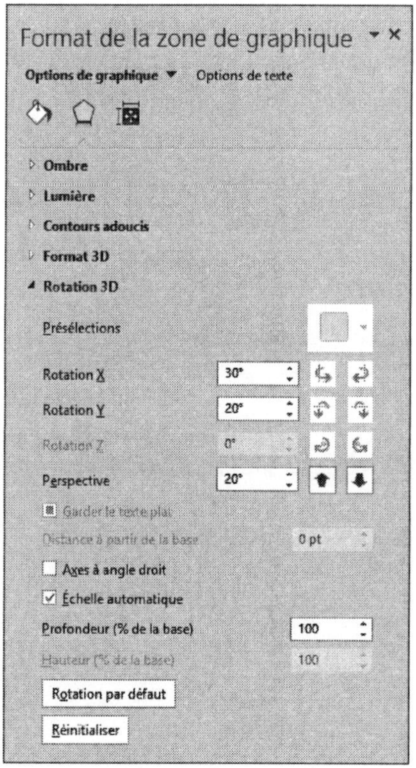

- Pour modifier l'orientation (la rotation) et la position de la caméra (vue) utilisée pour visualiser les éléments, précisez vos valeurs dans les zones :

  Rotation X pour modifier l'orientation de l'axe horizontal,

  Rotation Y pour modifier l'orientation de l'axe vertical,

  Rotation Z pour modifier la position des formes au-dessus ou en dessous d'autres formes.

- Pour modifier l'apparence de la profondeur de l'effet 3D, entrez une valeur dans la zone **Perspective**.

  La valeur minimale (0) revient à avoir une caméra parallèle et la valeur maximale (120), produit la perspective la plus exagérée, similaire à celle que génère une caméra grand-angle.

- Activez l'option **Garder le texte plat** pour éviter que le texte à l'intérieur d'une forme n'effectue une rotation lorsque vous faites pivoter la forme.

  Lorsque cette option est sélectionnée, le texte reste toujours au-dessus de la forme. Si elle ne l'est pas, le texte inséré dans la forme suit le mouvement de rotation de la face avant de la forme.

- Pour déplacer la forme vers l'avant ou vers l'arrière dans un espace en 3D, saisissez une valeur dans la zone **Distance à partir de la base**.

Le bouton **Réinitialiser** annule les effets de rotation 3D et de perspective appliqués.

Modifier un graphique sectoriel

Vous pouvez réaliser une rotation d'un graphique sectoriel ou encore éclater une ou plusieurs de ses parts.

- Sélectionnez la série complète du graphique ou une de ses données.
- Activez l'onglet **Outils de graphique - Format** et cliquez sur le bouton **Mise en forme de la sélection** du groupe **Sélection active.**

  Vous pouvez aussi faire directement un double clic sur la sélection.

  *Si vous avez sélectionné l'ensemble de la série du graphique, l'intitulé du volet Office est **Mise en forme des séries de données** ; si la sélection ne concerne qu'une seule donnée, le volet Office se nomme **Mettre en forme le point de données**.*

- Pour imposer une rotation au graphique sectoriel, faites glisser le curseur de la zone **Angle du premier secteur** ou saisissez un degré de rotation dans la zone de saisie située sous ce curseur.

- Pour éclater les parts du graphique, faites glisser le curseur de la zone **Explosion** ou de la zone **Éclatement de point** s'il s'agit d'une seule donnée, ou bien saisissez un pourcentage dans la zone de saisie située sous ce curseur.

Dans cet exemple, une seule part a été éclatée.

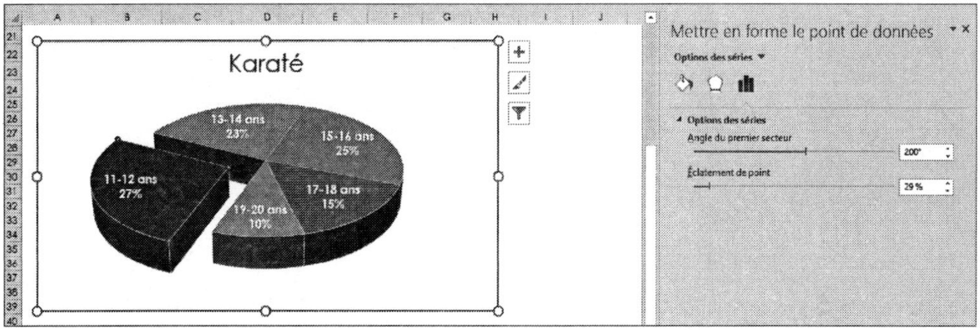

Pour mettre en évidence une des parts du graphique, vous pouvez aussi la faire éclater indépendamment des autres parts : cliquez deux fois sur la part concernée pour la sélectionner et réalisez un cliqué-glissé vers l'extérieur du graphique.

Les graphiques en secteurs sont pratiques pour afficher des points de données sous forme de pourcentage, mais lorsque ces points représentent un faible pourcentage, il peut devenir difficile de les distinguer. Dans ce cas, il est possible d'utiliser un sous-type de graphique : Secteurs de secteur et Barres de secteur.

Utiliser un graphique Secteurs de secteur et Barres de secteur

Ce sous-type de graphique sectoriel sépare les plus petits secteurs du graphique principal et les affiche dans un graphique sectoriel ou un graphique en barres empilées supplémentaire.

- Pour modifier le type du graphique, sélectionnez le graphique puis cliquez sur le bouton **Modifier le type de graphique** de l'onglet **Outils de graphique - Création** - groupe **Type**.
- Activez, si besoin, la catégorie **Secteurs** dans le volet gauche, puis cliquez sur le modèle **Secteurs de secteur**  ou **Barres de secteurs**  selon le type souhaité, puis validez par **OK**.

- Pour modifier ce type de graphique, sélectionnez la série complète ou une des données du graphique.

  Si vous avez sélectionné l'ensemble de la série du graphique, l'intitulé du volet Office est ***Mise en forme des séries de données*** *; si la sélection ne concerne qu'une seule donnée, la boîte de dialogue se nomme* ***Mettre en forme le point de données****.*

- Dans la liste des **Options des séries**, ouvrez la liste déroulante **Séparer les séries de** puis choisissez le critère en fonction duquel Excel doit séparer les données (**Position**, **Valeur**, **Valeur de pourcentage**, **Personnalisé**).

  Selon l'option choisie, un complément d'informations est demandé. Pour l'option ***Valeur de pourcentage****, vous êtes invité à définir la valeur du pourcentage de référence dans le champ* ***Valeurs inférieures à****.*

  Renseignez le complément d'informations associé au critère de séparation de données.

  Si la modification ne concerne qu'une seule donnée (volet Office **Mettre en forme le point de données**), ouvrez la liste déroulante **Le point appartient à** puis choisissez sa position : **Second tracé** (graphique secondaire) ou **Premier tracé** (graphique principal).

- Pour éclater les parts du graphique, faites glisser le curseur de la zone **Explosion** ou la zone **Éclatement de point** s'il s'agit d'une seule donnée, ou bien saisissez un pourcentage dans la zone de saisie située en marge de ce curseur.

- Faites varier, si besoin, la distance qui sépare les deux graphiques en faisant glisser l'onglet de la zone **Largeur de l'intervalle** ou en saisissant la largeur d'intervalle en pourcentage de la taille du graphique secondaire.

- Modifiez, si besoin, la **Taille du second tracé** en faisant glisser l'onglet de la zone correspondante ou en saisissant la taille en pourcentage de la taille du graphique principal.

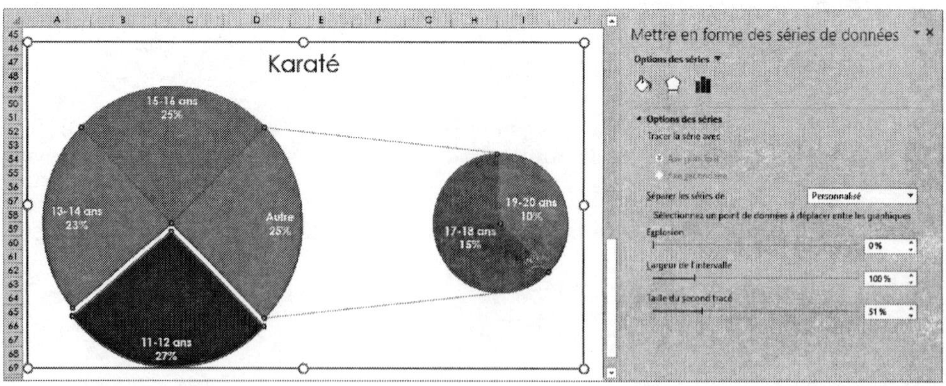

Les deux graphiques sont toujours positionnés l'un à côté de l'autre horizontalement. Le graphique de gauche correspond au graphique principal et celui de droite, au graphique secondaire.

Le graphique secondaire présente les secteurs répondant aux critères définis, et le total de ces secteurs est présenté globalement dans le graphique principal. Les lignes de connexion permettent de mieux visualiser l'association entre les deux graphiques.

Créer un graphique demi-lune

Le principe de ce type de graphique consiste à intégrer dans le graphique sectoriel la colonne Total qui prendra la moitié du graphique sectoriel et qu'il suffira de masquer pour obtenir un graphique demi-lune.

- Sélectionnez les données à représenter sans les titres puis créez un graphique sectoriel selon la procédure habituelle (onglet **Insertion**).
- Cliquez sur le bouton **Sélectionner des données** de l'onglet **Outils de graphique - Création** puis cliquez sur le bouton **Modifier** du cadre **Étiquettes de l'axe horizontal**.
- Sélectionnez les cellules contenant les étiquettes sauf celle du total puis cliquez sur **OK**.
- Cliquez sur les données du graphique pour afficher le volet Office **Mettre en forme des séries de données** ou **Mettre en forme le point de données**. Activez si ce n'est déjà fait la catégorie **Options des séries** .

  *Vous pouvez aussi cliquer sur le bouton **Mise en forme de la sélection** de l'onglet **Outils de graphique - Format**.*
- Appliquez une rotation de **270°** à l'**Angle du premier secteur**.

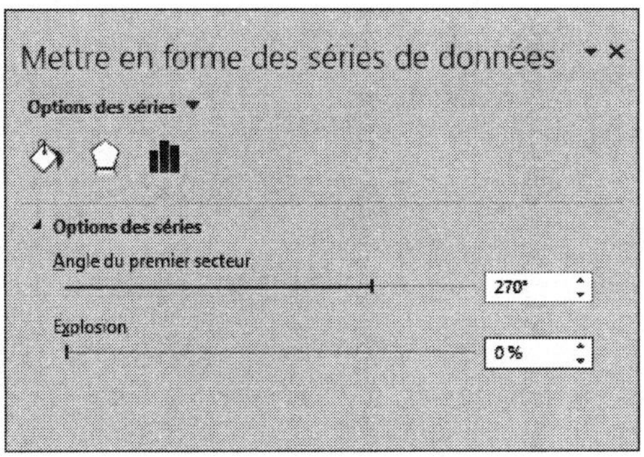

- Pour masquer la partie inférieure du graphique, sélectionnez-la puis activez l'option **Aucun remplissage** du volet Office **Mettre en forme le point de données - Options des séries** - catégorie **Remplissage et ligne** - liste **Remplissage** :

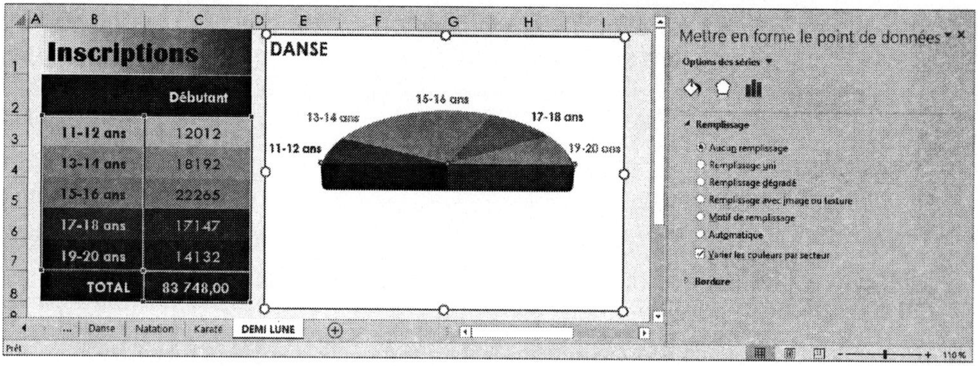

*Vous pouvez aussi utiliser l'option **Aucun remplissage** de l'outil **Remplissage** (onglet **Outils de graphique - Format**, groupe **Styles de formes**).*

- Affinez la présentation du graphique demi-lune en lui ajoutant un effet 3D, des étiquettes de données (éviter les pourcentages car ils ne seraient pas cohérents dans la mesure où la moitié du graphique est masquée)...

Relier les points d'un graphique de type Courbes

- Activez l'onglet **Outils de graphique - Création.**
- Pour afficher des lignes entre les points, cliquez sur le bouton **Ajouter un élément de graphique** puis sur l'option **Lignes** et choisissez :

Lignes de projection	Pour afficher des lignes qui partent de l'ordonnée la plus haute et se terminent sur l'axe des abscisses.
Lignes haut/bas	Pour afficher des lignes qui relient l'ordonnée la plus haute et l'ordonnée la plus basse.

- Pour afficher des barres entre les points, cliquez sur le bouton **Barres haut/bas** du groupe **Analyse** et activez l'option du même nom.

Sur cet exemple, des lignes de projection et des barres haut/bas apparaissent.

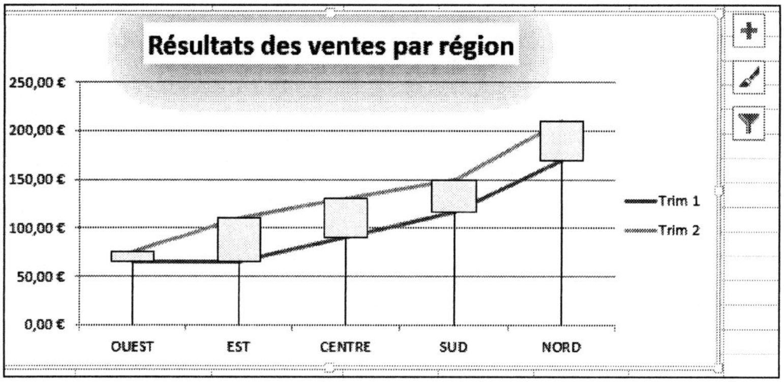

Pour ajouter des barres haut/bas, vous pouvez aussi cliquer sur l'outil **Éléments de graphique** puis cocher l'option **Barres haut/bas**.

Créer un objet graphique

Tracer une forme

- Activez l'onglet **Insertion** et cliquez sur le bouton **Formes** du groupe **Illustrations.**
- Cliquez sur la forme à dessiner.
- Cliquez à l'endroit de la feuille où vous souhaitez voir apparaître la forme pour la dessiner avec des dimensions prédéfinies,

  ou

  faites un cliqué-glissé seul ou accompagné de l'une des touches suivantes dans la feuille de calcul de façon à tracer la forme :

  - utilisez la touche [Alt] pour aligner la forme sur les cellules,
  - utilisez la touche [⇧] pour dessiner un carré, un cercle ou pour contraindre les dimensions des autres formes.

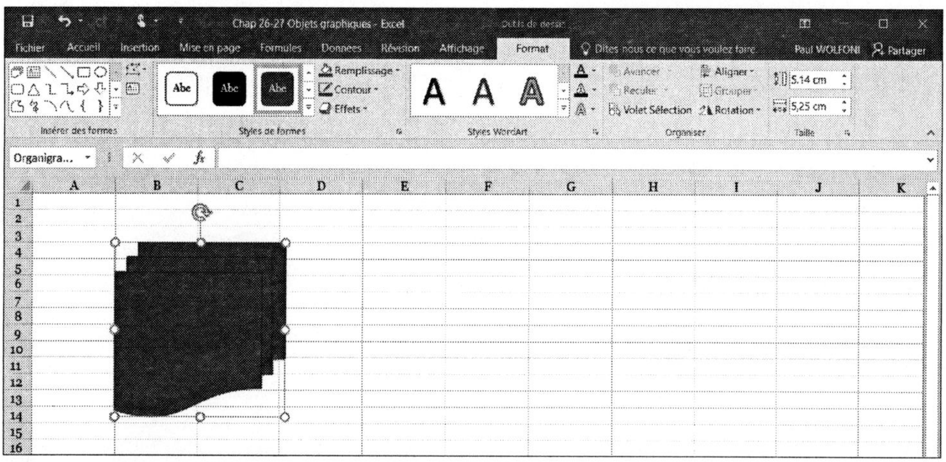

- Saisissez éventuellement le texte qui doit apparaître dans la forme ; utilisez la touche [↵] pour passer à la ligne et la touche [Echap] pour mettre fin à la saisie.
- Pour mettre en valeur le texte saisi, utilisez les outils de l'onglet **Outils de dessin - Format** ou de l'onglet **Accueil.**

Vous pouvez ajouter des formes à un graphique ou ajouter des formes sur un diagramme pour les personnaliser.

Pour ajouter du texte à une forme déjà créée, cliquez dessus pour la sélectionner puis saisissez le texte voulu.

Pour dessiner plusieurs formes identiques à la suite, cliquez sur le bouton **Formes** de l'onglet **Insertion** (groupe **Illustrations**), affichez le menu contextuel de la forme concernée puis activez l'option **Mode Verrouillage du dessin** ; réalisez ensuite les différents tracés ; une fois que toutes les formes souhaitées ont été dessinées, appuyez sur la touche Echap.

Tracer une zone de texte

Une zone de texte est un objet graphique, par défaut sans fond ni contour, destiné à afficher du texte ; elle permet de saisir du texte en dehors d'une cellule.

- Activez l'onglet **Insertion** et cliquez sur le bouton **Zone de texte** du groupe **Texte.**
- Cliquez à l'endroit où vous souhaitez créer la zone de texte,

  ou

  faites un cliqué-glissé seul ou accompagné de l'une des touches suivantes dans la feuille de calcul de façon à tracer la zone de texte :

  - utilisez la touche Alt pour aligner la zone de texte sur les cellules,

  - utilisez la touche ⇧ pour dessiner la zone de texte avec la forme d'un carré.

  *Aussitôt l'onglet **Outils de dessin - Format** apparaît, vous donnant ainsi accès aux outils spécifiques.*

- Saisissez le texte voulu sans vous préoccuper des fins de ligne ; appuyez sur la touche ↵ pour créer un nouveau paragraphe.

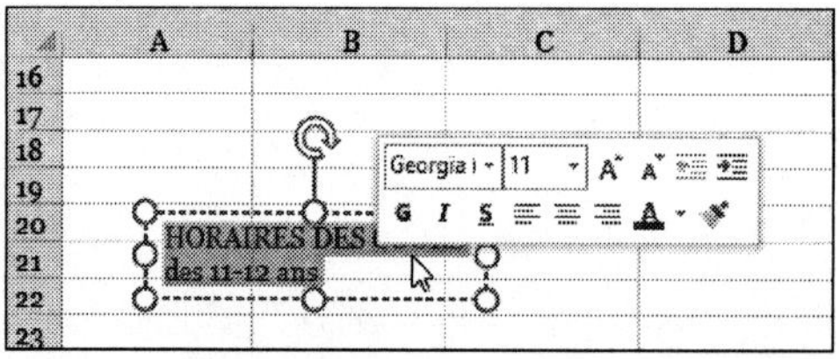

- Pour mettre en valeur le texte saisi, utilisez les outils de l'onglet **Accueil** ou ceux de la mini barre qui apparaît une fois le texte sélectionné.
- Lorsque la zone de texte est terminée, cliquez en dehors.

Si vous souhaitez sélectionner la zone de texte et pas seulement son contenu, cliquez dessus et faites Echap (la zone de texte est alors entourée d'un trait plein et non en pointillés) ; en effet, un seul clic sur la zone permet d'activer son contenu afin de le modifier.

Insérer un objet WordArt

Un objet WordArt est un objet graphique destiné à contenir des caractères présentés avec un effet décoratif. Exemple :

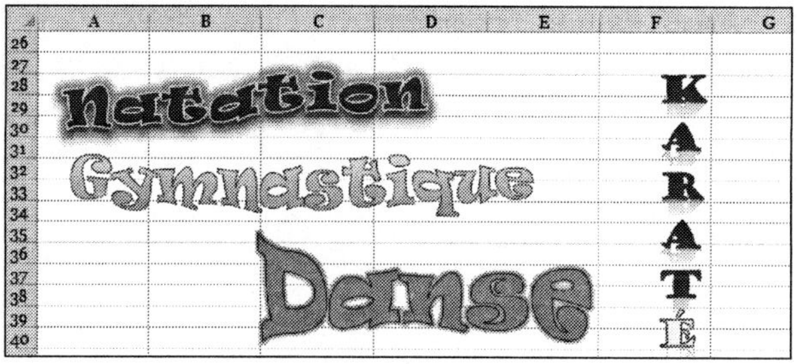

- Activez l'onglet **Insertion** et cliquez sur le bouton **WordArt** du groupe **Texte.**
- Cliquez sur l'effet désiré.

  L'objet s'affiche dans la feuille de calcul avec comme contenu : ***Votre texte ici****.*
- Saisissez le texte sur lequel l'effet WordArt va s'appliquer ; utilisez la touche ⏎ pour imposer un saut de ligne.
- Pour mettre en valeur le texte saisi, utilisez les outils de l'onglet **Outils de dessin - Format** ou de l'onglet **Accueil.**

Si vous souhaitez sélectionner l'objet WordArt et pas seulement son contenu, cliquez dessus et faites Echap (l'objet WordArt est alors entouré d'un trait plein et non en pointillés) ; en effet, un seul clic sur l'objet permet d'activer son contenu afin de le modifier.

Insérer un fichier image

- Activez l'onglet **Insertion** puis, dans le groupe **Illustrations**, cliquez sur le bouton **Images** si l'image est stockée sur le poste de travail ou sur le bouton **Images en ligne** si l'image est accessible via Internet.

  La boîte de dialogue ***Insérer une image*** *(pour le bouton* ***Images****) ou* ***Insérer des images*** *(pour le bouton* ***Images en ligne****) s'ouvre.*
- Si vous avez activé le bouton **Images en ligne**, vous pouvez saisir dans la boîte de dialogue **Insérer des images** un ou plusieurs mots-clés dans le champ associé à l'option **Recherche d'images Bing** pour effectuer la recherche sur Internet à l'aide du moteur de recherche Microsoft puis affichez les résultats de la recherche en appuyant sur la touche ⏎.

*Le moteur de recherche Bing affiche dans un premier temps les images correspondant aux mots-clés saisis qui sont sous licence Creative Commons, ce qui signifie qu'elles peuvent être librement utilisées sous certaines conditions de réutilisation définies par leur auteur ; le bouton **Afficher tous les résultats web** permet d'afficher toutes les images répondant aux critères quelle que soit leur licence d'utilisation.*

Ou bien cliquez sur le bouton **Parcourir** pour accéder au contenu de votre espace de stockage en ligne.

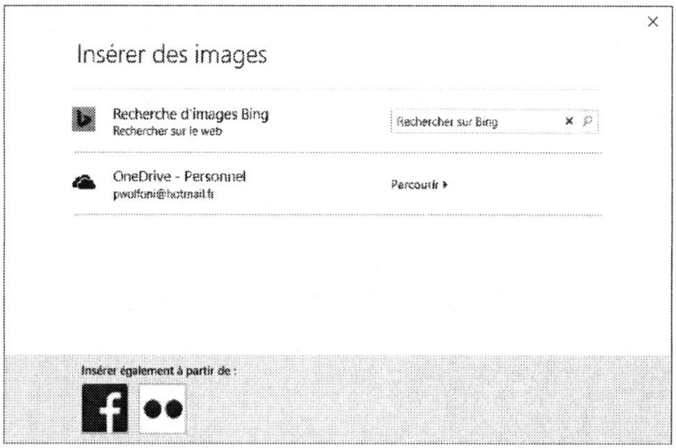

⇥ Si vous avez activé le bouton **Images**, à partir de la boîte de dialogue **Insérer une image**, accédez à l'unité et au dossier contenant le fichier image à insérer.

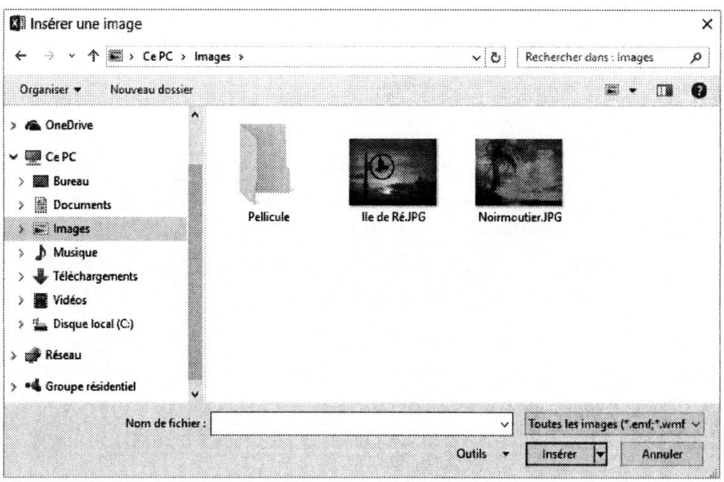

⊡ Faites un double clic sur le nom du fichier Image ou clipart selon le cas.

Pour modifier/supprimer une image, veuillez vous référer à la partie Gestion des objets de cet ouvrage.

Insérer une capture d'écran

Cette fonctionnalité permet d'intégrer une "photo" d'un élément (écran, fenêtre...) ouvert sur votre écran (interface Bureau si vous êtes sous environnement Windows 8) dans une feuille Excel.

⊡ Assurez-vous que la fenêtre/élément d'une autre application qui est à capturer est bien ouvert.

⊡ Activez la feuille Excel dans laquelle vous souhaitez ajouter la capture d'écran.

⊡ Dans l'onglet **Insertion**, cliquez sur le bouton ou l'outil **Capture**  du groupe **Illustrations.**

Ici, deux fenêtres (autres que celle d'Excel) sont ouvertes. La première fenêtre de la liste correspond à la dernière fenêtre ayant été activée avant d'effectuer la procédure de capture.

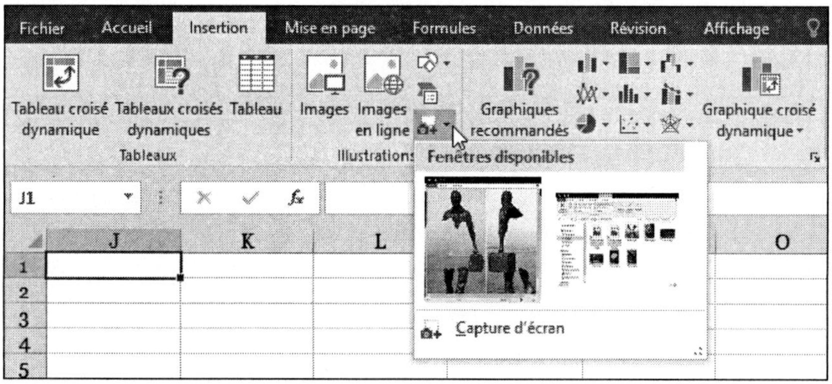

⊡ Pour intégrer sous forme d'image l'intégralité d'une des fenêtres ouvertes, cliquez sur la miniature correspondante du cadre **Fenêtres disponibles**.

- Pour intégrer une partie seulement d'une fenêtre, et si plusieurs fenêtres sont ouvertes, sachez que par défaut, la sélection s'effectuera dans la première fenêtre du cadre **Fenêtres disponibles.** Cliquez sur l'option **Capture d'écran** située dans la fenêtre des **Fenêtres disponibles.**

  La fenêtre Excel est aussitôt réduite et seule la fenêtre en arrière-plan est visible (rendue opaque mais visible malgré tout, le pointeur de souris se transforme en petite croix).

- À l'aide d'un cliqué-glissé, sélectionnez la zone à capturer.

*La feuille Excel apparaît à nouveau dès que la sélection est terminée ; Excel insère automatiquement la zone sélectionnée sous forme d'objet graphique. Cette image se gère avec les outils de l'onglet **Outils image**.*

Insérer un diagramme (SmartArt)

*Un diagramme, appelé aussi graphique **SmartArt**, est une représentation graphique de vos informations et idées, tel que par exemple, un organigramme.*

- Activez l'onglet **Insertion** et cliquez sur le bouton ou l'outil **SmartArt**  du groupe **Illustrations.**

  La partie gauche de la boîte de dialogue regroupe tous les types de diagrammes disponibles, la partie centrale affiche toutes les dispositions pour le type sélectionné, et la partie droite affiche la description pour la disposition sélectionnée.

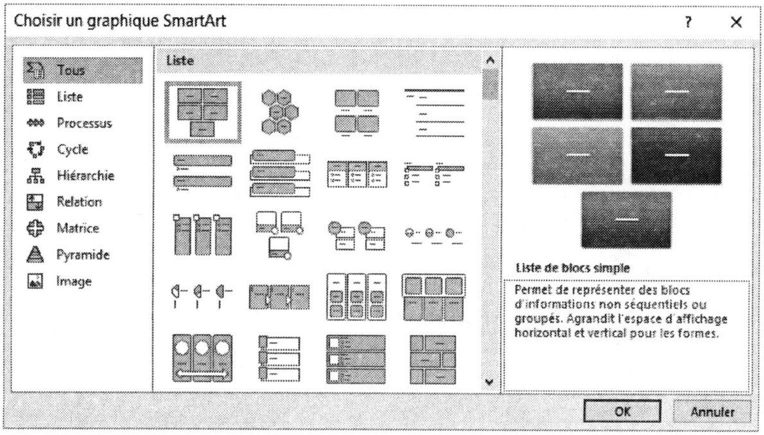

- Choisissez, dans la partie gauche de la boîte de dialogue, le type de diagramme souhaité ; l'option **Tous** regroupe toutes les dispositions pour tous les types de diagrammes.
- Dans la partie centrale de la boîte de dialogue, cliquez sur la disposition souhaitée puis cliquez sur le bouton **OK**.

  Le diagramme vide de texte apparaît, accompagné à gauche d'un volet Texte qui va permettre de le compléter. Le point d'insertion clignote dans le volet, dans le premier espace réservé au texte, appelé puce, et correspondant à la première forme à remplir. Les onglets spécifiques ***Outils SmartArt - Création*** *et* ***Format*** *s'affichent.*

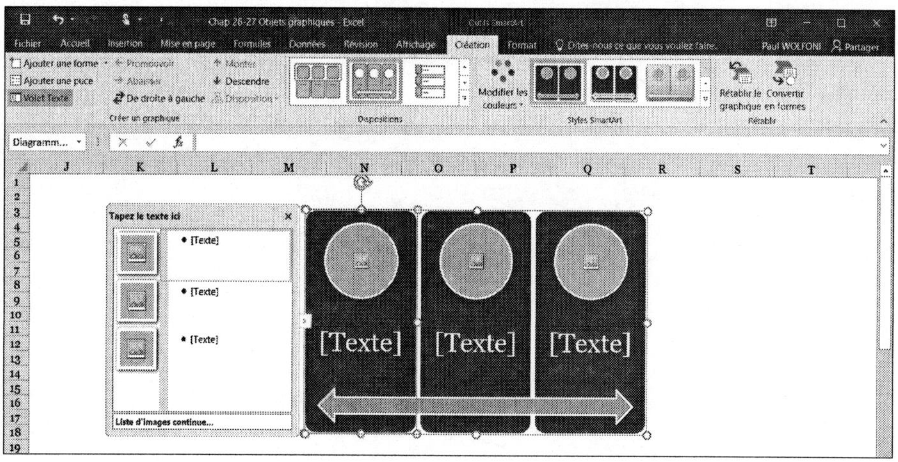

- Dans le volet Texte, cliquez sur l'espace réservé **[Texte]** que vous souhaitez compléter et saisissez le texte voulu.

Le volet Texte peut être comparé à un plan ou à une liste à puce. Chaque puce du volet Texte correspond à des informations utilisées pour organiser le diagramme : à mesure que vous saisissez le texte, le diagramme se met automatiquement à jour. Plus vous ajoutez du texte, plus la taille des caractères diminue dans la forme active mais aussi dans les autres formes.

Lorsque le diagramme peut être agrémenté d'une image (ce qui est le cas dans notre exemple), l'icône  *apparaît au centre de la forme dans laquelle elle peut être intégrée.*

- Pour insérer une image dans une forme, cliquez sur l'icône  puis dans la boîte de dialogue **Insérer des images**, recherchez et sélectionnez l'image souhaitée avant de valider par le bouton **Insérer**.
- Pour supprimer l'image, cliquez sur celle-ci afin de la sélectionner puis appuyez sur Suppr.

Ajouter des puces à une forme

Chaque puce du volet Texte correspond à des informations utilisées pour organiser un diagramme. Chaque diagramme définit ses propres correspondances entre les puces du volet Texte et son propre jeu de formes.

- Cliquez sur la forme dans laquelle vous souhaitez ajouter des puces.
- Cliquez sur le bouton **Ajouter une puce** du groupe **Créer un graphique** de l'onglet **Outils SmartArt - Création**, puis saisissez son nom.

En fonction du type de diagramme choisi, chaque puce ajoutée sera représentée soit par une nouvelle forme, soit par une puce insérée dans une forme. Une puce insérée dans une forme indique que le texte correspondant se trouve à un niveau inférieur par rapport au texte qui le précède.

Exemple : sur ce premier diagramme, une puce a été ajoutée à partir de la première forme.

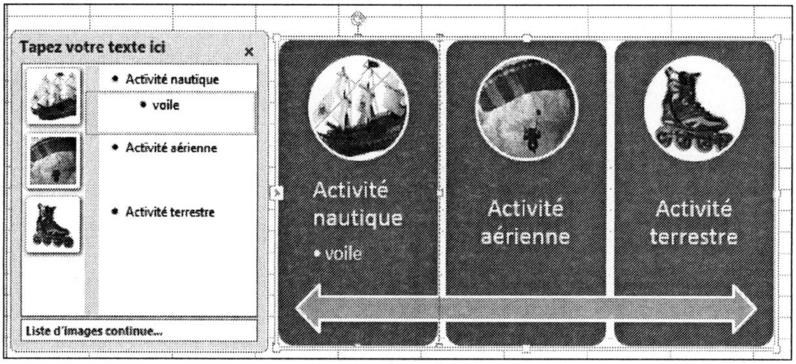

Afficher/masquer le volet Texte

- Pour fermer le volet Texte, cliquez sur son bouton de fermeture ✖ ou sur le bouton **Volet Texte** du groupe **Créer un graphique** de l'onglet **Outils SmartArt - Création.**

- Pour afficher à nouveau le volet Texte, cliquez sur le bouton situé à gauche de la première forme, ou bien cliquez à nouveau sur le bouton **Volet Texte** (onglet **Outils SmartArt - Création**, groupe **Créer un graphique**).

Gérer les formes d'un diagramme

Plusieurs solutions s'offrent à vous : vous pouvez travailler dans le volet Texte, donc sur les lignes de texte à puce, ou directement sur les formes dans le diagramme.

Créer une nouvelle forme

- Sélectionnez la forme après ou avant laquelle vous souhaitez en ajouter une et cliquez sur le bouton **Ajouter une forme** du groupe **Créer un graphique** de l'onglet **Outils SmartArt - Création**, puis cliquez sur l'option **Ajouter la forme après** ou **Ajouter la forme avant** selon le cas.

  Pour ajouter une forme en fin de liste, vous pouvez aussi, dans le volet Texte, cliquer à la fin de la ligne de texte à puce après laquelle vous souhaitez ajouter une nouvelle ligne et appuyez sur la touche ↵.

Cela a pour conséquence de créer une nouvelle forme dans le diagramme ou de créer une puce à l'intérieur d'une forme. Pour les diagrammes qui contiennent un nombre fixe de formes, un X rouge apparaît dans le volet Texte et la forme ne se créée pas dans le diagramme :

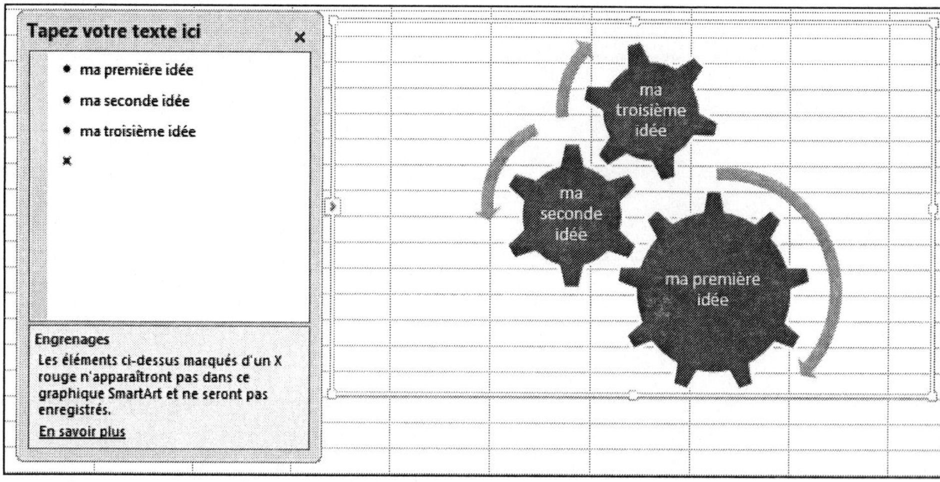

Pour remédier à cela, changez la disposition du diagramme (cf. titre Modifier la présentation générale d'un diagramme).

Modifier le niveau d'une forme

- Pour diminuer le niveau d'une forme, c'est-à-dire mettre en retrait une ligne de puce, à partir du volet Texte, cliquez dans la ligne concernée puis appuyez sur la touche [Tab] ou cliquez sur le bouton **Abaisser** du groupe **Créer un graphique** de l'onglet **Outils SmartArt - Création.**
- Pour augmenter le niveau d'une forme, c'est-à-dire diminuer le retrait d'une ligne du volet Texte, cliquez dans cette ligne puis faites [Shift][Tab] ou cliquez sur le bouton **Promouvoir** du groupe **Créer un graphique** de l'onglet **Outils SmartArt - Création.**

  Le diagramme est toujours mis à jour. Vous ne pouvez pas abaisser le texte de plusieurs niveaux par rapport à la ligne supérieure, ni abaisser la forme de premier niveau.

Supprimer une forme

- Sélectionnez la forme à supprimer dans le diagramme ou sélectionnez la ligne de texte correspondante dans le volet Texte puis appuyez sur la touche [Suppr].

Déplacer des formes ou une image dans le diagramme

- Sélectionnez la forme ou l'image à déplacer dans le diagramme ; si vous devez en déplacer plusieurs, utilisez la touche Ctrl pour les sélectionner.
- Faites glisser la sélection à l'endroit voulu dans la zone du diagramme.
- Pour inverser des formes, sélectionnez l'une d'entre elles et cliquez sur le bouton **De droite à gauche** du groupe **Créer un graphique** dans l'onglet **Outils SmartArt - Création**.

Pour remplacer une forme par une autre, sélectionnez-la puis activez l'onglet **Outils SmartArt - Format**, cliquez sur le bouton **Modifier la forme** du groupe **Formes** puis sur la forme de votre choix.

Modifier la présentation générale d'un diagramme

Vous pouvez changer la disposition, le type, les couleurs d'un diagramme ou encore lui appliquer un style rapide.

- Cliquez, si besoin, sur le diagramme concerné et activez l'onglet **Outils SmartArt - Création.**
- Pour modifier la disposition ou le type du diagramme, sélectionnez le modèle directement dans le groupe **Dispositions** de l'onglet **Outils SmartArt - Création.**

*Vous pouvez aussi cliquer sur le bouton **Autres** du groupe **Dispositions** de l'onglet **Outils SmartArt - Création** puis sur l'option **Autres dispositions** pour afficher la boîte de dialogue **Choisir un graphique SmartArt**.*

- Pour transformer le diagramme en objet graphique classique, cliquez sur le bouton **Convertir en formes** (groupe **Rétablir** - onglet **Outils SmartArt - Création**).
- Pour personnaliser la présentation de chacune des formes d'un diagramme (effets, taille...), vous pouvez utiliser les boutons de l'onglet **Outils SmartArt - Format**, ou ceux de l'onglet **Création** (style, couleurs).
- Pour retrouver la présentation d'origine, cliquez sur le bouton **Rétablir le graphique** du groupe **Rétablir** (onglet **Outils SmartArt - Création**).

Pour désolidariser les formes afin de pouvoir déplacer, redimensionner, supprimer une forme indépendamment des autres, vous pouvez cliquer sur le bouton **Convertir en formes** de l'onglet **Outils SmartArt - Création** - groupe **Rétablir**.

Sélectionner des objets

Les techniques abordées dans ce chapitre sont valables pour les objets graphiques mais aussi pour les graphiques (hors graphique sparkline) et, pour ce qui concerne la mise en forme, pour les éléments d'un graphique.

Sans le volet Sélection

- Pour sélectionner un objet, cliquez dessus.

Attention : pour une zone de texte ou un objet WordArt, faites Echap *pour sélectionner l'objet en entier et non son contenu. Pour un diagramme, faites* Echap *deux fois si vous avez sélectionné une forme en cliquant dessus.*

Lorsqu'un objet est sélectionné (hormis un diagramme ou un graphique), un cadre fictif apparaît autour contenant des ***poignées de sélection****, matérialisées par des ronds blancs sur les côtés et sur les angles :*

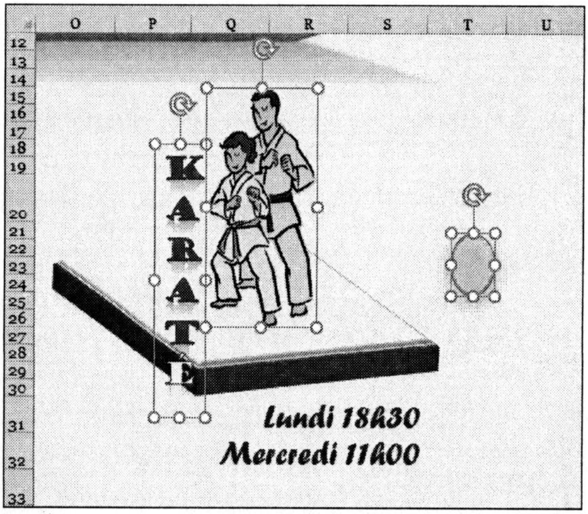

Lorsque vous pointez ces poignées, le pointeur de la souris prend l'aspect d'une flèche double verticale, horizontale ou oblique, en fonction de la poignée.

Certains objets affichent aussi un rond au-dessus, appelé ***poignée de rotation*** *(cf. Gérer les objets). Quant à un diagramme ou à un graphique sélectionné, il est entouré d'un cadre plus élaboré mais le principe des poignées reste identique.*

- Pour sélectionner plusieurs objets en même temps, sélectionnez le premier puis, tout en maintenant la touche [Shift] ou [Ctrl] enfoncée cliquez sur chaque objet à sélectionner.

  Vous pouvez également, après avoir sélectionné l'option **Sélectionner les objets** dans la liste du bouton **Rechercher et sélectionner** de l'onglet **Accueil**, réaliser un cadre de sélection autour des objets à sélectionner.

Avec le volet Sélection

- Pour afficher ou masquer le volet Sélection, activez l'onglet **Mise en page**, puis cliquez sur l'outil **Volet Sélection** du groupe **Organiser**.

  Vous pouvez aussi activer l'onglet **Accueil**, cliquer sur l'outil **Rechercher et sélectionner** du groupe **Édition**, puis cliquer sur l'option **Volet Sélection**.

  *Le volet **Sélection** s'affiche à droite de l'écran.*

- Pour sélectionner un objet, cliquez sur son nom ; pour sélectionner plusieurs objets, après avoir cliqué sur le premier objet à sélectionner, maintenez la touche [Ctrl] et cliquez successivement sur le nom de chaque objet à sélectionner.

- Pour déplacer le volet Sélection, pointez son en-tête, et lorsque le pointeur de la souris prend la forme suivante [pointeur], faites glisser le volet à l'endroit souhaité.

  Vous pouvez ainsi fixer le volet à gauche ou à droite de l'écran, ou bien le maintenir dans une fenêtre indépendante partout ailleurs.

- Pour redimensionner le volet, cliquez sur la flèche située en regard du titre du volet **Sélection**, puis cliquez sur l'option **Taille**.

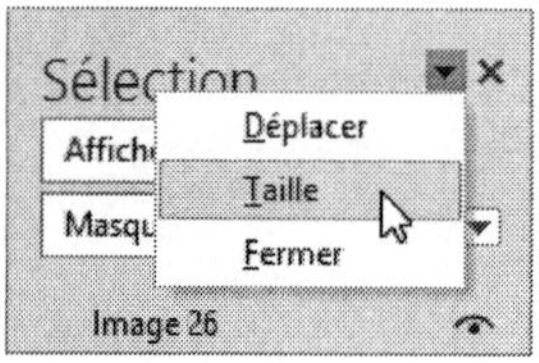

Le pointeur de la souris prend alors la forme suivante .

- Déplacez (sans cliquer) la souris pour redimensionner le volet instantanément, puis cliquez lorsque la taille vous convient.

  Vous pouvez également faire glisser la bordure gauche du volet pour le redimensionner.

- Pour masquer un des objets graphiques du classeur, cliquez sur le symbole qui lui est associé.

  Le symbole de l'objet masqué est alors remplacé par un trait horizontal.

- À l'inverse cliquez sur le trait horizontal en regard de l'objet masqué pour l'afficher à nouveau.
- Pour renommer un objet, double cliquez sur le nom de l'objet puis modifiez son nom et validez en appuyant sur .
- Pour fermer le volet **Sélection**, cliquez sur l'outil situé à droite de sa barre de titre.

  *Vous pouvez aussi cliquer à nouveau sur l'option **Volet Sélection** (onglet **Accueil** - groupe **Édition** - outil **Rechercher et sélectionner**), ou l'outil **Volet Sélection** (onglet **Mise en page** - groupe **Organiser**).*

Gérer les objets

- Pour supprimer, déplacer, redimensionner, faire pivoter, grouper ou dissocier... des objets, commencez toujours par sélectionner les objets concernés.
- Pour supprimer les objets sélectionnés, appuyez sur la touche Suppr.
- Pour déplacer des objets, pointez l'un des bords de la sélection jusqu'à ce que le pointeur de la souris prenne la forme suivante puis faites un cliqué-glissé vers le nouvel emplacement.
- Pour dimensionner des objets, faites glisser l'une des poignées de sélection.

Vous pouvez aussi préciser les dimensions exactes dans les zones **Hauteur** et **Largeur** du groupe **Taille** de l'onglet **Format**.

- Pour faire pivoter un objet, pointez la poignée circulaire située en haut de l'objet puis faites-le glisser pour le faire pivoter.

Vous pouvez faire pivoter une zone de texte, une forme, un objet WordArt, une image mais aussi une forme à l'intérieur d'un diagramme.

- Pour appliquer une rotation précise, cliquez sur l'outil **Rotation** situé dans le groupe **Organiser** de l'onglet **Format** et choisissez une des options proposées.

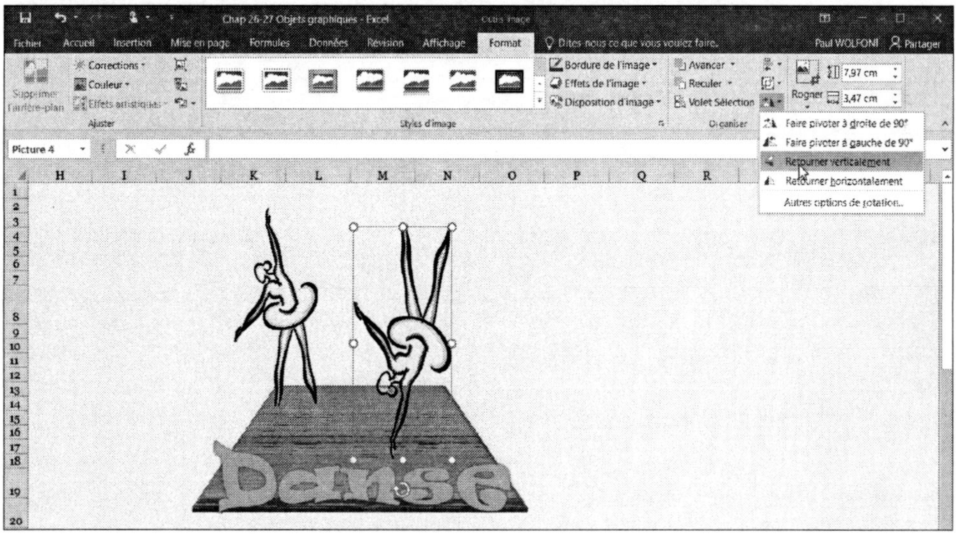

- Pour grouper/dissocier les objets sélectionnés afin de pouvoir les déplacer, les dimensionner, les mettre en valeur en une seule manipulation, activez l'onglet **Format** puis cliquez sur l'outil **Grouper**  du groupe **Organiser** et activez l'option **Grouper**.

  *Un seul cadre entoure à présent les objets. Notez que la zone de nom de la barre de formule affiche désormais le terme **GroupeN**.*

- Pour dissocier des objets groupés, sélectionnez le groupe puis cliquez sur l'outil  et choisissez l'option **Dissocier**.

- Pour aligner des objets entre eux par rapport à leur bord supérieur, inférieur, gauche, droit ou leur centre horizontal ou vertical, activez l'onglet **Format** puis cliquez sur l'outil **Aligner**  du groupe **Organiser** et activez l'une des six premières options, correspondant à l'alignement voulu.

  *Les options **Distribuer horizontalement** et **Distribuer verticalement** de ce sous-menu permettent d'uniformiser l'espace existant entre chaque objet de la sélection.*

- Pour modifier l'ordre de superposition des objets, activez l'onglet **Format** et choisissez l'une des options suivantes :
  - Cliquez sur le bouton **Avancer** du groupe **Organiser** et activez l'option **Mettre au premier plan** pour placer l'objet devant tous les autres ou l'option **Avancer** pour placer l'objet devant celui qui le précède.
  - Cliquez sur le bouton **Reculer** du groupe **Organiser** et activez l'option **Mettre à l'arrière plan** pour placer l'objet derrière tous les autres ou l'option **Reculer** pour placer l'objet derrière celui qui le suit.

Modifier la mise en forme d'un objet

- Pour appliquer un style prédéfini aux objets sélectionnés (zone de texte, forme, objet WordArt, ou forme à l'intérieur d'un diagramme ou encore élément de graphique), activez l'onglet **Format** puis cliquez sur le style voulu dans le groupe **Styles de formes**.

⇥ Pour modifier le remplissage des objets sélectionnés (zones de texte, formes, objets WordArt, formes à l'intérieur d'un diagramme ou le diagramme en entier ou encore un élément de graphique), activez l'onglet **Format** puis cliquez sur le bouton **Remplissage** du groupe **Styles de formes** pour modifier le fond de la sélection :

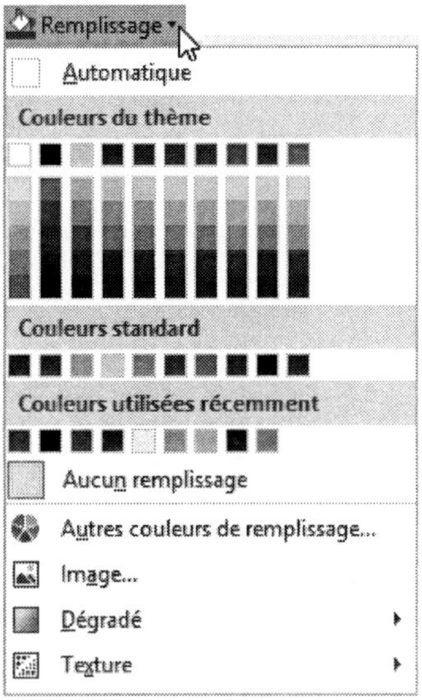

Réalisez l'une des manipulations suivantes :

- Cliquez sur une pastille parmi les **Couleurs du thème** ou les **Couleurs standard** pour remplir l'objet avec la couleur choisie.

*L'option **Autres couleurs de remplissage** permet de créer vos propres couleurs.*

- Cliquez sur l'option **Image** pour remplir l'objet avec un fichier **Image** que vous sélectionnez dans la boîte de dialogue **Insérer des images**.
- Cliquez sur l'option **Dégradé** pour appliquer dans le fond de l'objet, un dégradé de la couleur préalablement sélectionnée.
- Cliquez sur l'option **Texture** pour appliquer une texture particulière comme fond d'objet.

Pour modifier la bordure de la sélection, cliquez sur le bouton **Contour** du groupe **Styles de formes** :

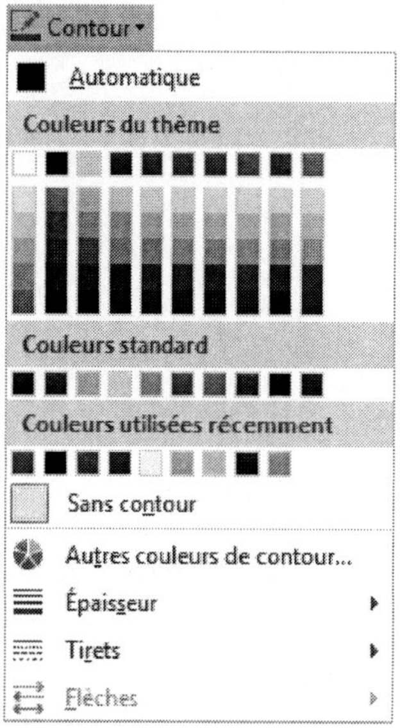

Réalisez l'une des manipulations suivantes :

- Cliquez sur une pastille parmi les **Couleurs du thème** ou les **Couleurs standard** pour appliquer cette couleur à la bordure de l'objet.

*L'option **Autres couleurs de contour** permet de créer vos propres couleurs.*

- Cliquez sur l'option **Épaisseur** pour modifier l'épaisseur de la bordure.
- Cliquez sur l'option **Tirets** pour changer le style de la bordure.

Pour appliquer un effet de profondeur, cliquez sur le bouton **Effets** du groupe **Styles de formes** puis activez une des options proposées dans les différents sous-menus :

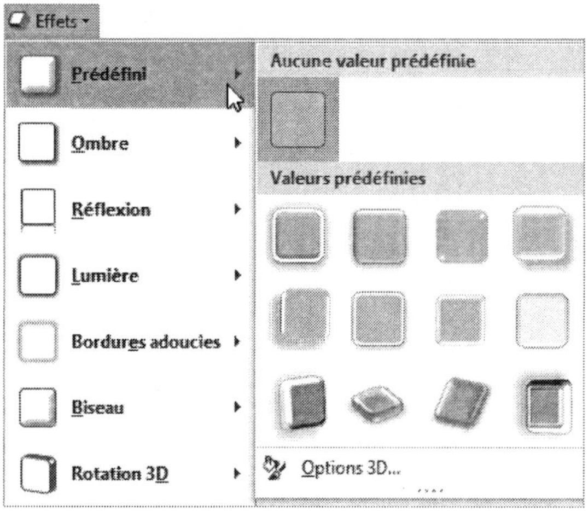

Vous retrouvez ces options dans le volet Office **Format de la forme** que vous ouvrez en cliquant sur le Lanceur de boîte de dialogue du groupe **Styles de formes.**

L'option **Aucun remplissage** du bouton **Remplissage** permet de supprimer le remplissage de l'objet sélectionné ; l'option **Sans contour** du bouton **Contour** permet de supprimer la bordure de l'objet ; enfin, chaque sous-menu du bouton **Effets** comporte une option de type **Aucune** (**Aucune ombre**, **Aucune réflexion...**) qui permet d'annuler un effet.

Modifier le format d'une image

Sélectionnez l'image concernée par un simple clic ou, si besoin, par un double clic de manière à afficher l'onglet **Outils Image - Format**.

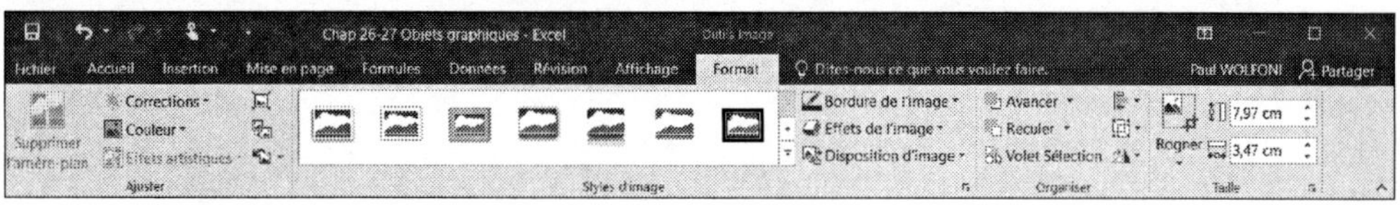

- Pour appliquer un style prédéfini à l'image, ouvrez la galerie du groupe **Styles d'image** en cliquant sur l'outil **Autres** et cliquez sur un des styles proposés.
- Pour modifier la bordure de l'image, cliquez sur le bouton **Bordure de l'image** du groupe **Styles d'image** et choisissez la couleur, l'épaisseur et le style de la bordure.
- Pour appliquer un effet particulier à l'image, cliquez sur le bouton **Effets de l'image** du groupe **Styles d'image**, choisissez le type d'effet - **Prédéfini** (pour un effet 3D), **Ombre**, **Réflexion**, **Lumière**, **Contours adoucis**, **Biseau** ou **Rotation 3D**) puis cliquez sur le sous-type souhaité.
- Pour modifier la luminosité et le contraste de l'image, cliquez sur le bouton **Corrections** du groupe **Ajuster**.
- Pour modifier les paramètres des couleurs d'une image, cliquez sur le bouton **Couleur** du groupe **Ajuster**.

  Pointez l'un des modèles pour en voir les effets sur l'image sélectionnée puis cliquez sur le modèle souhaité,

  ou

  cliquez sur **Options de couleur de l'image** pour définir la **Saturation de la couleur**, la **Nuance des couleurs** dans le volet Office **Mise en forme de l'image**.
- Pour rendre transparente une couleur de l'image sélectionnée, cliquez sur le bouton **Couleur** du groupe **Ajuster** puis cliquez sur **Couleur transparente**.

  Le pointeur de la souris prend la forme suivante .

  Cliquez alors sur la zone de l'image contenant la couleur à effacer.
- Pour appliquer un effet artistique, cliquez sur le bouton **Effets artistiques** du groupe **Ajuster** puis cliquez sur le modèle souhaité.

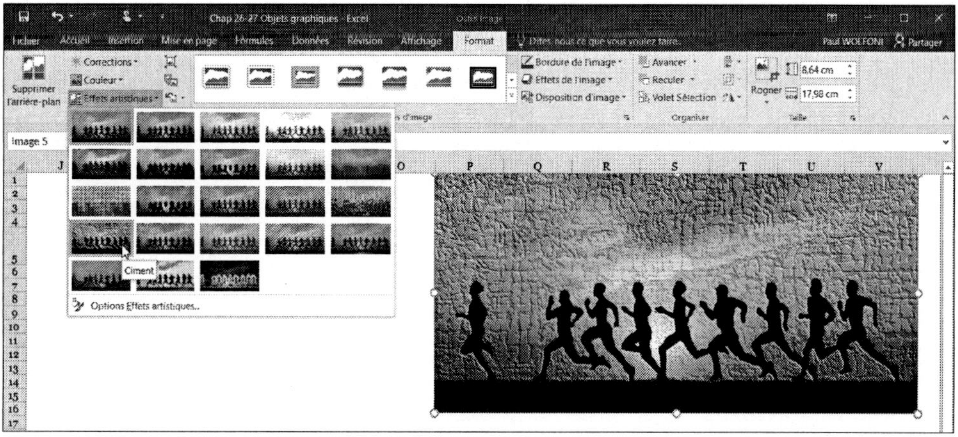

Vous pouvez modifier les paramètres d'un effet artistique à partir de l'option ***Options Effets artistiques****.*

Pour annuler tous les formats de l'image, ouvrez la liste associée au bouton **Rétablir l'image** du groupe **Ajuster** puis cliquez sur **Rétablir l'image** ou pour annuler uniquement les changements de taille, cliquez sur l'option **Rétablir la taille de l'image.**

Le bouton **Remplacer l'image** du groupe **Ajuster** permet, comme son nom l'indique, de remplacer l'image sélectionnée par une autre (un fichier Image) tout en conservant les options de format appliquées.

Pour modifier les dimensions d'une image, reportez-vous au titre Gérer les objets, au début de ce chapitre.

Toutes les options de mise en forme sont également accessibles à partir du volet Office **Mise en forme de l'image** que vous pouvez afficher en cliquant sur le Lanceur de boîte de dialogue du groupe **Styles d'image** ou **Taille.**

Rogner une image

Cette technique permet de supprimer des parties situées sur les bords de l'image.

- Sélectionnez l'image concernée.
- Dans l'onglet **Outils Image - Format**, cliquez sur le bouton **Rogner** du groupe **Taille**, pointez le côté ou l'angle de l'image correspondant à la partie à effacer et faites glisser la souris vers l'intérieur de l'image. Ajustez le cadre de rognage si nécessaire à l'aide d'un cliqué-glissé.

Les parties rognées apparaissent sur fond plus clair :

- Pour rogner l'image selon une forme particulière, cliquez sur la partie inférieure du bouton **Rogner** (groupe **Taille** - onglet **Outils Image - Format**), pointez l'option **Rogner à la forme** puis cliquez sur la forme selon laquelle vous souhaitez rogner l'image.
- Pour rogner l'image sélectionnée afin de l'adapter à des proportions de photo courantes, cliquez sur la flèche associée au bouton **Rogner** (groupe **Taille** - onglet **Outils Image - Format**), pointez l'option **Rapport hauteur-largeur** puis cliquez sur le rapport de votre choix.
- Lorsque vous avez terminé, faites Echap ou cliquez à nouveau sur le bouton **Rogner**.

Pour annuler le rognage effectué, utilisez l'outil **Annuler** situé dans la barre d'outils Accès rapide (ou faites Ctrl **Z**).

Si après avoir rogné une image, vous souhaitez que celle-ci s'affiche entièrement dans la zone d'image, utilisez l'option **Remplir** associée au bouton **Rogner** ; pour conserver les proportions de l'image, utilisez l'option **Ajuster** au lieu de l'option **Remplir**.

Supprimer l'arrière-plan d'une image

Cette technique permet de supprimer certaines parties d'une image.

- Sélectionnez l'image concernée.
- Cliquez sur le bouton **Supprimer l'arrière-plan** du groupe **Ajuster** de l'onglet **Outils Image - Format.**
- Faites glisser le contour de sélection de façon à inclure ou exclure les zones à conserver ou à supprimer.

Les parties de couleur rose correspondent aux éléments qui seront supprimés (non visibles) sur l'image finale :

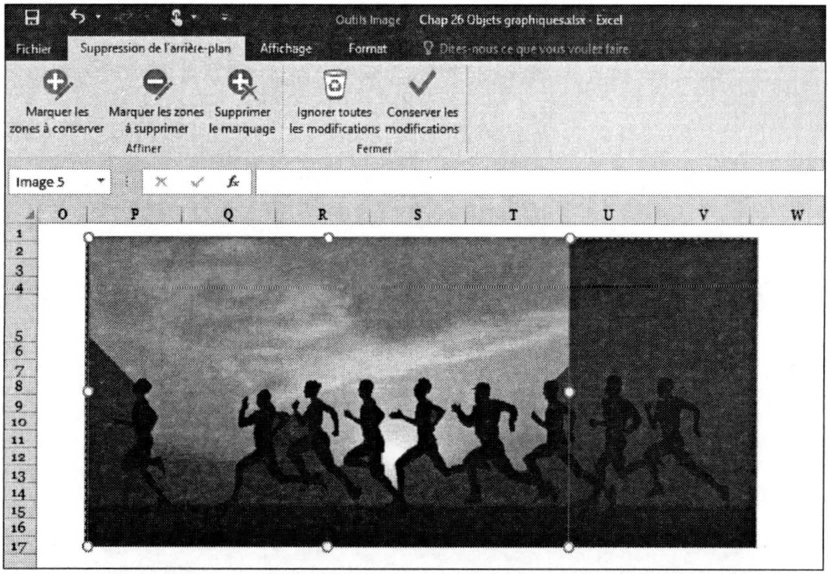

*Notez que l'onglet **Suppression de l'arrière-plan** sera affiché tant que le processus de suppression de l'arrière-plan sera actif.*

- Si besoin, utilisez les boutons suivants du groupe **Affiner** de l'onglet **Suppression de l'arrière-plan :**

  Marquer les zones à conserver pour indiquer par un simple clic ou un cliqué-glissé les zones à ne pas supprimer automatiquement.

  Marquer les zones à supprimer pour indiquer (selon le même principe) les zones à supprimer en même temps que les zones marquées automatiquement.

Supprimer le marquage pour annuler le marquage de la zone qu'elle ait été conservée (signe +) ou supprimée (signe -) ; pour cela, cliquez sur le petit signe correspondant.

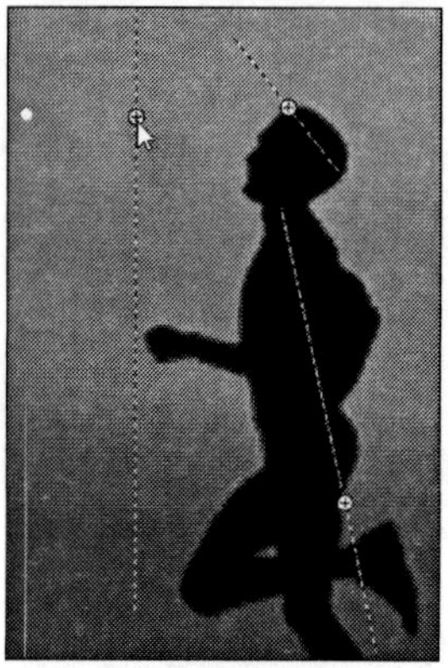

- Pour sortir du processus de suppression de l'arrière-plan, cliquez sur le bouton **Ignorer toutes les modifications** ou **Conserver les modifications** selon votre souhait.

Modifier la résolution des images

Il peut s'avérer intéressant de modifier la résolution ainsi que la qualité ou bien de compresser une image pour en diminuer la taille afin que le fichier correspondant occupe moins de place sur votre disque dur ou afin de réduire le temps de téléchargement.

Modifier la résolution par défaut des images

- Pour modifier la résolution appliquée par défaut aux images insérées dans un classeur, ouvrez le classeur Excel concerné.
- Activez l'onglet **Fichier** puis cliquez sur **Options** et sélectionnez la catégorie **Options avancées.**
- Si besoin, ouvrez la liste **Taille et qualité de l'image** puis sélectionnez le classeur concerné.
- Choisissez, dans la liste **Définir la sortie cible par défaut sur**, la résolution de votre choix.

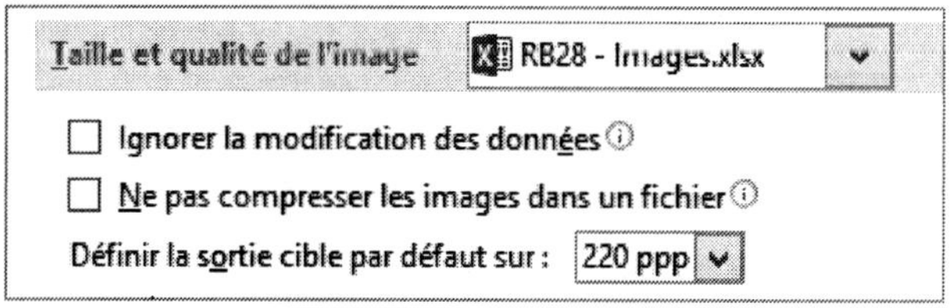

Par défaut, la résolution définie est de 220 ppp. Cette résolution est généralement appliquée aux images destinées à une impression de qualité haute. Pour un affichage écran on une qualité normale d'impression, vous pouvez choisir une résolution inférieure.

Si l'option ***Ne pas compresser les images dans un fichier*** *est cochée, la qualité maximale de l'image est alors conservée, mais dans ce cas, la taille du fichier peut être importante (sans limite maximale).*

Modifier la résolution de la ou des images sélectionnées

- Sélectionnez la ou les images concernées.
- Cliquez sur l'outil **Compresser les images** du groupe **Ajuster** de l'onglet **Outils Image - Format.**
- Cochez l'option **Appliquer à l'image sélectionnée uniquement** puis, dans la partie **Sortie cible**, activez la résolution souhaitée.

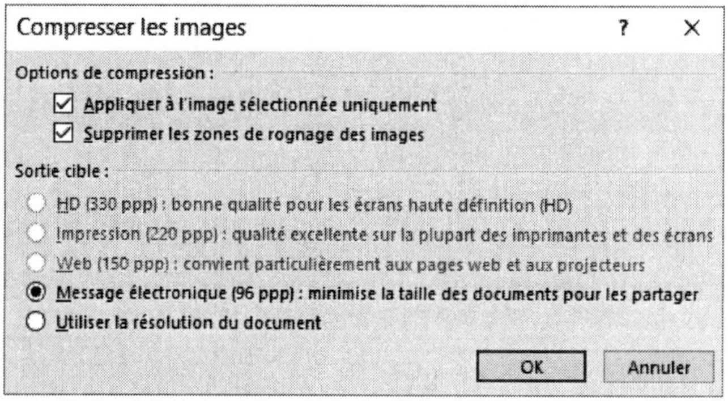

- Validez par **OK.**

Pour réduire la taille du fichier d'image, vous pouvez aussi supprimer les éventuelles zones de rognage de l'image (cf. Rogner une image).

Mettre en valeur les caractères d'un objet

Ces techniques permettent de modifier l'apparence des caractères d'une zone de texte, d'une forme, d'un objet WordArt mais aussi d'une forme à l'intérieur d'un diagramme ou encore d'un élément de graphique.

- Sélectionnez le ou les objets contenant le texte à mettre en valeur.

Sans le volet Format de la forme

- Utilisez la mini barre d'outils associée à la sélection de caractères ou les outils et boutons du groupe **Police** de l'onglet **Accueil** pour modifier la police, la taille, les mises en valeur, la couleur des caractères.
- Pour appliquer des effets spéciaux, activez l'onglet **Format** et utilisez les boutons suivants du groupe **Styles WordArt** :

Styles rapides pour appliquer un effet de caractère de type WordArt à partir d'un des vingt modèles.

 pour appliquer une couleur, un dégradé, une image ou une texture au fond des caractères.

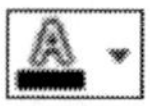 pour appliquer un contour aux caractères.

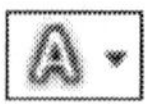 pour appliquer un effet spécial aux caractères (ombre, lumière...).

Avec le volet Format de la forme

- Cliquez sur le Lanceur de boîte de dialogue du groupe **Styles WordArt** (onglet **Format**) pour afficher le volet **Format de la forme**.
- Activez, si ce n'est déjà fait, l'onglet **Options de texte**.

*Ce volet regroupe les **Options de texte** dans différentes listes réparties en trois grandes catégories : **Remplissage et contour de texte**, **Effets du texte** et **Zone de texte**.*

Ici nous visualisons les six listes d'options de la catégorie ***Effets du texte*** 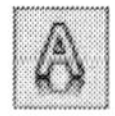.

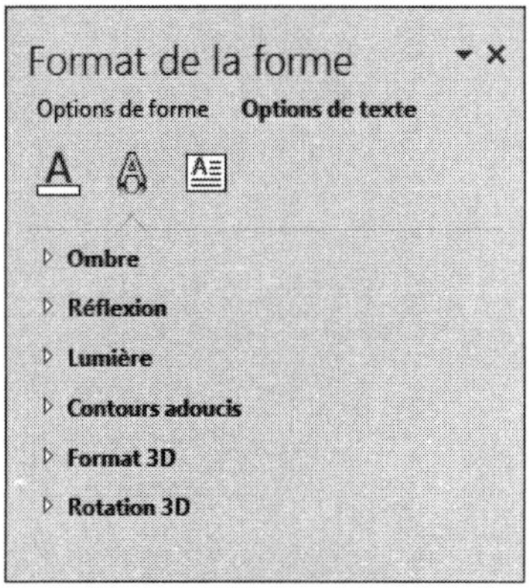

- Pour afficher le détail d'une liste, cliquez sur son nom.
- Apportez les modifications souhaitées à la forme sélectionnée en utilisant les différentes options de ce volet.

Créer un tableau de données

*Un **tableau de données**, aussi appelé liste de données (dans les anciennes versions d'Excel), est un ensemble de lignes et de colonnes qui contiennent des données connexes gérées indépendamment des données des autres lignes et colonnes de la feuille de calcul ; il permet de gérer, d'analyser, de filtrer ces données plus facilement.*

Il ne faut pas confondre un tableau de données avec une table de données qui fait partie d'une suite de commandes d'analyse de scénarios.

- Sélectionnez la plage de cellules à définir comme un tableau de données.
- Cliquez sur le bouton **Analyse rapide**  situé en bas à droite de la sélection.
- Activez l'onglet **Tableaux.**
- Pointez l'icône **Tableau** pour obtenir un aperçu du résultat dans une fenêtre indépendante.

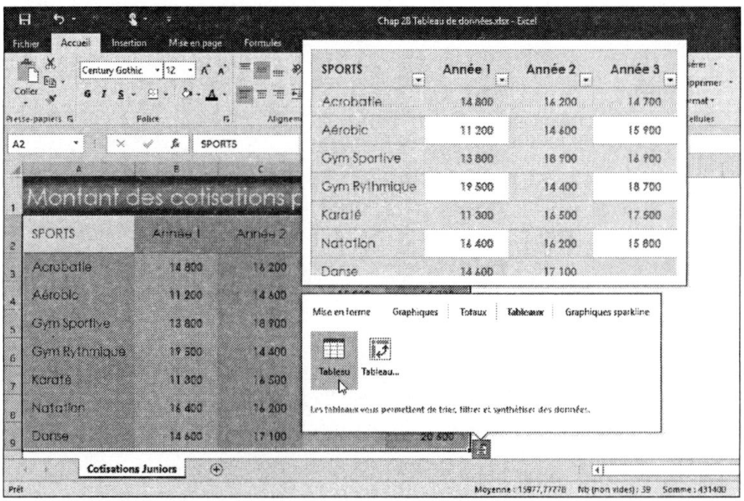

- Cliquez sur l'icône **Tableau** pour créer le tableau de données.

*Les en-têtes du tableau présentent maintenant un bouton permettant d'ouvrir une liste déroulante pour filtrer ou trier les données. Un nouvel onglet nommé **Outils de tableau - Création** apparaît. Vous pouvez utiliser les outils qu'il propose pour personnaliser ou modifier le tableau.*

Pour créer un tableau, vous pouvez aussi sélectionner les cellules concernées et leur appliquer un style de tableau par l'option **Mettre sous forme de tableau** du groupe **Style** de l'onglet **Accueil.**
Pour créer un tableau de données, vous pouvez aussi activer l'onglet **Insertion** et cliquer sur le bouton **Tableau** du groupe **Tableaux.** Dans ce cas vous êtes invité à préciser où se trouvent les données du tableau et à cocher l'option **Mon tableau comporte des en-têtes** si la plage de cellules sélectionnée contient les en-têtes des colonnes.

Nommer un tableau de données

- Cliquez dans une des cellules du tableau de données.
- Activez, si besoin, l'onglet **Outils de tableau - Création.**
- Cliquez dans la zone **Nom du tableau** du groupe **Propriétés** puis saisissez le nom que vous souhaitez donner au tableau et appuyez sur ↵.

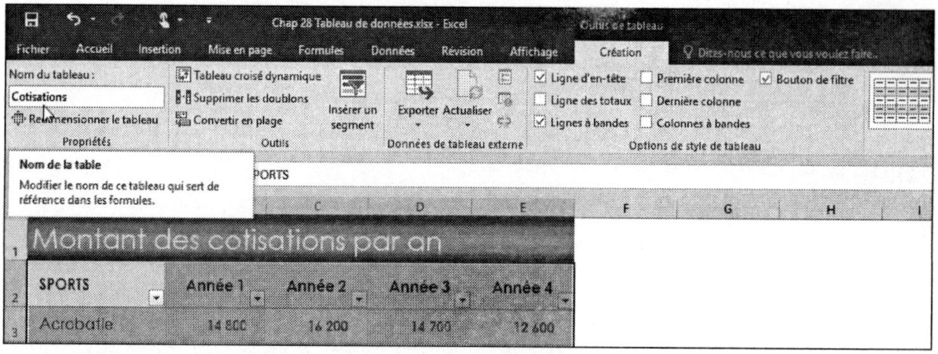

Si des tableaux croisés dynamiques font référence à ce tableau de données, sachez que le nom ainsi modifié est automatiquement mis à jour afin d'éviter l'affichage d'alerte quant à l'existence de références non valides.

Redimensionner un tableau de données

- Cliquez dans une des cellules du tableau.
- Cliquez sur le bouton **Redimensionner le tableau** du groupe **Propriétés** de l'onglet **Outils de tableau - Création.**

Modifiez la sélection des cellules puis validez.

Vous pouvez aussi pointer la poignée de redimensionnement (petit triangle dans le coin inférieur droit du tableau) et la faire glisser de manière à sélectionner la plage de cellules concernée.

Afficher/masquer les en-têtes d'un tableau de données

Cliquez dans une cellule du tableau.

Activez, si besoin, l'onglet **Outils de tableau - Création**.

Pour afficher les en-têtes du tableau, cochez l'option **Ligne d'en-tête** du groupe **Options de style de tableau** ; pour les masquer, décochez cette option.

Lorsque vous désactivez les en-têtes, les filtres automatiques d'en-tête, ainsi que les autres filtres éventuellement appliqués, sont supprimés du tableau.

Ajouter une ligne/une colonne à un tableau de données

Pour ajouter une ligne au tableau, saisissez une donnée dans une cellule placée juste sous le tableau.

Pour ajouter une colonne au tableau, saisissez une donnée dans une cellule placée immédiatement à droite du tableau.

Pour ajouter des lignes et/ou des colonnes, vous pouvez aussi faire glisser la poignée de redimensionnement (coin inférieur droit du tableau) vers le bas et/ou la droite pour sélectionner des lignes et/ou des colonnes.

Pour ajouter une ligne vide dans le bas du tableau de données, cliquez dans la dernière cellule du tableau et appuyez sur la touche ⇥.

S'il existe une ligne de totaux dans le tableau, placez-vous dans la dernière cellule de la ligne qui précède celle des sous-totaux.

Pour insérer et/ou supprimer des lignes/des colonnes dans un tableau de données, procédez comme dans la feuille de calcul (cf. chapitre Lignes, colonnes, cellules).

Sélectionner des lignes/des colonnes dans un tableau de données

- Pour sélectionner les données d'une colonne d'un tableau, pointez le bord supérieur de l'en-tête de la colonne (le pointeur de la souris prend la forme : ⬇) et cliquez, ou activez l'une des cellules de la colonne et faites Ctrl Espace.

  Pour sélectionner toute la colonne (avec son en-tête), faites un double clic ou utilisez deux fois le raccourci-clavier Ctrl Espace.

- Pour sélectionner les données d'une ligne d'un tableau, pointez le bord gauche de la ligne (le pointeur de la souris prend la forme : ➡) et cliquez, ou activez l'une des cellules de la ligne puis faites ⇧ Espace.

- Pour sélectionner toutes les données d'un tableau, pointez le bord supérieur gauche du tableau (le pointeur de la souris prend la forme : ⬊) et cliquez, ou activez l'une des cellules et faites Ctrl ⇧ Espace ou Ctrl **A**.

  Pour sélectionner tout le tableau (avec ses en-têtes), faites un double clic ou utilisez deux fois un des raccourcis-clavier.

Afficher une ligne de total dans un tableau de données

Première méthode

- Cliquez dans une des cellules du tableau.

- Activez, si besoin, l'onglet **Outils de tableau - Création** et cochez l'option **Ligne des totaux** du groupe **Options de style de tableau**.

  *La ligne de total s'affiche dans la dernière ligne du tableau et affiche la mention **Total** dans la cellule située à l'extrême gauche.*

- Pour afficher le résultat d'un autre calcul ou d'une autre colonne, cliquez sur la cellule de la colonne concernée, puis ouvrez la liste déroulante associée.

Excel propose les fonctions de calcul courantes :

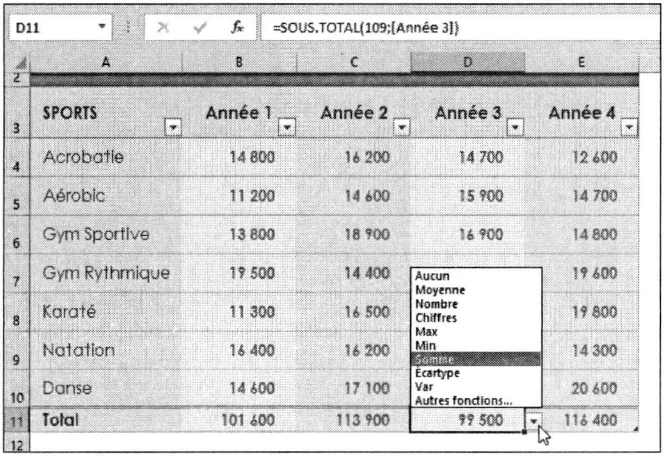

Vous pouvez aussi saisir la formule de votre choix directement dans une cellule de la ligne de total.

Cliquez sur la fonction que vous souhaitez utiliser.

- Pour masquer la ligne des totaux, désactivez l'option **Ligne des totaux** du groupe **Options de style de tableau**.

Deuxième méthode

- Pour insérer une ligne calculée sous le tableau de données sélectionné, cliquez sur le bouton **Analyse rapide** puis activez l'onglet **Totaux**.

  *Les cinq premières icônes (**Somme**, **Moyenne**, **Total**, **% du total** et **Résultat cumulé**) proposées ajoutent une "ligne" de totaux.*

- Pointez le bouton souhaité selon le type de calcul à effectuer (**Somme**, **Moyenne**, **Total**, **% du total** ou **Résultat cumulé**) pour obtenir un aperçu du résultat sur la dernière ligne du tableau.

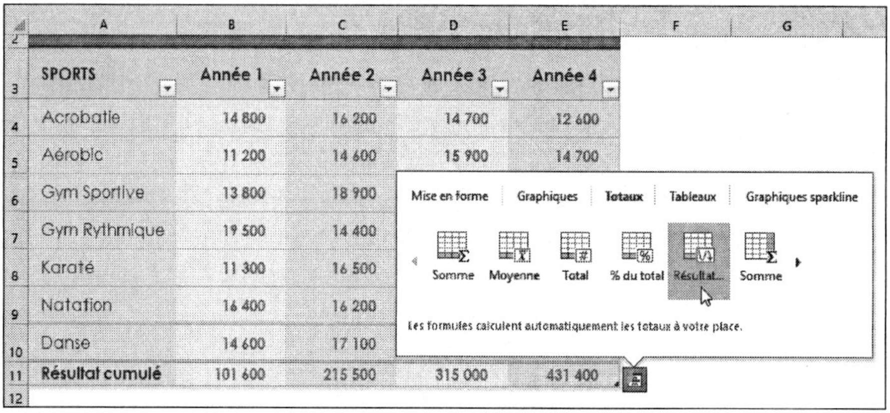

- Cliquez sur l'icône souhaitée pour valider votre choix.

Créer une colonne calculée dans un tableau de données

- Sélectionnez le tableau de données.
- Cliquez sur le bouton **Analyse rapide** situé en bas à droite du tableau.
- Activez l'onglet **Totaux.**
- Affichez les cinq icônes d'insertion de colonnes (orange et blanc) en cliquant sur la flèche .
- Pointez (sans cliquer) sur l'icône du type de calcul à effectuer (**Somme, Moyenne, Nombre d'entrées, % du total, Résultat cumulé**) pour obtenir un aperçu du résultat dans la nouvelle colonne du tableau.

*Dans notre exemple, nous visualisons en colonne E la **Moyenne** de chaque ligne de données.*

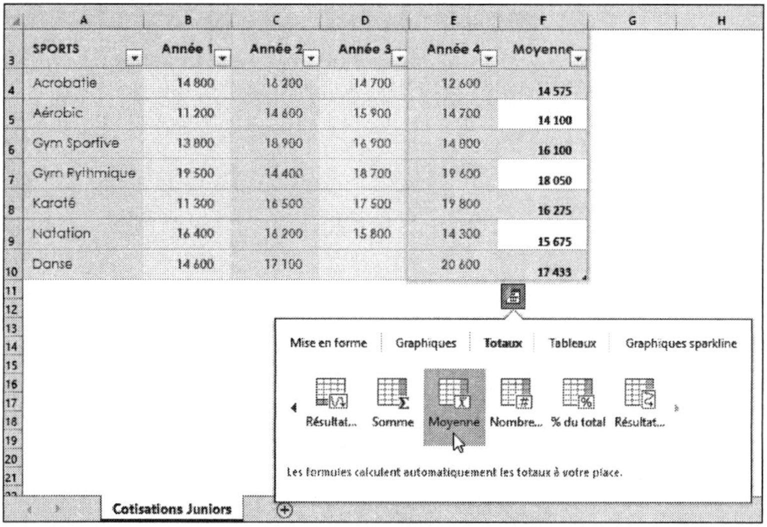

- Cliquez sur l'icône du calcul souhaité pour valider votre choix.

Pour supprimer une colonne calculée, procédez comme pour n'importe quelle colonne.

Pour modifier une colonne calculée, il suffit de modifier l'une des formules de calcul de la colonne : les autres cellules sont automatiquement mises à jour.

Appliquer un style de tableau à un tableau de données

- Cliquez dans une des cellules du tableau.
- Activez, si besoin, l'onglet **Outils de tableau - Création** et cliquez sur l'outil **Autres** de la galerie des styles du groupe **Styles de tableau**.
- Pointez (sans cliquer) un des styles pour visualiser son application sur le tableau.

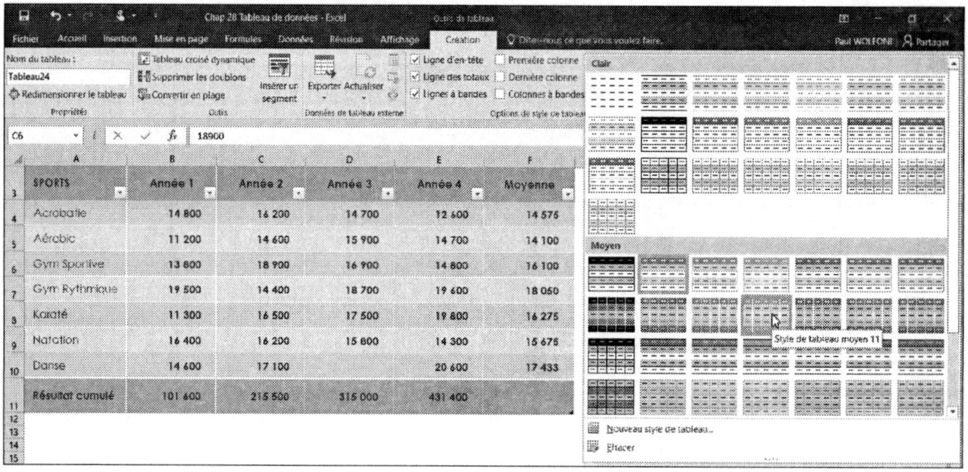

Cliquez sur le style de tableau que vous souhaitez utiliser.

Convertir un tableau de données en plage de cellules

Lorsque vous n'avez plus besoin d'un tableau de données, vous pouvez le convertir en plage de cellules classique, tout en conservant ses mises en forme.

Cliquez dans une des cellules du tableau de données.

Cliquez sur le bouton **Convertir en plage** du groupe **Outils** de l'onglet **Outils de tableau - Création** ou utilisez l'option **Table - Convertir en plage** du menu contextuel du tableau.

Confirmez la conversion du tableau en plage de cellules en cliquant sur le bouton **Oui**.

Supprimer un tableau et ses données

Cliquez dans une des cellules du tableau de données puis appuyez sur les touches Ctrl **A** à deux reprises pour sélectionner l'intégralité du tableau.

Appuyez sur la touche Suppr.

Si vous ne souhaitez plus exploiter vos données dans un tableau de données, vous pouvez le convertir en plage de cellules classique tout en conservant ses mises en forme (cf. Convertir un tableau de données en plage de cellules).

Choisir un tableau croisé dynamique recommandé

Un tableau croisé dynamique permet de résumer, d'analyser, d'explorer et de présenter des données de synthèse. Excel 2016 peut vous suggérer plusieurs tableaux croisés dynamiques particulièrement adaptés à vos données vous aidant ainsi à les synthétiser et les analyser.

- Si la plage de cellules concernée par le tableau croisé dynamique contient des en-têtes de colonnes ou est déjà organisé en tableau de données, cliquez dans l'une des cellules ; sinon, sélectionnez la plage de cellules à traiter dans le tableau croisé dynamique.
- Assurez-vous que vos données ne contiennent pas de lignes vides.
- Activez l'onglet **Insertion** et cliquez sur le bouton **Tableaux croisés dynamiques recommandés** 

du groupe **Tableaux.**

Excel analyse les données sélectionnées et vous propose quelques types de tableaux adaptés.

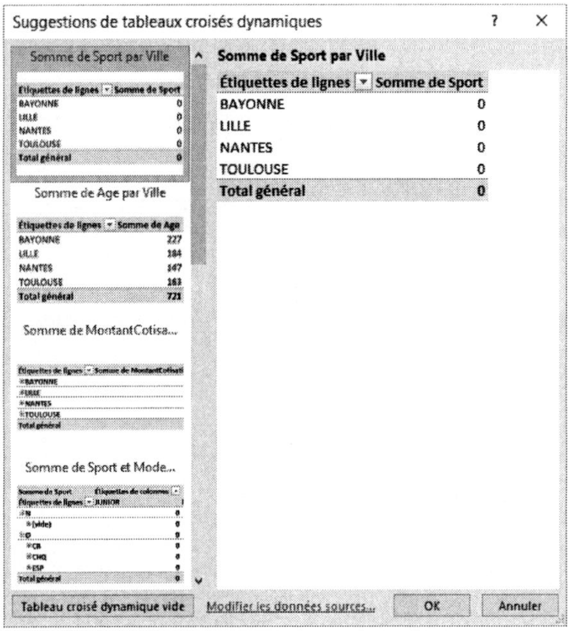

- Cliquez dans la partie gauche de la fenêtre sur l'une des dispositions de tableaux croisés dynamiques pour en obtenir un aperçu dans la partie droite.

  *Le bouton **Tableau croisé dynamique vide** situé en bas à gauche de la fenêtre permet comme son nom l'indique de ne pas tenir compte des suggestions d'Excel et de définir vous-même le tableau croisé dynamique.*

- Si le tableau croisé dynamique proposé vous convient, cliquez sur le bouton **OK.**

  *La nouvelle feuille de calcul (nommée **Feuilx**) créée pour ce tableau croisé dynamique affiche également le volet **Champs de tableau croisé dynamique** à partir duquel vous pouvez modifier le tableau croisé dynamique.*

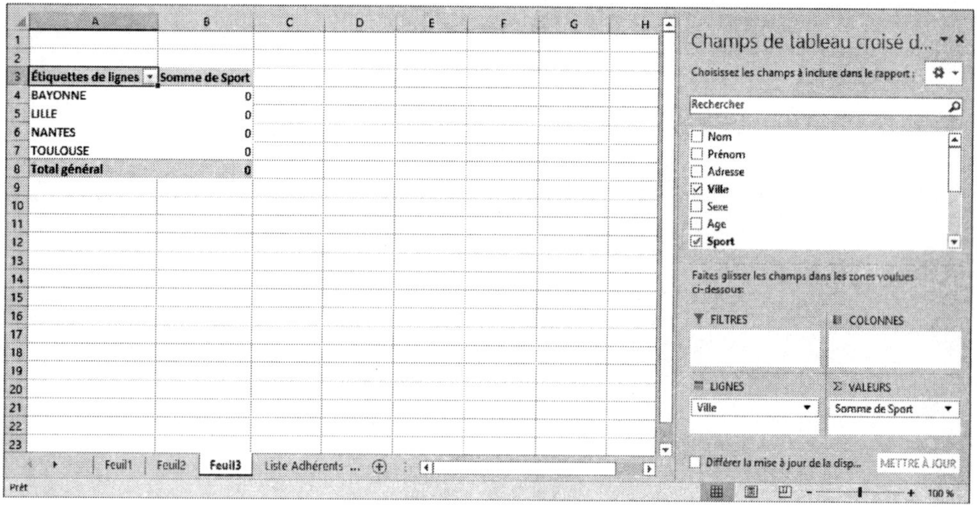

Si vous souhaitez modifier le tableau croisé dynamique ainsi créé automatiquement par Excel, suivez les mêmes procédures que celles décrites dans le titre Gérer les champs d'un tableau croisé dynamique de ce chapitre.

Pour créer un tableau croisé dynamique à partir des suggestions d'Excel, vous pouvez aussi sélectionner vos données, puis cliquer sur le bouton **Analyse rapide**  situé en bas à droite de la sélection, et activez l'onglet **Tableaux.**

Vous pouvez alors pointer l'un des modèles proposés pour obtenir un aperçu du résultat puis cliquer sur la disposition souhaitée. L'icône **Autres** ouvre la fenêtre **Suggestions de tableaux croisés dynamiques.**

Créer un tableau croisé dynamique

Un tableau croisé dynamique permet de résumer, d'analyser, d'explorer et de présenter des données de synthèse.

Pour utiliser un des tableaux croisés dynamiques recommandés par Excel, veuillez vous reporter au titre Choisir un tableau croisé dynamique recommandé de ce chapitre.

- Si la plage de cellules concernée par le tableau croisé dynamique contient des en-têtes de colonnes ou est déjà organisé en tableau de données, cliquez dans une des cellules du tableau ; sinon, sélectionnez la plage de cellules à traiter dans le tableau croisé dynamique.
- Assurez-vous que vos données ne contiennent pas de lignes vides.
- Activez l'onglet **Insertion** et cliquez sur le bouton **Tableau croisé dynamique** 

du groupe **Tableaux.**

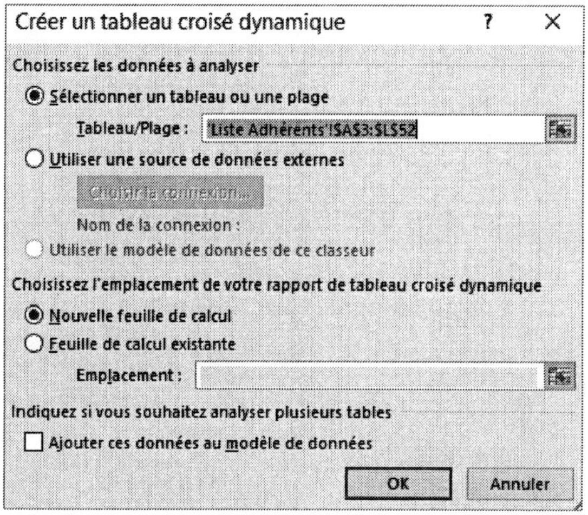

- Vérifiez que la zone **Sélectionner un tableau ou une plage** contient bien les données à analyser ; sinon, utilisez le bouton  pour les sélectionner.

*Notez que le bouton **Choisir la connexion** associé à l'option **Utiliser une source de données externes** permet de sélectionner des tables dans un modèle de données Excel (cf. Importation/exportation - Importer des données d'une base de données Access).*

- Choisissez de placer le tableau croisé dynamique sur une nouvelle feuille ou sur l'une des feuilles du classeur. Pour cela, activez l'option **Nouvelle feuille de calcul** dans le premier cas, ou l'option **Feuille de calcul existante** dans le second ; si vous avez choisi cette dernière option, utilisez le bouton pour activer la première cellule destinatrice du rapport.
- Cliquez sur le bouton **OK**.

*Les onglets **Outils de tableau croisé dynamique - Analyse** et **Création** apparaissent.*

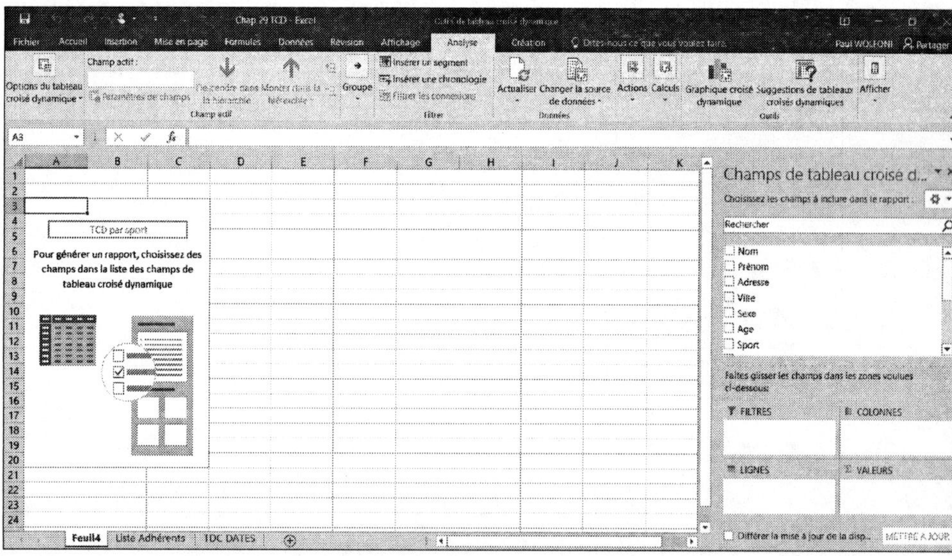

*Un rapport de tableau croisé dynamique vide est inséré à l'emplacement indiqué (ici, en cellule **A3** d'une nouvelle feuille nommée **Feuil4**) et le volet **Champs de tableau croisé dynamique** apparaît à droite afin que vous puissiez commencer à ajouter des champs, à créer une disposition et à personnaliser le rapport. Ce volet comporte deux sections : la partie supérieure, appelée section **Champ**, qui affiche la liste des champs et la partie inférieure, appelée section **Zones**, qui permet de réorganiser et repositionner les champs dans l'une des quatre zones du tableau croisé dynamique.*

Vous pouvez obtenir ce même résultat à partir du bouton ***Tableau croisé dynamique vide*** *situé en bas à gauche de la fenêtre* ***Suggestions de tableaux croisés dynamiques*** *(cf. Choisir un tableau croisé dynamique recommandé).*

- Par défaut, les sections **Champs** et **Zones** sont superposées ; pour modifier cette disposition, cliquez sur le bouton **Outils** situé en haut à droite du volet :

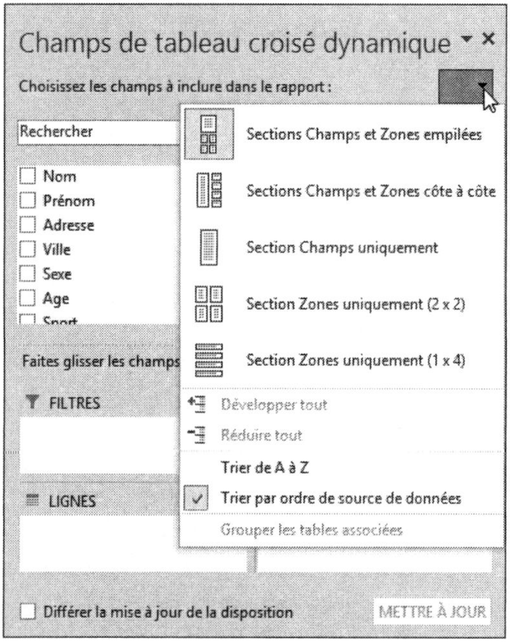

- Cliquez alors sur la disposition souhaitée.

*Notez que si l'option **Disposition classique du tableau croisé dynamique (glisser de champs dans la grille)** est cochée (onglet **Outils de tableau croisé dynamique - Analyse** - bouton **Options du tableau croisé dynamique** - option **Options** - onglet **Affichage**), la zone représentant le tableau se présente ainsi :*

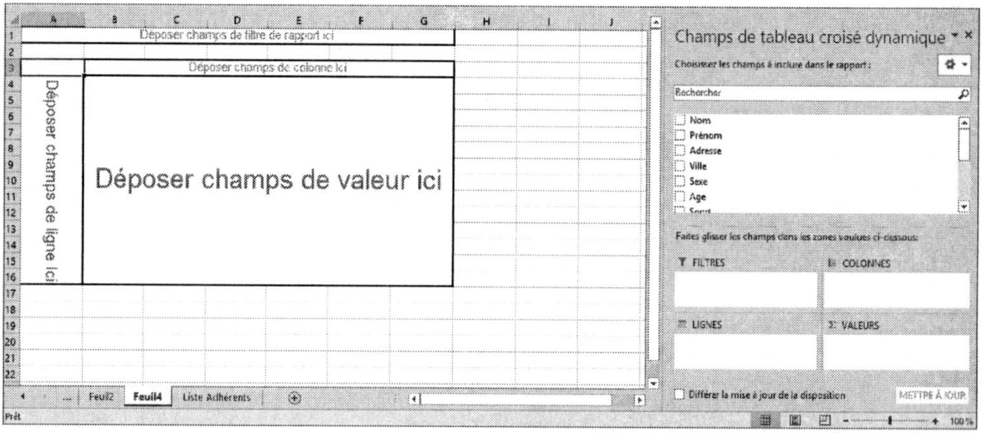

Cette disposition permet d'insérer les champs dans le tableau en les faisant glisser dans la zone adéquate.

- Si vous avez cliqué en dehors du rapport de tableau croisé dynamique, le volet **Champs de tableau croisé dynamique** disparaît. Pour afficher à nouveau la liste des champs, cliquez à l'intérieur du rapport.
- Ajoutez ensuite les champs pour créer le tableau croisé dynamique (cf. Gérer les champs d'un tableau croisé dynamique).
- Pour nommer un tableau croisé dynamique, cliquez sur le bouton **Options du tableau croisé dynamique** de l'onglet **Outils de tableau croisé dynamique - Analyse** puis saisissez le nom du tableau dans la zone **Nom du tableau croisé dynamique** et validez.

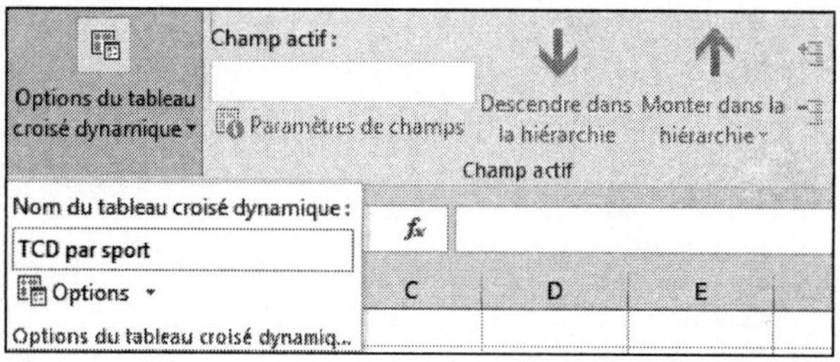

Les modifications apportées à la liste de champs de tableau croisé dynamique sont intégrées immédiatement dans la disposition du rapport. Pour accélérer le processus d'ajout, de déplacement ou de suppression de champs, vous pouvez cocher l'option **Différer la mise à jour de la disposition** (située en bas du volet **Champs de tableau croisé dynamique**) mais sachez que vous ne pourrez pas utiliser le rapport avant d'avoir décoché cette option.

Créer un tableau croisé dynamique basé sur plusieurs tables

Cette fonctionnalité permet de lister les champs de plusieurs tables dans le volet ***Champs de tableau croisé dynamique*** *vous facilitant ainsi la création d'un seul et même tableau croisé dynamique.*

Pour importer plusieurs tables dans une liste des champs de tableau croisé dynamique, vous pouvez les importer simultanément à partir d'une base de données relationnelle (cf. Importation de données - Importer des données d'une base de données Access), ou bien importer les tables une par une à partir de la même source de données ou de sources de données différentes, les ajouter à un modèle de données dans Excel, créer des relations, puis utiliser ce modèle de données comme base d'un tableau croisé dynamique.

Dans le cadre de cet ouvrage, nous utilisons l'exemple d'une importation de plusieurs tables d'une base de données Access avec lesquelles nous avons créé un modèle de données Excel.

- Activez l'onglet **Insertion** puis cliquez sur le bouton **Tableaux** et sélectionnez l'option **Tableau croisé dynamique**.

  Selon la résolution de votre écran, l'option ***Tableau croisé dynamique*** *peut être directement accessible dans l'onglet* ***Insertion****.*

- Activez l'option **Utiliser une source de données externes** de la boîte de dialogue **Créer un tableau croisé dynamique**.
- Cliquez sur le bouton **Choisir la connexion**.
- Activez l'onglet **Tables** puis cliquez sur l'élément de votre choix.

*Dans notre exemple, nous avons sélectionné l'option **Tables dans le modèle de données de classeur**. Notre modèle de données contient **10 tables** préalablement importées d'une base Access.*

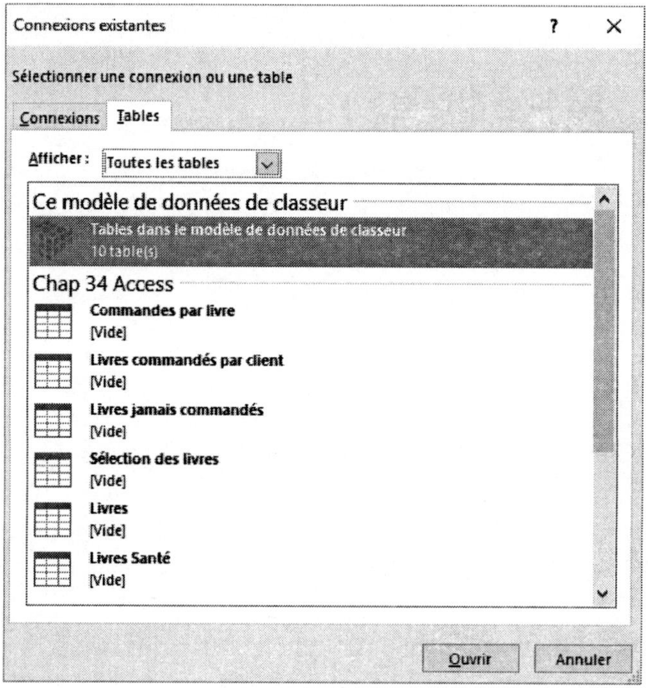

- Cliquez sur le bouton **Ouvrir**.
- Choisissez ensuite de créer le nouveau tableau croisé dynamique dans une nouvelle feuille de calcul (option **Nouvelle feuille de calcul**) ou bien sur la feuille active (option **Feuille de calcul existante**) à l'**Emplacement** défini.
- Cliquez sur le bouton **OK**.

Dans cet exemple, le tableau croisé dynamique est créé dans une nouvelle feuille de calcul.

*Notez la présence de plusieurs tables dans la liste des champs. Ces tables (et leurs champs) sont visibles dans les onglets **ACTIF** et/ou **TOUS**.*

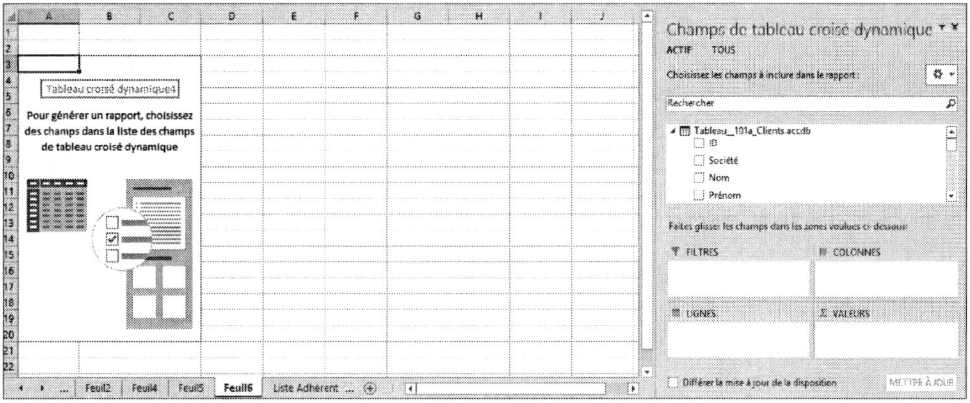

- Pour visualiser les champs associés à une table, cliquez sur le symbole ▷ situé à gauche de son nom. À l'inverse pour les masquer, cliquez sur le symbole ◢.
- Définissez la disposition de ce nouveau tableau croisé dynamique en suivant la même procédure qu'un tableau croisé dynamique ordinaire, par exemple, en faisant glisser les champs souhaités de n'importe quelle table vers la zone **VALEURS**, **LIGNES** ou **COLONNES** (cf. Créer un tableau croisé dynamique).

Le bouton **PLUS DE TABLES** situé sous les champs du volet **Champs de tableau croisé dynamique** ordinaire permet également d'intégrer des tables dans un nouveau tableau croisé dynamique.

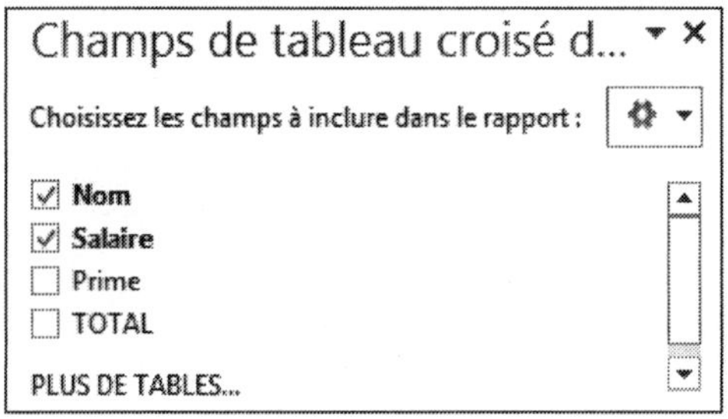

Gérer les champs d'un tableau croisé dynamique

Ajouter/supprimer un champ

- Cliquez avec le bouton droit sur le nom du champ dans la section **Champs** du volet **Champs de tableau croisé dynamique** puis sélectionnez l'option correspondant à la zone où vous souhaitez placer le champ :

Ajouter à la zone Filtre du rapport	Pour que les valeurs de ce champ soient proposées, sous forme de liste, comme critères de filtre du tableau croisé.
Ajouter aux étiquettes de lignes	Pour que les valeurs de ce champ deviennent les en-têtes de ligne du tableau.
Ajouter aux étiquettes de colonnes	Pour que les valeurs de ce champ deviennent les en-têtes de colonnes du tableau.
Ajouter dans la zone Valeurs	Pour que les valeurs de ce champ soient utilisées pour remplir les différentes cellules du tableau croisé dynamique. Par défaut, Excel utilise la fonction SOMME pour résumer les données numériques, et la fonction NB pour les données de type texte. Notez qu'il est possible de modifier cette fonction de synthèse comme il est également possible d'effectuer un calcul personnalisé sur ces données (cf. Modifier la fonction de synthèse ou le calcul personnalisé d'un champ).

*Ce tableau croisé dynamique permet d'afficher la somme des cotisations par sport et par ville. Les champs placés dans le tableau croisé dynamique apparaissent dans les **Zones** correspondantes du volet **Champs de tableau croisé dynamique**.*

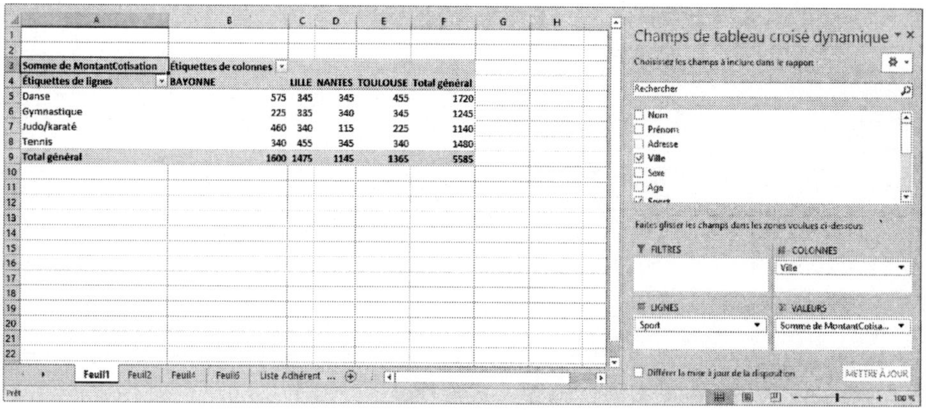

Vous pouvez aussi faire glisser le champ dans la zone correspondante de la section ***Zones*** *visible par défaut sous la liste des champs ou, si la disposition classique du tableau croisé est active (onglet* ***Outils de tableau croisé dynamique - Analyse*** *- bouton* ***Options du tableau croisé dynamique - Options*** *- onglet* ***Affichage****), faire glisser les champs directement dans la zone adéquate du tableau.*

- Pour supprimer un champ du tableau croisé dynamique, désactivez sa case à cocher dans la section **Champs.**
- Pour afficher ou masquer alternativement les en-têtes de lignes et/ou de colonnes, cliquez sur **En-têtes de lignes** et/ou **En-têtes de colonnes** du groupe **Options de style de tableau croisé dynamique** de l'onglet **Outils de tableau croisé dynamique - Création**.
- Pour créer plusieurs niveaux de lignes ou de colonnes dans le tableau croisé dynamique, ajoutez le ou les champs concernés dans les zones voulues selon la procédure décrite précédemment.

Dans cet exemple, nous avons ajouté le champ ***Catégorie*** *en deuxième niveau des* ***Étiquettes de lignes*** *(voir la zone* ***LIGNES****) ; les étiquettes de lignes du tableau sont désormais précédées d'un signe + ou - signalant la présence d'un niveau supplémentaire.*

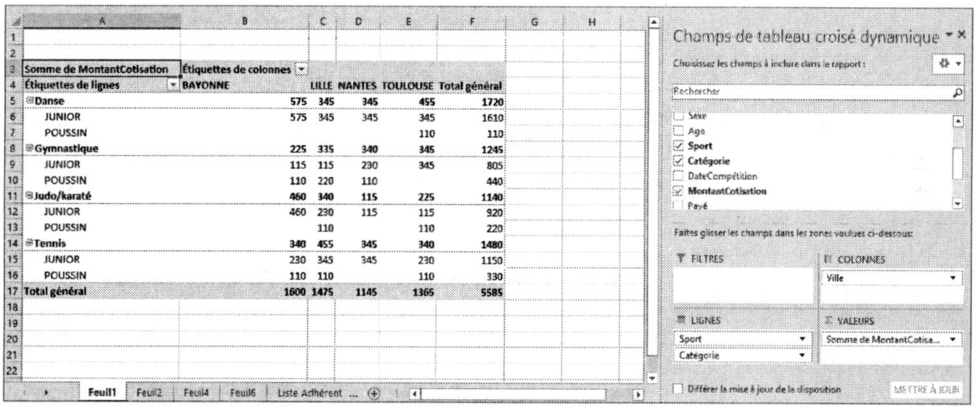

- Pour masquer/afficher les boutons de niveaux (signe + ou -), vous pouvez cliquer sur le bouton 

(onglet **Outils de tableau croisé dynamique - Analyse** - groupe **Afficher**).

Pour développer ou réduire l'affichage d'un niveau, faites un clic droit sur l'élément concerné et pointez l'option **Développer/Réduire** :

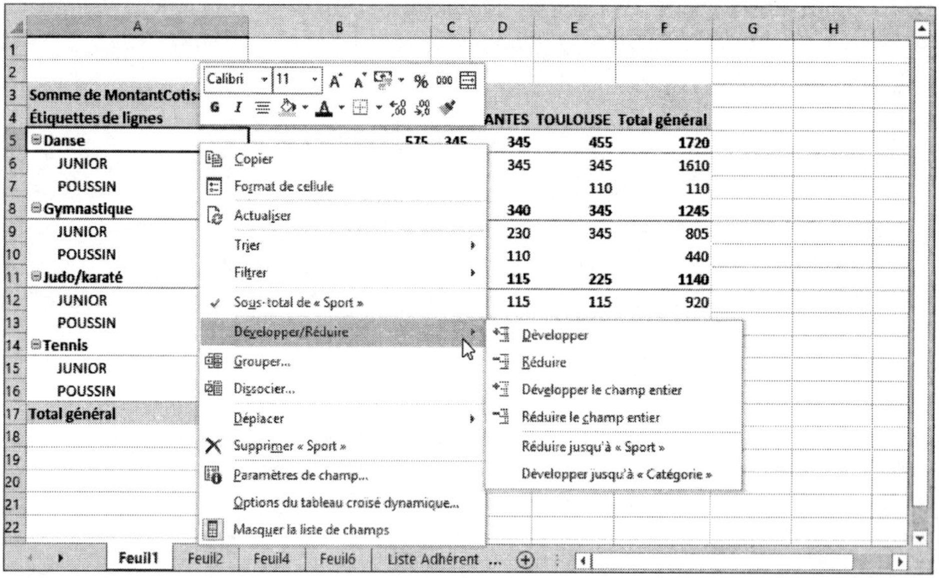

Puis, cliquez sur l'option :

- **Développer** ou **Réduire** pour afficher ou masquer les informations détaillées de l'élément actif.
- **Développer le champ entier** ou **Réduire le champ entier** pour afficher ou masquer les informations détaillées de tous les éléments d'un champ.
- **Développer jusqu'à...** ou **Réduire jusqu'à...** pour afficher ou masquer un niveau de détail au-delà du niveau suivant.

*Vous pouvez également activer le champ (de ligne ou de colonne) concerné, cliquer sur le bouton **Champ actif** (onglet **Outils de tableau croisé dynamique - Analyse**) puis cliquer sur l'option **Développer le champ** ou **Réduire le champ** selon le cas.*

Selon la résolution de votre écran, ces boutons peuvent être directement accessibles dans le ruban.

Pour réduire ou développer une des étiquettes, vous pouvez aussi cliquer sur le signe + (pour développer) ou le signe - (pour réduire) situé en regard de l'étiquette concernée.

Réorganiser les champs

- Cliquez sur le nom du champ concerné dans l'une des quatre zones de la section **Zones** puis faites-le glisser dans une autre zone ; si la zone contient plusieurs champs, vous pouvez aussi faire glisser le champ dans la même zone pour modifier l'ordre des champs.

  Ces modifications sont reportées automatiquement dans le tableau croisé dynamique.

Ces différentes possibilités se retrouvent dans le menu qui apparaît lorsque vous cliquez sur un nom de champ visible dans une de ces zones :

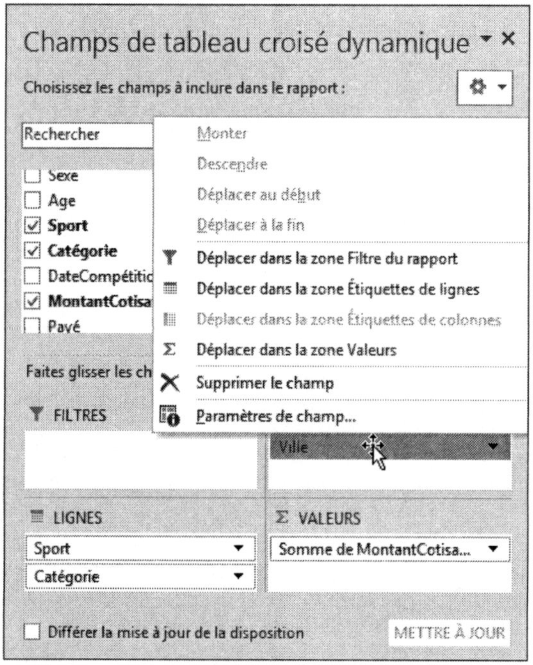

Insérer un champ calculé

- Pour ajouter un champ calculé au tableau croisé dynamique, cliquez dans le tableau croisé pour activer les outils spécifiques, cliquez ensuite sur le bouton **Calculs** de l'onglet **Outils de tableau croisé dynamique - Analyse** puis sur le bouton **Champs, éléments et jeux.**

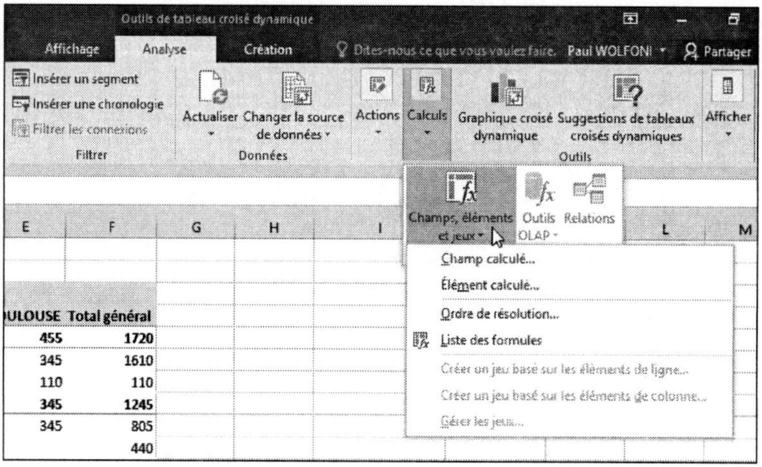

⊡ Cliquez sur l'option **Champ calculé.**

⊡ Dans la boîte de dialogue **Insertion d'un champ calculé**, saisissez le **Nom** du nouveau champ calculé.

⊡ Saisissez la **Formule** de votre choix ; pour y intégrer un des champs existants, sélectionnez le champ concerné dans la liste **Champs** puis cliquez sur le bouton **Insérer un champ.** Complétez la formule selon le calcul à effectuer.

Pour illustrer cette fonctionnalité, nous allons calculer le montant des cotisations augmenté de 3 %.

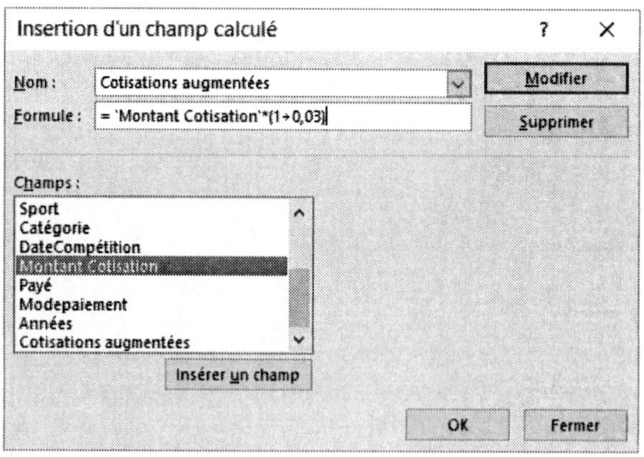

⊡ Cliquez sur le bouton **OK** pour valider.

Les valeurs du champ calculé apparaissent dans le tableau, le nom du nouveau champ est visible dans la liste des champs. Notez également que, par défaut, la fonction SOMME a été appliquée automatiquement à ce champ numérique.

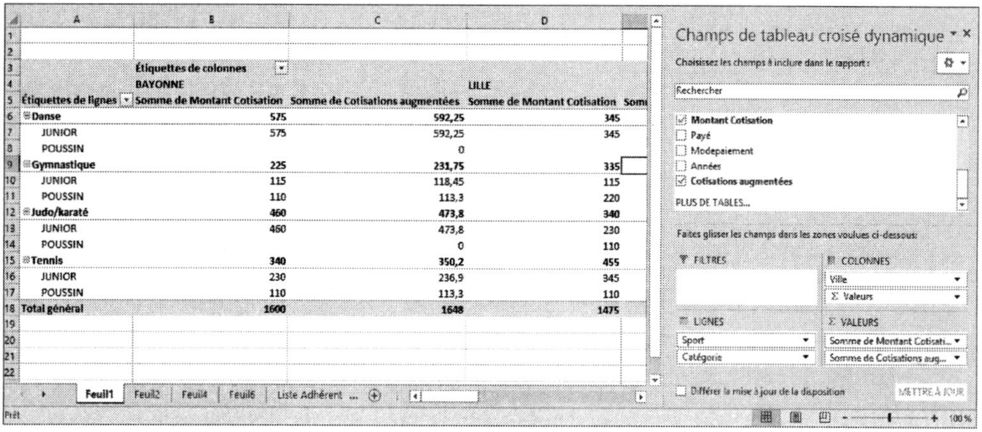

Pour supprimer un champ calculé, ouvrez la liste **Nom** de la boîte de dialogue **Insertion d'un champ calculé** (bouton **Calculs** - option **Champs, éléments et jeux** - bouton **Champ calculé**) pour le sélectionner, puis cliquez sur le bouton **Supprimer**. Vous pouvez également faire un clic droit sur l'étiquette du champ calculé puis cliquer sur l'option **Supprimer « nom du champ »** du menu contextuel.

Modifier la fonction de synthèse ou le calcul personnalisé d'un champ

Rappelons que par défaut, Excel applique la fonction SOMME aux données numériques de la zone Valeurs et la fonction NB aux données de type texte.

Pour modifier la fonction de synthèse utilisée ou effectuer un calcul personnalisé pour traiter les données d'un champ de la zone **VALEURS**, cliquez sur le nom du champ concerné dans cette zone, puis activez l'option **Paramètres des champs de valeurs.**

*La boîte de dialogue **Paramètres des champs de valeurs** s'ouvre.*

*Vous pouvez également accéder à cette boîte de dialogue par l'onglet **Outils de tableau croisé dynamique - Analyse** - groupe **Champ actif** - bouton **Paramètres de champs**.*

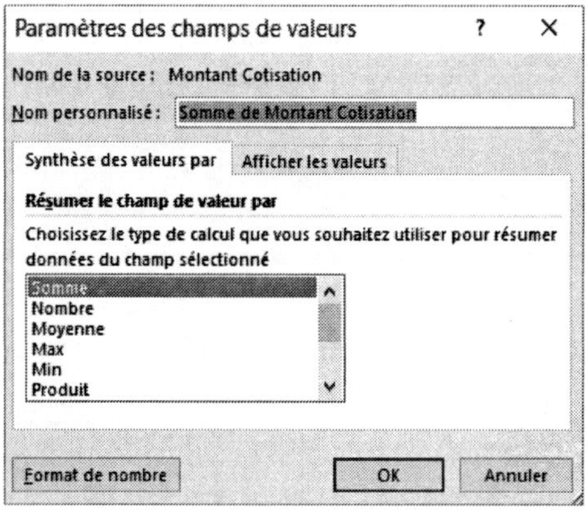

*La zone **Nom personnalisé** contient le nom du champ actif ou le nom de la source lorsqu'aucun nom personnalisé n'a été défini, précédé du type de calcul effectué.*

- Pour modifier la fonction de synthèse, activez l'onglet **Synthèse des valeurs par** puis, dans le cadre **Résumer le champ de valeur par**, cliquez sur la fonction de synthèse souhaitée.
- Pour utiliser un calcul personnalisé, activez l'onglet **Afficher les valeurs**, ouvrez la liste déroulante **Afficher les valeurs**.

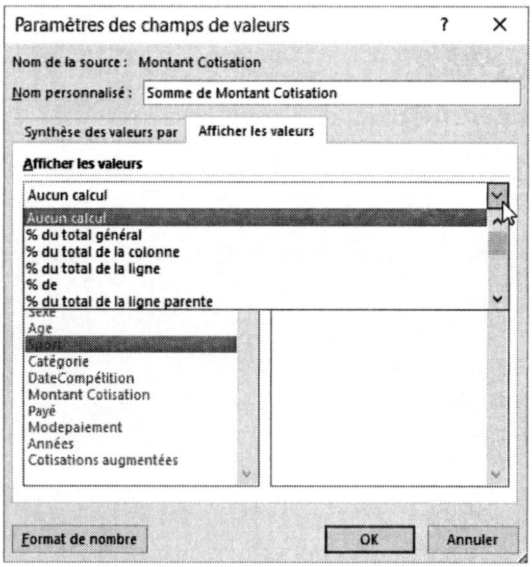

Puis cliquez sur le calcul personnalisé de votre choix :

- **% de ...** : pour afficher la valeur sous forme de pourcentage de la valeur de l'**Elément de base** dans le **Champ de base.**
- **Différence par rapport** ou **Différence en % par rapport** : pour afficher la valeur en nombre ou en pourcentage, correspondant à la différence par rapport à la valeur de l'**Elément de base** dans le Champ de base.
- **Résultat cumulé par** : pour afficher les valeurs pour des éléments successifs dans le **Champ de base** sous la forme de total cumulé.
- **% par ligne** ou **% par colonne** : pour afficher les valeurs de chaque ligne (ou catégorie), ou chaque colonne (ou série) en pourcentage du total de la ligne (ou catégorie) ou de la colonne (ou série).
- **% du total** : pour afficher une valeur en pourcentage du total général de toutes les données ou points de données du rapport.
- **Index** : pour calculer une valeur selon cette formule : *((valeur dans la cellule) x (Total général)) / ((Total général de la ligne) x (Total général de la colonne)).*

*L'option **Aucun calcul** désactive le calcul personnalisé.*

Selon le type de calcul demandé, vous pouvez ensuite sélectionner un **Champ de base** et un **Élément de base** en sachant que le **Champ de base** doit être différent de celui sélectionné en tout début de procédure (zone **VALEURS**).

Ici, nous demandons d'afficher la différence des cotisations par rapport à la Ville de BAYONNE.

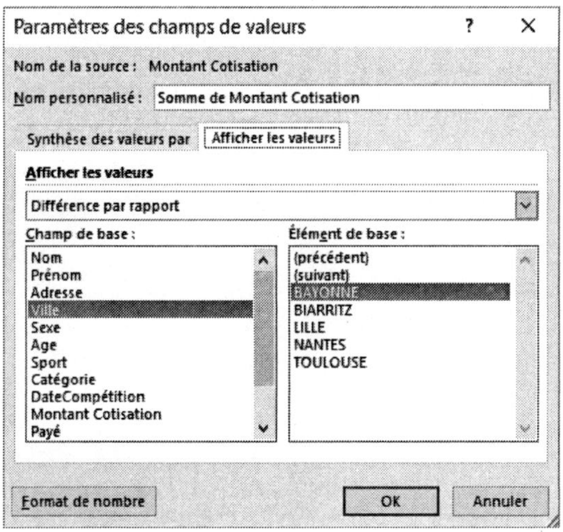

Pour modifier le format des résultats du calcul, cliquez sur le bouton **Format de nombre**.

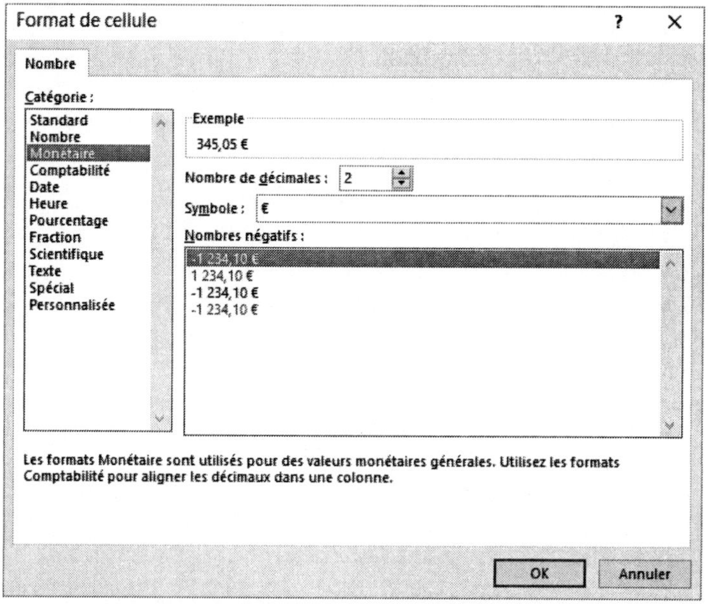

Choisissez la **Catégorie** de nombre à affecter au résultat puis modifiez si nécessaire les options qui lui sont associées dans le volet droit de la boîte de dialogue. Validez par le bouton **OK**.

- Cliquez sur le bouton **OK** de la boîte de dialogue **Paramètres des champs de valeurs** pour valider les modifications.

Dans ce tableau, nous pouvons voir que la colonne de chaque ville présente bien la différence (en euros) des cotisations par rapport aux cotisations de Bayonne (colonne vide puisqu'il s'agit de notre valeur de référence).

Somme de Montant Cotisation	Étiquettes de colonnes				
Étiquettes de lignes	**BAYONNE**	**LILLE**	**NANTES**	**TOULOUSE**	**Total général**
Danse		**-230**	**-230**	**-120**	
JUNIOR		-230	-230	-230	
POUSSIN		0	0	110	
Gymnastique		**110**	**115**	**120**	
JUNIOR		0	115	230	
POUSSIN		110	0	-110	
Judo/karaté		**-120**	**-345**	**-235**	
JUNIOR		-230	-345	-345	
POUSSIN		110	0	110	
Tennis		**115**	**5**	**0**	
JUNIOR		115	115	0	
POUSSIN		0	-110	0	
Total général		**-125**	**-455**	**-235**	

Si vous souhaitez utiliser plusieurs méthodes de synthèse pour un champ en particulier, vous pouvez ajouter une nouvelle fois le champ en question depuis la liste de champs du tableau croisé, puis suivre cette même procédure pour lui affecter une autre fonction de synthèse.

Utiliser les champs de totaux et de sous-totaux

Pour illustrer ce titre, nous allons utiliser un tableau croisé dynamique simple dans lequel sont calculées par défaut les sommes des cotisations (champ ***TOTAL****) par Sport et par Ville.*

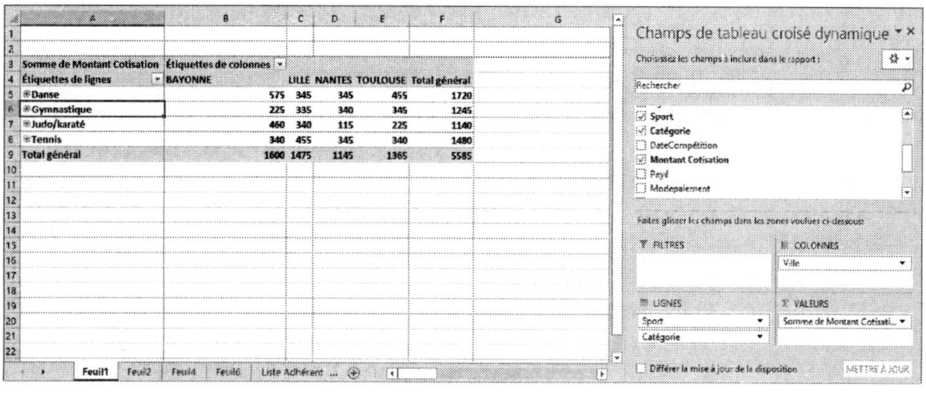

- Sélectionnez un des éléments du champ de ligne ou de colonne pour lequel vous souhaitez ajouter des sous-totaux ou totaux.

  Dans le groupe **Champ actif**, cliquez sur le bouton **Paramètres de champs** (onglet **Outils de tableau croisé dynamique - Analyse**) pour afficher la boîte de dialogue **Paramètres de champ.**

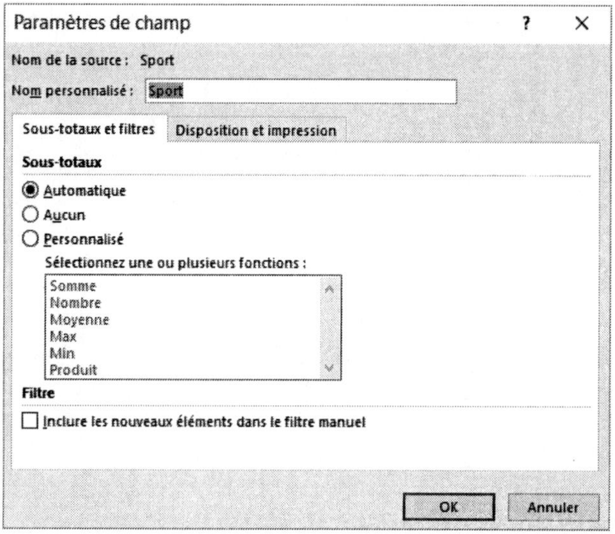

- Pour calculer le sous-total de l'étiquette de ligne ou de colonne sélectionnée à l'aide de la fonction de synthèse par défaut (SOMME pour les valeurs numériques, NB pour les données de type texte), activez l'option **Automatique** du cadre **Sous-totaux.**
- Pour calculer des sous-totaux à l'aide d'une fonction différente, ou bien calculer plusieurs types de sous-totaux, activez l'option **Personnalisé** puis choisissez la ou les fonctions à utiliser à l'aide de la touche Ctrl pour sélectionner plusieurs fonctions.
- Pour modifier le mode d'affichage des sous-totaux, activez l'onglet **Disposition et impression** puis activez si ce n'est déjà fait l'option **Afficher les étiquettes d'éléments sous forme hiérarchique** puis cochez l'option **Afficher les sous-totaux au-dessus de chaque groupe** avant de valider par **OK.**

  Pour en savoir plus sur la présentation/disposition d'un tableau croisé dynamique, veuillez vous référer au titre Modifier la disposition/la présentation d'un tableau croisé dynamique un peu plus loin dans ce chapitre.

- Cliquez sur le bouton **OK** pour valider.

*Ici, nous avons ajouté les sous-totaux de type **Somme** et **Moyenne** par étiquette de ligne.*

	A	B	C	D	E	F
1						
2						
3	**Somme de Montant Cotisation**	**Étiquettes de colonnes**				
4	**Étiquettes de lignes**	**BAYONNE**	**LILLE**	**NANTES**	**TOULOUSE**	**Total général**
5	⊞**Danse**	**575**	**345**	**345**	**455**	**1720**
6	⊟**Gymnastique**					
7	JUNIOR	115	115	230	345	805
8	POUSSIN	110	220	110		440
9	**Somme Gymnastique**	**225**	**335**	**340**	**345**	**1245**
10	**Moyenne Gymnastique**	**112,5**	**111,6666667**	**113,3333333**	**115**	**113,1818182**
11	⊞**Judo/karaté**	**460**	**340**	**115**	**225**	**1140**
12	⊞**Tennis**	**340**	**455**	**345**	**340**	**1480**
13	**Total général**	**1600**	**1475**	**1145**	**1365**	**5585**

Pour modifier l'affichage des totaux généraux, vous pouvez aussi cliquer sur le bouton **Totaux généraux** du groupe **Disposition** de l'onglet **Outils de tableau croisé dynamique - Création**, puis cliquer sur l'option d'affichage souhaitée :

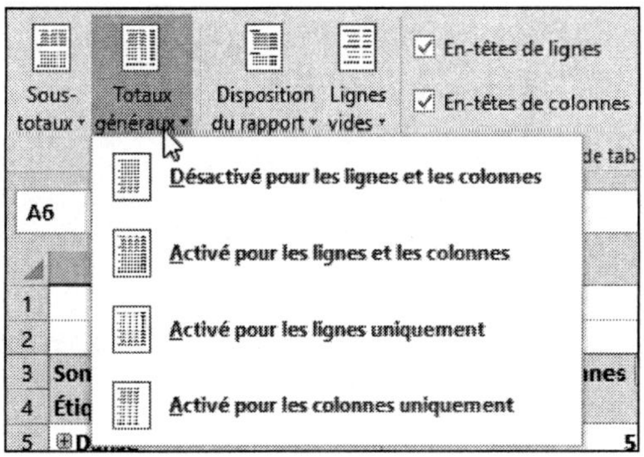

Pour modifier l'affichage des sous-totaux, vous pouvez aussi cliquer sur le bouton **Sous-totaux** du groupe **Disposition** de l'onglet **Outils de tableau croisé dynamique - Création**, puis cliquer sur l'option d'affichage souhaitée :

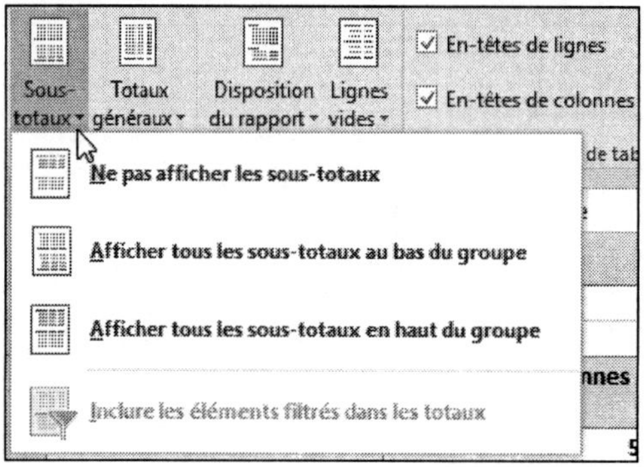

Filtrer un tableau croisé dynamique

Pour filtrer les données d'un tableau croisé dynamique sur un ou plusieurs champs, vous pouvez utiliser un filtre ordinaire accessible à partir d'une liste déroulante ou bien utiliser les filtres segments appelés aussi « filtres slicers » qui offrent une représentation visuelle des données filtrées.

Le champ utilisé pour filtrer fait partie du tableau

- Cliquez sur le bouton situé ▾ à droite de **Étiquettes de lignes** ou **Étiquettes de colonnes**.

Un menu apparaît ; la liste des valeurs du champ est visible, chaque valeur est cochée car affichée dans le tableau.

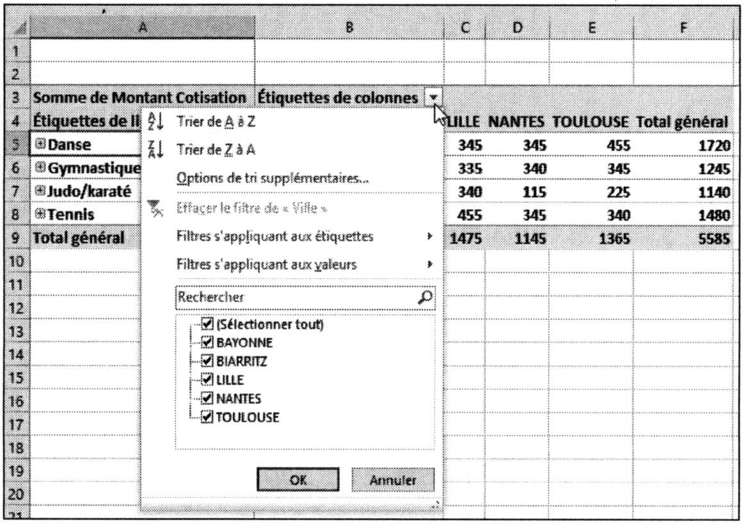

- Pour retirer une ou plusieurs valeurs du tableau, décochez l'option correspondante. Pour conserver une seule valeur, décochez l'option **(Sélectionner tout)** puis cochez la valeur à afficher.
- Cliquez sur **OK**.

*Sur cet exemple, la colonne **BAYONNE** n'est plus visible dans le tableau. Le bouton visible à droite de **Étiquettes de colonnes** indique qu'un filtre est appliqué à ce champ. Ce symbole est visible aussi dans la liste des champs du tableau croisé dynamique.*

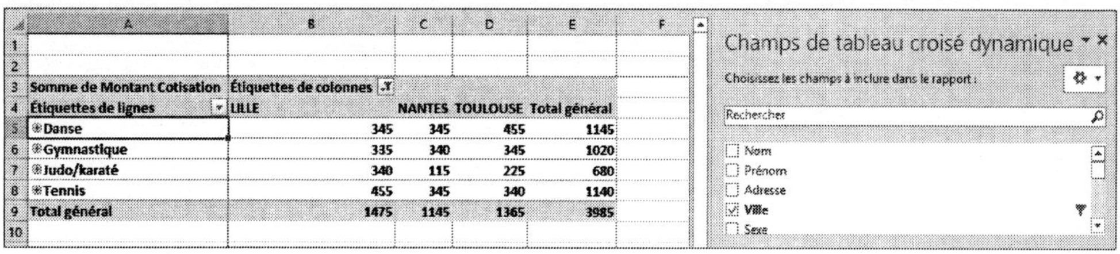

- Pour annuler ce filtre, cliquez sur le bouton [bouton] ou sur le symbole visible dans la liste des champs puis sur l'option **Effacer le filtre de « champ ».**
- Pour filtrer en fonction des valeurs du tableau croisé dynamique, cliquez sur le bouton [bouton] puis sur l'option **Filtres s'appliquant aux valeurs :**

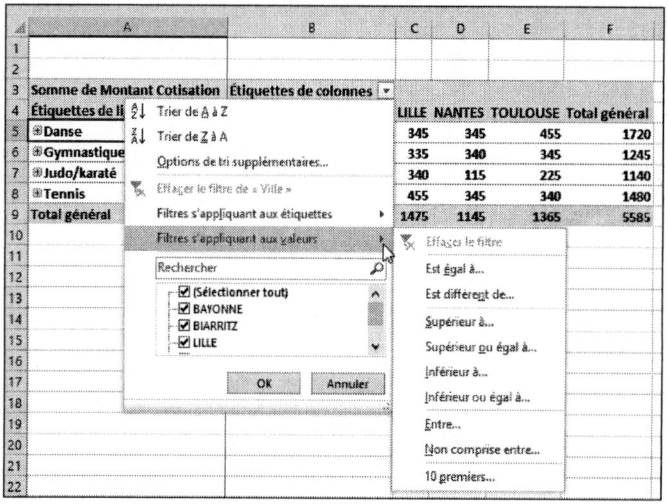

Cliquez alors sur l'option vous permettant de définir l'intervalle de valeurs sur lesquelles vous souhaitez filtrer. Par exemple, pour filtrer les valeurs comprises entre 1000 et 1500, cliquez sur **Entre**, précisez les bornes de l'intervalle puis cliquez sur **OK**.

L'option **Filtres s'appliquant aux étiquettes** permet selon le même principe de filtrer en fonction d'un intervalle défini sur les données des étiquettes de lignes ou de colonnes. Si les données sont des dates, vous pouvez ainsi filtrer sur une période donnée ; si ce sont des textes, vous pouvez filtrer les données qui **Commence par**, **Se termine par...**

Le champ utilisé pour filtrer ne fait pas partie du tableau

- Faites glisser le champ correspondant de la liste des champs vers la zone **Filtre du rapport** de la zone **FILTRES.**

  *L'élément correspondant apparaît au-dessus du tableau croisé dynamique (pour notre exemple, nous allons utiliser le champ **Catégorie**).*

- Cliquez sur le bouton [bouton] associé à ce champ.

La liste des valeurs du champ apparaît.

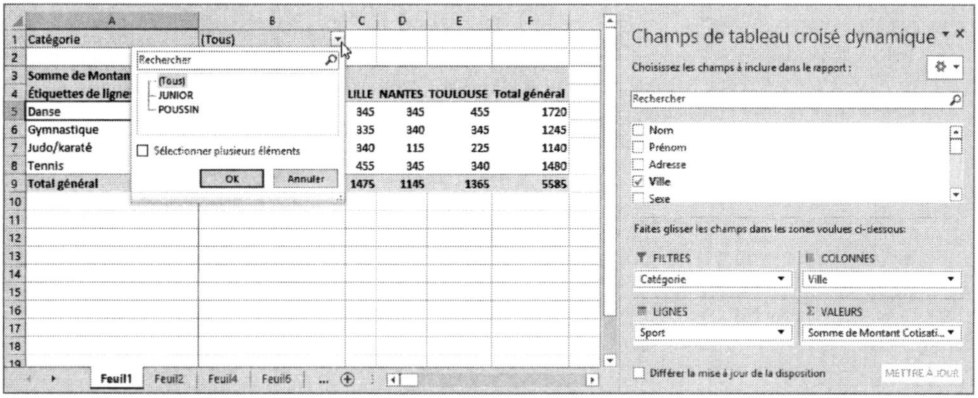

- Sélectionnez la valeur en fonction de laquelle vous souhaitez filtrer. L'option **Sélectionner plusieurs éléments** permet de faire apparaître les cases à cocher permettant la sélection de plusieurs valeurs.
- Cliquez sur **OK.**

Le contenu du tableau croisé dynamique se modifie ; le bouton apparaît à la place du bouton et dans la liste des champs.

- Pour modifier ce filtre, cliquez de nouveau sur . Pour retirer ce champ de filtre, cliquez sur le nom du champ visible dans la zone **FILTRES** puis cliquez sur **Supprimer le champ** ou décochez le champ dans la liste des champs.

Filtrer un tableau croisé dynamique à l'aide d'un filtre segment (« slicer »)

Pour filtrer les données d'un tableau croisé dynamique, vous pouvez utiliser les segments (appelés aussi « slicers »). Contrairement à la méthode classique de filtrage, les slicers présentent l'avantage d'être faciles d'accès puisqu'ils contiennent un ensemble de boutons de filtrage et donnent une vue plus claire des données filtrées.

- Pour créer un filtre segment (slicer) dans un tableau croisé dynamique, cliquez dans le tableau croisé dynamique puis cliquez sur le bouton **Insérer un segment** du groupe **Filtrer** de l'onglet **Outils de tableau croisé dynamique - Analyse.**

- Cochez le ou les champs du tableau croisé dynamique pour lesquels vous souhaitez créer un filtre segment.
- Cliquez sur **OK** pour valider.

  Un filtre segment s'affiche pour chaque champ sélectionné. Il contient les valeurs du champ représentées sous la forme de boutons.

  Dans cet exemple, deux filtres segments se superposent. Vous pouvez déplacer ces panneaux en faisant glisser leur barre de titre et les redimensionner en faisant glisser un des angles.

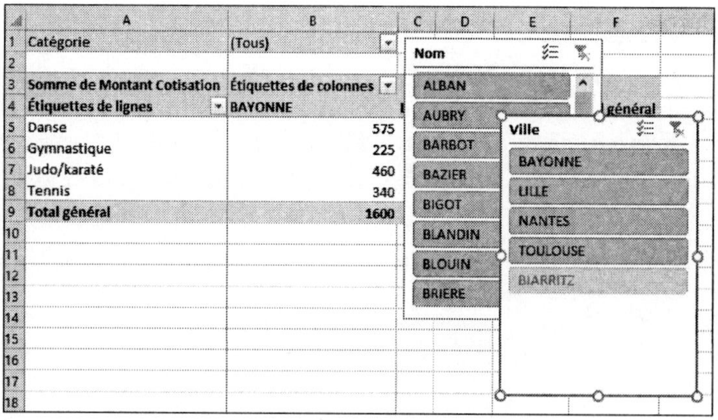

- Pour filtrer les données du tableau croisé dynamique, cliquez sur un des boutons du filtre segment (maintenez la touche Ctrl enfoncée pour filtrer sur plusieurs données).

  Les modifications sont automatiquement visibles dans le tableau croisé dynamique.

- Pour annuler un filtre, faites un clic droit sur le panneau correspondant puis cliquez sur l'option **Effacer le filtre de « nom du champ »**.

  Par défaut le style du filtre segment reprend le style du tableau croisé dynamique auquel il est rattaché. Notez néanmoins que les modifications apportées au tableau croisé dynamique après la création du filtre segment ne seront pas prises en compte dans le "slicer".

- Pour modifier la mise en forme d'un filtre segment, cliquez sur le filtre en question puis sélectionnez le style de votre choix dans le groupe **Styles de segments** de l'onglet **Outils Segment - Options**.

- Pour partager un filtre segment avec un autre tableau croisé dynamique, vous pouvez le connecter à ce tableau. Pour cela, cliquez sur le filtre segment puis cliquez sur le bouton **Signaler les connexions** du groupe **Segment** de l'onglet **Outils Segment - Options**.

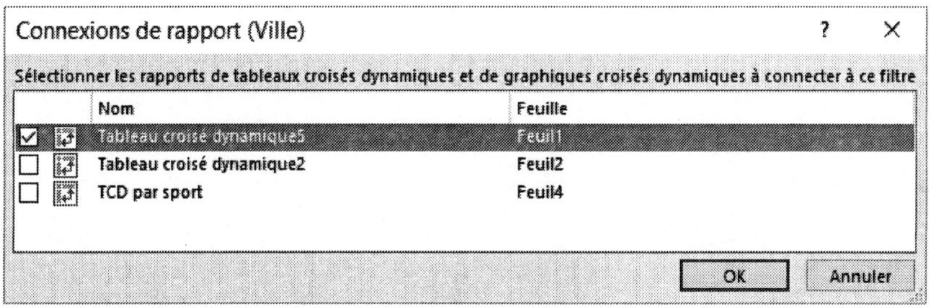

  Cochez le nom des tableaux croisés dynamiques pour lesquels vous souhaitez pouvoir utiliser le filtre segment puis validez par **OK**.

  *Pour utiliser le filtre segment ainsi partagé, le tableau croisé dynamique « connecté » devra utiliser le bouton **Filtrer les connexions** (onglet **Outils de tableau croisé dynamique - Analyse** - groupe **Filtrer**).*

- Si vous n'avez plus l'utilité d'un filtre segment, au lieu de le supprimer, vous pouvez le déconnecter du tableau croisé dynamique. Pour cela, cliquez n'importe où dans le tableau croisé dynamique, cliquez sur le bouton **Filtrer les connexions** du groupe **Filtrer** de l'onglet **Outils de tableau croisé dynamique - Analyse**.

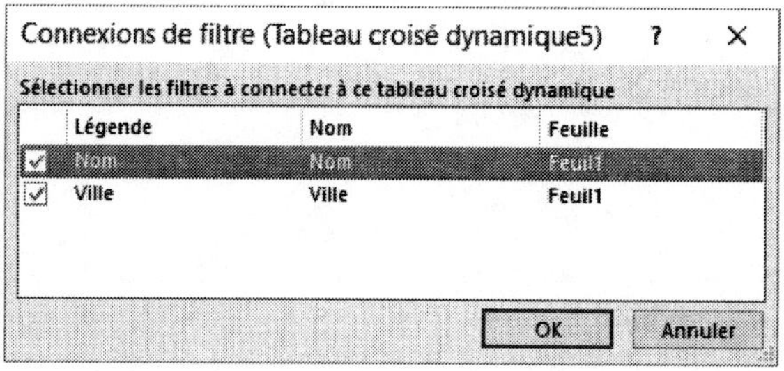

Décochez le ou les champs du tableau croisé dynamique pour lesquels vous ne souhaitez plus utiliser le filtre segment (à l'inverse, cochez les champs pour activer à nouveau la connexion au filtre segment correspondant). Validez votre choix par **OK**.

Les filtres segments déconnectés restent affichés mais ne sont plus liés au tableau croisé dynamique.

Pour supprimer un filtre segment, cliquez sur sa barre de titre puis appuyez sur Suppr.

Vous pouvez aussi faire un clic droit sur le panneau (en dehors de sa barre de titre) puis cliquer sur l'option ***Supprimer « nom du filtre »****.*

Grouper des données d'un tableau croisé dynamique

Cette fonctionnalité vous permet de regrouper des valeurs d'un ou plusieurs champs à l'aide de regroupements par sélection ou par champ.

Prenons l'exemple d'un tableau croisé dynamique présenté par ***Sport*** *et* ***Date de compétition****.*

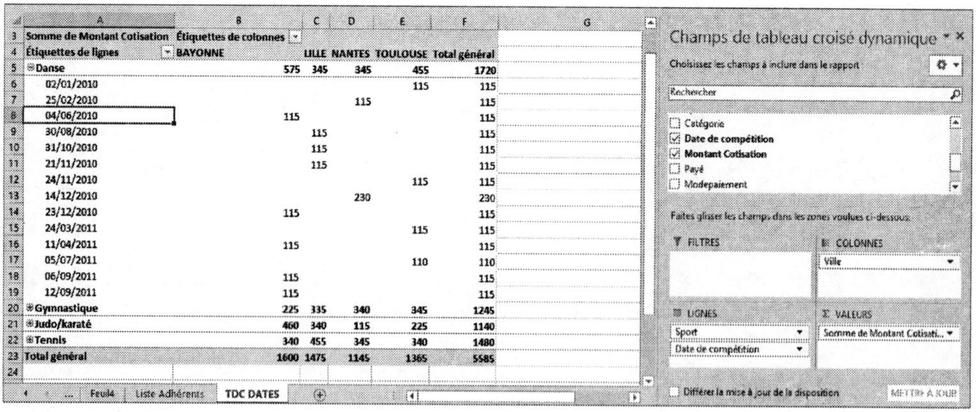

Regrouper par champ

- Pour synthétiser des éléments de type numérique ou date dans le rapport, cliquez sur une des étiquettes de lignes ou de colonnes correspondant au champ du tableau croisé dynamique que vous voulez regrouper.

  *Dans notre exemple, nous allons regrouper le champ **Date de compétition** par année.*

- Activez, si besoin, l'onglet **Outils de tableau croisé dynamique - Analyse** puis cliquez sur le bouton **Groupe**.

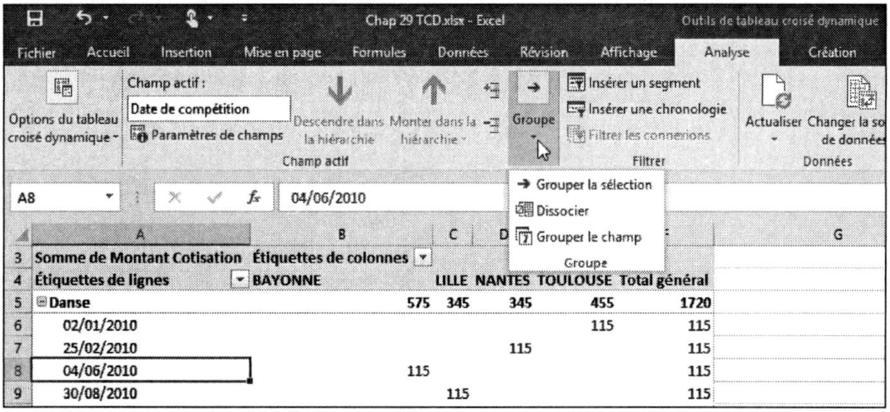

Cliquez sur l'option **Grouper le champ.**

*L'option **Grouper le champ** serait grisée (inaccessible) si l'élément sélectionné n'était pas un nombre, une date ou une heure.*

- Dans la boîte de dialogue **Grouper**, modifiez si besoin la première valeur à intégrer dans le regroupement (nombre, date ou heure) dans la zone **Début** et la dernière dans la zone **Fin**.

Les valeurs proposées par défaut correspondent aux valeurs minimale et maximale du champ.

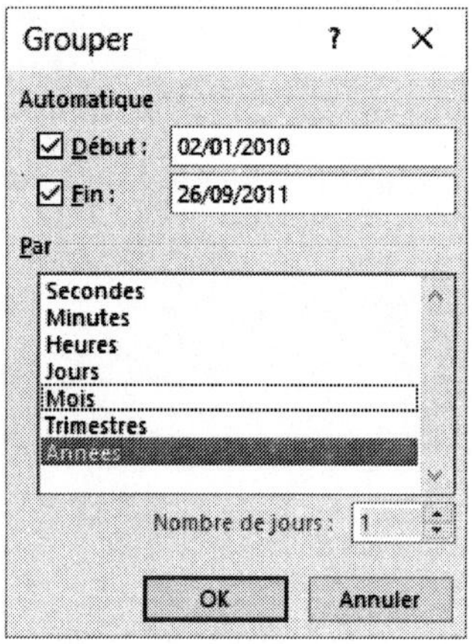

- Dans la zone **Par**, en fonction du type de regroupement, réalisez l'une des manipulations suivantes :
  - pour un regroupement concernant des valeurs numériques, tapez la valeur représentant l'intervalle de chaque groupe,
  - pour un regroupement concernant des dates ou des heures, cliquez sur la ou les unités de temps à appliquer aux groupes (pour désactiver une des unités sélectionnées, cliquez de nouveau sur son nom).

Dans notre exemple, les colonnes du tableau croisé dynamique seront regroupées par années entre le 02/01/2010 et le 26/09/2011.

- Cliquez sur le bouton **OK**.

	A	B	C	D	E	F
3	**Somme de Montant Cotisation**	**Étiquettes de colonnes**				
4	**Étiquettes de lignes**	**BAYONNE**	**LILLE**	**NANTES**	**TOULOUSE**	**Total général**
5	**Danse**	**575**	**345**	**345**	**455**	**1720**
6	2010	230	345	345	230	1150
7	2011	345			225	570
8	**Gymnastique**	**225**	**335**	**340**	**345**	**1245**
9	2010	115	225	225	345	910
10	2011	110	110	115		335
11	**Judo/karaté**	**460**	**340**	**115**	**225**	**1140**
12	2010	345	340	115	115	915
13	2011	115			110	225
14	**Tennis**	**340**	**455**	**345**	**340**	**1480**
15	2010	115	345	345	225	1030
16	2011	225	110		115	450
17	**Total général**	**1600**	**1475**	**1145**	**1365**	**5585**

Pour annuler le regroupement, dissociez les éléments : cliquez sur une des valeurs du regroupement puis cliquez sur le bouton **Groupe** puis sur l'option **Dissocier**.

Regrouper par sélection

Cette fonctionnalité permet de créer un ensemble à partir d'éléments sélectionnés dans le rapport afin de pouvoir afficher le total des éléments constitutifs ou, au contraire, d'en afficher chaque valeur.

- Sélectionnez à l'aide d'un cliqué-glissé ou de Ctrl clics, l'étiquette ou les étiquettes de champs que vous souhaitez regrouper.

Pour illustrer cette fonction, nous allons créer un premier groupe avec les deux première villes (BAYONNE et LILLE).

	A	B	C	D	E	F
3	**Somme de Montant Cotisation**	**Étiquettes de colonnes**				
4	**Étiquettes de lignes**	**BAYONNE**	**LILLE**	**NANTES**	**TOULOUSE**	**Total général**
5	**Danse**	**575**	**345**	**345**	**455**	**1720**
6	2010	230	345	345	230	1150
7	2011	345			225	570
8	**Gymnastique**	**225**	**335**	**340**	**345**	**1245**
9	2010	115	225	225	345	910
10	2011	110	110	115		335

- Cliquez sur le bouton **Groupe** puis sur l'option **Grouper la sélection**.

Vous pouvez également faire un clic droit sur la sélection puis cliquer sur l'option ***Grouper*** *du menu contextuel.*

- Renouvelez cette manipulation pour chaque groupe souhaité.

  *Ici, un nouveau niveau de regroupement a été créé contenant les deux groupes : **Groupe2** pour les villes **BAYONNE** et **LILLE**, et le **Groupe1** pour les villes **NANTES** et **TOULOUSE**.*

	A	B	C	D	E	F
3	Somme de Montant Cotisation	Étiquettes de co				
4		⊟Groupe1		⊟Groupe2		Total général
5	Étiquettes de lignes	BAYONNE	LILLE	NANTES	TOULOUSE	
6	⊟Danse	575	345	345	455	1720
7	2010	230	345	345	230	1150
8	2011	345			225	570
9	⊟Gymnastique	225	335	340	345	1245
10	2010	115	225	225	345	910
11	2011	110	110	115		335
12	⊟Judo/karaté	460	340	115	225	1140
13	2010	345	340	115	115	915
14	2011	115			110	225
15	⊟Tennis	340	455	345	340	1480
16	2010	115	345	345	225	1030
17	2011	225	110		115	450
18	Total général	1600	1475	1145	1365	5585

- Pour réduire l'affichage du groupe, cliquez sur le signe - (moins) correspondant et, pour développer le groupe afin d'afficher chaque valeur séparément, cliquez sur le signe + (plus).

Pour annuler le regroupement, dissociez les éléments : cliquez sur le nom du groupe puis cliquez sur le bouton **Groupe** puis sur l'option **Dissocier** ou faites un clic droit sur le nom du groupe puis cliquez sur l'option **Dissocier** du menu contextuel.

Filtrer les dates de façon interactive (filtre chronologique)

Vous pouvez désormais utiliser une chronologie pour afficher les données correspondant à différentes périodes.

- Cliquez dans le tableau croisé dynamique.
- Cliquez sur le bouton **Insérer une chronologie** du groupe **Filtrer** de l'onglet **Outils de tableau croisé dynamique - Analyse.**
- Dans la boîte de dialogue **Insérer une chronologie**, cochez le ou les champs de type date sur lesquels vous souhaitez appliquer le filtre chronologique, puis validez par **OK**.

*Dans cet exemple nous avons appliqué un filtre chronologique sur le champ **Date de compétition**.*

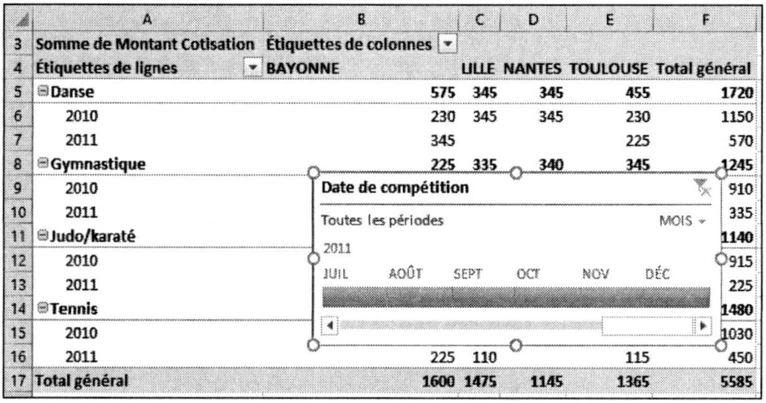

- Pour modifier la périodicité appliquée à ce filtre, ouvrez la liste de la périodicité actuelle (**MOIS** dans notre exemple), puis sélectionnez l'option **ANNÉES**, **TRIMESTRES**, **MOIS** ou **JOURS**.
- Pour vous déplacer dans le temps, vous pouvez utiliser la barre de défilement horizontal située dans la partie inférieure de la fenêtre.

  Si la barre de défilement ne contient pas de curseur, vous pouvez pointer l'extrémité de la barre centrale (bleue) puis faites-la glisser jusqu'à la période souhaitée.

  Dans cet exemple, le tableau croisé dynamique affiche uniquement les valeurs dont la date de compétition est comprise entre le 1 et le 30 septembre 2010.

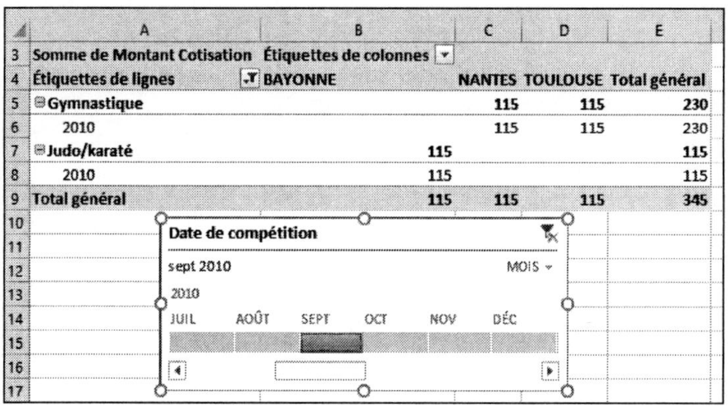

Le filtre chronologique se gère comme un filtre segment (cf. Filtrer un tableau croisé dynamique - Filtrer un tableau croisé dynamique à l'aide d'un filtre segment « slicer »).

Modifier la disposition/la présentation d'un tableau croisé dynamique

Modifier le format du tableau croisé dynamique

Pour modifier le format du tableau croisé, activez l'onglet **Outils de tableau croisé dynamique** - **Création** puis cliquez sur le bouton **Disposition du rapport** du groupe **Disposition** et enfin activez l'option :

- **Afficher sous forme compactée** pour maintenir les champs de gauche dans une colonne tout en les mettant en retrait afin de montrer la relation d'imbrication avec les données connexes (format activé par défaut).
- **Afficher en mode Plan** pour présenter les données dans le style de tableau croisé dynamique classique.
- **Afficher sous forme tabulaire** pour présenter les données dans un format de tableau traditionnel.

Modifier le format d'un champ de ligne

Pour modifier le format d'un champ de ligne, sélectionnez-le puis cliquez sur le bouton **Paramètres de champs** du groupe **Champ actif** de l'onglet **Outils de tableau croisé dynamique** - **Analyse**.

Vous pouvez aussi faire un double clic sur le champ de ligne concerné en mode plan ou tabulaire.

Activez l'onglet **Disposition et impression**.

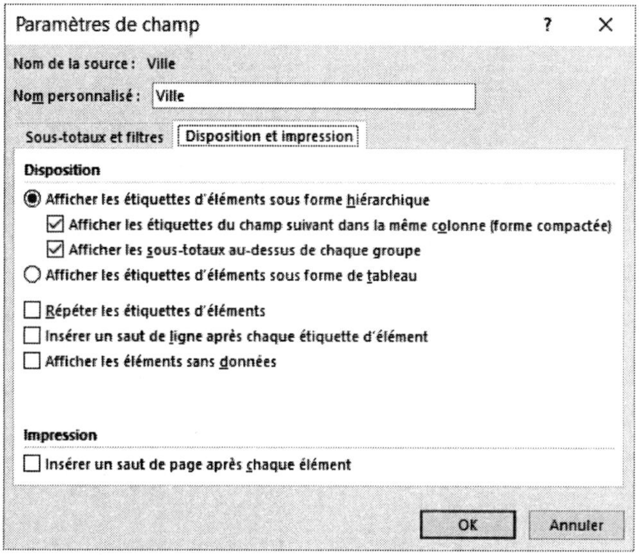

- Pour afficher les éléments de champ sous forme hiérarchique, activez l'option **Afficher les étiquettes d'éléments sous forme hiérarchique**. Vous pouvez ensuite demander à afficher (ou masquer) les étiquettes du champ suivant dans la même colonne au format compact en cochant l'option **Afficher les étiquettes du champ suivant dans la même colonne (forme compactée)**.
- Pour afficher les éléments du champ au format tabulaire, activez l'option **Afficher les étiquettes d'éléments sous forme de tableau**.
- Pour intégrer un saut de page au moment de l'**Impression**, cochez l'option **Insérer un saut de page après chaque élément**.
- Cliquez sur le bouton **OK** pour valider les **Paramètres de champ**.

Modifier la disposition et la mise en forme du tableau

- Pour modifier la disposition et mise en forme du tableau, cliquez sur le bouton **Options du tableau croisé dynamique** et sur **Options** (onglet **Outils de tableau croisé dynamique - Analyse**) pour afficher la boîte de dialogue de même nom.

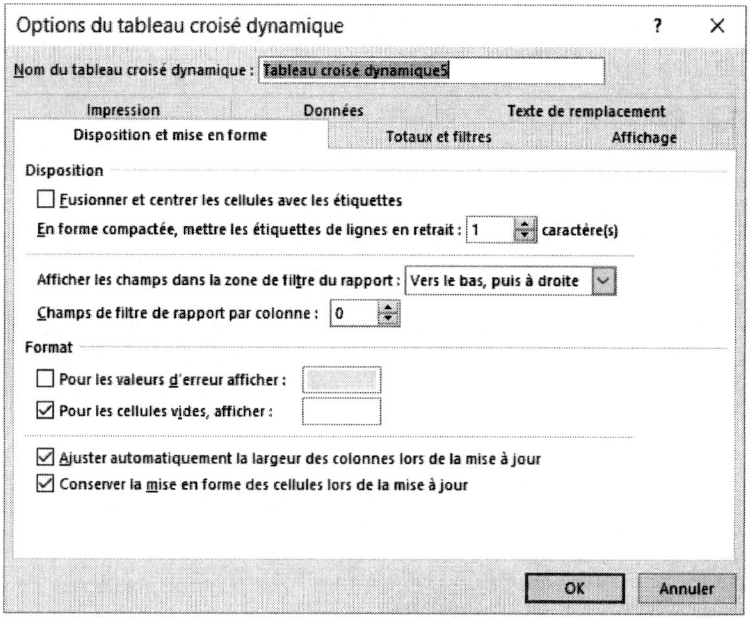

- Activez l'onglet **Disposition et mise en forme** puis définissez la **Disposition** des cellules ainsi que le **Format** des valeurs d'erreur ou des cellules vides. Ainsi par exemple, pour remplacer les cellules vides par des zéros, vous pouvez cocher l'option **Pour les cellules vides, afficher** puis taper **0** dans le champ qui lui est associé.
- Validez les modifications par **OK.**

Modifier le style du tableau croisé dynamique

- Affichez les **Options de style de tableau croisé dynamique** en activant l'onglet **Outils de tableau croisé dynamique - Création** puis cochez la ou les options de votre choix.

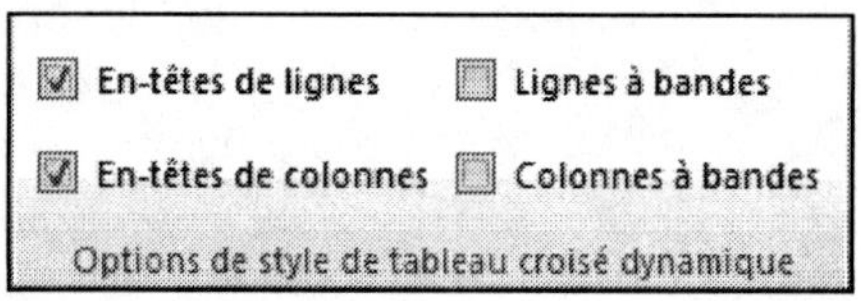

- **Lignes à bandes** et/ou **Colonnes à bandes** pour appliquer alternativement une couleur claire puis une couleur sombre aux lignes et/ou aux colonnes.
- **En-têtes de lignes** et/ou **En-têtes de colonnes** pour inclure les en-têtes de lignes et/ou de colonnes dans le style des bandes.

- Pour insérer un saut de ligne après chaque élément du tableau croisé, cliquez sur le bouton **Lignes vides** (onglet **Outils de tableau croisé dynamique - Création**) puis cliquez sur l'option **Insérer un saut de ligne après chaque élément**. À l'inverse pour le supprimer, cliquez également sur le bouton **Lignes vides** puis sur l'option correspondante **Supprimer le saut de ligne après chaque élément.**
- Pour appliquer ou modifier le style du tableau, sélectionnez-le dans le groupe **Styles de tableau croisé dynamique** (onglet **Outils de tableau croisé dynamique - Création**).

Recalculer un tableau croisé dynamique

Lorsque la plage de cellules, source du tableau croisé dynamique, est modifiée, ces changements ne sont pas reportés dans le tableau : il vous faut le mettre à jour.

- Cliquez si besoin dans le tableau croisé dynamique.
- Activez l'onglet **Outils de tableau croisé dynamique - Analyse** puis cliquez sur la partie inférieure du bouton **Actualiser** du groupe **Données**.
- Cliquez sur l'option **Actualiser** pour mettre à jour les informations du classeur qui proviennent de la source de données ou l'option **Actualiser tout** pour mettre à jour toutes les informations qui proviennent de la source de données.

*Vous pouvez également utiliser l'option **Actualiser** du menu contextuel du tableau croisé dynamique.*

Supprimer un tableau croisé dynamique

- Cliquez à l'intérieur du tableau croisé dynamique.
- Activez, si besoin, l'onglet **Outils de tableau croisé dynamique - Analyse.**
- Cliquez sur le bouton **Effacer** du groupe **Actions** et sur l'option **Effacer tout.**

Choisir un graphique croisé dynamique recommandé

Un graphique croisé dynamique fournit une représentation graphique des données contenues dans un tableau croisé dynamique ou dans une feuille de calcul complexe. Vous disposez alors directement sur le graphique de contrôles de filtrage interactifs permettant ainsi d'analyser rapidement un sous-ensemble de données.

Excel 2016 vous suggère plusieurs graphiques croisés dynamiques particulièrement adaptés à vos données vous aidant ainsi à les synthétiser et les analyser.

- Cliquez dans le tableau de données.
- Activez le bouton **Graphiques recommandés** de l'onglet **Insertion**.

  *La fenêtre **Insérer un graphique** s'ouvre.*
- Activez si ce n'est déjà fait, l'onglet **Graphiques recommandés.**

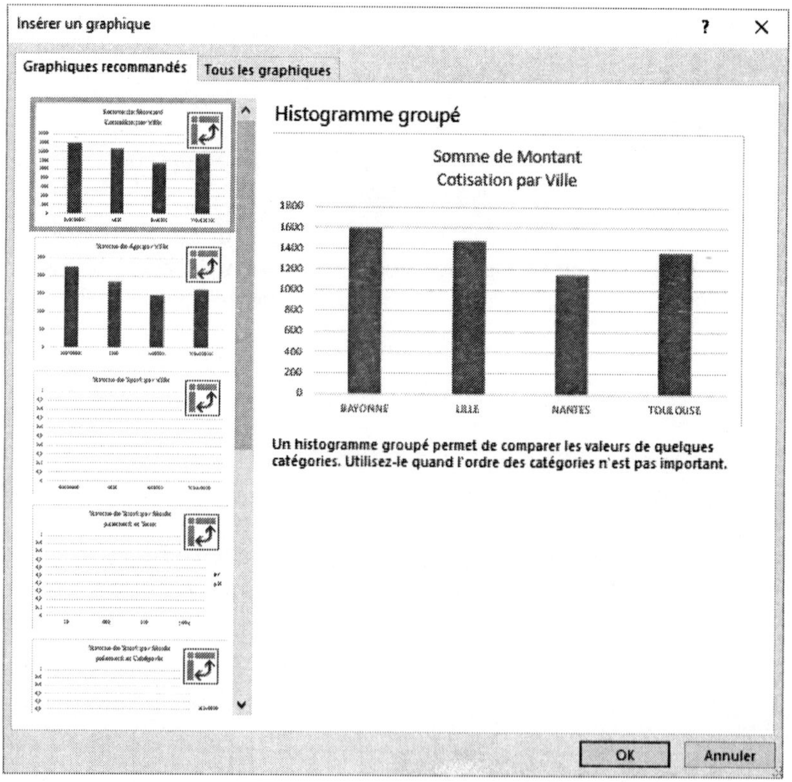

Dans le volet gauche de la fenêtre, sélectionnez un graphique avec l'icône de graphique croisé dynamique situées en haut à droite de sa miniature.

Un aperçu du graphique sélectionné apparaît dans la partie droite de la fenêtre ***Insérer un graphique****.*

- Si le graphique présenté vous convient cliquez sur le bouton **OK** pour le créer.

Si aucun graphique croisé dynamique ne vous convient, veuillez vous référer au titre Créer un graphique croisé dynamique.

La nouvelle feuille de calcul (nommée ***Feuilx****) créée pour ce graphique croisé dynamique affiche également le volet* ***Champs de graphique croisé dynamique*** *à partir duquel vous pouvez modifier le graphique croisé dynamique.*

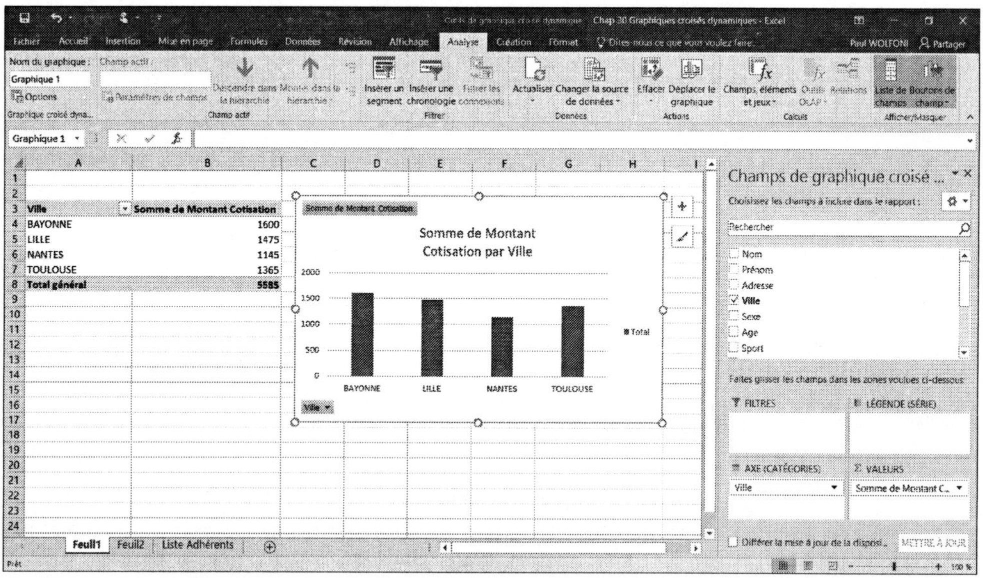

- Pour apporter des modifications à la construction du graphique croisé dynamique à partir du volet, procédez comme pour un tableau croisé dynamique (cf. chapitre Tableau croisé dynamique).
- Pour modifier le type de graphique, la disposition et les mises en valeur d'un graphique croisé dynamique, reportez-vous aux chapitres sur les graphiques.

Pour créer un graphique croisé dynamique à partir d'un tableau croisé dynamique existant, cliquez sur le tableau croisé dynamique, activez l'onglet **Outils de tableau croisé dynamique - Analyse** puis cliquez sur le bouton **Graphique croisé dynamique** du groupe **Outils** avant de sélectionner le type de graphique souhaité.

Créer un graphique croisé dynamique

Rappelons qu'un graphique croisé dynamique fournit une représentation graphique des données contenues dans un tableau croisé dynamique ou dans une feuille de calcul complexe. Vous disposez alors directement sur le graphique de contrôles de filtrage interactifs permettant ainsi d'analyser rapidement un sous-ensemble de données.

Excel 2016 vous recommande plusieurs graphiques croisés dynamiques particulièrement adaptés à vos données (cf. Choisir un graphique croisé dynamique recommandé) mais vous pouvez bien sûr le créer vous-même.

- Si la plage de cellules concernée par le graphique croisé dynamique contient des en-têtes de colonnes ou est déjà organisée en tableau de données, cliquez dans l'une des cellules ; sinon, sélectionnez la plage de cellules à traiter dans le graphique croisé dynamique.
- Activez l'onglet **Insertion** et cliquez sur la partie supérieure du bouton **Graphique croisé dynamique**.

  La boîte de dialogue qui s'ouvre est semblable à celle qui permet de créer un tableau croisé dynamique.
- Vérifiez que la zone **Sélectionner un tableau ou une plage** contient bien les données à analyser ; sinon, utilisez le bouton  pour les sélectionner.
- Choisissez l'emplacement du graphique croisé dynamique : sur une nouvelle feuille (option **Nouvelle feuille de calcul**) ou sur une feuille existante (option **Feuille de calcul existante**) ; si vous avez choisi cette dernière option, utilisez le bouton  pour activer la première cellule destinatrice du graphique.
- Cliquez sur le bouton **OK**.

Un graphique croisé dynamique vide apparaît à l'emplacement indiqué avec juste à côté, un tableau croisé dynamique également vide ; comme pour la création d'un tableau croisé dynamique seul, le volet ***Champs de tableau croisé dynamique*** *s'affiche à droite de la fenêtre. La section* ***LÉGENDE (SÉRIE)*** *remplace la section* ***COLONNES*** *tandis que la section* ***AXE (CATÉGORIES)*** *remplace la section* ***LIGNES****.*

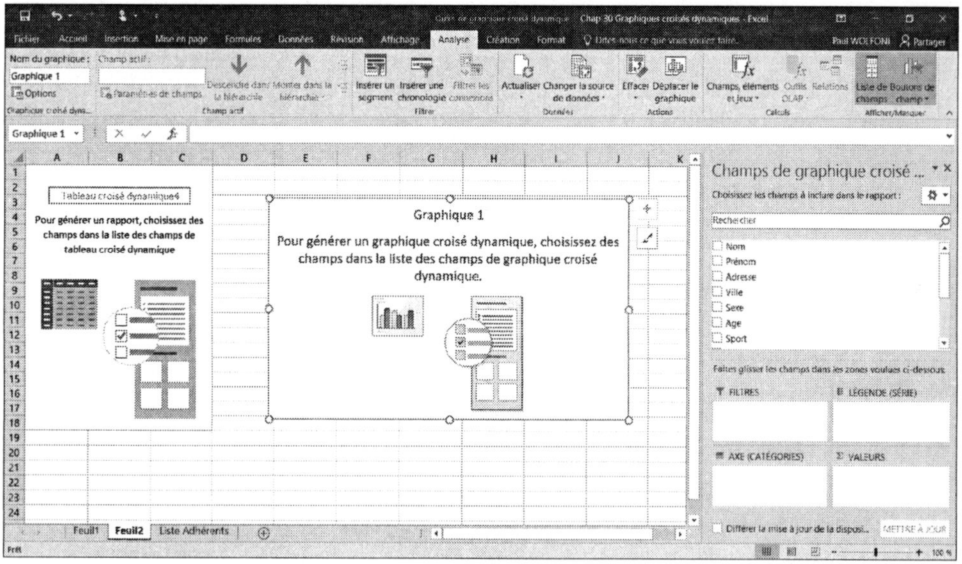

Les onglets ***Outils de graphique croisé dynamique - Analyse, Création*** *et* ***Format*** *apparaissent.*

- Construisez le graphique croisé dynamique comme un tableau croisé dynamique (cf. chapitre Tableau croisé dynamique).
- Pour modifier le type de graphique, la disposition et les mises en valeur d'un graphique croisé dynamique, reportez-vous aux chapitres sur les graphiques.

Pour créer un graphique croisé dynamique à partir d'un tableau croisé dynamique existant, cliquez sur le tableau croisé dynamique puis activez l'onglet **Outils de tableau croisé dynamique - Analyse** et, dans le groupe **Outils**, cliquez sur le bouton **Graphique croisé dynamique** avant de sélectionner le type de graphique souhaité.

Supprimer un graphique croisé dynamique

- Cliquez à l'intérieur du graphique croisé dynamique.
- Activez si besoin l'onglet **Outils de graphique croisé dynamique - Analyse**, cliquez sur le bouton **Actions** puis sur **Effacer**, et enfin cliquez sur l'option **Effacer tout** pour supprimer le graphique et l'éventuel tableau croisé dynamique qui lui est associé.
- Pour supprimer uniquement le graphique croisé dynamique, cliquez sur l'un de ses bords extérieurs pour sélectionner la zone de graphique, puis appuyez sur la touche Suppr.

Filtrer un graphique croisé dynamique

- Cliquez à l'intérieur du graphique croisé dynamique.
- Ouvrez la liste déroulante associée à chaque champ et cochez le ou les éléments à filtrer puis validez par **OK**.

  Vous pouvez également utiliser le filtrage par segments (appelés aussi "slicers").
- Pour cela, activez si besoin, l'onglet **Outils de graphique croisé dynamique - Analyse**, cliquez sur le bouton **Insérer un segment** du groupe **Filtrer**.
- Cochez le ou les champs du graphique croisé dynamique sur lesquels vous souhaitez créer un filtre segment puis cliquez sur **OK** pour valider.

  Un filtre segment s'affiche pour chaque champ sélectionné.

Dans cet exemple, deux filtres segments se superposent.

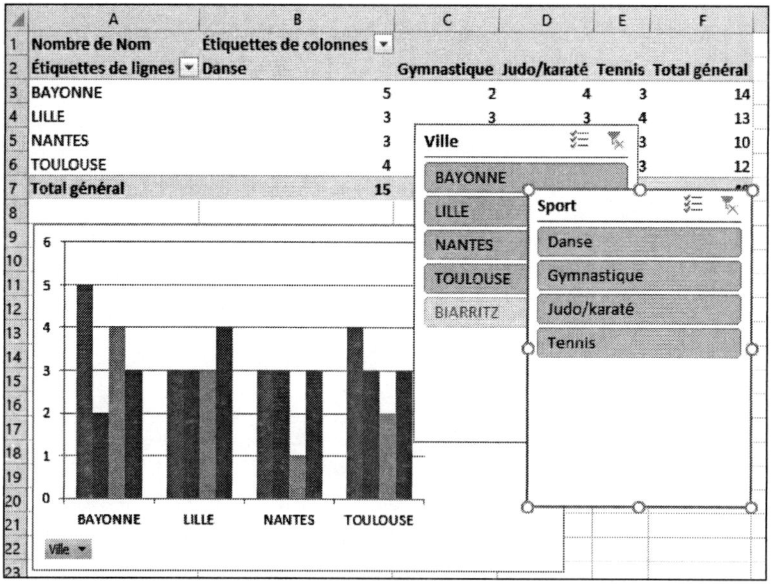

Les filtres du graphique croisé dynamique se gèrent de la même façon que pour un tableau croisé dynamique. Pour en savoir plus sur les filtres ordinaires ou segments, veuillez vous référer au titre Filtrer un tableau croisé dynamique.

- Pour appliquer un filtre chronologique sur les données du graphique croisé dynamique actif, cliquez sur le bouton **Insérer une chronologie** de l'onglet **Outils de tableau croisé dynamique - Analyse** (groupe **Filtrer**), puis cochez dans la boîte de dialogue **Insérer une chronologie** le ou les champs de type date sur lesquels vous souhaitez appliquer le filtre chronologique, et enfin validez par **OK**.

Le filtre chronologique se gère comme un filtre segment (cf. Filtrer un tableau croisé dynamique - Filtrer un tableau croisé dynamique à l'aide d'un filtre segment « slicer » du chapitre Tableau croisé dynamique).

Protéger un classeur à l'aide d'un mot de passe

Pour autoriser uniquement certains utilisateurs à afficher et/ou à modifier vos données, vous pouvez sécuriser un classeur avec un mot de passe.

- Ouvrez le classeur à protéger puis accédez à la boîte de dialogue **Enregistrer sous** (onglet **Fichier** - option **Enregistrer sous** - bouton **Parcourir**).
- Cliquez sur le bouton **Outils** puis sur l'option **Options générales** de la boîte de dialogue **Enregistrer sous.**
- Pour protéger le classeur en lecture, c'est-à-dire pour demander un mot de passe à l'utilisateur à l'ouverture du classeur, saisissez un mot de passe dans la zone **Mot de passe pour la lecture**.

  Par défaut, cette fonctionnalité utilise le chiffrement avancé, une méthode standard utilisée pour sécuriser vos fichiers.
- Pour protéger le classeur en écriture, c'est-à-dire pour demander un mot de passe à l'utilisateur à l'ouverture du classeur permettant l'enregistrement des modifications, saisissez ce mot de passe dans la zone **Mot de passe pour la modification**.

  Il ne s'agit pas, dans ce cas, d'une fonctionnalité de sécurité proprement dite, mais d'une simple protection car il n'y a pas de cryptage du contenu du classeur. Ce mot de passe permet à l'utilisateur d'ouvrir le classeur en lecture seule : il ne pourra pas modifier le contenu du classeur d'origine mais pourra, malgré tout, lui apporter des modifications et l'enregistrer sous un autre nom.

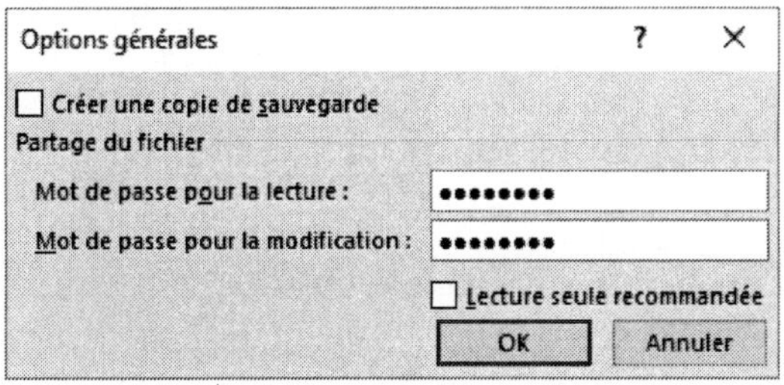

Il est conseillé d'utiliser des mots de passe "forts", qui associent des lettres majuscules et minuscules, des nombres et des symboles ; les mots de passe doivent contenir au moins huit caractères.

- Pour renforcer la protection, cochez l'option **Lecture seule recommandée**. Ainsi, lors de l'ouverture du classeur, il sera demandé aux utilisateurs s'ils souhaitent ouvrir le fichier en lecture seule.

*Cette option peut être combinée avec la demande d'un mot de passe en écriture. Si ce dernier est demandé, la procédure d'ouverture du classeur en sera légèrement modifiée : même si vous connaissez le mot de passe, Excel vous proposera tout de même d'ouvrir le classeur en lecture seule (dans ce cas, il vous faudra cliquer sur le bouton **Oui** pour l'ouvrir en lecture seule ou sur le bouton **Non** dans le cas contraire).*

- Cliquez sur le bouton **OK**.
- À l'invite, saisissez à nouveau vos mots de passe pour les confirmer puis cliquez sur le bouton **OK**.
- Cliquez sur le bouton **Enregistrer**.
- Si besoin, cliquez sur le bouton **Oui** pour remplacer le classeur existant.

Attention : n'oubliez pas vos mots de passe car il n'est pas possible de les récupérer ! Notez-les dans un endroit sûr, loin des informations qu'ils protègent.

Pour supprimer un mot de passe, sélectionnez à l'aide d'un cliqué-glissé le contenu des zones **Mot de passe pour la lecture** et/ou **Mot de passe pour la modification** puis appuyez sur la touche Suppr.

Protéger les éléments d'un classeur

Il s'agit de protéger les modifications portant sur la structure des feuilles de calcul ainsi que leur taille et position.

- Activez l'onglet **Révision** et cliquez sur le bouton **Protéger le classeur** du groupe **Modifications**.
- Pour empêcher les utilisateurs d'afficher les feuilles de calcul masquées, de déplacer, supprimer, masquer ou renommer les feuilles de calcul et d'insérer de nouvelles feuilles de calcul, cochez l'option **Structure**.
- Pour empêcher les utilisateurs de modifier la taille ou la position des feuilles de calcul, cochez l'option **Fenêtres**.
- Pour empêcher les utilisateurs non autorisés de supprimer la protection du classeur, saisissez un mot de passe dans la zone **Mot de passe (facultatif)**.

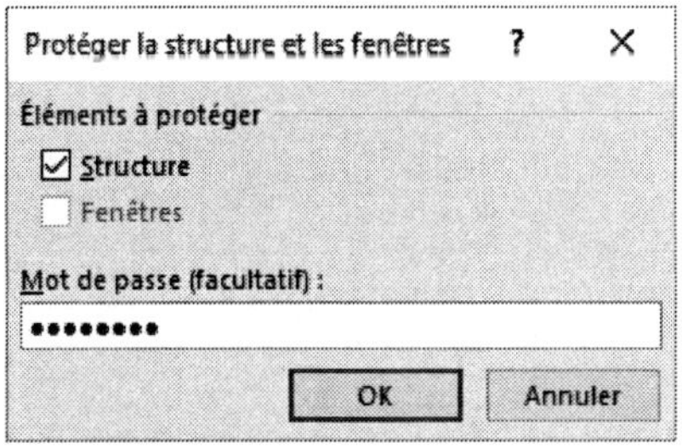

- Cliquez sur le bouton **OK**.
- Si besoin, saisissez de nouveau le mot de passe pour le confirmer et validez.

Pour supprimer la protection du classeur, cliquez à nouveau sur le bouton **Protéger le classeur** du groupe **Modifications** de l'onglet **Révision**. Si la protection est liée à un mot de passe, saisissez-le dans la boîte de dialogue **Ôter la protection du classeur** puis validez par **OK**. Dans le cas contraire, décochez l'option **Structure** de la boîte de dialogue **Protéger la structure et les fenêtres**, puis validez par **OK**.

Protéger les cellules d'une feuille de calcul

Si vous désirez autoriser la saisie de données uniquement dans certaines cellules d'une feuille de calcul, vous devez au préalable annuler l'état de protection de ces cellules (état actif par défaut) puis protéger la feuille entière.

Déverrouiller une plage de cellules

- Sélectionnez les cellules dans lesquelles la saisie sera autorisée.
- Activez l'onglet **Accueil** et cliquez sur le bouton **Format** du groupe **Cellules** puis sur l'option **Format de cellule** (ou Ctrl **1**).
- Dans la boîte de dialogue **Format de cellule** qui apparaît, activez l'onglet **Protection**.
- Désactivez l'option **Verrouillée**.
- Cliquez sur le bouton **OK**.

Activer l'état de protection de la feuille

- Activez l'onglet **Révision** et cliquez sur le bouton **Protéger la feuille** du groupe **Modifications**.

- Veillez à ce que l'option **Protéger la feuille et le contenu des cellules verrouillées** soit cochée.
- Cochez (ou décochez) les options correspondant aux actions qui pourront être réalisées par les utilisateurs dans la liste **Autoriser tous les utilisateurs de cette feuille à.**

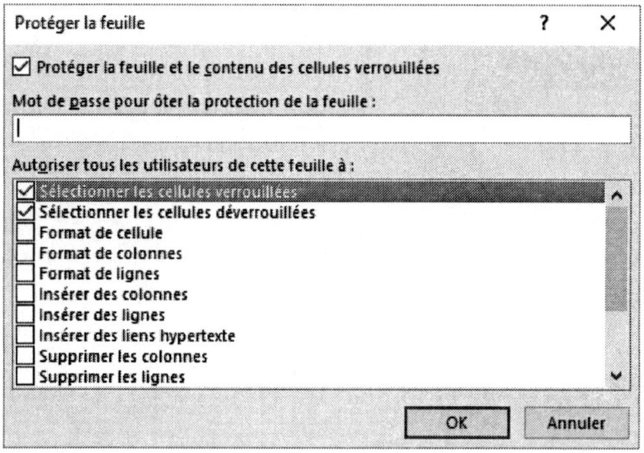

- Pour que la protection de la feuille puisse être désactivée par les utilisateurs autorisés, entrez un mot de passe dans la zone **Mot de passe pour ôter la protection de la feuille**.
- Cliquez sur le bouton **OK**.
- Si besoin, saisissez à nouveau le mot de passe pour le confirmer puis cliquez sur le bouton **OK**.

  Si vous tentez de saisir une donnée dans une cellule protégée, le message d'alerte suivant s'affiche :

Cliquez sur le bouton **OK** pour fermer cette boîte de dialogue.

Selon les autorisations accordées aux utilisateurs, certaines options des différents onglets ne sont plus disponibles sur la feuille protégée (les boutons correspondants sont grisés).

Pour annuler la protection de la feuille, cliquez sur le bouton **Ôter la protection de la feuille** du groupe **Modifications** de l'onglet **Révision** ; saisissez si besoin, le mot de passe et validez.

Autoriser l'accès aux cellules pour certains utilisateurs

Cette technique permet de protéger les cellules d'une feuille et d'autoriser l'accès à différentes plages de cellules, soit par des mots de passe différents, soit en sélectionnant des noms d'utilisateur (dans ce cas, votre ordinateur doit faire partie d'un réseau d'entreprise organisé en domaines).

- Activez l'onglet **Révision** et cliquez sur le bouton **Permettre la modification des plages** du groupe **Modifications**.
- Cliquez sur le bouton **Nouvelle**.

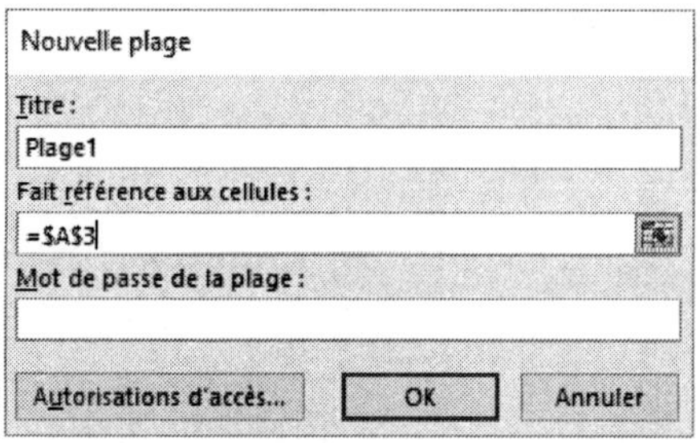

- Modifiez si besoin le **Titre** associé à la plage sur laquelle vous accordez des droits d'accès.
- Cliquez sur le bouton de la zone **Fait référence aux cellules**, sélectionnez dans la feuille la plage de cellules concernée puis cliquez sur pour revenir dans la boîte de dialogue **Nouvelle plage**.

  Vous pouvez utiliser la touche Ctrl *pour sélectionner des plages de cellules discontinues.*
- Dans la zone **Mot de passe de la plage**, saisissez le mot de passe que les utilisateurs devront saisir pour pouvoir modifier cette plage, validez puis, pour confirmer, saisissez une deuxième fois ce même mot de passe et validez.

Si vous ne définissez pas de mot de passe, tous les utilisateurs pourront modifier les cellules.

- Pour définir la liste des utilisateurs auxquels vous souhaitez donner des droits d'accès, cliquez sur le bouton **Autorisations d'accès** de la boîte de dialogue **Nouvelle plage** ou, si vous avez saisi et confirmé un mot de passe, sur le bouton **Autorisations** de la boîte de dialogue **Permettre la modification des plages** ; dans la boîte de dialogue **Autorisations pour "Nom de la plage"** qui s'affiche ensuite, cliquez sur le bouton **Ajouter**.
- Saisissez les noms des utilisateurs ou ordinateurs ou groupes concernés par les droits, séparés par un point-virgule (;).

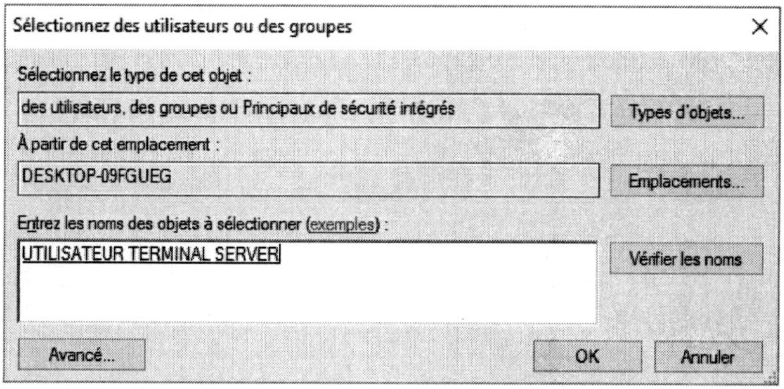

*Le lien **exemples** permet d'afficher différentes syntaxes possibles.*

- Cliquez sur le bouton **Vérifier les noms** afin que les coordonnées saisies soient correctement identifiées.
- Lorsque tous les noms ont été saisis et vérifiés, cliquez une première fois sur le bouton **OK** pour quitter la boîte de dialogue **Sélectionnez des utilisateurs ou des groupes** puis une seconde fois pour quitter la boîte de dialogue **Autorisations pour "Nom de la plage"**.
- Si vous avez besoin de définir une autre plage de cellules associée à un autre mot de passe, cliquez de nouveau sur le bouton **Nouvelle** de la boîte de dialogue **Permettre la modification des plages** puis effectuez les opérations décrites précédemment.

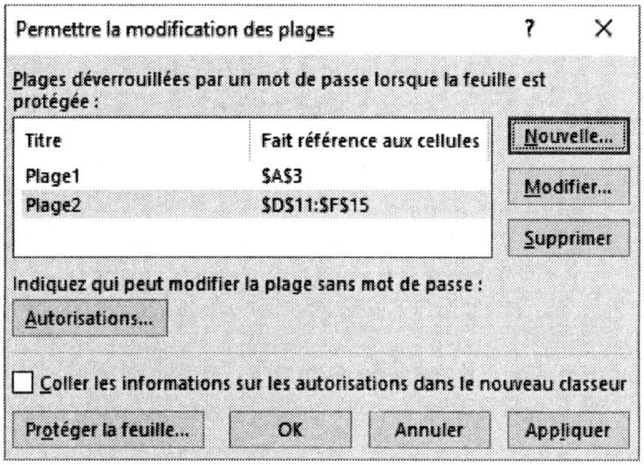

*L'option **Coller les informations sur les autorisations dans le nouveau classeur** permet de résumer les autorisations dans un nouveau classeur.*

- Cliquez sur le bouton **Protéger la feuille** et vérifiez que l'option **Protéger la feuille et le contenu des cellules verrouillées** est bien cochée. Saisissez un mot de passe dans le champ **Mot de passe pour ôter la protection de la feuille** et si besoin, cochez ou décochez les options dans la liste **Autoriser tous les utilisateurs de cette feuille à.**
- Cliquez sur le bouton **OK.**
- Saisissez de nouveau, si nécessaire, le mot de passe pour protéger la feuille de calcul afin de le confirmer.
- Cliquez sur le bouton **OK.**

Si vous tentez de saisir dans une cellule appartenant à une plage dont l'autorisation de modification est limitée par un mot de passe, Excel vous demande de saisir ce dernier.

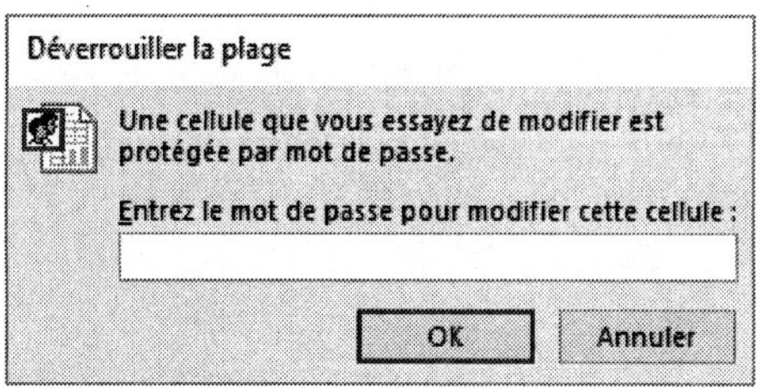

Saisissez alors le mot de passe puis cliquez sur le bouton **OK.**

Créer et utiliser une signature numérique

*La **signature numérique** est un "cachet d'authentification électronique", crypté et sécurisé, qui confirme que le fichier provient bien du signataire et qu'il n'a pas été modifié depuis sa signature.*

Pour utiliser une signature numérique, il est nécessaire d'obtenir un certificat numérique. Pour que ce certificat puisse être garanti, il doit être obtenu de la part d'une autorité de certification ou d'un partenaire Microsoft. Le niveau de sécurité peut être différent d'un certificat à l'autre.

Créer une signature numérique

- Si aucune signature n'a été créée, activez l'onglet **Fichier** et, si besoin, l'option **Informations.**
- Dans le volet central, cliquez sur le bouton **Protéger le classeur** et choisissez l'option **Ajouter une signature numérique.**

  Le message suivant s'affiche :

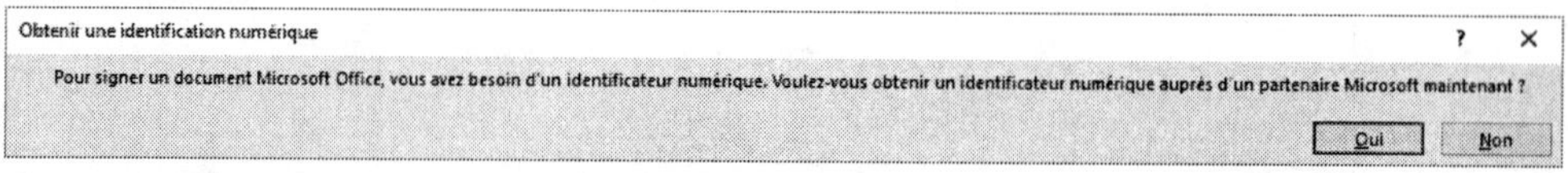

- Si votre signature numérique doit être considérée comme étant "authentifiée" par une autorité de certification, activez **Oui** pour obtenir une identification numérique d'un partenaire Microsoft. Cette option requiert une connexion à Internet.
- Cliquez sur le bouton **OK.**

Insérer une signature numérique

- Cliquez sur l'onglet **Fichier** et, si besoin, sur l'option **Informations.**
- Dans le volet central, cliquez sur le bouton **Protéger le classeur** et choisissez **Ajouter une signature numérique.**

La boîte de dialogue suivante s'ouvre :

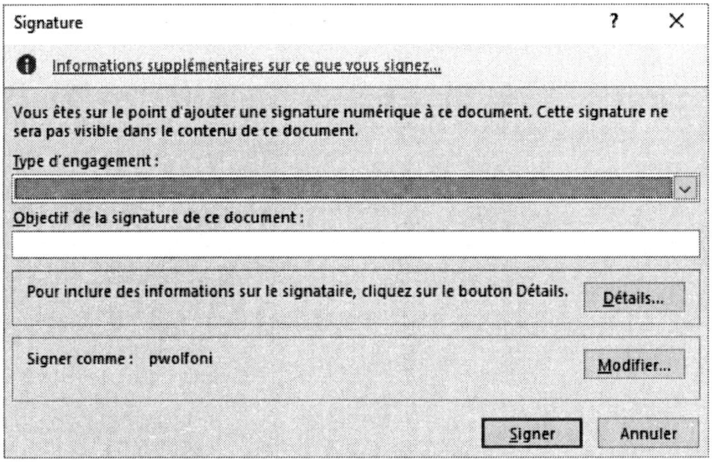

- Dans la liste **Type d'engagement**, choisissez une des options proposées : **A créé et approuvé ce document, A approuvé ce document, A créé ce document** ou **Aucun**.
- Dans la zone **Objectif de la signature de ce document**, saisissez l'objet de la signature.
- Cliquez ensuite sur le bouton **Signer**.
- Cliquez sur le bouton **OK** du message de confirmation qui s'affiche.

*L'option **Afficher les signatures** a été ajoutée aux options d'informations et le classeur est en lecture seule.*

La présence de l'icône  *dans la barre d'état indique que le classeur est signé numériquement.*

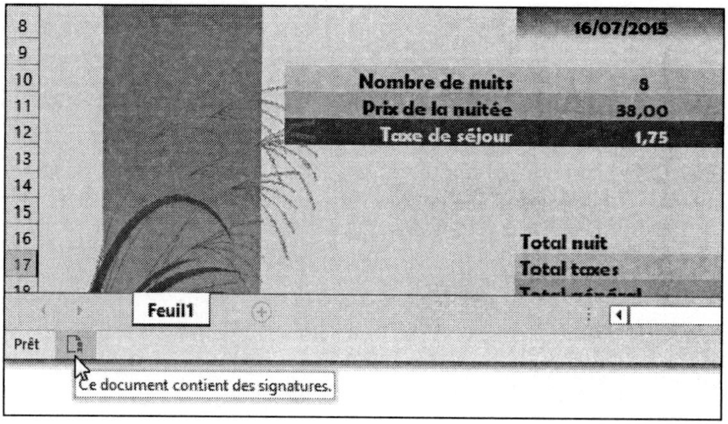

Pour afficher cette icône, l'option **Signatures** du menu contextuel de la barre d'état doit être active.

Afficher les informations d'une signature numérique

Pour afficher le nom du signataire, cliquez sur l'icône  dans la barre d'état.

*Le volet **Signatures** s'ouvre et s'affiche à droite de l'écran.*

- Pour afficher plus d'informations sur la signature, ouvrez la liste de la signature et choisissez l'option **Détails de la signature**.
- Cliquez ensuite sur le bouton **Affichage** pour afficher les informations concernant le certificat.

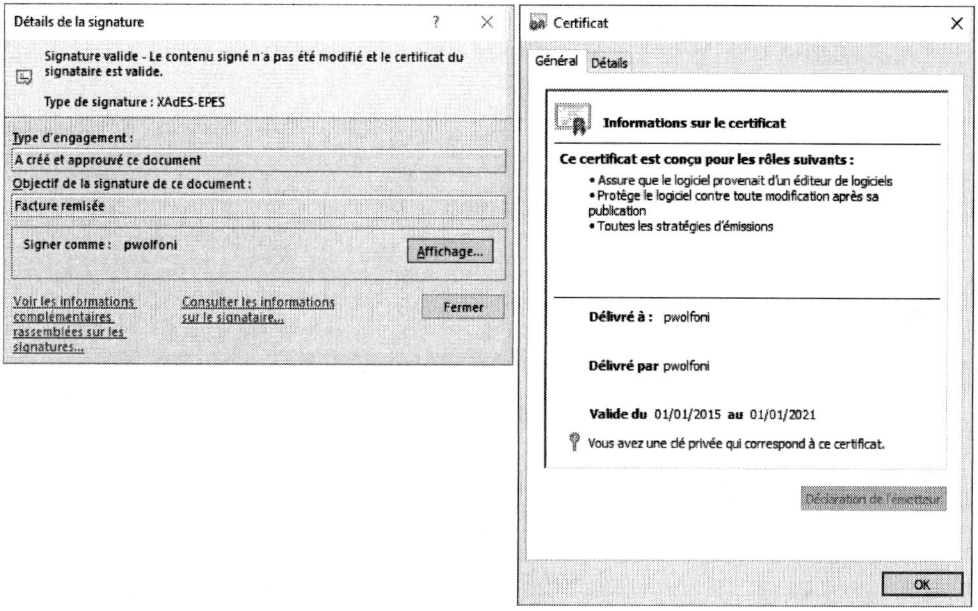

- Pour fermer la fenêtre, cliquez sur le bouton **OK** puis sur **Fermer**.

Revalider une signature numérique

*Lorsqu'un classeur est signé, la barre d'informations indique que le classeur est marqué comme étant final et propose le bouton **Modifier quand même**.*

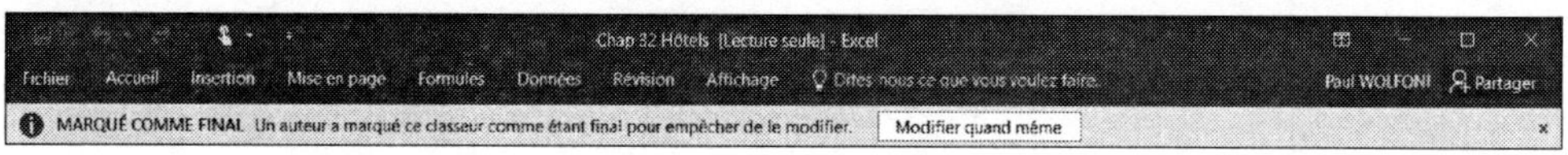

- Cliquez sur ce bouton pour pouvoir le modifier puis cliquez sur **Oui** et sur **OK**.

  La signature est alors supprimée.
- Effectuez les modifications attendues.

- Pour revalider la signature, activez l'onglet **Fichier** et, si besoin, cliquez sur l'option **Informations**. Dans le volet central, cliquez sur le bouton **Protéger le classeur** et choisissez l'option **Ajouter une signature numérique**.

  Cliquez sur le bouton **OK** du message qui s'affiche.
- Signez à nouveau le classeur comme décrit précédemment.

Supprimer une signature numérique d'un classeur

- Cliquez sur l'icône  visible dans la barre d'état.
- Ouvrez la liste de la signature et choisissez l'option **Supprimer la signature**.
- Cliquez sur le bouton **Oui** pour confirmer.
- Cliquez sur le bouton **OK**.

Travail de groupe

Introduction

Dans Excel, deux fonctionnalités permettent le travail collaboratif : vous pouvez mettre un classeur sur un espace partagé (espace de stockage ou dossier partagé du réseau) et **activer le partage de ce classeur** afin que d'autres utilisateurs puissent en modifier le contenu ; vous aurez alors la possibilité, grâce au mode **Suivi des modifications**, de visualiser les modifications apportées par les autres utilisateurs une fois celles-ci enregistrées et vous pourrez accepter ou refuser telle ou telle modification de tel ou tel utilisateur et même fusionner toutes ces modifications dans le classeur d'origine ou dans un nouveau classeur : si certaines modifications sont en conflit (deux utilisateurs ont modifié la même cellule, par exemple), vous pourrez indiquer quelle modification vous souhaitez conserver.

Avec la **co-édition**, vous placez le classeur sur un espace de stockage en ligne (OneDrive ou bibliothèque SharePoint d'Office 365) puis vous partagez le classeur avec d'autres utilisateurs : lorsque vous travaillez sur le classeur, vous et les autres utilisateurs également, visualisez en temps réel les modifications effectuées par chaque utilisateur.

Partager et protéger un classeur

Le partage d'un classeur permet à plusieurs utilisateurs d'apporter des modifications à un même classeur. Avant de partager un classeur, il doit être enregistré dans un dossier partagé sur le réseau accessible par les utilisateurs autorisés ou dans un espace de stockage en ligne (par exemple, OneDrive ou une bibliothèque SharePoint).

Partager un classeur

- Enregistrez le classeur sur le réseau ou dans un espace de stockage en ligne (OneDrive par exemple) dans un dossier partagé.
- Activez l'onglet **Révision** puis cliquez sur le bouton **Partager le classeur** du groupe **Modifications.**
- Cochez l'option **Permettre une modification multi-utilisateur**.

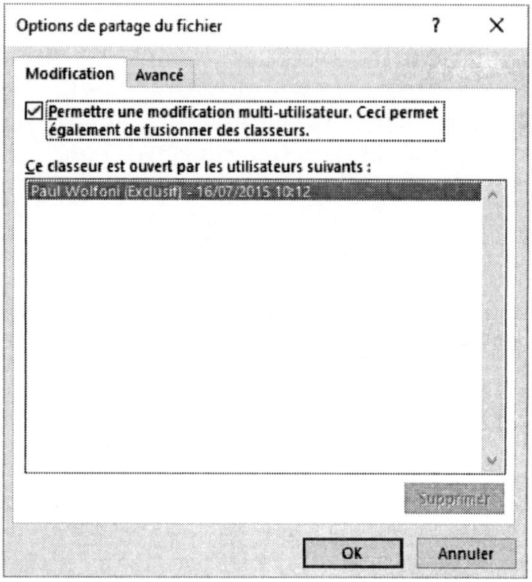

Cliquez sur l'onglet **Avancé**.

- Sélectionnez les options à utiliser pour suivre et actualiser les modifications.

  Suivi des modifications : précisez la durée de conservation des modifications ou activez l'option **Ne pas conserver l'historique** pour ne pas avoir la possibilité de suivre les modifications.

  Mise à jour des modifications : précisez si les mises à jour doivent intervenir à chaque enregistrement du classeur (**Lors de l'enregistrement du fichier**) ou périodiquement (**Automatiquement toutes les**) puis précisez la fréquence.

  En cas de modifications contradictoires : activez l'option **Conserver celles déjà enregistrées** pour ne pas afficher la boîte de dialogue **Résolution des conflits** et rester prioritaire en cas de conflit.

  Inclure dans une vue personnelle : laissez les options **Paramètres d'impression** et/ou **Paramètres du filtre** actives si vous souhaitez utiliser vos paramètres de filtre et/ou d'impression.

- Cliquez sur le bouton **OK**.
- Cliquez à nouveau sur le bouton **OK** du message vous proposant d'enregistrer le classeur.

  Le nom du classeur, suivi du terme ***[Partagé]*** *apparaît dans la barre de titre.*

Protéger le classeur partagé

Tous les utilisateurs ayant accès au dossier partagé sur le réseau ont un accès total au classeur partagé sauf si vous verrouillez des cellules et si vous protégez la feuille de calcul pour restreindre l'accès. Il est donc recommandé de protéger un classeur partagé.

- Activez si besoin l'onglet **Révision** puis cliquez sur le bouton **Protéger le classeur partagé** du groupe **Modifications**.
- Cochez l'option **Partage avec suivi des modifications**.
- Cliquez sur **OK**.

Pour supprimer la protection d'un classeur partagé, cliquez sur le bouton **Ôter la protection de partage** du groupe **Modifications** de l'onglet **Révision**.

Les options de protection sont également accessibles à partir de l'onglet **Fichier** - option **Informations** - bouton **Protéger le classeur**.

Partager et protéger un classeur par un mot de passe

- Activez si besoin l'onglet **Révision** puis cliquez sur le bouton **Protéger et partager le classeur** du groupe **Modifications.**
- Activez l'option **Partage avec suivi des modifications** et saisissez un mot de passe dans la zone de saisie.

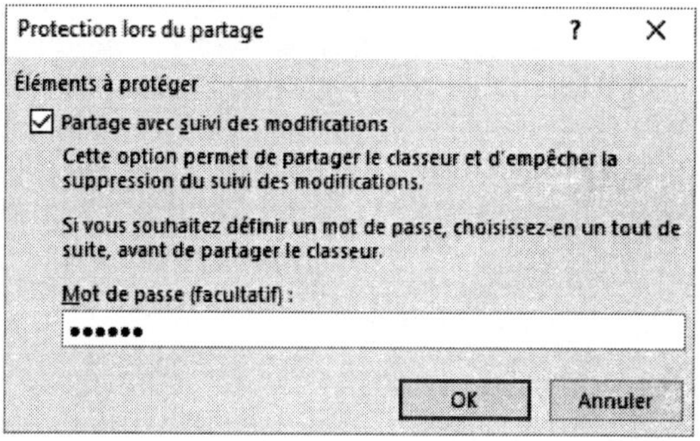

- Cliquez sur **OK.**
- Saisissez à nouveau le mot de passe et cliquez sur **OK.**
- Cliquez ensuite sur le bouton **OK** du message qui vous propose d'enregistrer le classeur.

Supprimer un utilisateur d'un classeur partagé

Si nécessaire, vous pouvez déconnecter des utilisateurs d'un classeur partagé. Avant cela, assurez-vous qu'ils ont terminé leur travail dans le classeur ; en effet, si vous supprimez un utilisateur actif, le travail qui n'a pas été enregistré est perdu.

- Dans l'onglet **Révision**, cliquez sur le bouton **Partager le classeur** du groupe **Modifications.**
- Activez l'onglet **Modification** puis, dans la liste **Ce classeur est ouvert par les utilisateurs suivants**, sélectionnez le nom de l'utilisateur à déconnecter.
- Cliquez sur le bouton **Supprimer.**
- Pour supprimer les paramètres d'affichage personnels de l'utilisateur supprimé, activez l'onglet **Affichage** puis cliquez sur le bouton **Personnalisé** du groupe **Modes d'affichage** ; dans la liste **Affichages**, sélectionnez l'affichage de l'utilisateur concerné et cliquez sur le bouton **Supprimer.**

Annuler le partage d'un classeur

- Avant de procéder à l'annulation du partage d'un classeur, vérifiez que vous êtes le seul utilisateur : activez l'onglet **Révision** et cliquez sur le bouton **Partager le classeur**.

  *Seul votre nom doit figurer dans la liste **Ce classeur est ouvert par les utilisateurs suivants** :*

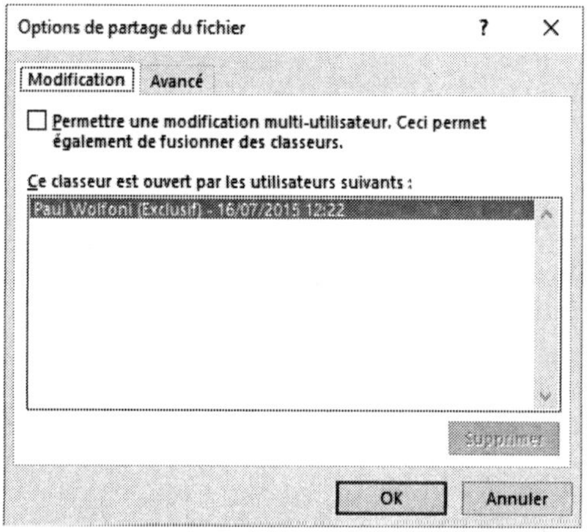

- Désactivez l'option **Permettre une modification multi-utilisateur**.
- Cliquez sur le bouton **OK** et sur le bouton **Oui** du message qui s'affiche.

Effectuer le suivi des modifications

Modifier un classeur partagé

Après avoir ouvert un classeur partagé, vous pouvez entrer et modifier les données comme dans n'importe quel classeur standard.

- Avant d'apporter des modifications à un classeur partagé, les utilisateurs doivent vérifier leur nom d'utilisateur : activez l'onglet **Fichier** puis cliquez sur **Options**.

Dans la catégorie **Général** et dans la zone **Nom d'utilisateur** de la partie **Personnaliser votre suite de programmes Microsoft Office**, saisissez votre nom d'utilisateur afin que les modifications que vous allez apporter au classeur soient identifiées :

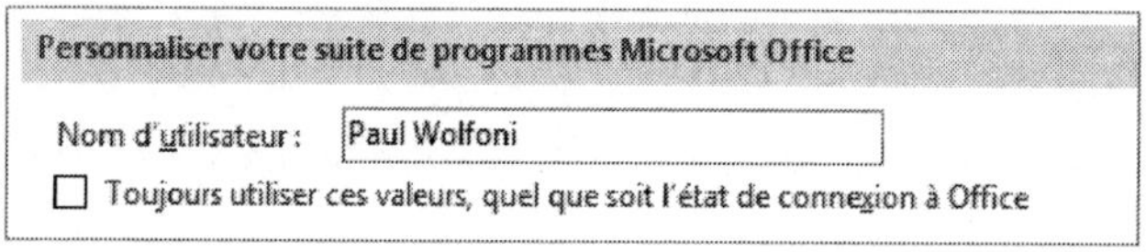

- Cliquez sur le bouton **OK.**
- Saisissez et modifiez les données souhaitées comme vous le faites habituellement.
- Enregistrez les modifications que vous avez apportées au classeur en utilisant la technique habituelle : cliquez sur l'outil **Enregistrer** de la barre d'outils **Accès rapide** ou faites Ctrl **S.**

*Si la boîte de dialogue **Résolution des conflits** s'affiche, résolvez les conflits (cf. sous-titre suivant).*

Vous pouvez voir les autres personnes qui ont ouvert le classeur dans l'onglet **Modification** de la boîte de dialogue **Options de partage du fichier** (onglet **Révision** - groupe **Modifications** - bouton **Partager le classeur**).

Vous pouvez choisir d'obtenir périodiquement des mises à jour automatiques des modifications des autres utilisateurs, avec ou sans enregistrement, dans la partie **Mise à jour des modifications** de l'onglet **Avancé** de la boîte de dialogue **Options de partage du fichier** (onglet **Révision** - groupe **Modifications** - bouton **Partager le classeur**).

Résoudre les conflits de modification

Lorsque vous enregistrez un classeur partagé après avoir modifié les mêmes cellules qu'un autre utilisateur, les modifications sont en conflit. Excel affiche alors une boîte de dialogue vous permettant de choisir les modifications à conserver.

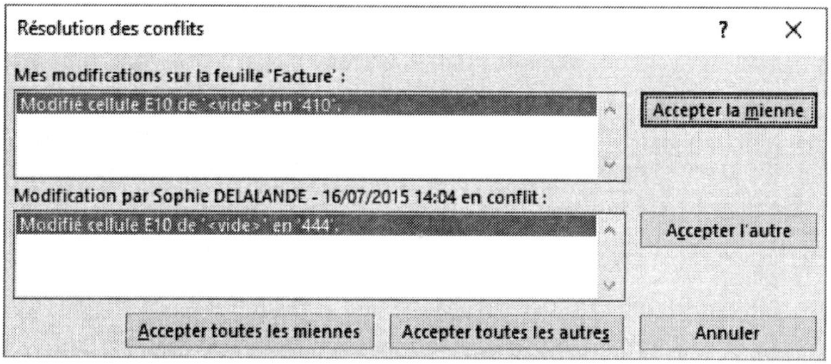

- Pour traiter chaque conflit de modification, cliquez sur le bouton **Accepter la mienne** ou sur le bouton **Accepter l'autre** pour accepter respectivement votre modification ou celle de l'autre utilisateur et passez ensuite à la modification contradictoire suivante.
- Pour accepter toutes vos modifications ou celles du ou des autres utilisateurs, cliquez respectivement sur le bouton **Accepter toutes les miennes** ou sur le bouton **Accepter toutes les autres.**

  Excel indique que la mise à jour a été effectuée.
- Cliquez sur **OK.**

Si vous voulez que vos modifications soient prioritaires sur celles des autres utilisateurs et qu'ainsi la boîte de dialogue **Résolution des conflits** ne s'affiche plus, cliquez sur le bouton **Partager le classeur** du groupe **Modifications** de l'onglet **Révision** puis activez l'option **Conserver celles déjà enregistrées** de l'onglet **Avancé.**

Afficher les modifications

Vous pouvez ainsi connaître les modifications effectuées par tel ou tel utilisateur.

- Ouvrez le classeur partagé ayant fait l'objet de modifications.
- Activez, si besoin, l'onglet **Révision** puis cliquez sur le bouton **Suivi des modifications** du groupe **Modifications** et sélectionnez l'option **Afficher les modifications.**

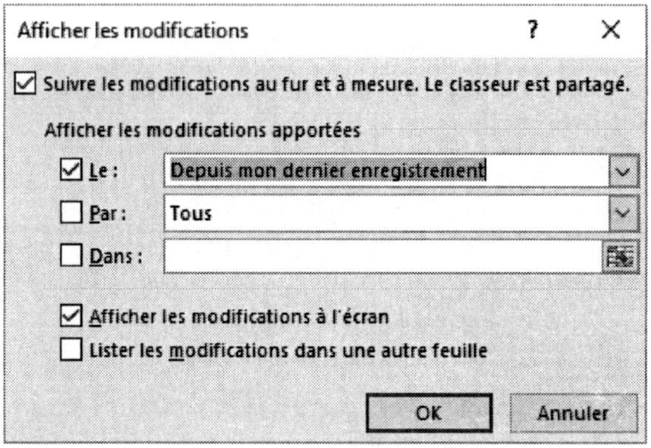

- Pour afficher les modifications apportées pendant un intervalle de temps précis, cochez l'option **Le** et sélectionnez cet intervalle dans la liste qui suit :

Depuis mon dernier enregistrement	Surligne seulement les modifications apportées depuis le dernier enregistrement du classeur.
Tous	Surligne toutes les modifications apportées au classeur.
Pas encore révisé	Surligne les modifications qui n'ont pas été acceptées ou refusées.
Depuis la date du ...	Surligne les modifications apportées après la date saisie dans la zone **Le**.

- Pour surligner les modifications apportées par un utilisateur précis, cochez l'option **Par** et sélectionnez l'utilisateur dans la liste qui suit.
- Cochez, si besoin, l'option **Dans** puis sélectionnez la plage de cellules pour laquelle les modifications doivent être visibles.

  *Si aucune des trois options de la zone **Afficher les modifications apportées** n'est active, Excel surligne toutes les modifications apportées au classeur partagé (les vôtres et celles des autres utilisateurs).*

- Cochez l'option **Afficher les modifications à l'écran** pour visualiser les modifications surlignées directement dans les cellules.

  En activant cette option, Excel affiche un triangle de couleur différente pour chaque utilisateur, dans le coin supérieur gauche de chaque cellule modifiée. Lorsque vous pointez ce triangle, les détails et le nom de l'utilisateur de la modification apparaissent dans une info-bulle.

- Cochez l'option **Lister les modifications dans une autre feuille** pour afficher les modifications dans une feuille nommée **Historique**.

Cette feuille affiche toutes les modifications sous forme de liste, en colonnes ; cette liste peut être filtrée. Les modifications conflictuelles finalement conservées sont signalées comme ***Gagnant*** *dans la colonne* ***Type d'action****. Les numéros de ligne affichés dans la colonne* ***Perte d'action*** *identifient les lignes contenant des informations relatives à des modifications contradictoires qui n'ont pas été conservées, y compris les données supprimées.*

- Cliquez sur **OK**.

Les modifications sont repérées par un encadrement de couleur. La couleur varie selon l'utilisateur qui les a réalisées. Une info-bulle affiche le nom de l'auteur, la date et la modification réalisée.

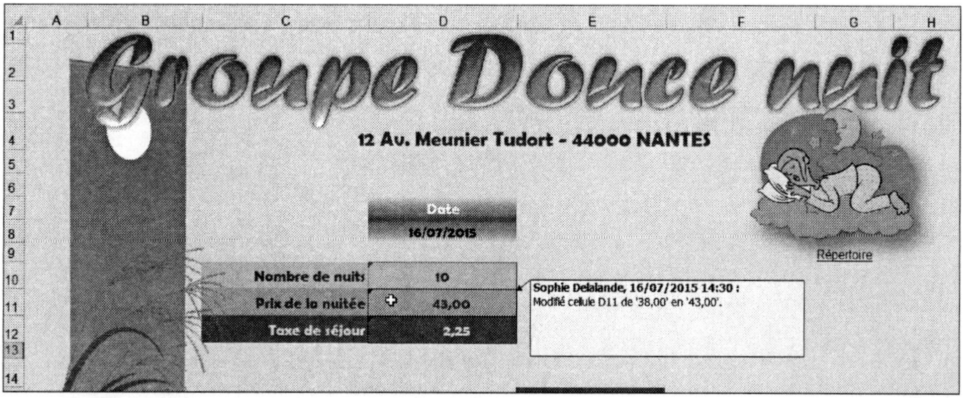

Par défaut, l'historique du suivi des modifications est conservé pendant 30 jours ; pour modifier cette valeur, cliquez sur le bouton **Partager le classeur** (onglet **Avancé**) du groupe **Modifications** de l'onglet **Révision** et modifiez le nombre de jours dans la zone **Survenues au cours des...**.

Accepter ou refuser les modifications

- Ouvrez le classeur partagé ayant fait l'objet de modifications.
- Activez, si besoin, l'onglet **Révision** puis cliquez sur le bouton **Suivi des modifications** et sur l'option **Accepter ou refuser les modifications**.
- Modifiez si besoin, l'intervalle de temps dans la liste **Le**.

Pas encore révisé Sélectionne les modifications que vous n'avez pas encore révisées.

Depuis la date du ... Révise les modifications apportées au classeur après la date saisie dans la zone **Le**.

- Cochez l'option **Par** pour réviser les modifications apportées au classeur par le ou les utilisateurs sélectionnés dans la liste associée à cette option.
- Cochez, si besoin, l'option **Dans** puis sélectionnez la plage de cellules pour laquelle les modifications doivent être révisées.

  Si aucune des trois options n'est cochée, toutes les modifications apportées au classeur partagé seront révisées.
- Cliquez sur **OK**.

  Le détail de la première modification apparaît dans la boîte de dialogue ***Accepter ou refuser les modifications*** *; la première modification est surlignée dans le classeur.*

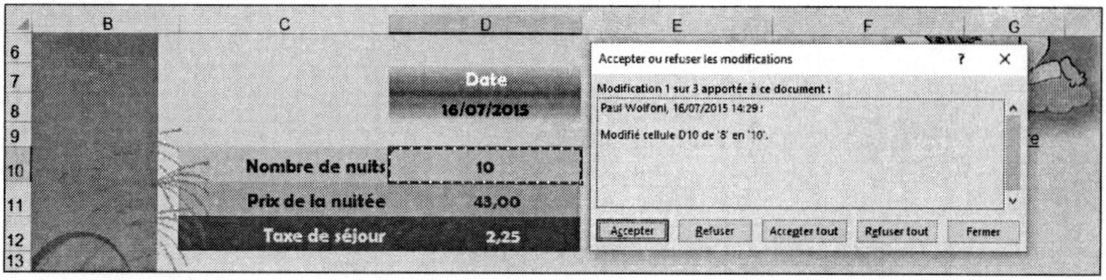

- Pour contrôler chaque modification, choisissez d'**Accepter** ou de **Refuser** la modification en cours en cliquant sur le bouton correspondant.

  Excel affiche automatiquement la modification suivante.

  Si plusieurs modifications ont été effectuées dans une même cellule, Excel propose de choisir la valeur ; dans ce cas, cliquez sur la valeur souhaitée puis sur le bouton **Accepter**.
- Pour accepter ou refuser toutes les modifications en une seule fois, cliquez sur le bouton **Accepter tout** dans le premier cas ou sur le bouton **Refuser tout** dans le second.

Co-éditer en temps réel sur un même classeur

Excel 2016 permet à plusieurs utilisateurs de travailler en même temps sur un classeur, chaque utilisateur voyant en temps réel les modifications affichées par les autres utilisateurs.

Au préalable, le propriétaire du fichier doit enregistrer le classeur à un emplacement partagé en ligne (dans le cloud) afin que le classeur puisse être ouvert par les autres utilisateurs ; il peut s'agir par exemple d'une bibliothèque de documents sur un site SharePoint ou le dossier Public de OneDrive.

Pour utiliser cette fonctionnalité, vous devez être connecté à votre compte Microsoft.

Envoyer les invitations de partage

- Ouvrez le classeur à partager.
- Cliquez sur le bouton 

visible à droite du nom de l'utilisateur connecté, en haut de la fenêtre.

*Le volet **Partager** s'affiche à droite de la fenêtre.*

Si le fichier à partager n'a pas été enregistré dans un espace de stockage en ligne, Excel le signale :

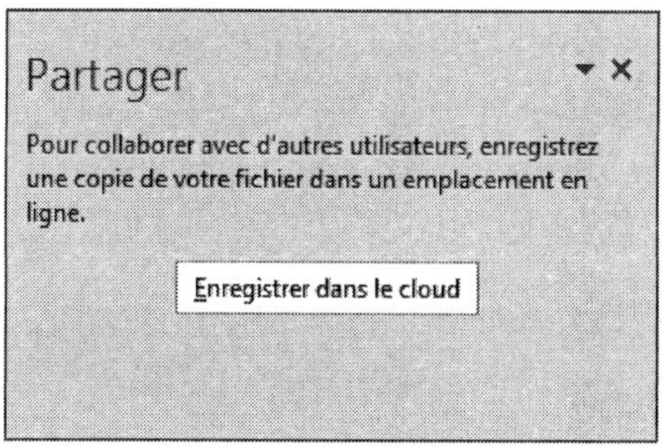

Cliquez dans ce cas sur le bouton **Enregistrer dans le cloud** et choisissez le dossier en ligne dans lequel vous souhaitez enregistrer le fichier.

Lorsque la connexion a été établie, le volet ***Partager*** *s'actualise :*

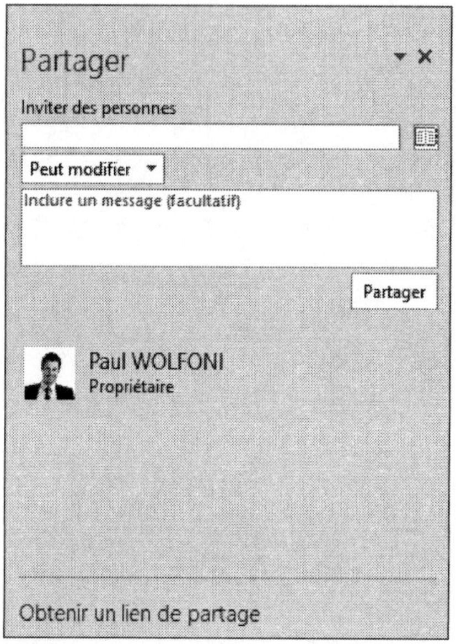

- Dans la zone **Inviter des personnes**, saisissez les adresses e-mail des contacts avec lesquels vous souhaitez partager le classeur en les séparant par des points-virgules ou, si ces contacts font partie de votre organisation (dans le cas où le fichier est enregistré dans une bibliothèque d'un site SharePoint), saisissez leur nom.

  Vous pouvez utiliser l'outil  *pour sélectionner les contacts dans votre carnet d'adresses.*

- Dans la liste située en dessous de la zone **Inviter des personnes**, sélectionnez l'option **Peut modifier** si vous souhaitez que le ou les contacts puissent modifier le fichier ou sélectionnez l'option **Peut afficher** dans le cas contraire.
- Dans la zone de saisie suivante, saisissez, si besoin, un message à destination de vos contacts.
- Cliquez sur le bouton **Partager**.

  Excel envoie alors le lien du classeur par e-mail aux contacts spécifiés.

La liste des contacts partageant le fichier est visible dans le volet ***Partager****. Sur cet exemple, deux contacts partagent le classeur et sont autorisés à le modifier :*

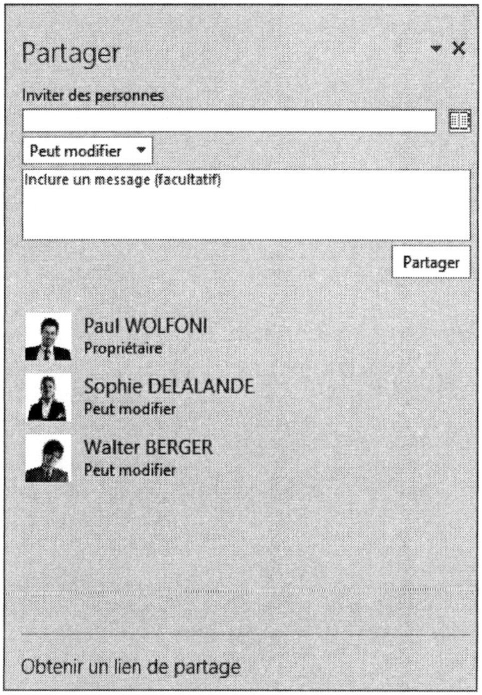

Gérer la liste des utilisateurs

À tout moment, vous pouvez ajouter à la liste de partage des utilisateurs, supprimer des utilisateurs existants ou modifier le type d'accès au fichier (modification ou affichage uniquement).

- Affichez, si besoin, le volet **Partager** en cliquant sur le bouton  visible à droite du nom de l'utilisateur connecté, en haut de la fenêtre.
- Pour modifier le type d'accès, faites un clic droit sur le nom de l'utilisateur et sélectionnez l'option **Définir l'autorisation sur : Peut afficher** ou l'option **Définir l'autorisation sur : Peut modifier** selon le cas.
- Pour supprimer un utilisateur, faites un clic droit sur son nom puis choisissez l'option **Supprimer l'utilisateur**.

- Pour ajouter un nouvel utilisateur, saisissez son nom ou son e-mail dans la zone **Inviter des personnes** puis choisissez, dans la liste suivante, l'option **Peut modifier** ou l'option **Peut afficher**. Dans la zone de saisie suivante, saisissez, si besoin, un message et cliquez sur le bouton **Partager**.

Envoyer un lien de partage

Cette procédure permet d'obtenir le lien d'un classeur enregistré sur un de vos emplacements distants afin de le rendre accessible via un navigateur Internet. Vous pourrez ensuite envoyer ce lien par messagerie électronique aux destinataires de votre choix ou le diffuser sur un site Internet ou un blog par exemple.

- Ouvrez le classeur concerné.
- Cliquez sur le bouton 

visible à droite du nom de l'utilisateur connecté, en haut de la fenêtre pour afficher le volet **Partager**.
- En bas du volet **Partager**, cliquez sur le lien **Obtenir un lien de partage**.

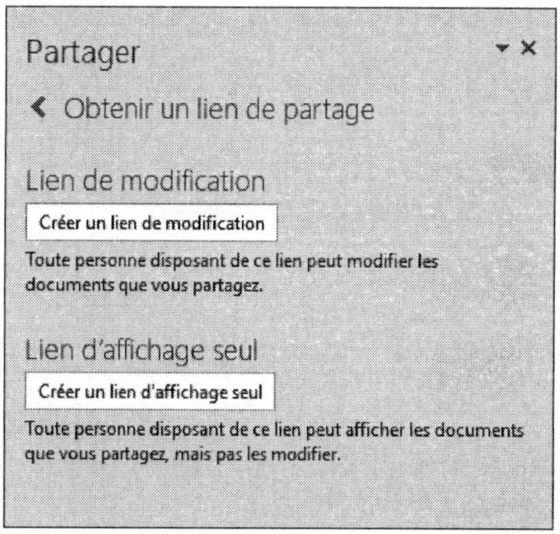

- Dans le volet **Partager**, cliquez sur le bouton **Créer un lien de modification** pour obtenir le lien permettant aux utilisateurs de modifier le fichier ou cliquez sur le bouton **Créer un lien d'affichage seul** pour obtenir le lien qui permettra aux utilisateurs de consulter uniquement le contenu du classeur.

Le lien apparaît alors sous l'option ***Lien de modification*** *ou* ***Lien d'affichage seul*** *selon votre choix. Sur cet exemple, les deux types de lien ont été activés :*

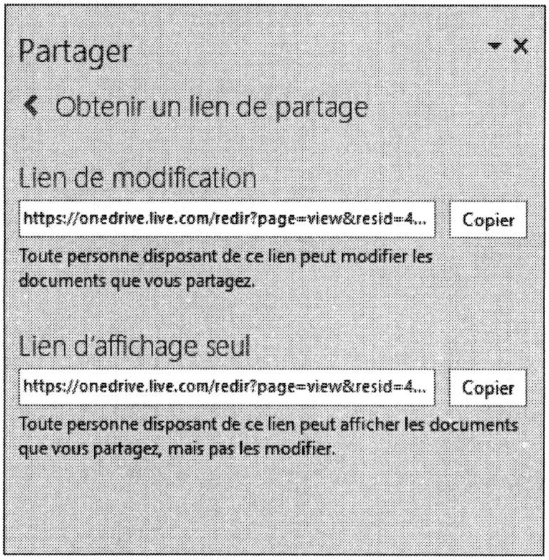

- Pour copier le lien, cliquez sur le bouton **Copier** correspondant au lien.
- Collez ensuite le lien copié à l'endroit où vous souhaitez le diffuser (message e-mail, blog, page d'un site Internet, etc.).
- Pour ne plus rendre disponible un lien d'affichage ou de modification, affichez le volet **Partager** (bouton ).

Les liens de partage sont visibles dans la partie inférieure du volet ***Partager*** *:*

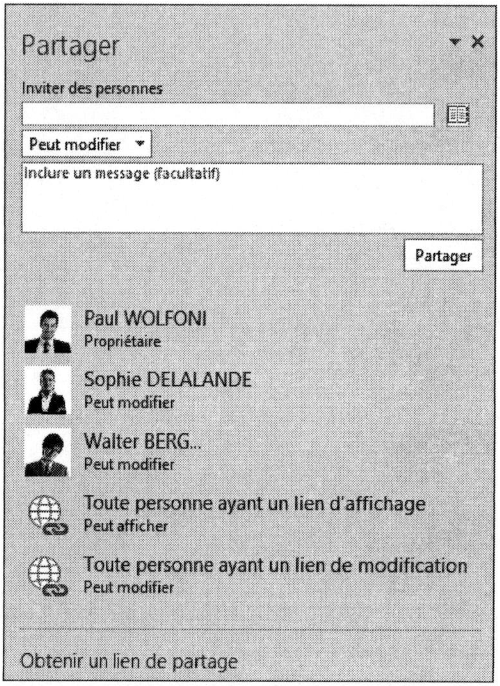

Affichez le menu contextuel du lien et choisissez l'option **Désactiver le lien.**

Travailler à plusieurs sur un même classeur

Lorsqu'un classeur a été partagé avec d'autres utilisateurs, les utilisateurs disposant d'un droit de modification peuvent ouvrir et travailler simultanément sur le même classeur.

Lorsqu'un utilisateur reçoit le lien d'un classeur partagé par e-mail, il doit alors cliquer sur ce lien ou sur le nom du classeur pour l'ouvrir dans son navigateur Internet.

Si le classeur a été envoyé à l'adresse de messagerie du compte Microsoft de l'utilisateur, ce dernier a alors accès à ce classeur dans la liste ***Partagés*** *de son espace de stockage OneDrive. Le bouton* ***Afficher dans OneDrive*** *visible dans le message reçu de l'invitation du partage permet d'y accéder rapidement.*

*Après avoir cliqué sur le lien ou le nom du classeur, ce dernier s'ouvre dans l'application en ligne **Excel Online** en mode Lecture. Après s'être connecté à son compte Microsoft (bouton **Se connecter**) et si l'utilisateur dispose de l'autorisation pour modifier le classeur, le bouton **Modifier le classeur** est visible dans la barre des commandes, en haut de l'écran.*

*Si l'utilisateur n'a pas de compte Microsoft, le bouton **Modifier dans le navigateur** est proposé à la place du bouton **Modifier le classeur** ; il peut alors réaliser les modifications en utilisant l'application Excel Online.*

- Pour modifier le classeur, cliquez sur le bouton **Modifier le classeur** et sélectionnez l'option **Modifier dans Excel** pour pouvoir le modifier dans l'application Excel si cette dernière est installée sur le poste de travail, ou choisissez l'option **Modifier dans Excel Online** pour le modifier directement dans le navigateur Internet (toutes les fonctionnalités d'Excel ne sont pas disponibles dans cette application en ligne).

*Si vous avez ouvert le classeur dans l'application Excel, le nombre d'utilisateurs en ligne travaillant sur le classeur est indiqué sur le bouton **Partager**.*

- Cliquez sur le bouton **Partager** pour afficher la liste des utilisateurs.

Créer une série de données personnalisée

- Cliquez sur l'onglet **Fichier** puis sur **Options**.
- Sélectionnez la catégorie **Options avancées** et cliquez sur le bouton **Modifier les listes personnalisées** du cadre **Général**.
- Pour saisir une nouvelle série, cliquez, dans la zone **Listes personnalisées**, sur l'option **Nouvelle liste** même si ce choix est déjà sélectionné puis saisissez chacune de vos données dans la zone **Entrées de la liste**, en les séparant par la touche ⏎.

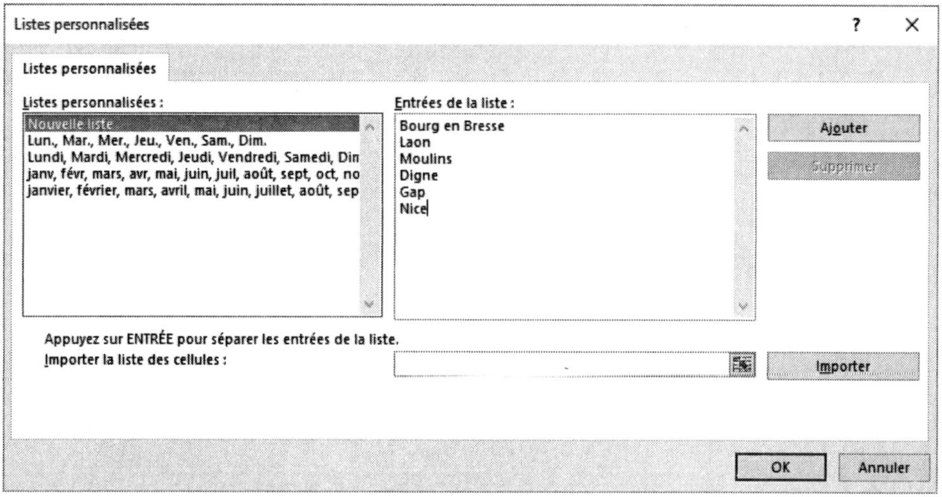

- Cliquez sur le bouton **Ajouter**.
- Pour importer une nouvelle série à partir d'une feuille de calcul, cliquez sur le bouton situé à droite de la zone **Importer la liste des cellules** ; sélectionnez les cellules contenant la série que vous souhaitez récupérer.

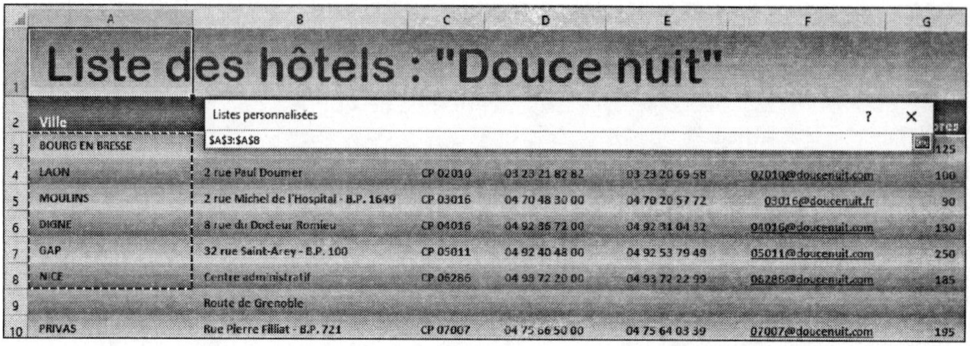

Lorsque la sélection vous convient, cliquez sur le bouton pour valider et afficher de nouveau la boîte de dialogue **Options**. Cliquez sur le bouton **Importer** pour ajouter la nouvelle liste à la suite des **Listes personnalisées**.

La nouvelle liste s'affiche à la suite des séries existantes et chaque donnée est séparée de la suivante par une virgule.

- Cliquez sur le bouton **OK** une première fois pour fermer la boîte de dialogue **Options** ou **Listes personnalisées** selon le cas, et une seconde fois pour fermer la boîte de dialogue **Options Excel**.

Une série de données personnalisée s'utilise comme n'importe quelle série de données simple : saisissez la première valeur de la série dans une cellule et faites glisser la poignée de recopie de cette cellule pour faire apparaître les autres éléments de la série.

Modifier/supprimer une série de données personnalisée

- Accédez à la boîte de dialogue **Listes personnalisées** (onglet **Fichier** - **Options** - catégorie **Options avancées** - bouton **Modifier les listes personnalisées**).
- Pour modifier une série personnalisée, sélectionnez la série dans le cadre **Listes personnalisées.**

  Faites les modifications dans le cadre **Entrées de la liste** : ajoutez, supprimez des caractères ou des entrées.
- Pour supprimer une série personnalisée, sélectionnez-la dans le cadre **Listes personnalisées** puis cliquez sur le bouton **Supprimer** ; confirmez la suppression définitive en cliquant sur le bouton **OK**.

- Cliquez sur le bouton **OK** une première fois pour fermer la boîte de dialogue **Listes personnalisées**, puis une seconde fois pour fermer la boîte de dialogue **Options Excel**.

Créer une liste déroulante de valeurs

Cette manipulation permet de créer une liste déroulante dans une cellule à partir de données saisies dans des cellules situées ailleurs dans le classeur. La cellule qui contient la liste déroulante affiche, lorsqu'elle est active, un bouton permettant d'ouvrir la liste. Pour entrer des informations dans cette cellule, cliquez sur la flèche, puis sur l'entrée voulue.

- Saisissez chaque entrée de la liste déroulante dans une cellule, sur une seule ligne ou une seule colonne, délimitée par une cellule vide.

  Vous pouvez trier les données dans l'ordre dans lequel vous voulez qu'elles apparaissent dans la liste déroulante.

- Si vous souhaitez créer la liste sur une autre feuille de calcul que celle où se trouvent les entrées, nommez les cellules contenant les entrées (cf. Zones nommées).

  Si les valeurs ou données de la liste ne sont pas nombreuses, il sera alors possible de saisir les différents éléments de la liste lors de sa procédure de création.

- Sélectionnez la ou les cellules dans lesquelles vous voulez afficher la liste déroulante.
- Activez l'onglet **Données** et cliquez sur l'outil **Validation des données** du groupe **Outils de données**.

  La boîte de dialogue ***Validation des données*** *s'affiche.*

- Dans l'onglet **Options**, ouvrez la liste **Autoriser** et choisissez l'option **Liste**.
- Pour sélectionner les cellules contenant les entrées de la liste se situant dans une autre feuille, activez la zone de saisie **Source** et tapez le signe = suivi du nom attribué aux cellules ; pour sélectionner les entrées de la liste se situant dans la même feuille, cliquez sur le bouton de la zone **Source**, sélectionnez les cellules contenant les entrées de la liste déroulante puis cliquez sur le bouton pour agrandir à nouveau la boîte de dialogue.

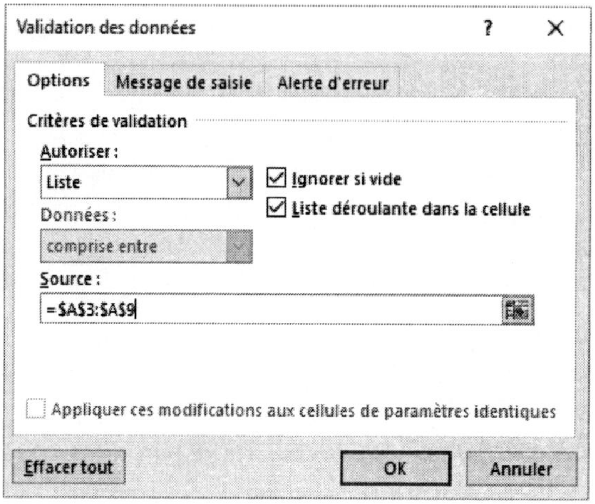

Quelle que soit la solution choisie, le nom ou la plage de cellules est précédée du signe =.

Si les données à inclure dans la liste n'ont pas été saisies dans des cellules, saisissez-les dans la zone ***Source*** *en les séparant par des virgules.*

- Pour indiquer que la cellule peut être vide, laissez l'option **Ignorer si vide** active.
- Pour indiquer le message qui apparaîtra dans une info-bulle lorsque vous activerez la cellule contenant la liste déroulante, cliquez sur l'onglet **Message de saisie** et vérifiez que l'option **Quand la cellule est sélectionnée** est active.

  Saisissez l'intitulé du message dans la zone **Titre** et le texte du message (jusqu'à 225 caractères) dans la zone **Message de saisie**.

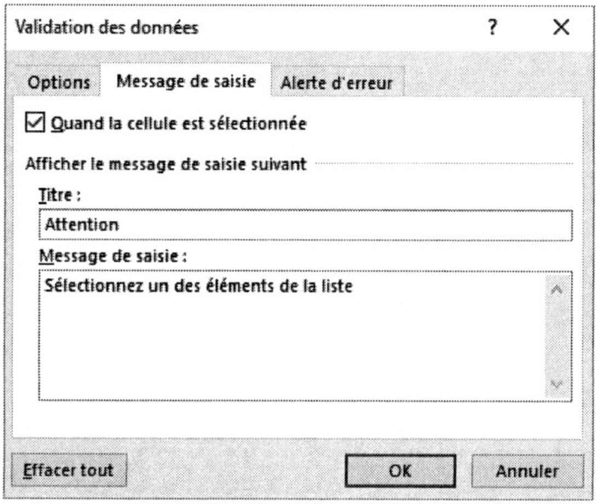

- Pour indiquer l'action à effectuer en cas de saisie de données non incluses dans la liste déroulante, cliquez sur l'onglet **Alerte d'erreur** et vérifiez que l'option **Quand les données non valides sont tapées** est active.

  Sélectionnez l'une des options suivantes dans la liste **Style** :

Arrêt	Pour afficher un message et empêcher la saisie des données n'appartenant pas à la liste déroulante.
Avertissement	Pour afficher un message d'avertissement, ce qui n'empêche pas la saisie des données n'appartenant pas à la liste déroulante.
Informations	Pour afficher un message d'informations tout en acceptant la saisie de données n'appartenant pas à la liste déroulante.

  Saisissez l'intitulé du message dans la zone **Titre** et le texte du message dans la zone **Message d'erreur**.

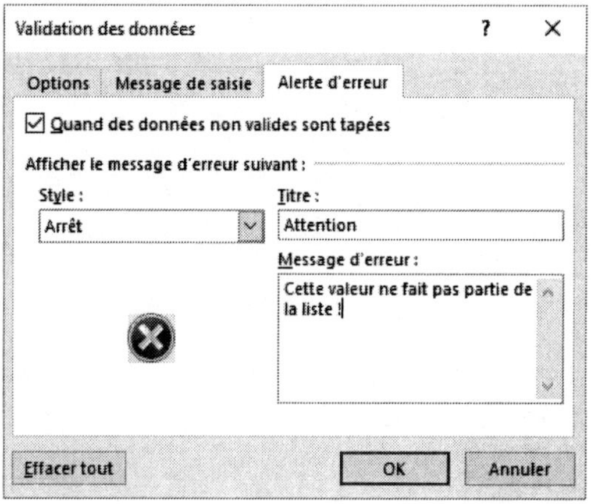

Cliquez sur **OK**.

Si vous ne précisez rien en cas de données non valides, voici le message qui sera affiché par défaut :

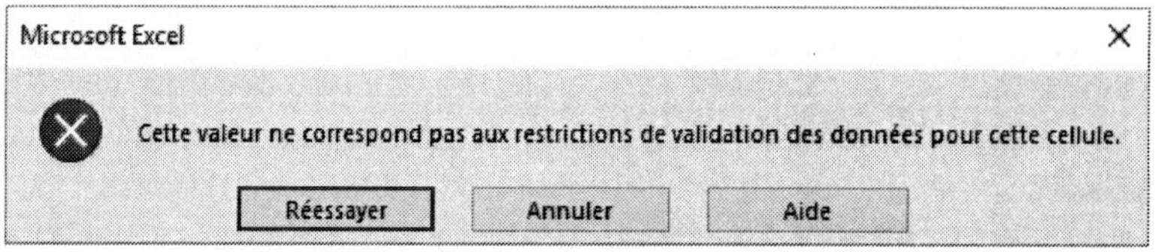

Vous ne pourrez pas saisir une donnée n'existant pas dans la liste déroulante.

La largeur de la liste déroulante est déterminée par la largeur de la cellule contenant la liste déroulante.

Pour supprimer une liste déroulante, activez la boîte de dialogue **Validation des données** (onglet **Données** - groupe **Outils de données** - bouton **Validation des données** ) pour la cellule contenant la liste à supprimer et cliquez sur le bouton **Effacer tout** visible dans un des onglets de la boîte de dialogue.

Si les entrées de la liste déroulante se trouvent dans une autre feuille et que vous souhaitez empêcher les utilisateurs d'y accéder, masquez et/ou protégez cette feuille de calcul.

Optimisation de la saisie de données

Définir les données autorisées

Cette manipulation permet de limiter le type de données autorisées dans une ou plusieurs cellules en définissant des critères de validation.

Définir les critères de validation

- Sélectionnez les cellules concernées.
- Activez l'onglet **Données** et cliquez sur l'outil **Validation des données** du groupe **Outils de données**.

  *La boîte de dialogue **Validation des données** s'affiche.*
- Dans l'onglet **Options**, ouvrez la liste **Autoriser** et choisissez une option en fonction du type de données que vous souhaitez autoriser dans la cellule :

Tout	Pas de restriction.
Nombre entier	La donnée doit être un nombre entier.
Décimal	La donnée doit être un nombre ou une fraction.
Liste	La donnée doit être déjà choisie dans une cellule (cf. Créer une série de données personnalisée).
Date	La donnée doit être une date.
Heure	La donnée doit être une heure.
Longueur du texte	Cette option permet de préciser le nombre de caractères autorisé pour la donnée.
Personnalisé	Cette option permet d'entrer une formule pour définir les données autorisées.

- Pour les choix **Nombre entier, Décimal**, **Date**, **Heure**, **Longueur du texte**, choisissez un opérateur dans la liste **Données** puis complétez les options en fonction de l'opérateur sélectionné.

Les critères de validation suivants autorisent la saisie d'un nombre entier ou décimal compris entre 0 et 10.

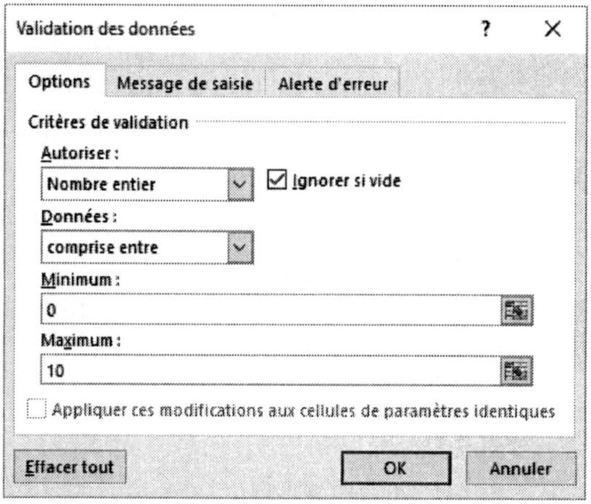

- Si vous choisissez **Personnalisé**, entrez la formule de calcul dans la zone **Formule** en commençant par le signe égal (=). Cette formule doit être une formule de type logique, de résultat VRAI ou FAUX.
- Quel que soit le type de données, laissez active l'option **Ignorer si vide** si vous acceptez que la cellule reste vide.
- Pour préciser le message qui apparaîtra dans une info-bulle lorsque vous activerez la cellule concernée, cliquez sur l'onglet **Message de saisie** et vérifiez que l'option **Quand la cellule est sélectionnée** est active.

  Saisissez l'intitulé du message dans la zone **Titre** et le texte du message dans la zone **Message de saisie.**
- Pour indiquer l'action à effectuer en cas de saisie de données non valides, cliquez sur l'onglet **Alerte d'erreur** et vérifiez que l'option **Quand les données non valides sont tapées** est active.

  Sélectionnez une des options suivantes dans la liste **Style** :

  Arrêt Pour afficher un message et empêcher la saisie des données non valides.

  Avertissement Pour afficher un message d'avertissement et éventuellement forcer la saisie non autorisée.

Informations Pour afficher un message d'informations et accepter la saisie de données non valides.

Saisissez l'intitulé du message dans la zone **Titre** et le texte du message dans la zone **Message d'erreur**.

- Cliquez sur **OK**.

Les boutons visibles dans le message d'erreur sont différents en fonction du style choisi, donnant ainsi la possibilité de forcer ou non la saisie.

Sur cet exemple, il s'agit d'un message d'avertissement : l'utilisateur peut forcer la saisie en cliquant sur le bouton ***Oui****.*

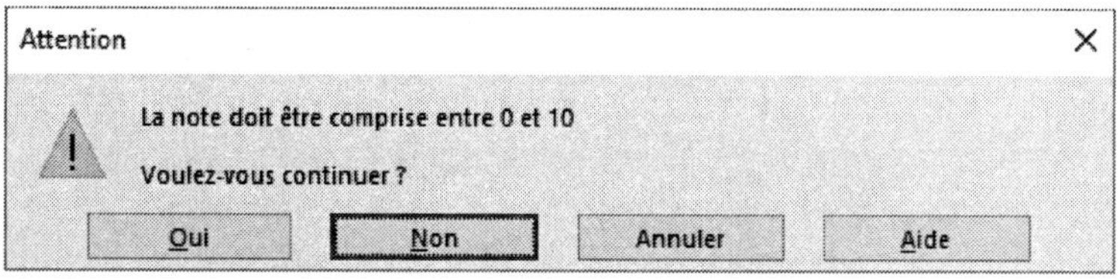

Entourer les données non valides

Il s'agit d'entourer de cercles rouges les données ne correspondant pas aux critères de validation demandés.

- Activez l'onglet **Données** et ouvrez la liste de l'outil **Validation des données**  du groupe **Outils de données**.
- Cliquez sur l'option **Entourer les données non valides**.

Sur cet exemple, les notes doivent êtres comprises entre 0 et 10.

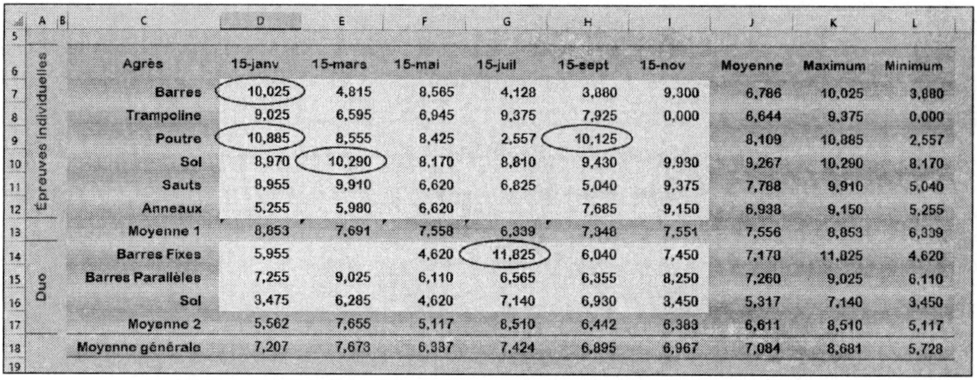

	Agrès	15-janv	15-mars	15-mai	15-juil	15-sept	15-nov	Moyenne	Maximum	Minimum
Épreuves individuelles	Barres	10,025	4,815	8,565	4,128	3,880	9,300	6,786	10,025	3,880
	Trampoline	9,025	6,595	6,945	9,375	7,925	0,000	6,644	9,375	0,000
	Poutre	10,885	8,555	8,425	2,557	10,125		8,109	10,885	2,557
	Sol	8,970	10,290	8,170	8,810	9,430	9,930	9,267	10,290	8,170
	Sauts	8,955	9,910	6,620	6,825	5,040	9,375	7,788	9,910	5,040
	Anneaux	5,255	5,980	6,620		7,685	9,150	6,938	9,150	5,255
	Moyenne 1	8,853	7,691	7,558	6,339	7,348	7,551	7,556	8,853	6,339
Duo	Barres Fixes	5,955		4,620	11,825	6,040	7,450	7,170	11,825	4,620
	Barres Parallèles	7,255	9,025	6,110	6,565	6,355	8,250	7,260	9,025	6,110
	Sol	3,475	6,285	4,620	7,140	6,930	3,450	5,317	7,140	3,450
	Moyenne 2	5,562	7,655	5,117	8,510	6,442	6,383	6,611	8,510	5,117
	Moyenne générale	7,207	7,673	6,337	7,424	6,895	6,967	7,084	8,681	5,728

- Pour masquer les cercles rouges, dans l'onglet **Données**, ouvrez la liste de l'outil **Validation des données** et cliquez sur l'option **Effacer les cercles de validation.**

Associer un commentaire à une cellule

Créer le commentaire

- Activez la cellule concernée.
- Activez l'onglet **Révision** et cliquez sur le bouton **Nouveau commentaire** du groupe **Commentaires.**
- Renseignez le texte du commentaire.

  Le commentaire est saisi directement dans l'info-bulle. Un changement de ligne est possible par la touche ⏎.
- Appuyez sur la touche Echap ou cliquez ailleurs pour interrompre la saisie.

  Une info-bulle apparaît avec le nom de l'utilisateur.

  Par défaut, en haut à droite de la cellule, un petit triangle rouge matérialise l'existence d'un commentaire.

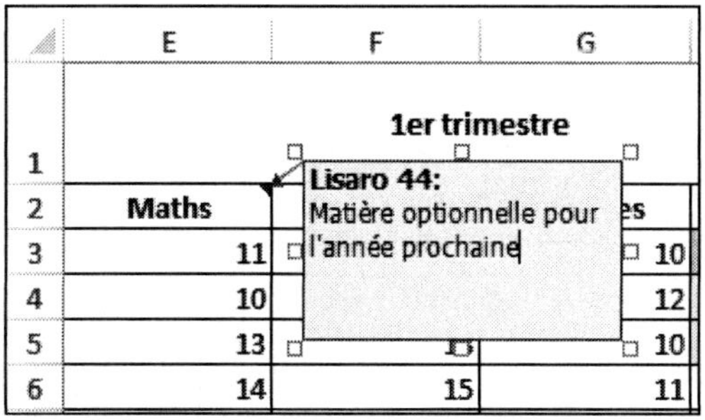

Visualiser les commentaires

- Pour visualiser un commentaire, pointez tout simplement le triangle rouge.
- Pour afficher les commentaires les uns après les autres, cliquez sur les boutons **Précédent** et/ou **Suivant** du groupe **Commentaires** de l'onglet **Révision**.
- Pour afficher tous les commentaires simultanément, cliquez sur le bouton **Afficher tous les commentaires** du groupe **Commentaires** de l'onglet **Révision**.
- Pour modifier l'affichage général des commentaires, cliquez sur l'onglet **Fichier** puis sur **Options** - catégorie **Options avancées** - zone **Afficher** ; activez l'option **Aucun commentaire ou indicateur, Indicateur seul, et commentaires au survol** ou **Commentaires et indicateurs** puis validez.

Pour modifier un commentaire, cliquez sur la cellule contenant le commentaire à modifier, cliquez sur le bouton **Modifier le commentaire** (groupe **Commentaires** de l'onglet **Révision**), apportez vos modifications puis faites Echap.

Pour supprimer un commentaire, cliquez sur la cellule contenant le commentaire à supprimer puis cliquez sur le bouton **Supprimer** du groupe **Commentaires** de l'onglet **Révision**.

Répartir le contenu d'une cellule sur plusieurs cellules

Bien qu'Excel 2016 dispose désormais de la fonctionnalité de Remplissage instantané (cf. Utiliser le Remplissage instantané pour compléter une colonne), nous vous présentons ici la commande ***Convertir*** *qui vous permet de répartir dans différentes cellules le contenu d'une cellule, en fonction d'un séparateur tel qu'un espace, une virgule, un point, un point-virgule ou un saut de colonne.*

- Prévoyez une ou plusieurs colonnes vides à droite des cellules dont le contenu va être réparti.
- Sélectionnez la plage de cellules concernées puis activez l'onglet **Données** avant de cliquer sur le bouton **Convertir** du groupe **Outils de données**.

  *La première étape de l'****Assistant Conversion*** *apparaît.*
- Activez si besoin l'option **Délimité** puis cliquez sur le bouton **Suivant**.
- À l'étape 2, dans le cadre **Séparateurs**, activez l'option en fonction du séparateur utilisé pour effectuer la répartition.

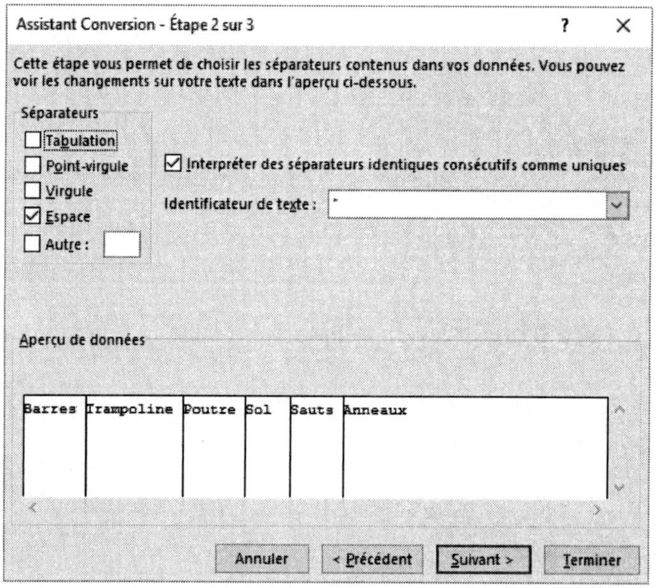

La zone ***Aperçu de données*** *affiche dans des colonnes distinctes, la façon dont seront séparées les données.*

- Cliquez sur le bouton **Suivant**.
- À l'étape 3, précisez le format de chaque colonne :
  - Dans la zone **Aperçu de données**, cliquez sur la colonne concernée pour la sélectionner.
  - Choisissez le format à appliquer dans le cadre **Format des données en colonne.**
- Précisez l'endroit où vont apparaître les données réparties : utilisez le bouton de la zone **Destination** pour préciser la référence de la première cellule de destination. Dans ce cas, les cellules d'origine restent intactes et les données fractionnées apparaissent à côté.

  Si vous ne précisez pas cette destination, les données d'origine seront remplacées.
- Cliquez sur le bouton **Terminer**.

Importer des données d'une base de données Access

Cette technique permet d'importer des données Access actualisables dans Excel en établissant une connexion à la base de données. Une fois les données importées, vous pouvez mettre à jour automatiquement, et quand vous le souhaitez, les données de la feuille de calcul.

- Ouvrez, si besoin, le classeur qui doit contenir les données importées et activez la première cellule destinatrice de l'importation.
- Activez l'onglet **Données** et cliquez sur le bouton **Données externes** puis sur le bouton **Access.**

  *Selon l'affichage, il est possible que le bouton **Access** soit accessible directement dans le groupe **Données externes**.*

- Dans la boîte de dialogue **Sélectionner la source de données**, accédez au dossier contenant la base de données Access à importer et double cliquez sur celle-ci.
- Dans la boîte de dialogue **Sélectionner le tableau** qui s'affiche, cliquez sur l'objet (table ou requête) de la base de données que vous souhaitez importer afin de le sélectionner.
- Si vous souhaitez créer un modèle de données dans Excel, c'est-à-dire permettre l'intégration de données issues de plusieurs tables et créer une source de données relationnelles, cochez l'option **Activer la sélection de plusieurs tables.**

  Dans ce cas, des cases sont ajoutées devant le nom des tables disponibles vous permettant ainsi de cocher celles que vous souhaitez intégrer dans le modèle.

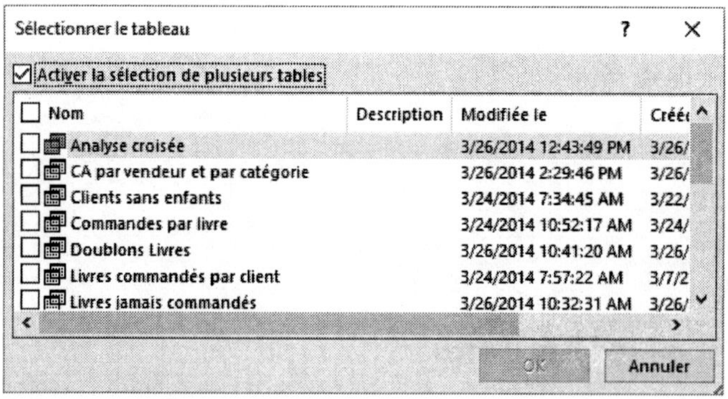

- Cliquez sur le bouton **OK.**

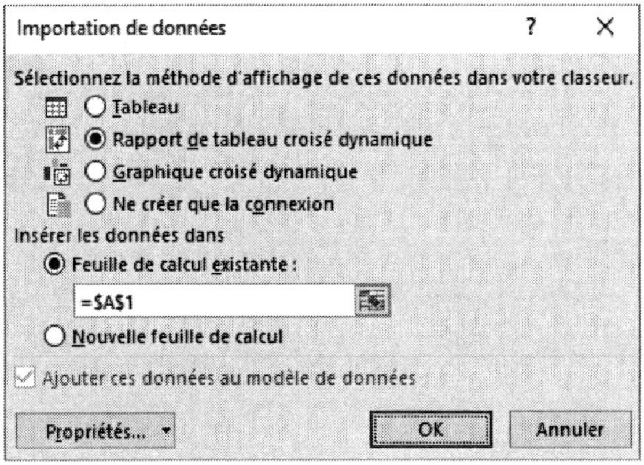

*Si vous avez sélectionné plusieurs tables dans l'étape précédente, l'option **Ajouter ces données au modèle de données** est automatiquement cochée.*

- Choisissez la façon dont vous souhaitez importer les données : sous forme de **Tableau**, de **Rapport de tableau croisé dynamique** ou sous forme de **Graphique croisé dynamique.**
- Précisez l'emplacement des données à importer en activant l'option **Nouvelle feuille de calcul** ou l'option **Feuille de calcul existante** ; si vous avez choisi cette dernière option, utilisez le bouton pour activer la première cellule destinatrice des données importées.

*Le bouton **Propriétés** permet de définir les options d'actualisation, de format et de mise en page des données importées.*

- Cliquez sur le bouton **OK.**

Excel importe la plage de données externes à l'emplacement que vous avez spécifié.

Sous Windows 8 et 10, la connexion est stockée dans un fichier Office Data Connection (.odc) dans le dossier C:\Utilisateurs\Nom d'utilisateur\Mes documents\Mes sources de données.

Pour créer un nouveau tableau croisé dynamique à l'aide de tables dans un modèle de données, vous utiliserez le bouton **Choisir la connexion** associé à l'option **Utiliser une source de données externes** de la boîte de dialogue **Créer un tableau croisé dynamique.**

Importer des données d'une page web

Cette technique permet d'importer des données d'une page web, actualisables dans Excel en établissant une connexion à la page web. Une fois les données importées, vous pouvez les mettre à jour.

- Vérifiez que vous êtes connecté à Internet.
- Ouvrez, si besoin, le classeur qui doit contenir les données importées et activez si vous le souhaitez la première cellule destinatrice de l'importation.
- Activez l'onglet **Données** et cliquez sur le bouton **Données externes** puis sur le bouton **Web**.
- Dans la boîte de dialogue **Nouvelle requête sur le web** qui s'affiche, saisissez l'URL ou l'adresse de la page web contenant les données à importer dans la zone **Adresse** et cliquez sur le bouton **OK**.

  Vous pouvez aussi ouvrir la liste associée à la zone ***Adresse*** *pour sélectionner une des dernières adresses utilisées.*
- Si les icônes ne sont pas visibles dans la page, cliquez sur l'outil pour les visualiser.

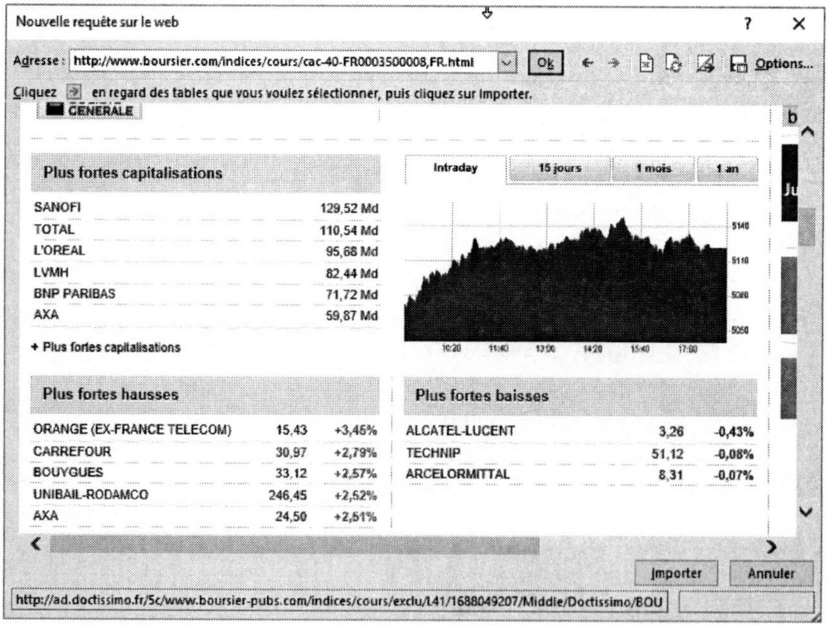

- Sélectionnez les données à importer : cliquez sur l'icône située en haut à gauche :
  - du ou des tableaux concernés pour importer les données des tableaux sélectionnés ;
  - de la page pour importer toutes les données de la page.

  L'icône se transforme en .

- Cliquez sur le bouton **Options** pour modifier les options de mise en forme et d'importation.

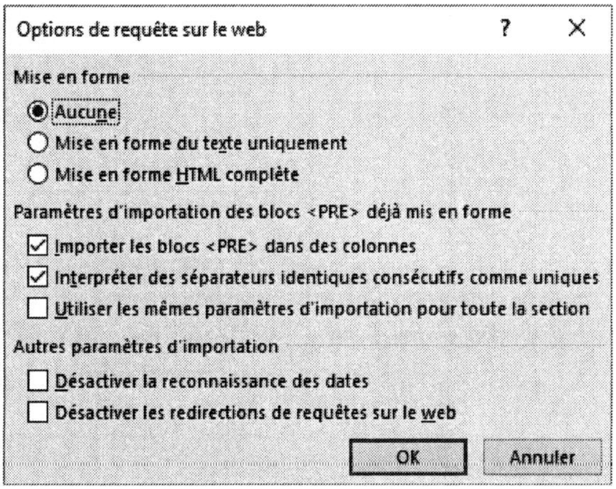

Vous constatez que, par défaut, les données seront importées sans aucune mise en forme.

- Modifiez les options voulues et cliquez sur le bouton **OK**.
- Si vous souhaitez pouvoir extraire les données de la requête dans d'autres classeurs ou partager la requête avec d'autres utilisateurs, vous devez enregistrer la requête web ; pour cela, cliquez sur l'outil , sélectionnez l'emplacement du fichier, saisissez le **Nom de fichier** puis cliquez sur le bouton **Enregistrer**.

  Sur Windows 8 et 10, une requête web est enregistrée par défaut dans le dossier C:\Utilisateurs\Nom d'utilisateur\Application Data\Roaming\Microsoft\Queries et porte l'extension **.iqy** *; si vous n'enregistrez pas la requête web dans un fichier, elle sera enregistrée en tant qu'élément du classeur et ne pourra être exécutée qu'à partir de ce classeur.*

- Cliquez sur le bouton **Importer**.

- Précisez l'emplacement des données importées : sur une **Nouvelle feuille de calcul** ou sur une **Feuille de calcul existante** ; si vous avez choisi cette dernière option, utilisez le bouton pour activer la première cellule destinatrice des données importées.

  *Le bouton **Propriétés** permet de définir les options d'actualisation, de format et de mise en page des données importées.*

- Cliquez sur le bouton **OK**.

Importer des données d'un fichier Texte

Il s'agit ici d'importer des données d'un fichier d'extension .txt, avec la possibilité de mettre à jour ces données dans Excel.

- Ouvrez, si besoin, le classeur qui doit contenir les données importées et activez la première cellule destinatrice de l'importation.
- Activez l'onglet **Données** et cliquez sur le bouton **Données externes** puis sur le bouton **Fichier texte.**
- Dans la boîte de dialogue **Importer Fichier Texte** qui s'affiche, accédez au dossier contenant le fichier à importer et double cliquez sur son nom.

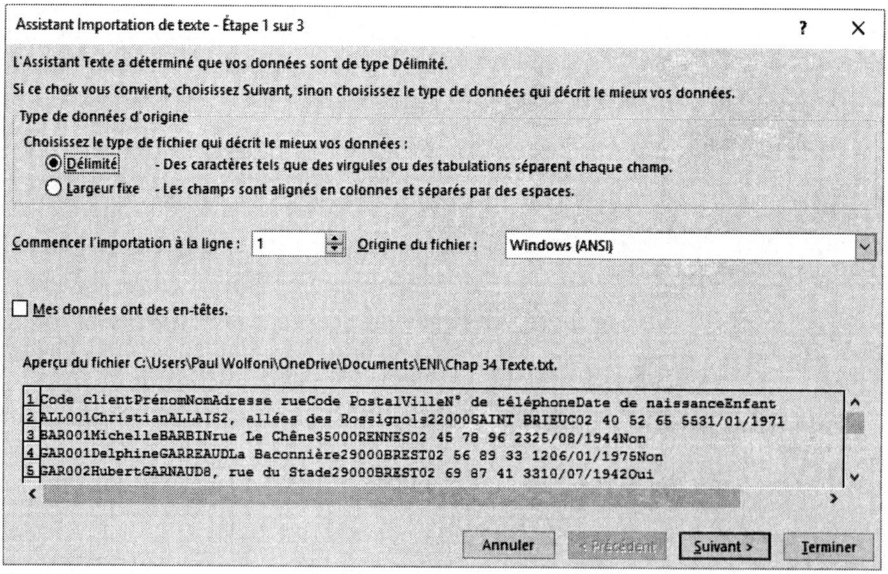

*L'Assistant vous informe que les données du fichier texte sont de type **Délimité** (séparées par des tabulations ou des virgules) ou de type **Largeur fixe** (séparées par des espaces).*

- Modifiez si besoin, le type de données d'origine en activant une des options du cadre **Type de données d'origine.**
- Si vous ne souhaitez pas importer les données à partir de la première ligne du fichier, sélectionnez ou tapez le numéro de la ligne souhaitée dans la zone **Commencer l'importation à la ligne.**
- Si les données importées comportent des en-têtes, cochez l'option **Mes données ont des en-têtes.**
- Cliquez sur le bouton **Suivant.**
- Sélectionnez les séparateurs contenus dans les données si celles-ci sont de type **Délimité** ou choisissez la largeur des champs en suivant les explications contenues dans le premier cadre de la fenêtre, si les données sont de type **Largeur fixe.**
- Cliquez sur le bouton **Suivant.**
- Pour chaque colonne, sélectionnez le format des données : cliquez dans la colonne puis sur l'une des options du cadre **Format des données en colonne.**

  *Le bouton **Avancé** permet de vérifier et de modifier, si besoin, le type de séparateur des décimales et des milliers, des données à importer.*
- Cliquez sur le bouton **Terminer.**
- Précisez l'emplacement des données importées : sur une **Nouvelle feuille de calcul** ou sur une **Feuille de calcul existante** ; si vous avez choisi cette dernière option, utilisez le bouton  pour activer la première cellule destinatrice des données importées.

  *Le bouton **Propriétés** permet de définir les options d'actualisation, de format et de mise en page des données importées.*
- Cliquez sur le bouton **OK.**

Vous pouvez aussi utiliser la boîte de dialogue **Ouvrir** pour importer un fichier texte mais dans ce cas, les données ne pourront pas être actualisées.

Actualiser des données importées

- Ouvrez le classeur contenant les données à mettre à jour.

  Il est possible qu'un message d'avertissement situé au-dessus de la barre de formule vous signale que les connexions de données ont été désactivées.

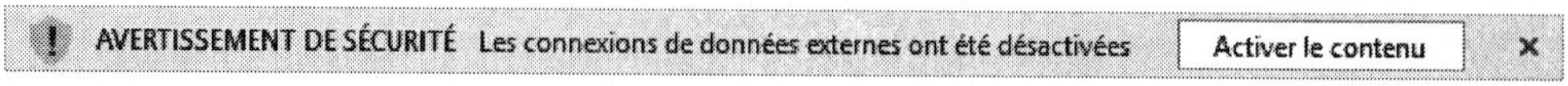

  Dans ce cas, pour réactiver les connexions, vous pouvez cliquer sur le bouton **Activer le contenu**.

Actualiser une ou plusieurs plages de données externes

- Cliquez dans une des plages de données importées.
- Activez l'onglet **Données** et ouvrez la liste associée au bouton **Actualiser tout** du groupe **Connexions**.
- Choisissez l'une des options suivantes :

  Actualiser tout Pour actualiser toutes les plages de données externes du classeur.

  Actualiser Pour actualiser la plage de données externes active.

  Si plusieurs classeurs sont ouverts, vous devez actualiser les données externes dans chacun des classeurs.

  Si vous n'avez pas réactivé les connexions à partir du message d'avertissement, il se peut qu'un message d'alerte vous demande d'être prudent quant à l'utilisation de certains fichiers.

- Dans ce cas, si le fichier à ouvrir est de source fiable, cliquez sur le bouton **OK** sinon cliquez sur le bouton **Annuler**.
- Pour modifier les paramètres d'actualisation, activez l'onglet **Données** et ouvrez la liste associée au bouton **Actualiser tout** du groupe **Connexions** puis cliquez sur l'option **Propriétés de connexion** pour ouvrir la boîte de dialogue de même nom.

Actualiser les données d'un fichier texte importé

- Cliquez sur une des cellules de la plage de données importées à partir du fichier texte.
- Activez l'onglet **Données** et ouvrez la liste associée au bouton **Actualiser tout** du groupe **Connexions** puis cliquez sur l'option **Actualiser**.
- Dans la boîte de dialogue **Importer Fichier Texte** qui s'affiche, sélectionnez le fichier texte puis cliquez sur le bouton **Importer**.

Paramétrer Excel pour utiliser les macros

*Pour créer des macros avec l'Enregistreur de macros, vous devez utiliser les commandes de l'onglet **Développeur** qui, par défaut, n'est pas affiché dans le ruban.*

Afficher l'onglet Développeur

- Cliquez sur l'onglet **Fichier** puis sur **Options**.
- Activez la catégorie **Personnaliser le ruban** puis la case à cocher **Développeur** de la liste **Personnaliser le ruban - Onglets principaux.**
- Cliquez sur le bouton **OK.**

Définir le niveau de sécurité des macros

Pour enregistrer des macros, il est conseillé de définir temporairement le niveau de sécurité de manière à activer toutes les macros. Pour exécuter des macros, vous devez faire cette manipulation avant même d'ouvrir le classeur contenant les macros à exécuter.

- Activez l'onglet **Développeur** et cliquez sur le bouton **Sécurité des macros** du groupe **Code.**
- Dans la catégorie **Paramètres des macros**, cliquez sur l'option **Activer toutes les macros (non recommandé ; risque d'exécution de code potentiellement dangereux).**

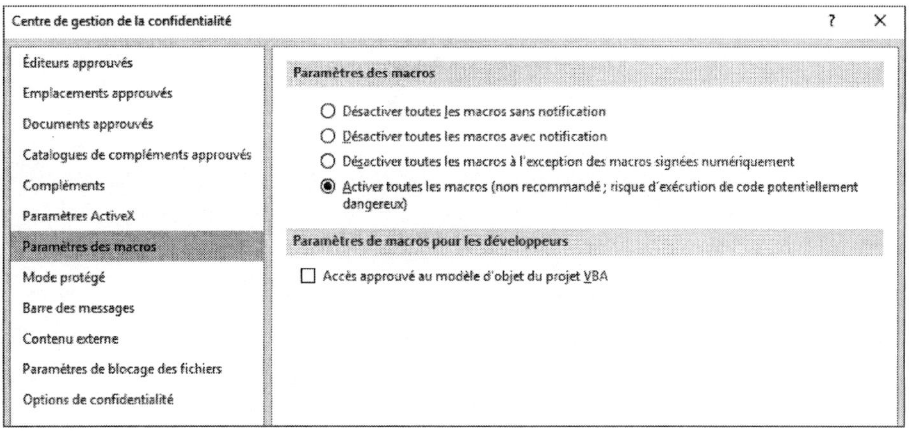

- Cliquez sur le bouton **OK.**

Lorsque vous avez terminé d'utiliser des macros, il est fortement recommandé de revenir aux paramètres précédents, c'est-à-dire d'accéder à la boîte de dialogue **Centre de gestion de la confidentialité** et d'activer l'option **Désactiver toutes les macros avec notification.**

Enregistrer une macro

Une macro-commande permet d'automatiser une série de commandes et de fonctions que vous êtes amené à exécuter fréquemment. Pour automatiser ces tâches répétitives, vous pouvez enregistrer rapidement une macro. Microsoft Excel utilise pour cela le langage de programmation Visual Basic pour Applications (VBA).

Notez que cette fonctionnalité n'est pas disponible dans Office pour les ordinateurs sous environnement Windows RT.

- Commencez par préciser si vous souhaitez enregistrer la macro avec des références relatives ou non : activez l'onglet **Développeur** et cliquez sur le bouton **Utiliser les références relatives** du groupe **Code** pour l'activer.

  Si ce bouton est activé, Excel mémorise les déplacements dans la macro relativement à la position de départ : lorsque vous exécuterez la macro, il agira sur les cellules en fonction de la cellule active lors de l'exécution ; sinon, il travaille avec les références absolues : quelle que soit la position de départ lors de l'exécution de la macro, il agira sur les cellules mémorisées dans la macro.

- Activez l'onglet **Développeur** et cliquez sur le bouton **Enregistrer une macro** du groupe **Code** ou cliquez sur le bouton situé à gauche dans la barre d'état.
- Dans la zone **Nom de la macro**, saisissez le nom que vous souhaitez attribuer à la macro.

  Vous ne pouvez pas utiliser d'espace et le premier caractère du nom doit être une lettre. Les autres caractères peuvent être des lettres, des nombres ou des traits de soulignement. Évitez les noms semblables à des références de cellule.

- Pour affecter un raccourci-clavier (qui permettra d'exécuter la macro) utilisant la touche Ctrl, saisissez la lettre souhaitée dans la zone **Touche de raccourci**.
- Ouvrez la liste **Enregistrer la macro dans** afin de choisir le classeur dans lequel la macro sera enregistrée :

Nouveau classeur	Pour stocker la macro dans un nouveau classeur.
Ce classeur	Pour stocker la macro dans le classeur actif.

Classeur de macros personnelles	Pour rendre la macro disponible chaque fois que vous utilisez Excel ; dans ce cas, la macro est enregistrée dans un classeur de macros personnelles, nommé PERSONAL.XLSB, chargé à chaque démarrage d'Excel (mais qui reste masqué). Dans Windows 10, ce classeur est stocké dans le dossier C:\Utilisateurs\nom_d'utilisateur\AppData\Roaming\Microsoft\Excel\XLStart.

- Pour inclure une description de la macro, entrez le texte souhaité dans la zone **Description.**

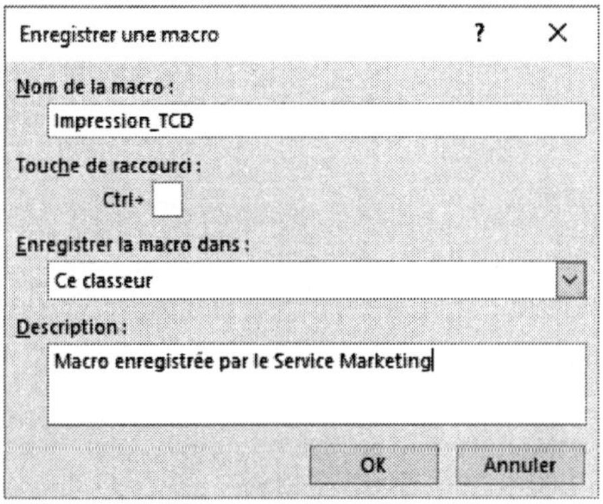

- Cliquez sur le bouton **OK** pour commencer à enregistrer.
- Effectuez les manipulations que vous souhaitez automatiser.

  Vous pouvez utiliser l'Enregistreur de macros pour enregistrer les modifications apportées à la mise en forme des graphiques et des autres objets.

- Lorsque toutes les manipulations ont été réalisées, cliquez sur le bouton **Arrêter l'enregistrement** du groupe **Code** de l'onglet **Développeur** ou cliquez sur le bouton ■ situé à gauche dans la barre d'état.

Exécuter une macro

- Si la macro a été conçue dans un autre classeur que le classeur de macros personnelles, ouvrez-le.
- Activez l'onglet **Développeur** et cliquez sur le bouton **Macros** du groupe **Code** ou faites [Alt] [F8].

- Indiquez où se trouve la macro à exécuter grâce à la liste **Macros dans.**
- Faites un double clic sur la macro à exécuter.

Si un raccourci-clavier a été attribué à la macro lors de sa création, vous pouvez aussi tout simplement taper ce raccourci-clavier.

Affecter une macro à un objet graphique

Grâce à cette technique, vous pouvez exécuter une macro en cliquant sur un objet graphique.

- Faites un clic droit sur l'objet graphique auquel vous souhaitez affecter une macro existante et choisissez l'option **Affecter une macro.**
- Dans la boîte de dialogue qui s'affiche, sélectionnez dans la zone **Nom de la macro**, celle que vous souhaitez affecter à l'objet.

*Dans cet exemple, un clic sur l'objet graphique (**Imprimante**) permettra de lancer la macro nommée **Impression_TCD**.*

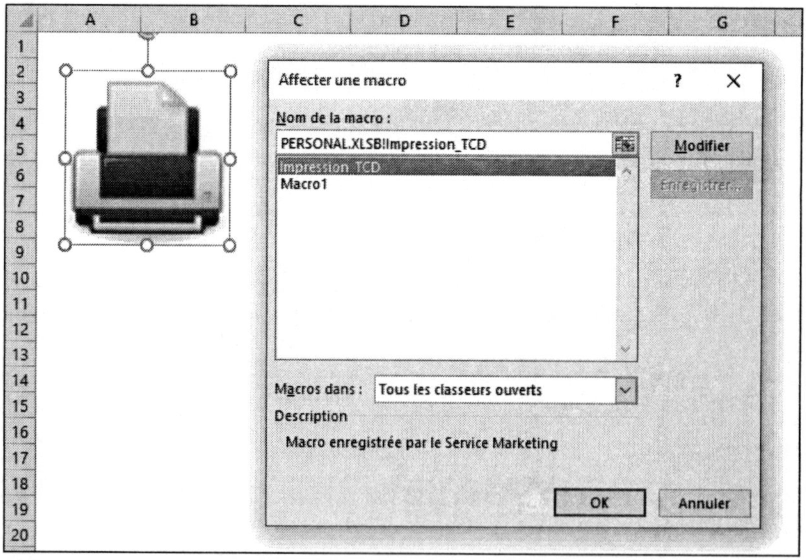

- Cliquez sur le bouton **OK.**

Pour sélectionner l'objet graphique sans activer la macro, faites un [Ctrl] clic sur l'objet concerné.

Modifier une macro

- Activez l'onglet **Développeur** et cliquez sur le bouton **Macros** du groupe **Code** ou faites [Alt] [F8].
- Ouvrez, si besoin, la liste **Macros dans** afin de sélectionner le classeur contenant la macro à modifier.
- Sélectionnez la macro puis cliquez sur le bouton **Modifier**.

*Les codes d'instruction de la macro apparaissent dans une fenêtre **Microsoft Visual Basic pour Applications**. Le code d'ouverture d'une macro est toujours **Sub** suivi du nom de la macro, tandis que le code de fermeture est **End Sub**.*

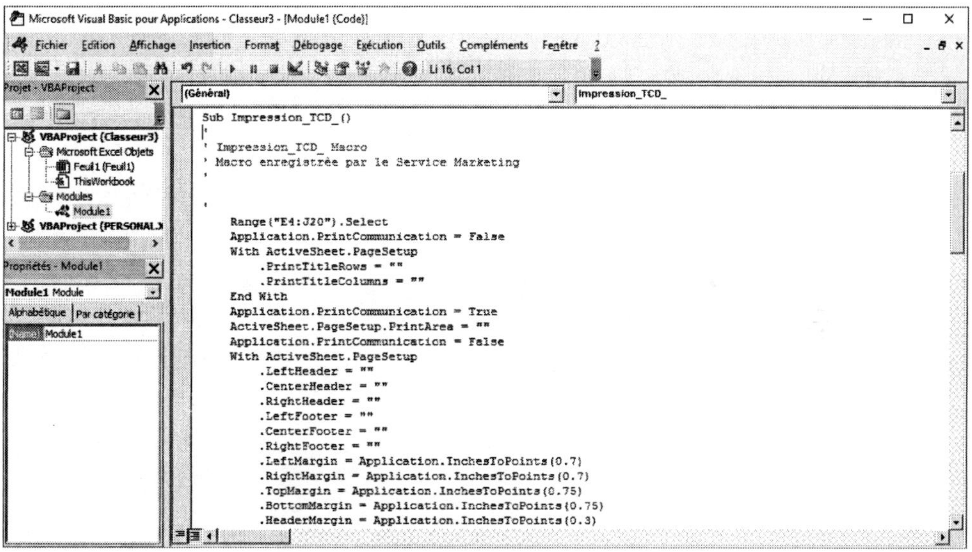

Sans connaître le langage de programmation Visual Basic, vous pouvez malgré tout effectuer quelques modifications simples dans le code.

- Pour modifier des références de cellules, faites comme pour n'importe quelle saisie : déplacez-vous à l'endroit souhaité et saisissez les références souhaitées, utilisez les touches [Suppr], [⟵]...
- Pour sélectionner des instructions, utilisez la technique du cliqué-glissé.

- Pour copier/déplacer des instructions, utilisez les commandes **Edition - Copier** ou **Edition - Couper** et **Edition - Coller**.
- Lorsque les modifications sont terminées, refermez la fenêtre **Microsoft Visual Basic pour Applications** en cliquant sur son bouton de fermeture ✕.

Supprimer une macro

- Activez l'onglet **Développeur** et cliquez sur le bouton **Macros** du groupe **Code** ou faites Alt F8.
- Ouvrez, si besoin, la liste **Macros dans** afin de sélectionner le classeur contenant la macro à supprimer.
- Sélectionnez la macro puis cliquez sur le bouton **Supprimer**.
- Cliquez sur le bouton **Oui** pour confirmer la suppression de la macro.

Enregistrer un classeur contenant des macros

Si vous souhaitez pouvoir réutiliser vos macros ultérieurement dans le classeur, vous devez enregistrer celui-ci dans un format spécial prenant en charge les macros, d'extension .xlsm.

- Activez le classeur concerné.
- Cliquez sur l'onglet **Fichier** puis sur l'option **Enregistrer sous** et sur l'option **Parcourir** du volet central.
- Modifiez éventuellement le dossier d'enregistrement et le nom du fichier.
- Ouvrez la liste **Type** puis cliquez sur l'option **Classeur Excel (prenant en charge les macros)(*.xlsm)**.
- Cliquez sur le bouton **Enregistrer**.

Activer les macros du classeur actif

*À l'ouverture du fichier contenant les macros (fichier de type .xlsm), un message d'**Avertissement de sécurité** apparaît au-dessus de la barre de formule si les macros n'ont pas été activées.*

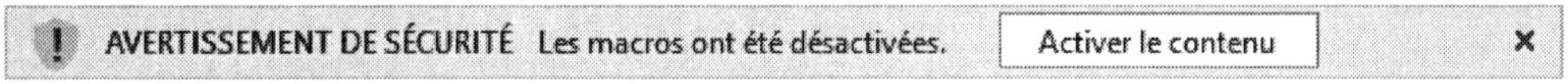

Dans ce cas, pour activer les macros, cliquez sur le bouton **Activer le contenu** ou activez l'onglet **Fichier** puis cliquez sur l'option **Informations**.

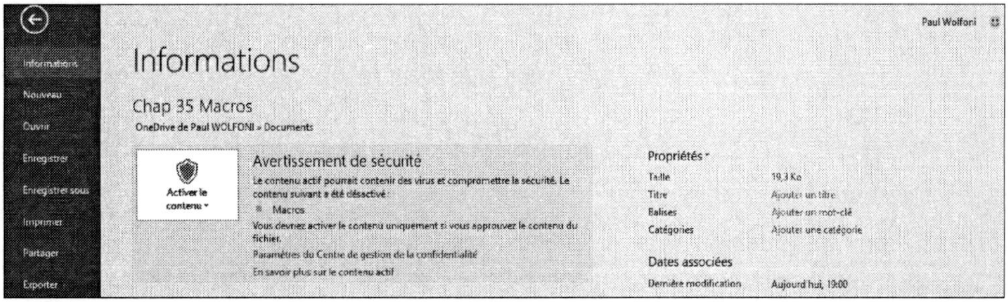

Cliquez sur le bouton **Activer le contenu** de l'**Avertissement de sécurité** puis cliquez sur l'option **Activer tout le contenu** pour rendre toujours actif le contenu de ce classeur, ou sur l'option **Options avancées** pour activer les macros uniquement pour cette session (dans ce cas, activez ensuite l'option **Activer le contenu pour cette session** et validez par **OK**).

Introduction

Les pages web sont des fichiers de type HTML (*HyperText Markup Language*) qui sont prises en charge par les navigateurs web, ce qui permet à d'autres utilisateurs d'accéder à ces pages par Internet. Excel 2016 possède des outils élaborés (Services Excel) qui permettent de publier vos classeurs sur un serveur Microsoft Office SharePoint. Si vous n'avez pas accès à ces services, vous pouvez tout de même créer vos pages web à l'attention des utilisateurs de votre réseau ou de votre intranet.

Enregistrer un classeur sous forme de page web

- Ouvrez le classeur à transformer en page web et, si vous ne souhaitez pas enregistrer tout le classeur, sélectionnez les cellules concernées.
- Cliquez sur l'onglet **Fichier** puis sur l'option **Enregistrer sous** et, dans le volet central, sur **Parcourir**.
- Sélectionnez l'emplacement ainsi que le dossier d'enregistrement.
- Si besoin, modifiez le nom du classeur dans la zone **Nom de fichier**.
- Ouvrez la liste **Type** et choisissez le type de page web à créer :

  Page web à fichier unique : pour enregistrer le classeur dans un seul fichier en tant que page web intégrant toutes les informations, y compris les images et autres fichiers. Ce format crée des fichiers d'extension .mht ou .mhtml.

  Page web : pour enregistrer le classeur dans une page web d'extension **.htm** ou **.html** et créer un dossier associé contenant les fichiers de prise en charge, comme les mises en valeur pour chaque feuille, les objets graphiques... Ce dossier est créé dans le même dossier de classement que la page web.

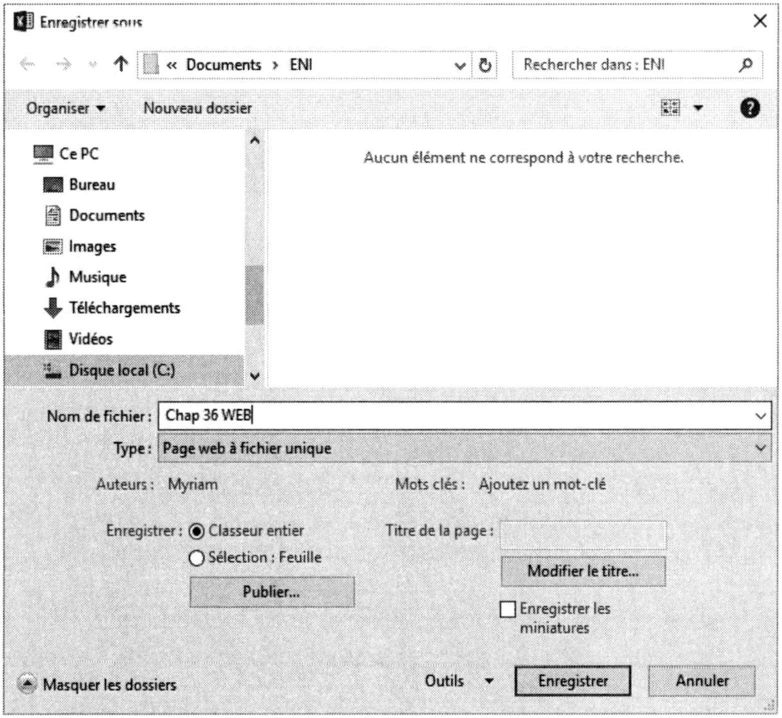

- Cliquez sur le bouton **Modifier le titre** si vous souhaitez modifier le texte qui apparaîtra sur la barre de titre de votre navigateur puis cliquez sur le bouton **OK**.

  Si vous ne modifiez pas ce titre, le texte qui apparaît par défaut est le nom complet (avec le chemin d'accès) du fichier correspondant à la page web.

- Cliquez sur l'option **Classeur entier** de la zone **Enregistrer** pour enregistrer tout le classeur ou sur l'option **Sélection : Feuille** pour enregistrer uniquement la feuille de calcul.

- Cliquez sur le bouton **Enregistrer**.

Excel affiche un message vous indiquant que certaines fonctionnalités peuvent être perdues :

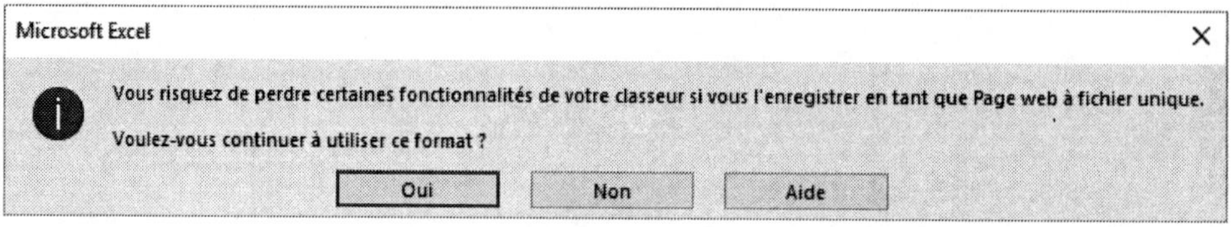

- Cliquez sur le bouton **Oui** pour continuer l'enregistrement.

La page web est affichée dans la fenêtre d'Excel.

Si le classeur d'origine a été modifié, vous devez à nouveau l'enregistrer sous forme de page web pour actualiser les modifications dans la page web.

Pour visualiser une page web dans un navigateur, accédez à celui-ci et précisez l'adresse complète de la page à afficher dans sa barre **Adresse** ou accédez à l'Explorateur Windows puis au dossier d'enregistrement de la page et faites un double clic sur son nom.

Publier un classeur

Cette technique permet de faire une copie du classeur au format de type HTML (HyperText Markup Language) afin de le rendre disponible à d'autres utilisateurs mais aussi de permettre la mise à jour de la page web après modification du classeur d'origine.

Créer la page web

- Ouvrez le classeur à publier et, si vous ne souhaitez pas publier tout le classeur, sélectionnez éventuellement les cellules concernées.
- Cliquez sur l'onglet **Fichier** puis sur l'option **Enregistrer sous** et, dans le volet central, sur **Parcourir**.
- Sélectionnez l'emplacement ainsi que le dossier d'enregistrement.
- Si besoin, modifiez le nom du classeur dans la zone **Nom de fichier**.
- Ouvrez la liste **Type de fichier** et choisissez le type de page web à créer : **Page web à fichier unique** ou **Page web**.

- Cliquez, si besoin, sur le bouton **Modifier le titre**, saisissez le texte que vous souhaitez faire apparaître sur la barre de titre du navigateur puis validez par **OK**.
- Cliquez sur le bouton **Publier**.
- Dans la boîte de dialogue **Publier en tant que page web** qui s'affiche, ouvrez la liste **Choisissez** et sélectionnez ce que vous souhaitez publier ; sélectionnez éventuellement la plage de cellules à publier en utilisant le bouton .
- Cliquez sur le bouton **Modifier** pour changer le texte qui apparaîtra sur la barre de titre de votre navigateur puis cliquez sur le bouton **OK**.
- Dans la zone **Nom de fichier**, sélectionnez l'emplacement pour publier la page web. Si vous souhaitez attribuer un autre nom à la copie publiée, précisez-le à la fin de la zone de saisie.

  Vous pouvez utiliser le bouton ***Parcourir*** *pour sélectionner cet emplacement, qui peut être un serveur web ou un autre ordinateur.*
- Cochez l'option **Republier automatiquement lors de chaque enregistrement de ce classeur** si vous souhaitez que la page web se mette à jour après l'enregistrement des modifications du classeur.
- Cochez l'option **Ouvrir la page web publiée dans un navigateur** pour visualiser la page dès sa publication.

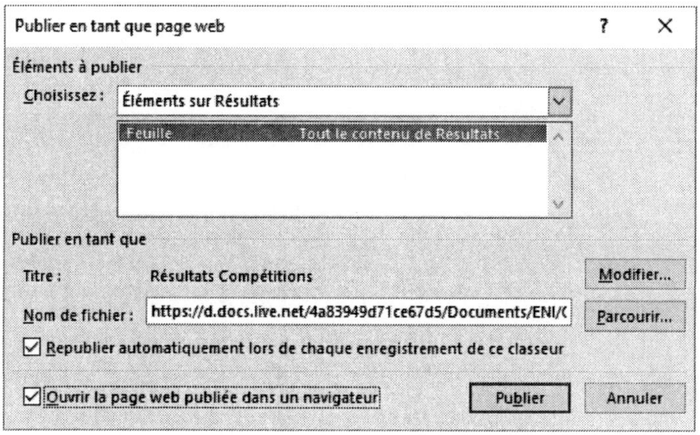

- Cliquez sur le bouton **Publier**.

  Si vous avez demandé la visualisation de la page web dans un navigateur dès sa publication, une fenêtre de votre navigateur défini par défaut s'ouvre.

Selon l'emplacement de l'enregistrement, vous pouvez être invité à vous identifier (ex : Sharepoint) à l'aide de votre identifiant et votre mot de passe d'accès.

Mettre à jour une page web publiée

- Dans Excel, apportez vos modifications dans le classeur et enregistrez-les à l'aide de l'outil .

  Si vous avez coché l'option ***Republier automatiquement lors de chaque enregistrement de ce classeur*** *lors de la création de la page web, la boîte de dialogue suivante apparaît :*

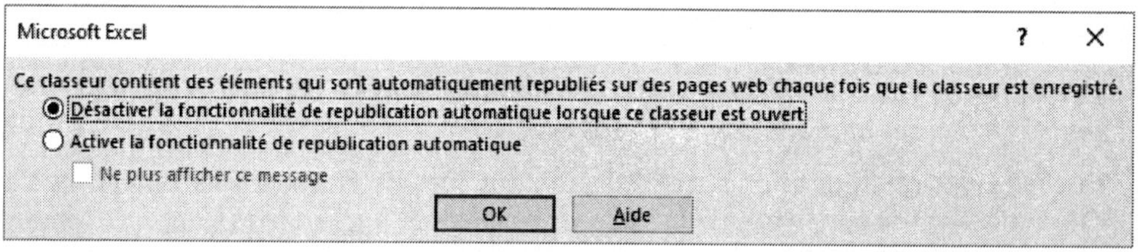

- Si vous souhaitez désactiver la republication automatique pour cette page web, conservez la première option active ; si vous souhaitez conserver cette fonctionnalité, activez l'option **Activer la fonctionnalité de republication automatique** puis, éventuellement, cochez l'option **Ne plus afficher ce message**.
- Cliquez sur le bouton **OK**.
- Dans le navigateur, si la page web est restée affichée lors de l'enregistrement des modifications du classeur, actualisez l'affichage de la page web pour la mettre à jour.

Si vous n'avez pas activé la fonctionnalité de republication automatique lors de la création de la page web, pour mettre à jour les modifications apportées dans le classeur, vous devez le publier à nouveau.

Déplacer la barre d'outils Accès rapide

- Cliquez sur l'outil **Personnaliser la barre d'outils Accès rapide** situé à droite de la barre d'outils Accès rapide, puis cliquez sur l'option **Afficher en dessous du ruban.**

Pour placer à nouveau la barre d'outils Accès rapide au-dessus du ruban, cliquez sur l'outil **Personnaliser la barre d'outils Accès rapide** puis activez l'option **Afficher au-dessus du ruban.**

Personnaliser la barre d'outils Accès rapide

- Cliquez sur l'outil **Personnaliser la barre d'outils Accès rapide** puis sur l'option **Autres commandes.**

  La boîte de dialogue ***Options Excel*** *s'ouvre et active la catégorie* ***Barre d'outils Accès rapide.***

- Choisissez si la personnalisation concerne tous les classeurs Excel ou seulement le classeur actif ; pour cela, ouvrez la liste **Personnaliser la barre d'outils Accès rapide** et activez l'option **Pour tous les documents (par défaut)** ou l'option **Pour Nom du classeur actif.**
- Apportez vos modifications (cf. sous-titres suivants) puis, lorsque toutes les modifications sont apportées, cliquez sur le bouton **OK** de la boîte de dialogue **Options Excel.**

Ajouter une commande à la barre d'outils Accès rapide

- Ouvrez la liste **Choisir les commandes dans les catégories suivantes** puis cliquez sur la catégorie de commandes contenant la commande à ajouter.
- Dans la liste des commandes de la catégorie sélectionnée, cliquez sur la commande à ajouter.
- Cliquez sur le bouton **Ajouter.**

*Dans cet exemple nous avons ajouté l'outil **Plein écran/fenêtres** de la catégorie **Toutes les commandes** à la barre d'outils **Accès rapide**.*

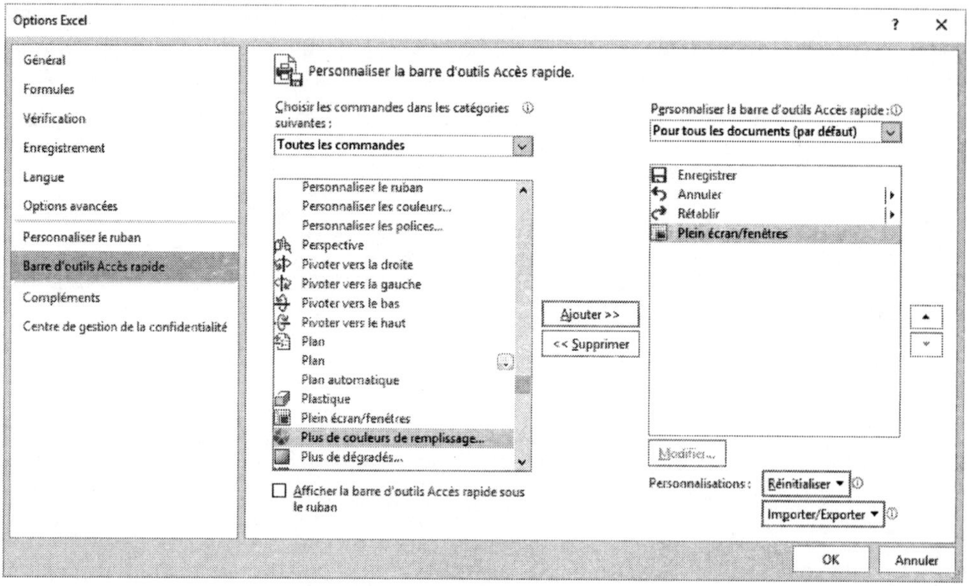

Si l'outil à ajouter à la barre est disponible sur le ruban, vous pouvez aussi faire un clic droit sur cette commande puis cliquez sur **Ajouter à la barre d'outils Accès rapide** du menu contextuel.

Supprimer une commande de la barre d'outils Accès rapide

- Dans la liste des commandes de la barre d'outils **Accès rapide**, située à droite de la boîte de dialogue, cliquez sur la commande à retirer.
- Cliquez sur le bouton **Supprimer**.

Vous pouvez aussi faire un clic droit sur la commande à retirer de la barre d'outils, puis cliquez (bouton gauche) sur l'option **Supprimer de la barre d'outils Accès rapide** du menu contextuel.

Modifier l'ordre des commandes de la barre d'outils Accès rapide

- Dans la liste des commandes de la barre d'outils **Accès rapide**, située à droite de la boîte de dialogue, cliquez sur la commande à déplacer.

- Cliquez sur le bouton [▲] ou sur le bouton [▼] en fonction du déplacement souhaité.

Pour réinitialiser la barre d'outils **Accès rapide**, cliquez sur le bouton **Réinitialiser** de la boîte de dialogue **Options Excel** puis sur l'option **Réinitialiser uniquement la barre d'outils Accès rapide** et confirmez en cliquant sur le bouton **Oui** du message qui s'affiche.

Afficher/masquer les info-bulles

Par défaut, lorsque vous pointez une commande du ruban, un texte descriptif de la commande pointée s'affiche dans une info-bulle. Vous pouvez choisir de ne pas afficher ces info-bulles ou encore, de n'afficher que le nom de la commande sans son descriptif.

Ci-dessous, vous visualisez le descriptif de la commande ***Renvoyer à la ligne automatiquement*** *dans une info-bulle.*

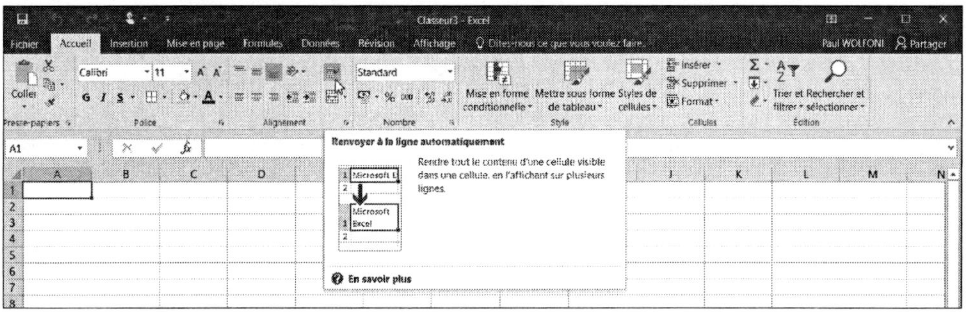

- Cliquez sur l'onglet **Fichier** puis sur **Options**.
- Dans la partie gauche de la boîte de dialogue, sélectionnez la catégorie **Général**.
- Ouvrez la liste **Style d'info-bulle** du cadre **Options d'interface utilisateur** puis cliquez sur une des options suivantes :

  Afficher les descriptions de fonctionnalités dans des info-bulles : cette option active les "info-bulles avancées" : le nom de la commande pointée suivi d'un texte descriptif s'affiche dans la fenêtre de l'info-bulle ; s'il existe un raccourci-clavier pour la commande pointée, celui-ci apparaît entre parenthèses à droite du nom de la commande.

Ne pas afficher les descriptions de fonctionnalités dans des info-bulles : cette option désactive les "info-bulles avancées" : seuls le nom de la commande pointée et le raccourci-clavier s'il existe, s'affichent dans la fenêtre de l'info-bulle.

Ne pas afficher les info-bulles : cette option désactive les info-bulles : aucune info-bulle n'apparaît lorsqu'une commande est pointée.

Cliquez sur le bouton **OK**.

Si vous avez choisi d'activer les info-bulles avec la description des fonctionnalités, lorsque vous pointez certaines commandes, vous visualisez le lien **En savoir plus**. Dans ce cas, il vous suffit de cliquer sur ce lien pour ouvrir la rubrique d'aide correspondant à la commande pointée.

Personnaliser la barre d'état

Les indicateurs affichés sur la barre d'état peuvent être ou non affichés.

Cliquez avec le bouton droit de la souris sur la barre d'état.

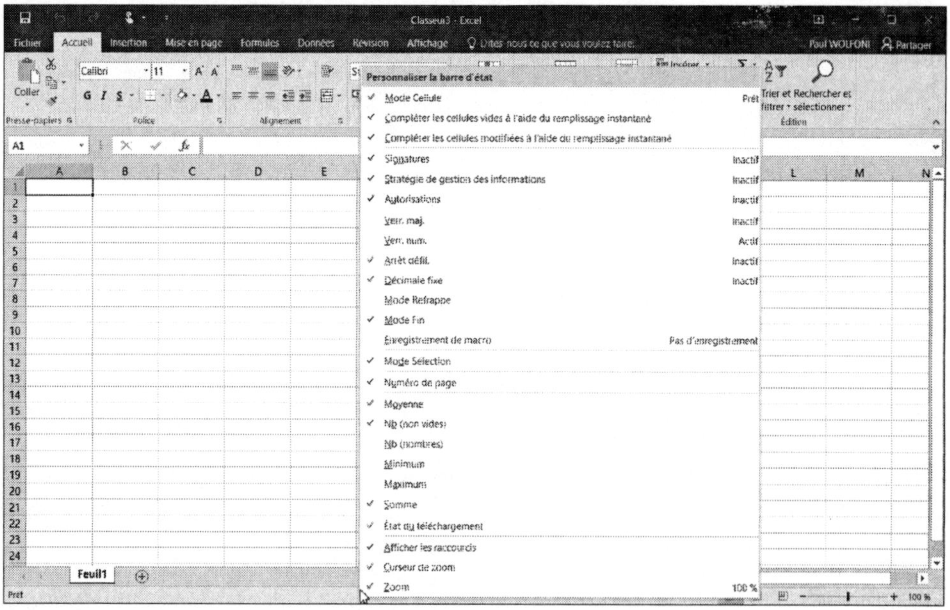

Les options cochées correspondent aux indicateurs qui peuvent apparaître en fonction des manipulations que vous faites.

- Cliquez sur les options souhaitées pour afficher ou masquer les indicateurs correspondants.
- Lorsque vous avez terminé, cliquez en dehors de la barre d'état pour valider.

Personnaliser le ruban

- Cliquez sur l'onglet **Fichier** puis sur **Options.**
- Sélectionnez la catégorie **Personnaliser le ruban** situé dans le volet gauche.

  *Les onglets précédés d'une coche dans la colonne **Personnaliser le ruban** s'affichent "par défaut" dans le ruban.*

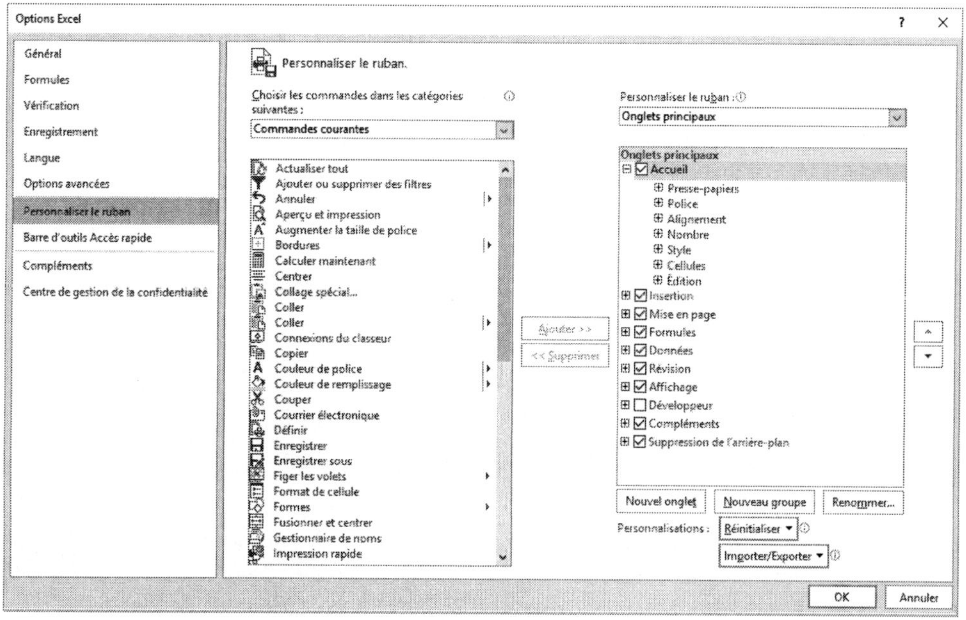

- Cliquez sur le petit + associé au nom d'un onglet pour afficher la liste des groupes qu'il contient.

Ajouter un onglet et un groupe personnalisés

- Cliquez sur le bouton **Nouvel onglet.**

  *Notez qu'un **Nouveau groupe (Personnalisé)** est automatiquement intégré au **Nouvel onglet (Personnalisé).***

- Pour ajouter un nouveau groupe personnalisé à un onglet, cliquez sur le nom de l'onglet dans lequel vous souhaitez ajouter le nouveau groupe puis cliquez sur le bouton **Nouveau groupe**.

Renommer un onglet ou un groupe

- Cliquez sur l'onglet ou le groupe à renommer situé dans la colonne **Personnaliser le ruban** afin de le sélectionner.
- Cliquez sur le bouton **Renommer** puis saisissez le nouveau nom.
- S'il s'agit d'un groupe, vous pouvez également lui associer un **Symbole** en cliquant sur l'icône souhaitée.
- Cliquez sur le bouton **OK** pour valider.

Ajouter des commandes à un groupe personnalisé

Vous pouvez ajouter une commande à un groupe personnalisé se trouvant dans un onglet (personnalisé ou par défaut) ; par contre, il est impossible d'ajouter une commande à un groupe par défaut.

- Cliquez dans la liste **Personnaliser le ruban** sur le groupe dans lequel vous souhaitez ajouter une commande.
- Cliquez dans la liste **Choisir les commandes dans les catégories suivantes** sur la commande souhaitée puis cliquez sur le bouton **Ajouter**.

- Renouvelez cette dernière opération pour chaque commande à insérer.

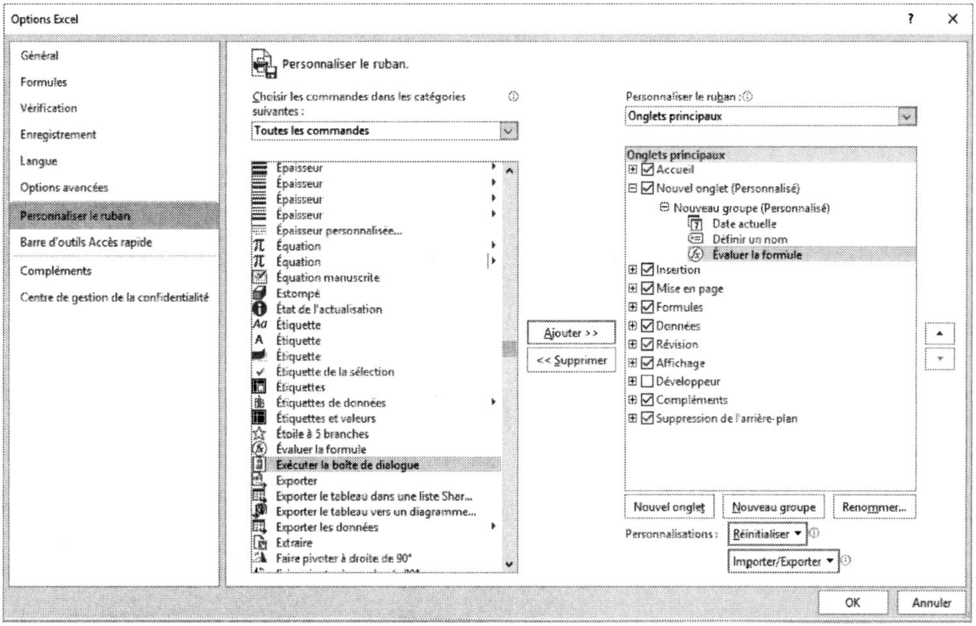

Supprimer un onglet, un groupe personnalisé ou une commande

- Dans la colonne **Personnaliser le ruban**, cliquez sur l'élément concerné pour le sélectionner puis cliquez sur le bouton **Supprimer**.
- Pour valider votre saisie (création, modification, suppression...), cliquez sur le bouton **OK**.

Pour modifier le nom ou supprimer un onglet ou un groupe personnalisé, vous pouvez aussi faire un clic droit sur l'élément concerné puis cliquez sur l'option **Renommer** ou **Supprimer** du menu contextuel.

Exporter/importer un ruban personnalisé

Exporter les personnalisations du ruban et de la barre d'outils Accès rapide dans un fichier permet de les importer sur un autre ordinateur.

Exporter les personnalisations du ruban et de la barre d'outils Accès rapide

- Pour exporter un ruban personnalisé, ouvrez la fenêtre **Options Excel** (onglet **Fichier** - **Options** - catégorie **Personnaliser le ruban**).
- Cliquez sur le bouton **Importer/Exporter** situé en bas à droite de la fenêtre.
- Cliquez sur l'option **Exporter toutes les personnalisations.**
- Modifiez si besoin le **Nom de fichier** ainsi que son emplacement d'enregistrement.

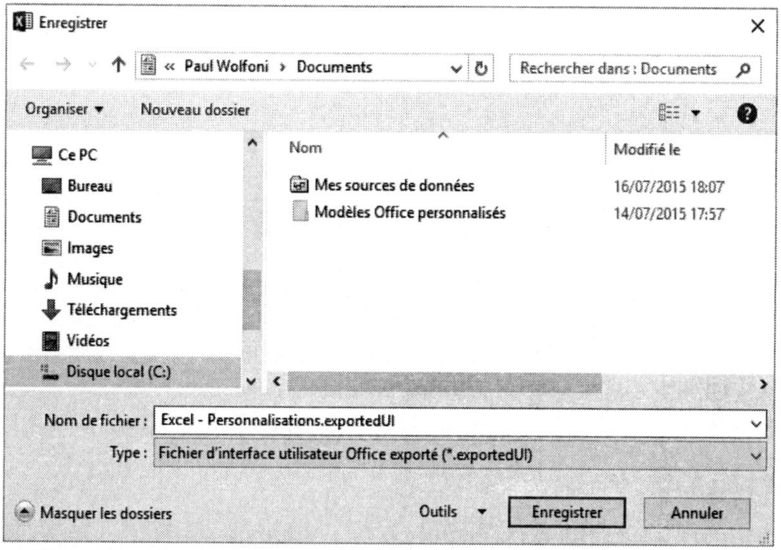

Notez que le fichier porte l'extension ***.exportedUI*** *par défaut.*

- Cliquez sur le bouton **Enregistrer**.
- Cliquez sur le bouton **OK** de la fenêtre **Options Excel**.

Importer les personnalisations du ruban et de la barre d'outils Accès rapide

Notez que l'importation d'un fichier de personnalisation du ruban a pour effet de supprimer les personnalisations actuelles du ruban et de la barre d'outils Accès rapide. Avant d'importer les nouvelles personnalisations, nous vous conseillons donc d'exporter les personnalisations actuelles par mesure de sécurité, afin de pouvoir les importer de nouveau si nécessaire.

- Ouvrez la fenêtre **Options Excel** (onglet **Fichier** - **Options** - catégorie **Personnaliser le ruban**).
- Cliquez sur le bouton **Importer/Exporter** situé en bas à droite de la fenêtre.
- Cliquez sur l'option **Importer un fichier de personnalisation.**
- Recherchez puis sélectionnez le fichier de personnalisation (extension .exportedUI).
- Cliquez sur le bouton **Ouvrir.**

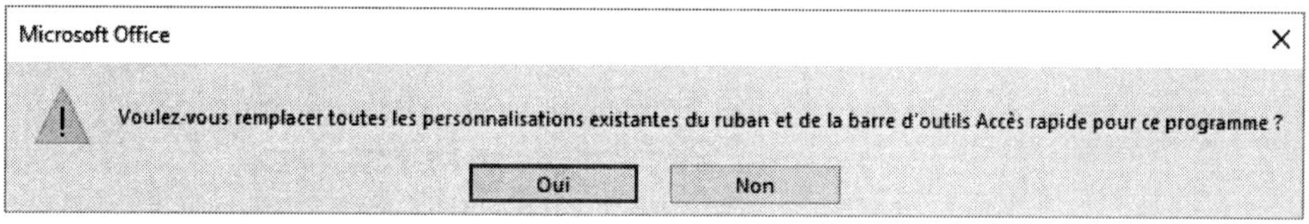

- Cliquez sur le bouton **Oui** à la demande de confirmation.
- Cliquez sur le bouton **OK** de la fenêtre **Options Excel** pour valider les modifications et refermer cette fenêtre.

Généralités sur les comptes utilisateur

Windows est un système d'exploitation multi-utilisateurs, plusieurs personnes peuvent ainsi travailler sur un même ordinateur. Lorsque vous démarrez votre ordinateur, vous devez renseigner vos identifiants, à savoir l'adresse de messagerie et le mot de passe associés à votre compte Microsoft ; l'adresse de messagerie est généralement une adresse hotmail (exemple : dupont@hotmail.fr), outlook.com (exemple : dupont@outlook.com), Messenger, Xbox Live...

Pour utiliser les services Microsoft tels que OneDrive (espace de stockage en ligne), Windows Store (site de téléchargement d'applications), vous devez disposer d'un compte Microsoft. Vous pourrez alors exploiter ces services quel que soit le terminal que vous utilisez : par exemple, vous pourrez accéder à vos fichiers stockés sur OneDrive à partir de votre ordinateur de bureau, votre tablette ou même votre smartphone ; de même, vous pourrez retrouver tous vos contacts ou votre agenda quel que soit le terminal que vous utilisez.

Vous pouvez bien sûr disposer de plusieurs comptes utilisateurs (un compte personnel et un compte professionnel, par exemple) et activer tel ou tel compte en fonction de vos besoins.

Ajouter ou se connecter à un compte

- Cliquez sur l'onglet **Fichier** puis sur l'option **Compte**.
- Dans le volet central, cliquez sur le bouton **Connexion** s'il n'existe aucune connexion à un compte Microsoft ; dans le cas contraire, cliquez sur le lien **Changer de compte**.

  *S'il existe déjà plusieurs comptes, dans la fenêtre **Comptes**, Excel vous rappelle le nom du compte actif (**Compte en cours**) et vous liste le ou les autres comptes connectés (**Autres comptes**).*

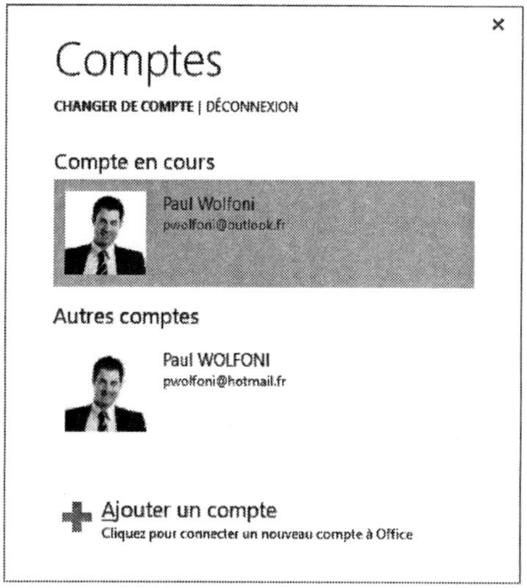

Ici, par exemple, Paul WOLFONI, dispose d'un compte outlook.fr et d'un compte hotmail : selon le compte actif, il accédera à l'espace de stockage OneDrive associé au premier ou au second compte.

Dans ce cas, cliquez sur le bouton **Ajouter un compte**.

- Saisissez l'adresse de messagerie associée au compte Microsoft à utiliser puis cliquez sur **Suivant**.
- Dans la fenêtre suivante, saisissez le **Mot de passe** dans la zone correspondante puis cliquez sur le bouton **Se connecter**.

  Chaque compte dispose de ses propres paramètres.
- Modifiez si besoin le paramétrage du compte actif (photo, arrière-plan, services...). Pour cela, veuillez vous référer aux titres suivants.

Pour supprimer un compte de connexion et ses personnalisations, vous pouvez utiliser le lien **Déconnexion** puis validez par le bouton **Oui**.

Activer un compte

Si vous disposez de plusieurs comptes (cf. Ajouter ou se connecter à un compte), vous pouvez passer de l'un à l'autre.

Chaque compte dispose de ses propres accès et caractéristiques. Par exemple, votre compte de connexion Office 365 vous permet d'accéder à vos données stockées sur SharePoint, votre compte de connexion Windows vous permet d'accéder à vos comptes de réseaux sociaux Facebook, Flickr....

- Cliquez sur l'onglet **Fichier** puis sur l'option **Compte**.
- Cliquez sur le lien **Changer de compte** visible dans le volet central.

  Vous pouvez aussi cliquer sur le nom du compte actif placé en haut à droite de l'écran Excel, puis choisir l'option ***Changer de compte*** *:*

*Dans la fenêtre **Comptes**, Excel vous rappelle le nom du compte actif (**Compte en cours**) et liste le ou les autres comptes de connexion (**Autres comptes**) :*

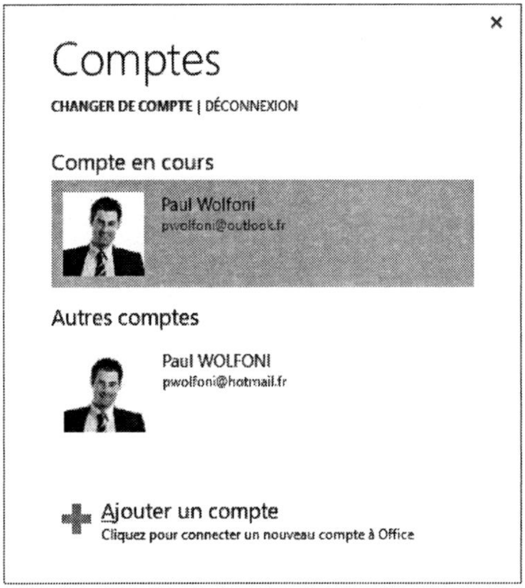

- Cliquez sur le compte à activer.

Personnaliser un compte

Chaque compte dispose de ses propres paramètres d'affichage (photo, arrière-plan...).

- Connectez et activez le compte de connexion concerné.
- Cliquez sur le nom du compte actif placé en haut à droite de l'écran Excel et sélectionnez l'option **Paramètres du compte** pour afficher la fenêtre **Compte**.

  *Vous pouvez aussi cliquer sur l'onglet **Fichier** puis sur l'option **Compte**.*

Modifier vos informations personnelles

- Cliquez sur le lien **A propos de moi**.
- Saisissez, si besoin est, votre adresse de messagerie et le mot de passe associés à ce compte puis cliquez sur **Se connecter**.

Le navigateur défini par défaut sous Windows ouvre une nouvelle fenêtre sur une page sécurisée d'un site Microsoft.

- Pour modifier le nom associé au compte, cliquez sur le lien **Modifier** visible à droite du nom. Précisez le nouveau nom et prénom et cliquez sur **Enregistrer**.
- Pour modifier l'image liée au compte, cliquez sur le lien **Modifier l'image** et sur le bouton **Parcourir**, sélectionnez le fichier image puis cliquez sur **Ouvrir**. Déplacez si besoin est le cadre de l'image puis cliquez sur **Enregistrer**.
- Refermez ensuite la fenêtre du navigateur.

Modifier l'arrière-plan et le thème Office

- Ouvrez la liste **Arrière-plan d'Office** puis pointez (sans cliquer) l'un des modèles proposés pour en afficher instantanément l'effet au niveau de la barre de titre de l'application Excel.

*Ici le modèle **Fonds marins** personnalise la barre de titre d'Excel pour cet utilisateur.*

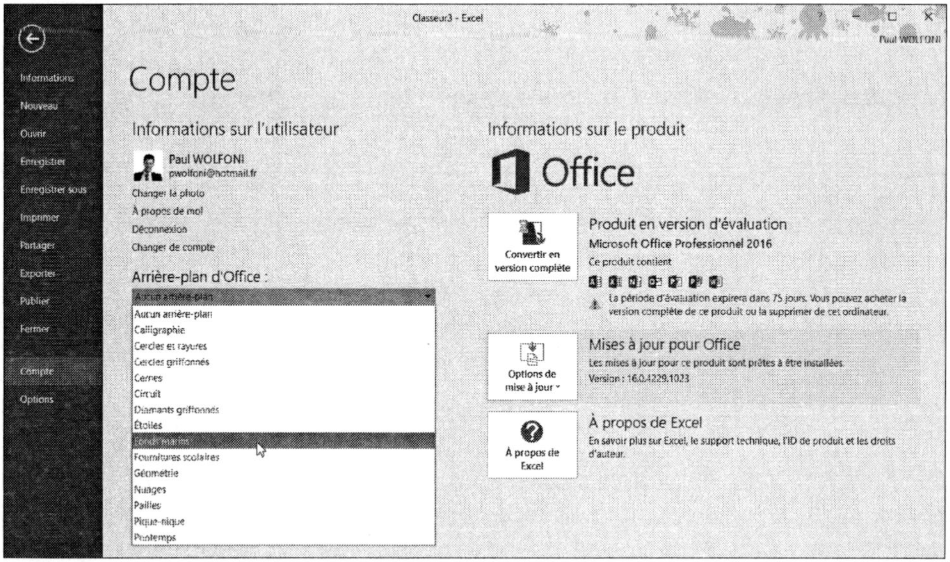

- Cliquez sur le modèle qui vous convient.
- Pour modifier la couleur de l'interface Excel, ouvrez la liste **Thème Office** puis cliquez sur **En couleur**, **Gris foncé** ou **Blanc**.
- Pour visualiser le résultat, refermez l'onglet **Fichier** en cliquant sur le bouton flèche  situé en haut du volet d'options.

Rappelons que l'arrière-plan est rattaché au compte Utilisateur actif.

Ajouter ou supprimer un service

Cette procédure consiste à associer au compte actif, vos comptes de réseaux sociaux (Twitter, LinkedIn, Flickr, Facebook, YouTube) ou d'autres comptes de stockage en ligne (Office 365 SharePoint ou OneDrive) afin d'accéder aux données de ces comptes dans les applications Office. Par exemple, si vous connectez le service Facebook à votre compte Microsoft, vous pourrez disposer des photos de votre compte Facebook dans les applications Microsoft Word, Excel...

- Activez le compte auquel vous souhaitez ajouter un service.
- Cliquez sur l'onglet **Fichier** puis sur l'option **Compte**.

*Le ou les services auxquels le compte Utilisateur actif est connecté apparaissent dans la liste **Services connectés**.*

- Activez le bouton **Ajouter un service** puis pointez le nom du service souhaité.

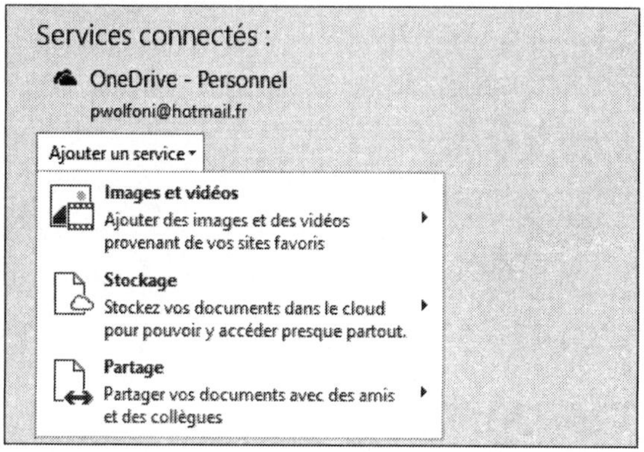

La liste des services disponibles varie selon les services déjà utilisés et le type de compte actif.

Selon les options proposées, vous pouvez disposer des services :

- **Images et vidéos** pour accéder à vos photos enregistrées sur votre compte **Flickr** ou à des vidéos du site **YouTube** dans Office (PowerPoint, Word...) ou aux images et vidéos de votre compte Facebook.
- **Stockage** pour stocker vos données sur le cloud via **Office 365 SharePoint** et **OneDrive**.
- **Partage** pour accéder à vos comptes **LinkedIn** ou **Twitter**.

- Poursuivez le processus d'ajout de service en complétant les éventuels écrans proposés (exemple : identification et mot de passe).

Les services ainsi ajoutés apparaissent aussitôt dans la liste Services connectés.

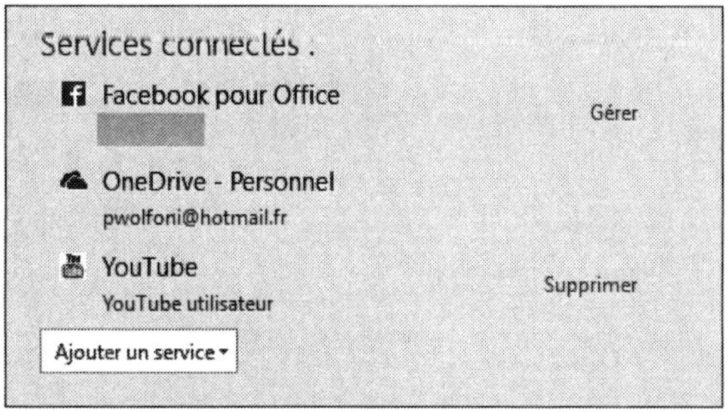

Dans cet exemple, nous disposons désormais d'un accès à notre espace de stockage OneDrive, à notre compte Facebook ainsi qu'au site YouTube.

*Lorsque nous utiliserons la commande **Insertion - Images en ligne**, nous aurons alors une option **Facebook** qui nous permettra d'accéder aux photos de notre compte Facebook pour les intégrer dans un document Word ou Excel.*

- Pour supprimer un des services connectés, cliquez sur le lien **Supprimer** situé en marge du service concerné par la suppression. Puis, validez par le bouton **Oui.**

Gérer les mises à jour des logiciels Office

Lors de la première ouverture d'un des logiciels du Pack Office 2016, un message vous propose d'accepter les mises à jour automatiques des logiciels de la suite Office.

La procédure décrite ici vous permet d'activer les mises à jour si vous les avez refusées, de les désactiver et, dans ce cas, de lancer les mises à jour lorsque vous le souhaitez.

- Activez l'onglet **Fichier** puis l'option **Compte**.
- Dans le volet droit, cliquez sur le bouton **Options de mise à jour**.

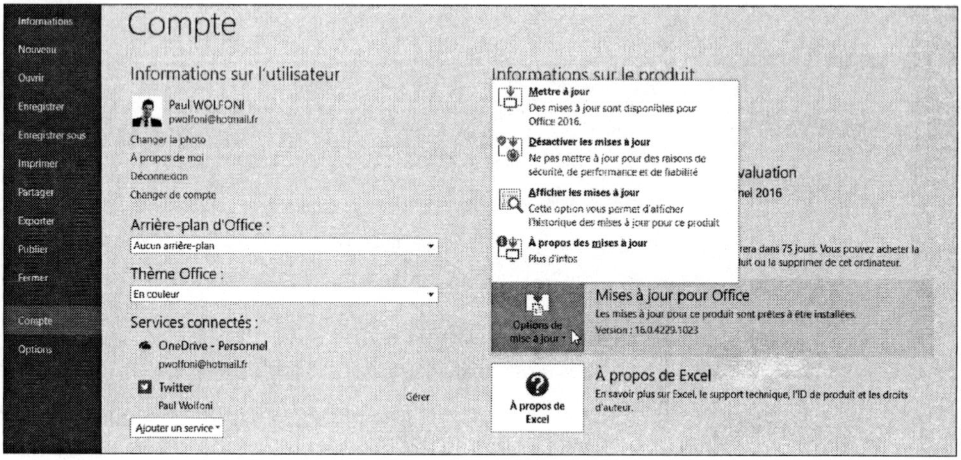

Choisissez une des options proposées.

Raccourcis-clavier

Avec Microsoft Excel 2016, la touche Alt permet d'afficher les touches accélératrices du ruban, mais sachez que la plupart des anciens raccourcis-clavier commençant par Alt fonctionnent encore.

Recherche/Remplacement

⇧ F4	Rechercher l'occurrence suivante
Ctrl ⇧ F4	Rechercher l'occurrence précédente
Ctrl H	Remplacer/Rechercher
F5 ou Ctrl T	Atteindre
Alt clic	Bibliothèque de recherche

Insertion

Ctrl +	Cellule, Ligne, Colonne
⇧ F11	Feuille de calcul
F11	Graphique - Comme nouvelle Feuille
Ctrl F3	Définir un nom
F3	Coller un nom
Ctrl ⇧ F3	Créer un nom
⇧ F2	Commentaire
Ctrl K	Lien hypertexte

Affichage ligne/colonne

Alt "	Masquer une ligne
Alt _	Afficher une ligne
Alt (	Masquer une colonne
Alt)	Afficher une colonne

Macro

Alt F8	Macros
Alt F11	Visual Basic Editor
Alt ⇧ F11	Microsoft script Editor

Calcul et formule

F9	Calculer toutes les feuilles de calcul de tous les classeurs ouverts
⇧ F9	Calculer la feuille active
Ctrl "	Afficher les formules de calcul

Saisies particulières

AltGr **E**	Symbole Euro
Ctrl **;**	La date du jour
Ctrl **:**	L'heure
Ctrl **$**	Valeur de la cellule du dessus
Alt **=**	Formule Somme automatique
Suppr	Effacer formules et données
Alt ↓	Afficher la liste des saisies semi-automatique
Ctrl ⇆	Tabulation dans une zone de texte

Barre de formule

F2	Accès au mode Modifier
=	Début d'une formule
Ctrl Suppr	Suppression à partir du point d'insertion jusqu'à la fin de la ligne
Alt ↵	Saut de ligne
Echap	Annulation de la saisie
↵	Validation
Ctrl ↵	Insère le contenu de la cellule active dans les cellules sélectionnées

Ctrl ⇧ ↵	Valide une formule matricielle
F4	Références absolues/relatives
Ctrl A	Après la saisie d'un nom de fonction, affiche la palette de formules
Ctrl ⇧ A	Après la saisie d'un nom de fonction, affiche les arguments de la fonction

Mise en forme de cellule

Ctrl '	Aucune bordure
Ctrl G	Attribut Gras
Ctrl I	Attribut Italique
Ctrl U	Attribut Souligné
Alt '	Style
Ctrl ⇧ F	Cellule, Objet, ...
F7	Orthographe
Ctrl Q	Outil Analyse rapide

Format des nombres et des dates

Ctrl R	Format numérique standard
Ctrl !	Format milliers à deux décimales (0,00)
Ctrl M	Format monétaire à deux décimales (# ##0,00 €)
Ctrl E	Format numérique exponentiel à deux décimales (0,00E + 00)
Ctrl J	Format date (jj-mmm-aa)

Déplacements

↖	Début de ligne
Ctrl ↖	Début de la feuille : A1
Ctrl Fin	Cellule correspondant à l'intersection de la dernière colonne de droite utilisée et la dernière ligne du bas utilisée
Ctrl F6 ou Ctrl ⇆	Fenêtre suivante

Ctrl Shift F6 ou Ctrl Shift Tab	Fenêtre précédente
Ctrl PgSuiv	Feuille suivante dans le classeur
Ctrl PgPréc	Feuille précédente dans le classeur
F6	Volet suivant
Shift F6	Volet précédent

Sélections

Ctrl **A**	Toute la feuille
Ctrl Espace	Colonne active
Shift Espace	Ligne active
F8	Active et désactive le mode Extension
Shift F8	Active et désactive le mode Ajout de sélection
Ctrl Shift **O**	Cellules contenant une annotation.
Ctrl *	Plage rectangulaire de cellules autour de la cellule active.
Ctrl /	Totalité de la matrice à laquelle appartient la cellule active.

Mode Plan

Alt Shift ←	Dissocie une ligne ou une colonne d'un groupe
Alt Shift →	Associe une ligne ou une colonne à un groupe
Ctrl **L**	Affiche/masque les symboles du plan

Index

Index

Index

Index

Index

Index